DANIEL RUZO

EL TESTAMENTO AUTÉNTICO DE NOSTRADAMUS

punto de lectura

El testamento auténtico de Nostradamus

De esta edición:
D.R. © Santillana Ediciones Generales, S.A. de C.V.
Universidad 767, colonia del Valle
C.P. 03100, México, D.F.
Teléfono: 54-20-75-30
www.puntodelectura.com

Primera edición en Punto de Lectura (formato maxi): abril 2010
ISBN: 978-607-11-0500-4

Portada: Jorge Garnica
Formación: Patricia Pérez
Lectura de Pruebas: Lilia Granados y Yazmín Rosas
Cuidado de la edición: Jorge Solís Arenazas

DANIEL RUZO

EL TESTAMENTO AUTÉNTICO DE NOSTRADAMUS

Índice

Primera parte
El testamento

1567, junio. "Par le thresor trouvé l'heritage du père."
"Por el tesoro encontrada la herencia del padre"

1

Profecía

Vivimos en un solo mundo limitados por nuestra concepción primaria, casi animal, del espacio, del tiempo y de la casualidad. El tiempo humano, pasado, presente y porvenir, es para nosotros una muralla infranqueable. Alcanza la liberación de esta servidumbre quien puede centrar su conciencia fuera del mundo físico. Esto constituye un proceso de difícil aceptación para nuestro "débil entendimiento". El totalmente liberado no puede pertenecer a nuestro mundo, pero tiene la posibilidad de que dos o tres "mundos" vivan y se expresen en su conciencia y en su "unión". Los profetas son una realidad humana. Nada vale negar o discutir un millón de profecías. Si una ha sido posible quiere decir que existe un grado superior de conciencia en el que se puede contemplar unidas, dentro de otra dimensión, las tres etapas de nuestro tiempo. La ciencia acepta ya que, en ciertas condiciones, el hombre y los animales conocen o presienten hechos que no se han realizado todavía.

Hay leyes que no conocemos: la profecía jamás ayuda a cambiar el rumbo de los acontecimientos y solamente puede comprenderse plenamente después de realizada. Pero da al hombre una prueba de la miseria de sus medios de comprensión, del valor relativo de su vida en este planeta, de que su existencia y su mundo son reflejos imperfectos de algo real y, por tanto, de la necesidad imperiosa de renacer a esa realidad superior.

Ciertamente muchos hombres vivimos empujados por un recuerdo. Sabemos que hemos venido de otra conciencia y que en ella existía una memoria de lo que vamos a vivir. Conocemos personas, lugares o acontecimientos antes de que lleguen a nuestras vidas, como si alguna vez los hubiéramos dejado atrás, como si viéramos por enésima vez una película que ya "es" y no podemos variar, pero cuya relación con nuestro más íntimo "yo" ha cambiado y cambia a cada momento.

La vida humana es nuestro "eterno retorno". Para los astros de nuestro sistema planetario se produce cada 25 mil 824 años solares. Para nosotros es la repetición del lapso de nuestra única vida, la que vivimos y podemos recorrer millones de veces, para aprovechar todas sus posibilidades. Esto es posible porque en relación con los astros es otro nuestro tiempo, como es otro también el de los átomos que constituyen nuestro cuerpo físico.

Los que "recordamos" formamos una gran familia. Los que no recuerdan quedan encerrados en los límites del tiempo de los relojes, que no puede explicar la profecía; en los límites del espacio de la geometría de Euclides, que no puede explicar las geometrías no euclidianas; y en los límites de la férrea repetición de la casualidad, que no explica la "casualidad" ni el "accidente".

Esta posibilidad humana de diferentes conciencias no es una ilusión ni una elaboración mental. Hemos experimentado algunas veces un cambio de conciencia en nosotros mismos; desgraciadamente ha durado pocas horas. Quien lo experimenta puede estar seguro de que se trata de verdadera conciencia, superior a la que llamamos normal, *a)* por la felicidad especial que nos embarga; *b)* porque creemos imposible perder ese estado y volver a la conciencia diaria; *c)* por la seguridad que nos da de que ésa es la verdadera conciencia humana; *d)* porque nos aparta de todas nuestras preocupaciones del mundo físico. Este proceso se encuentra explicado en el libro más difundido en todos los idiomas de la tierra. Es san Pablo quien divide a los hombres en tres niveles de conciencia según su sabiduría: el de los príncipes de este mundo, el de los perfectos y el de los verdaderos adoradores. Dice san Pablo: "Nosotros ya no dormimos, pero no todos seremos transformados". Existen pues *los príncipes de este mundo* que están dormidos, los *perfectos* que hablan sabiduría y que ya no duermen, y los *verdaderos adoradores*, que sin vanas palabras dan testimonio de la virtud y del poder de Dios porque han sido transformados. Hay tres conciencias para el hombre de la Tierra.

Esta posibilidad de hacer consciente en nuestro mundo el eterno retorno, de llegar por el conocimiento directo a unirnos con ese "más allá" que las matemáticas y la física de este siglo nos ayudan a aceptar, nace en nosotros el día en que una profecía de indiscutible cumplimiento despierta nuestra humildad. No somos los reyes de la Creación, somos solamente ánimas vivientes que han olvidado la palabra perdida, la palabra de poder, la palabra viva, el Verbo de Dios, que nos da esta vida humana y que puede darnos otras vidas en otros tiempos. Empleamos la palabra muerta para nuestras pequeñas finalidades, utilizamos imperfectamente cinco sentidos y estamos condicionados por un espacio, un tiempo y una casualidad, que hemos inventado en el curso de algunos milenios. Sin nuestra íntima convicción en ese más allá que hoy empezamos a imaginar, fantaseando sobre mundos paralelos y antimateria, y sin la posibilidad profética cuya aceptación llevamos en lo más hondo, eso que llamamos *camino espiritual* estaría cerrado para nosotros; nuestra humanidad no tendría sentido y estaría condenada a desaparecer como los dinosaurios. Si unos pocos hombres, o por lo menos uno, no pudiera seguir ese camino espiritual hasta superar a la humanidad, hasta transformarse de ánimas vivientes en espíritus vivificantes, hasta convertir en espíritu puro una copa de sangre humana, todo nuestro planeta debería incendiarse en una llamarada instantánea. La posibilidad profética es la antorcha permanente que nos hace recordar nuestro insignificante presente y nuestro verdadero destino.

He aquí el valor inmenso que tienen para la humanidad los profetas de Dios. Por eso las Sagradas Escrituras los han defendido y autorizado. Por eso los pueblos se han prosternado a su paso. No debe extrañarnos que la reacción brutal de la animalidad humana los haya sacrificado muchas veces, porque el hombre aferrado a su vida efímera odia profundamente a quien le hace recordar que hay otra vida y otra conciencia, a quien lo sacude de su sueño y lo hace ver que es una sombra.

En los últimos veinte siglos no ha existido, fuera de la Biblia, ningún conjunto de profecías tan interesantes como el que encierra, desvelada solamente en mínima parte, la obra del maestro Michel Nostradamus. El objeto de esta publicación, y de otras posteriores, es hacer llegar su obra original en copia facsimilar, y todo aquello que podamos ofrecer para la perfecta comprensión de su profecía, a quienes deberán ocuparse de ella en un próximo futuro. Nuestro trabajo bibliográfico y criptográfico y nuestros estudios cronológicos tienen esa finalidad.

La obra de Nostradamus es apocalíptica y profetiza para el año 2137 el fin de la quinta EDAD, que empezó después del Diluvio de Noé y terminará con una catástrofe por el elemento "aire". Está de acuerdo con la cronología de la humanidad anterior a ese diluvio, heredada por todos los pueblos antiguos, de la que ya nos hemos ocupado.[1]

Nostradamus predice la historia de Francia y se ocupa detalladamente de los personajes y de los acontecimientos futuros con el único fin de interesar la curiosidad humana y aprovechar para la difusión de su obra, que encierra su verdadero mensaje, el deseo irrealizable de conocer el provenir para escapar al destino. Ha logrado así que su obra profética y la maquinaria criptográfica que encierra, llegara hasta nosotros casi intacta después de atravesar cuatro siglos: de mil ochenta y cinco cuartetas se han perdido solamente trece.

[1] Ruzo, Daniel, *Los últimos días del Apocalipsis*, México, Editorial Iztaccíhuatl, 1970. Versión portuguesa de la Editorial Record, Río de Janeiro, 1971. Versión francesa de Les Éditions Payot, París, 1973.

El autor se ocupa en dicho libro de profecía, mística y cronología en forma más extensa, y para no verse obligado a citarlo continuamente en las páginas que siguen lo hace aquí, recomendándolo al lector que desee mayor información sobre los temas indicados.

La verdadera finalidad de la obra profética de Nostradamus es exponer la cronología tradicional de las EDADES y anunciar, de acuerdo con el Apocalipsis, el fin de nuestro periodo zodiacal de Piscis, el fin de nuestra quinta EDAD, que terminará después de ochenta y seis siglos, y el principio del periodo zodiacal de Acuario y de la sexta EDAD. Su criptografía encierra seguramente un mensaje muy importante que la humanidad debe recibir en el curso del próximo siglo y que contribuirá a la salvación de algunos grupos humanos durante una catástrofe, a principios del siglo XXII. Las arcas de piedra en las que se salvaron los hombres, las semillas y los animales domésticos en la época de Noé están intactas y volverán a utilizarse.

1. Retrato del M. Michel Nostradamus, en la Biblioteca Mejanes de Aix en Provenza. Siglo XVI. Por su hijo César.

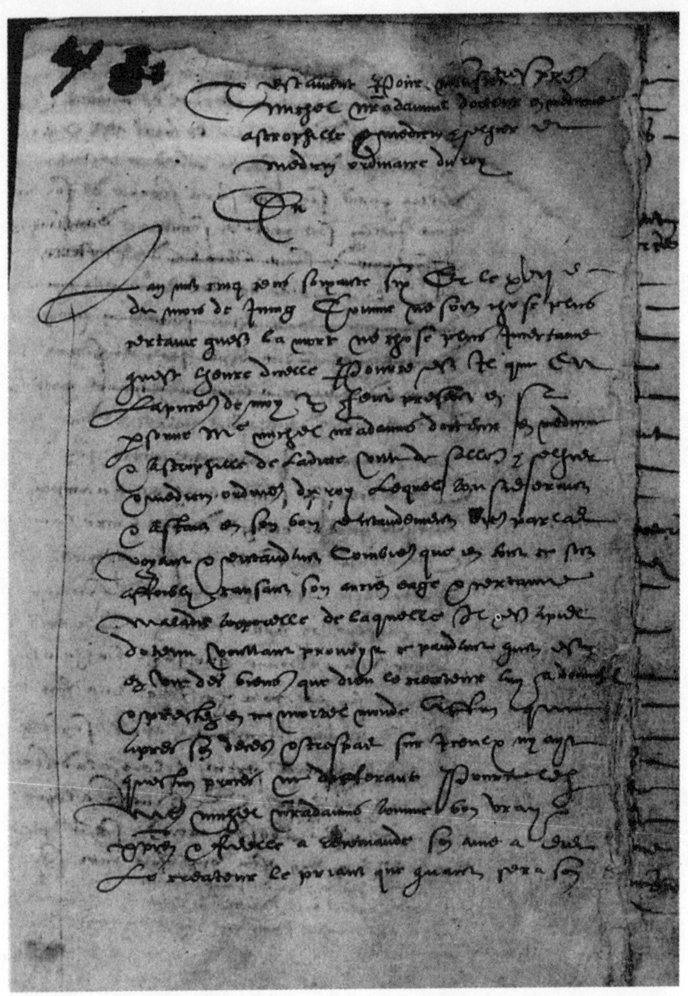

2. Primera página del testamento original de Nostradamus, del 17 de junio de 1566, ante el notario Joseph Roche, de Salon. Se encuentra en los Archivos Departamentales de "Bouches du Rhône" en Marsella, Fondos 375 E, Registro 675.

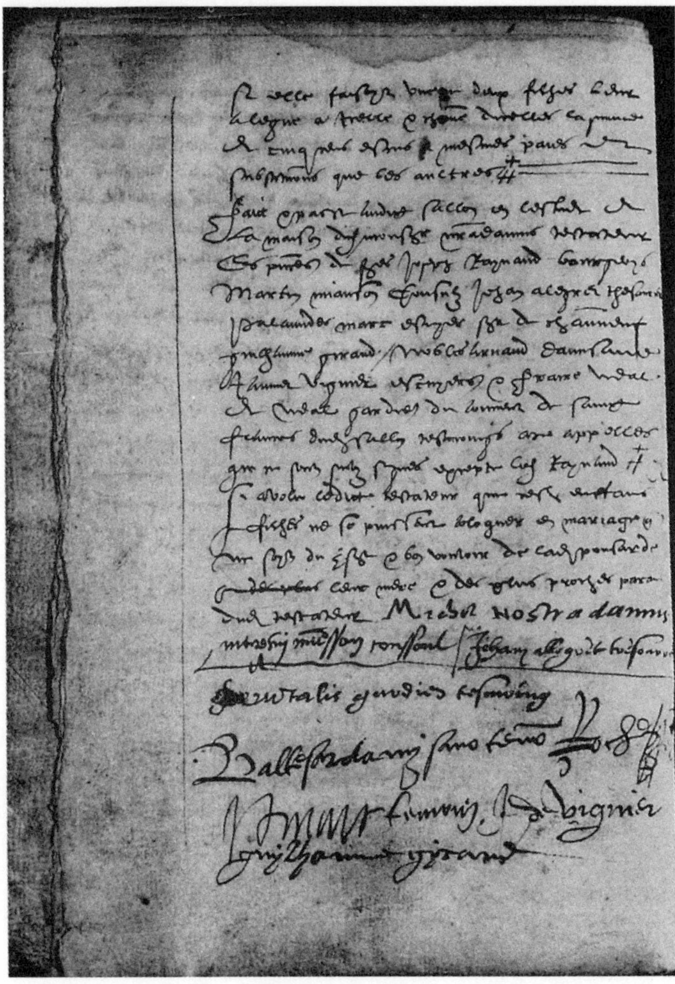

3. Duodécima y última página del ya citado testamento, con las firmas del testador y los testigos.

4. Retrato del M. Michel Nostradamus, en el Museo Calvet de Avignon. Siglo XVI. Atribuido a su hijo César.

2

El testamento

El 17 de junio de 1566, Nostradamus recibía en su casa de Salon de Craux, en Provenza, a algunos de sus amigos y al notario de la ciudad, Joseph Roche, quien extendió en su registro el acta del testamento que vamos a analizar y cuyos términos habían sido seguramente estudiados con toda minuciosidad por el testador.

Trece días después, el 30 de junio de 1566, el mismo notario extendió, con idénticas formalidades, el acta de un codicilo. Posteriormente el notario transcribió en su registro ambos documentos, en segunda redacción sin abreviaturas, añadiendo las fórmulas y cláusulas jurídicas pertinentes. Cuando comenzaba el segundo día después de dictar su codicilo, en la madrugada del 2 de julio de 1566, moría el testador.

Esas cuatro piezas manuscritas se encuentran en los Archivos Departamentales de Bouches du Rhône, en Marsella, en los Fondos 375 E, bajo la sigla: Salon 2-675 y 676. En el registro 675, en folio, sin numerar, el testamento, firmado por el testador y los testigos, ocupa 12 páginas, y cinco folios; después se encuentran las dos páginas del codicilo. En el registro 676, cuaderno de copias del notario, se pueden releer los dos documentos: el testamento ocupa 11 páginas del codicilo. En el registro 676, cuaderno de copias del notario, se pueden releer los dos documentos: el testamento ocupa 11 páginas, y 11 folios; después se encuentra, en dos páginas, el codicilo. Estos documentos inéditos que hemos comparado en sus dos redacciones han sido tomados en consideración por tres estudiosos. El primero fue Pierre D'Hozier señor de La Garde, genealogista, muerto en 1660. En la sección "Nostradamus" del Archivo de D'Hozier, en la Biblioteca Nacional de París y bajo la sigla 256. Int. 6 808, se encuentra una copia anotada al margen como "Testamento de Michel Nostradamus comunicado por Monsieur Berard (?) 1659". El texto nos hace conocer el nombre completo de Pison Bernard, notario de Salon. Reproduce una copia desaparecida del testamento y del codicilo, que fue autentificada por el notario Bernard, por otro notario y finalmente por Jean de Barros, juez de la ciudad de Salon, diócesis de Arlés.

Hemos encontrado también en la Biblioteca Nacional de París otra copia manuscrita que reproduce la copia colacionada y autentificada por Pison Bernard. Se encuentra en el Fondo Francés, bajo la sigla: f. f. 4 332, 23 571 y en los folios 77 a 86 de esa colección de documentos. Esta copia posterior dice: "Colacionado por Nos, el Consejero Secretario del Rey, Contralor en la Cancillería de Provenza. Firmado: Pison".

En la segunda mitad del siglo XVIII, el abate Laurent Bonnement, bibliotecario de Monseñor Dulau, último arzobispo de Arlés, hizo otra copia manuscrita del testamento y del codicilo. Esta copia se encuentra en la Biblioteca de Arlés en la Colección 298. Finalmente, en 1920, Eugene F. Parker escribe para su tesis de grado, en la Universidad de Harvard, un trabajo titulado "Michel Nostradamus, profeta", en el que da cuenta de la copia del testamento y codicilo que ha descubierto en la Biblioteca de Arlés y transcribe la copia mecanográfica hecha para él por Henri Daire, archivista-bibliotecario de la ciudad de Arlés.

Estos estudiosos y los pocos comentadores que han citado el testamento lo han tenido en cuenta desde el punto de vista biográfico, pero en los cuatro siglos transcurridos nadie ha supuesto siquiera que podía tener relación con la obra profética y constituir un documento inseparable de ella. Dimos cuenta de este descubrimiento en el número 97, de marzo y abril de 1962, de *Les Cahiers Astrologiques*, de Niza, André Volguine, editor.

Nuestro estudio nos ha llevado a la conclusión de que los números del testamento constituyen claves para determinar las cuartetas de la obra profética, de cuya publicación, durante la vida del autor, nos ocupamos en el estudio bibliográfico pertinente. Constituyen también claves para una primera ordenación de las cuartetas, diferente del orden con el que fueron publicadas en las Centurias y en los almanaques, reordenación que enlaza las Centurias y la mayoría de los presagios en una sola obra completa.

Podemos adelantar desde ahora que esta primera reordenación, necesaria, no es definitiva; otras claves permitirán una segunda reordenación, imposible sin la primera. Nostradamus creó todas estas dificultades para asegurarse de que su verdadero mensaje apocalíptico no pudiera ser descubierto por sus contemporáneos.

Temía con mucha razón a los hombres de su siglo, capaces de descubrir sus anagramas y las claves del criptograma bajo el que dejaba guardada su profecía. Tenían que transcurrir cuatro siglos antes de que, en estos últimos días de la quinta EDAD señalados por el Apocalipsis y a los que también se refiere claramente Nostradamus, comenzáramos a exponer su clave testamentaria.

Señalaremos de paso un dato biográfico muy interesante que consta en el testamento: Nostradamus, cuando dictaba su última voluntad, ordenó que se hiciera su tumba en la iglesia colegial de Saint-Laurens, en la capilla de Nuestra Señora. Cambió de parecer, hizo testar las palabras pertinentes y dejó ordenada en cambio la erección en la iglesia conventual de San Francisco de la misma ciudad de Salon, entre la gran puerta y el altar de Santa Marta. A finales del siglo XVIII, durante la revolución, fue destruida esta última iglesia y la tumba del profeta. Sus restos profanados, salvados poco después de su total dispersión, fueron colocados en una nueva tumba. Ésta, de acuerdo con la primera redacción del testamento que fuera testada por el profeta, se encuentra, hasta hoy, en la iglesia de Saint-Laurens y en la capilla de Nuestra Señora. Allí la hemos visitado en cada uno de nuestros viajes a Salon de Craux, en Provenza.

Y aquí una segunda observación biográfica. Sin insistir en que Nostradamus conocía la fecha de su muerte, señalemos que, según Chavigny, escribió al margen de su ejemplar de las *Ephemerides de Jean Stadius* y en la página final de junio: "Hic propre mort est". Debemos recordar igualmente que desde el presagio de julio de 1563, dijo: "A fin de junio, el hilo cortado del huso", y que su muerte ocurrió en las últimas horas del 1° de julio o en las primeras del día 2.

Si, como demuestran nuestros estudios, testamento y codicilo forman un todo indispensable para la ordenación de las profecías, ambos documentos tenían una gran importancia y su inclusión en el Registro Notarial, con trece días de intervalo, debía realizarse antes de la muerte del testador. Es muy notable que todo esto haya quedado concluido el 30 de junio y que, menos de cuarenta y ocho horas después, en la madrugada del 2 de julio, se haya producido la muerte de Nostradamus. Si el profeta no conocía la fecha de su muerte, la "casualidad" desempeñó en su caso un papel fuera de lo común, permitiéndole dejar terminado y completo su problema criptográfico horas antes de su muerte.

Creemos que la casualidad no existe. Nostradamus vivió para su obra profética que, según lo demuestra su testamento, fue su verdadera herencia. Conocía la fecha exacta de su muerte y dos días antes firmó el documento público que, completando los datos necesarios para el conocimiento de su profecía, hacía posible su develación en un futuro lejano. Creemos que estas páginas llegarán hasta aquel que está señalado para esa develación. La profecía de Nostradamus llegará sin velos a la época que debe recibirla.

Transcribimos a continuación el texto del testamento, tomado de los Archivos Departamentales de Bouches du Rhône, de Marsella, según copia auténtica hecha en 1962 por nuestro amigo el señor Édouard Baratier, conservador de estos archivos, documento que obra en nuestro poder y que hemos traducido para la versión española.

Insertaremos también fuera de texto dos páginas de la copia fotográfica de la primera versión del testamento firmado por Michel Nostradamus, el notario Roche y los testigos. (Ilustraciones 2 y 3.)

3

Texto del testamento y del codicilo

Testamento para el señor y maestro Michel Nostradamus, doctor en Medicina, astrónomo, consejero y médico ordinario del rey[1]

Transcrito de los Archivos Departamentales de Bouches du Rhône. Fondos 375 E n. 2 (Giraud) de los notarios de Salon, registros 676, folio 507 a 512 y 675 sin foliación.

El año de la *Natividad de nuestro señor* mil quinientos sesenta y seis y el decimoséptimo día del mes de ju-

[1] Convenciones respecto a la edición de testamento y del codicilo de Nostradamus.

El texto transcrito a plena página es el de las actas tal como están inscritas sobre el registro de borradores del notario Joseph Roche de Salon (registro 675). La ortografía de la época ha sido respetada, pero la puntuación y acentuación han sido agregadas para facilitar la comprensión del texto. Las palabras y frases subrayadas pertenecen a la redacción posterior del notario (registro 676) y no figuran sobre ese registro de borradores (registro 675) que no incluye sino lo esencial del testamento y del codicilo sin las fórmulas y cláusulas jurídicas, pero en el que quedan inscritas las firmas autógrafas del testador y de los testigos.

Cuando el texto más conciso de los borradores presenta variantes con el tenor de la redacción definitiva, estas variantes quedan indicadas en nota numerada. No hemos tenido en cuenta simples variantes ortográficas de poco interés como *moys* o *mois*, *testement* o *testament*, *entendent* o *entandant*, *poyable* o *paiable*, *meyson* o *maison*, etc... Se indican igualmente en notas las palabras testadas con la mención del registro (*extensoire* o borrador) donde son anuladas.

nio, *sepan todos los presentes y los que en el futuro este escrito verán*. Como no hay cosa más cierta que la muerte ni cosa más incierta que la hora de ella, por esto es que *delante y en mi presencia Joseph Roche notario real y escribano juramentado de la presente ciudad de Salon diócesis de Arlés que firma al pie y de los testigos más adelante nombrados*, se presentó personalmente el *maestro* Michel Nostradamus, doctor en Medicina y astrónomo de la dicha ciudad de Salon, consejero y médico ordinario del rey, el cual se considera y está en su sano juicio, habla bien, ve y oye. Aunque en todo esto esté debilitado por causa de cierta enfermedad corporal y avanzada edad[2] de la cual él está actualmente aquejado, queriendo proveer mientras está en vida sobre sus bienes que Dios el Creador le ha dado y prestado en este mundo mortal, a fin de que[3] después de su muerte y defunción no haya cuestión, proceso ni diferencia sobre dichos *bienes*; por esto dicho *maestro* Michel Nostradamus *de su buen deseo puro y franco querer*, *propio movimiento, deliberación y voluntad ha hecho ordenado y establecido y por estas letras presentes hace ordena y establece su testamento nuncupativo, disposición y ordenanza final y extrema voluntad de todos y cada uno de sus bienes que Dios el Creador le ha dado y prestado en este mundo mortal de la forma y manera que sigue:*

y primeramente el dicho maestro Michel Nostradamus testador como bueno, verdadero y fiel cristiano ha recomendado y *recomienda* su alma a Dios el Creador,[4] rogándole a *dicho creador que según sus designios y* cuando sea

[2] Por causa de su avanzada edad y cierta enfermedad corporal.

[3] A fin.

[4] Le.

su buena voluntad llamarlo *tenga de ella piedad, compasión y misericordia y*[5] la coloque en el reino eterno del paraíso; y puesto que después del alma el cuerpo es la cosa más digna de este siglo, *por esto dicho maestro Miguel Nostradamus*[6] *testador* ha querido y ordenado *que después que el alma sea aspirada de su cuerpo éste sea llevado honorablemente*[7] a sepultura en la iglesia del Convento de San Francisco del dicho Salon y entre la gran puerta de ella y del altar de Santa Marta, allí donde ha querido que se haga una tumba o monumento contra la muralla;[8] y *así* ha querido *y ordenado* que su dicho cuerpo sea acompañado con cuatro cirios de una libra la pieza; y también ha querido y ordenado el dicho testador que todas sus exequias y funerales sean hechos a discreción de sus ejecutores testamentarios más adelante nombrados;

y también ha legado y querido y ordenado el *dicho testador* que sean entregados a trece pobres seis sueldos para cada uno una vez solamente *pagables*[9] después de su deceso *y defunción*, los cuales pobres serán elegidos a la discreción de sus ejecutores testamentarios *más adelante nombrados*, y también ha legado *y deja el dicho maestro Mi-*

[5] Que sea de su agrado.

[6] El dicho.

[7] Cuando su alma sea separada de su cuerpo que éste sea llevado.

[8] Desde "a sepultura en..." hasta "muralla", el registro de borradores (675) lleva este texto en reenvío; había en su lugar otro texto testado que es como sigue: "En la iglesia colegial de Saint-Laurens de dicho Salon y en la capilla de Nuestra Señora en la muralla de la cual ha querido se haga un monumento en el cual su dicho cuerpo sea sepultado y para dicha finalidad ha legado al capítulo y canónigos de dicha iglesia dos escudos pagables una vez solamente inmediatamente después de su deceso".

[9] Solamente inmediatamente.

guel Nostradamus testador a los Frailes de la Observancia de San Pedro de Canon un escudo una vez solamente pagable inmediatamente después de su defunción; y también ha legado *y deja el dicho testador* a la Capilla de Nuestra Señora de los Penitentes blancos de dicho Salon un escudo pagable una vez solamente inmediatamente después de su deceso *y defunción e igualmente*[10] ha legado y lega a los Frailes Menores del Convento de San Francisco de dicho Salon dos escudos una vez solamente pagable inmediatamente después de su deceso *y defunción*.

e igualmente ha legado *y deja el dicho testador a la honesta niña* Magdalena Besaudine, hija de Loys Bezaudin su primo hermano, la suma de diez escudos de oro pistolas, los cuales ha querido le sean entregados cuando *ella* sea colocada en matrimonio y no de otra manera, de tal modo que si la dicha Magdalena viniera a morir antes de ser colocada en matrimonio ha querido *y quiere* dicho testador que el presente legado sea nulo;

y de la misma manera ha legado *y deja dicho maestro Miguel*[11] Nostradamus testador a la niña Magdalena Nostradamus su hija legítima y natural y de la señora Ana Ponsarde su mujer en común la suma de seiscientos escudos sol de oro pagados una vez solamente el día que ella sea colocada en matrimonio; e igualmente ha legado y lega *dicho maestro Miguel Nostradamus testador* a las niñas Ana y Diana de Nostradamus sus hijas legítimas y naturales y de la citada señora Ana Ponsarde su mujer en

[10] También

[11] Y legado el dicho de.

común y a cada una de ellas la suma de quinientos escudos de oro pistolas pagables a cada una de ellas el día que sean colocadas en matrimonio y, en el caso en que dichas niñas Magdalena Ana y Diana *hermanas* o una de ellas viniesen a morir en pupilaje o de otra manera sin herederos legítimos y naturales, en dicho caso ha sustituido a cada una de dichas Magdalena Ana y Diana sus herederos más adelante nombrados;

y también ha legado y deja el dicho *maestro Miguel Nostradamus testador* a la dicha señora Ana Ponsarde su mujer bien amada la suma de cuatrocientos escudos de oro pistolas, los cuales el dicho testador ha querido sean entregados a la dicha Ponsarde su mujer inmediatamente después del fin y defunción del dicho testador, y de los cuales cuatrocientos escudos la dicha Ponsarde gozará en tanto que ella viva viuda y en el nombre del dicho testador, y, en el caso de que la dicha Ponsarde se vuelva a casar, en el dicho caso el dicho testador ha querido que los citados cuatrocientos escudos sean restituidos a sus herederos más adelante nombrados; y si la dicha Ponsarde no llegara a casarse de nuevo, en tal caso el dicho testador ha querido que ella pueda legar y dejar los dichos cuatrocientos escudos a uno de sus hijos del dicho testador aquel o aquellos que a ella le parezca bien, con tal que de todas maneras no los pueda dejar a otro que a sus dichos hijos de dicho testador e igualmente ha legado y lega *dicho testador* a dicha *señora* Ana Ponsarde su mujer el uso y habitación de la tercera parte de toda la casa de dicho testador la cual tercera parte la dicha Ponsarde escogerá según su voluntad y gozará de ella en tanto que viva viuda en su nombre de dicho testador;

y también ha legado *y deja* a la dicha señora Ponsarde una caja de nogal llamada la caja grande que se encuentra en la sala de la casa del dicho testador, junto con la otra pequeña próxima a ella cerca del lecho, y también el lecho que está en la sala citada con su bassaque, colchones, *cojín*,[12] almohada, cobertor de tapicería, cortinas y dosel que están en dicho lecho, y también seis sábanas, cuatro toallas, doce *servilletas*,[13] media docena de platos grandes, media docena y platos chicos, media docena de tazas, dos jarras, una jarra grande y una jarra chica, una jarra para poner agua y un salero, todo esto en estaño, y otros muebles de la casa que le sean necesarios según su situación, tres botas para guardar su vino y una pequeña pila cuadrada que se encuentra en el sótano; los cuales muebles, después del fin de la dicha Ponsarde o en el caso de volverse a casar, ha querido *dicho testador* vuelvan a sus herederos aquí más adelante nombrados; e igualmente ha legado y deja dicho testador a la dicha señora Ana Ponsarde su mujer todas sus ropas, vestimentas, sortijas y joyas para de ellas hacer según su placer y voluntad;[14]

y también ha prelegado y prelega dicho maestro Miguel Nostradamus testador todos y cada uno de sus libros que tiene a aquel de sus hijos que aprovechara más el estudio y que haya "aspirado más el humo de la lámpara", los cuales libros junto con las cartas que se encontrarán en la casa del citado testador dicho testador

[12] *Coultre*.

[13] Servilletas.

[14] Este legado de ropas y joyas se encuentran en el registro de borradores (675) después de un reenvío dos folios más lejos.

no ha querido de ninguna manera sean inventariados ni descritos sino que sean amarrados en paquetes y canastas hasta que aquel a quien estén destinados llegue a la edad de recibirlos y puestos y encerrados en una habitación de la casa del citado testador;

y también ha prelegado *y prelega dicho testador* a César de Nostradamus su hijo legítimo y natural y de la citada señora Ponsarde su mujer en común su casa donde vive *actualmente*; igualmente ha prelegado *y prelega dicho testador* la copa que tiene el citado testador de plata sobredorada e igualmente las grandes sillas de madera y de hierro *que se encuentran en la dicha casa*;[15] quedando de todas maneras el legado hecho a la citada Ana Ponsarde su mujer en su fuerza y virtud entretanto que ella viva viuda y en el nombre del dicho testador; y dicha casa quedará como bien común indiviso en lo que respecta al uso entre los dichos César Carlos y Andrés sus hermanos hasta que todos los dichos hermanos hijos del dicho testador lleguen a la edad de veinticinco años, después de este tiempo la dicha casa será enteramente del dicho César para que haga de ella según su placer y voluntad; quedando siempre de todas maneras el legado hecho a la dicha Ponsarde su madre en lo que respecta a dicha casa en su fuerza y virtud;

y de la misma manera dicho testador ha prelegado y prelega[16] a dicho Carlos de Nostradamus su hijo legítimo y natural y de dicha *señora Ana* Ponsarde su mujer

[15] Este prelegado de la copa y de las sillas está inscrito en un reenvío a pie de página en el registro de borradores (675).
[16] Y también el prelegado.

en común la suma de cien escudos de oro pistolas una vez solamente, los cuales cien escudos dicho Carlos podrá tomar sobre toda la herencia antes de partir cuando llegue a la edad de veinticinco años *e igualmente ha prelegado y prelega dicho testador* a dicho Andrés de Nostradamus su hijo legítimo y natural y de dicha *señora Ana* Ponsarde en común la suma de cien escudos de oro pistolas una vez solamente, los cuales cien escudos dicho Andrés podrá tomar *y levantar* sobre toda la herencia antes de partir cuando sea *como queda dicho* de la edad de veinticinco años.

Y porque la institución de heredero es el principio y fundamento de cada testamento sin la cual todo testamento se ha convertido y hecho nulo y sin valor; por esto, aquel citado maestro Miguel de Nostradamus testador de buen grado, pura y franca voluntad, ciencia cierta, movimiento propio, deliberación y voluntad, en todo y cada uno de sus otros bienes muebles inmuebles presentes y futuros derechos nombres cuentas y acciones deuda *cualesquiera que sean, donde ellas sean nombradas situadas y asentadas y sobre cualquier especie nombre o cualidad que sean, ha hecho, creado, ordenado y establecido, y por estas presentes hace, crea y ordena y establece y ha nombrado y nombra de su propia* boca por sus nombres y apellidos sus herederos universales *y particulares: a saber*, los dichos César Carlos Andrés de Nostradamus sus hijos legítimos y naturales y de la citada señora Ana Ponsarde en común por iguales partes porciones,[17] sustituyéndolos uno al otro si llegaran a morir en pupilaje o de otra

[17] Partes y porciones.

manera sin herederos legítimos[18] y naturales; y si dicha señora Ana Ponsarde su mujer estuviera encinta e hiciere un hijo o dos los ha hecho herederos igualmente como los otros con igual sustitución; y si ella hiciera una o dos hijas, les ha legado *y deja* dicho testador a aquélla y a cada una de ellas la suma de quinientos escudos pistolas con los mismos pagos y sustituciones que a las otras;

y también ha querido *y quiere* dicho testador que sus citados hijos e hijas no puedan colocarse en matrimonio si no es con el consentimiento y buena voluntad de dicha *Ana* Ponsarde su madre y de los más próximos parientes de dicho testador;[19] y en el caso de que todos[20] vinieran a morir sin herederos legítimos y naturales, ha sustituido *y sustituye dicho testador* al último de ellos las dichas señoritas Magdalena Ana y Diana de Nostradamus sus hermanas *e hijas del dicho testador*,

y porque el dicho testador ve que su herencia consiste la mayor parte en dinero contante y deudas, ha querido el dicho testador que cuando sean exigidos dichos dineros contantes y deudas sean entregados en manos de dos o tres comerciantes solventes con ganancia y provecho honesto; y también porque ha visto que sus hijos son de corta edad y quedan en pupilaje constituidos, los ha proveído de tutora y administradora testamentaria

[18] De sus cuerpos. Estas tres palabras testadas en el registro de borradores (675).

[19] Toda esta cláusula que concierne a los niños por nacer está inscrita en el registro de borradores (675) bajo un reenvió situado dos folios más lejos al fin del acta antes del lugar y de los testigos, y la cláusula sobre el consentimiento de la madre necesario para el matrimonio de los hijos completamente al fin de la acta.

[20] La palabra tres testada.

de sus personas y bienes *a saber*: la dicha señora Ana Ponsarde su mujer, de la que especialmente se confía siempre que se obligue a hacer buen y leal inventario; no queriendo de todas maneras que ella pueda estar obligada a vender algún mueble o utensilio de la casa de la citada herencia y esto mientras ella viva viuda y en el nombre de dicho testador, prohibiendo toda alienación de muebles de cualquier clase que sea de manera que sean guardados y después divididos a los citados niños *y herederos* cuando sean *como está dicho de la edad de veinticinco años*;[21] la cual tutora tomará y recobrará el provecho *y ganancia* del citado dinero que será puesto en manos de dichos comerciantes para del dicho provecho alimentarse ella y sus dichos hijos calzarse y vestirse y proveerse de lo que sea necesario según su calidad, sin que de dichos frutos ella sea obligada a rendir alguna cuenta sino solamente proveer a sus hijos como está dicho; prohibiendo expresamente dicho testador que sus citados herederos puedan pedir su parte de su citada herencia en aquello que se conservará en dinero mientras no sean de edad de veinticinco años, y tocante a los legados hechos a sus citadas hijas se tomarán sobre los fondos de dinero que será colocado en manos de los dichos comerciantes[22] cuando ellas vengan a ser colocadas en matrimonio según los antedichos legados; queriendo además dicho testador que ninguno de sus hermanos del dicho testador tenga ni pueda tener ningún manejo o cargo de

[21] En edad. Esta cláusula que prohíbe la alineación del mobiliario está agregada a fin de página en el registro de borradores (675) de la propia mano del notario con su firma.

[22] Y.

dicha herencia; por el contrario ha dejado el total cuidado y gobierno de ella y de la persona de sus citados hijos a la antes dicha señora Ana Ponsarde su mujer;

y a este fin de que este su presente testamento pueda ser ejecutado en la mejor forma aun en aquello que toca y concierne las ataduras lastimeras de su alma; por esto, el dicho maestro Miguel de Nostradamus testador ha hecho *y ordenado* sus fiadores ejecutores testamentarios de su presente testamento *como sigue*: Palamides Marcq escudero señor de Chasteauneuf y señor Jacques Sufren burgués del dicho Salon; a los cuales *y a cada uno de estos ha dado y da el dicho testador plenos poderes facultad y autoridad para ejecutar su presente testamento y para hacerlo tomar de sus bienes y hacer todo aquello a que verdaderos ejecutores testamentarios son autorizados y tienen costumbre de hacer*;

el cual su presente testamento ha querido y quiere el dicho maestro Miguel Nostradamus testador ser y deber ser su último testamento nuncupativo, disposición y ordenanza final de todos y cada uno de sus bienes el cual entiende hacer valer por título y no como testamento codicilo donación por causa de muerte o de cualquiera otra manera y forma que él pudiera valer, aboliendo anulando y revocando todos los otros testamentos codicilos donaciones por causa de muerte y otras últimas voluntades por él anteriormente ante notario hechos y pasados, quedando éste presente en toda su fuerza y virtud; así ha querido y requiere de mí dicho suscrito notario y testigo más adelante nombrados guardar recuerdo de su dicho presente testamento y cosas contenidas en él los cuales testigos él ha conocido bien y nombrado por sus nombres y los cuales testigos de la misma manera han conocido al citado testador, y que yo antedicho notario redacte y ponga por escrito su presente testamento para servir a sus citados herederos y otros a quienes pertenecerá en tiempo y lugar como es justo.

E inmediatamente el dicho maestro *Miguel Nostradamus* testador ha dicho y declarado en presencia de los testigos más adelante nombrados tener en dinero constante la suma de tres mil cuatrocientos cuarenta y cuatro escudos y diez sueldos los cuales ha exhibido y mostrado realmente en presencia de los testigos más adelante nombrados en las monedas especificadas como sigue primero en treinta y seis nobles a la rosa,[23] ducados simples ciento uno, angelotes setenta y nueve, dobles ducados ciento veintiséis, escudos viejos cuatro, liones de oro en forma de escudos viejos dos, un escudo del rey Luis, una medalla de oro valiendo dos escudos, florines de Alemania ocho, imperiales diez, marionetas diecisiete, medios escudos sol ocho, escudos sol mil cuatrocientos diecinueve, escudos pistolas mil doscientos,[24] tres piezas de oro dichas portuguesas valiendo treinta y seis escudos, que suman todas las antedichas sumas de dinero contante reducidas juntas la citada suma de tres mil cua-

[23] Valiendo once florines pieza, palabras testadas en el registro de borradores (675).

[24] Sigue aquí en el registro de borradores (675) un pasaje bastante largo testado: "Todo reducido sumando la dicha suma de tres mil cuatrocientos cuarenta y cuatro y dies sueldos; además dijo tener en deudas tres piezas de oro dichas portuguesas valiendo treinta y seis escudos pistolas y también ha dicho tener en deudas tanto por obligaciones como consta en su libro de cuentas en cédulas que representan dinero entregado a interés la suma de mil y seiscientos escudos".

trocientos cuarenta y cuatro escudos y diez sueldos; y también ha hecho aparecer *dicho testador* tanto por su libro como por obligaciones y cédulas como *por* intereses que él tiene adeudos por la suma de mil y seiscientos escudos; las cuales sumas de dinero contante han sido colocadas en tres cofres o cajas que se encuentran en la casa del dicho Nostradamus; las llaves de las cuales han sido entregadas la una a Palamides Marcq señor de Chasteauneuf, la otra al señor Martín Mianson cónsul y la otra al señor Jacques Sufren burgués de dicho Salon que ellos han recibido realmente, después de haber sido puesto el dinero en dichas cajas por ellos mismos. hecho, pasado *y publicado* en dicho Salon y en el estudio de la casa del dicho señor *maestro Miguel* Nostradamus testador en presencia de los señores Joseph Raynaud burgués, Martín Mianson cónsul, Jehan Allegret tesorero, Palamides Marcq escudero señor de Chasteauneuf, Guilhaume Giraud, nobles Arnaud Demisane, Jaumet Viguier escudero y fraile Vidal de Vidal guardián del Convento de San Francisco de dicho Salon, *testigos ad ce requis y* llamados; *los cuales testador y testigos yo dicho notario he requerido a firmar, según la ordenanza del Rey, los cuales han suscrito, excepto el dicho Reynaud testigo que ha dicho no saber escribir.*

Así firmado en su primer original: Miguel Nostradamus, Martín Mianson cónsul, Jehan Allegret tesorero, Vidal de Vidal guardián, Barthesard Damysane testigo, P. Marcq testigo, J. Viguier, Guillaume Giraud.

(Firma del notario Roche.) —Copia conforme al original. —Marsella el veintitrés de marzo de 1962. —El conservador de los Archivos de Bouchesdu-Rhône.

(FDO.) BARATIER

Transcripción del original

Codicilo para mi señor maestro
Miguel de Nostradamus,
doctor en Medicina, astrónomo, consejero
y médico ordinario del rey[25]

(*Ibídem*, reg. 676 f.° 523 verso y 524
y reg. 675, sin numerar.)

El año de la Natividad de nuestro Señor mil quinientos sesenta y seis[26] *y el último día del mes de junio, sepan todos los presentes y los que en el futuro este escrito verán que, ante mí y en presencia de mí Joseph Roche notario real y escribano jurado de la presente ciudad de Salon diócesis de Arlés que suscribe y de los testigos citados más adelante, fue presente en persona*[27] el señor maestro Miguel Nostradamus doctor en Medicina, astrónomo consejero y médico ordinario del rey, el cual considerando *y sintetizando en su memoria como él dice* haber hecho *su último* testamento nuncupativo,[28] tomado y recibido por mí *dicho* y suscrito notario

[25] En el margen de los dos registros está inscrita la palabra “grossoye” y debajo, solamente en el registro de borradores, “vide á la main du brolhard qu’es estendut”.

[26] El dicho año.

[27] Como sea que.

[28] Hace algunos días su testamento. El texto definitivo lleva estas tres palabras testadas “y disposición final” (676).

en el año presente y el decimoséptimo día del presente mes de junio, en el cual entre otras cosas *contenidas en él* ha hecho sus herederos a César Charles y André *de Nostradamus sus hijos y porque a cada uno le es lícito y permitido de derecho codicilar y hacer sus codicilos después de su testamento* por los cuales a su dicho testamento puede aumentar o disminuir *o de cualquier otra manera abolir completamente*; por esto *el dicho Maestro Miguel de Nostradamus queriendo hacer sus codicilos y presentemente codicilando y agregando a su dicho testamento*,[29] ha legado y *lega* al dicho César *de Nostradamus* su hijo *bien amado* y coheredero su astrolabio de latón junto con su gran anillo de oro con la *piedra* cornalina engastada en él, *y esto además y por sobre el prelegado hecho a él por el dicho Nostradamus su padre en su dicho testamento*;

y también ha legado y lega a la niña Magdalena de Nostradamus su hija *legítima y natural* además de aquello que le ha sido legado por su dicho testamento a saber: dos cofres de madera de nogal que están en el estudio del dicho codicilante, junto con las vestimentas anillos y joyas que la dicha niña Magdalena tenga en los dichos cofres, sin que nadie pueda ver ni observar lo que haya en ellos habiéndola hecho dueña del dicho legado inmediatamente después del deceso de dicho codicilante, el cual legado la dicha niña podrá tomar de su propia autoridad sin que sea obligada a tomarlo por mano de otro ni consentimiento de nadie;

[29] Estaba presente en su persona el susodicho de Nostradamus el cual codicilando y agregando a su dicho testamento de su buen deseo, propio movimiento, deliberación y voluntad ha hecho estos codicilos y presentemente codicilando.

y en todas y cada una de las otras cosas contenidas y declaradas[30] *en su dicho testamento el dicho maestro Miguel de Nostradamus codicilante ha aprobado ratificado y confirmado y ha querido y quiere que ellas valgan y tengan siempre valor perpetuo y firmeza y también ha querido*[31] *el dicho codicilante que el presente codicilo y todo lo contenido en él tenga virtud y firmeza por derecho del codicilo o epístola y por derecho de toda otra última voluntad y para la mejor forma y manera en que pudiera hacerse; y ha requerido y requiere de mí dicho y suscrito notario y testigos más adelante nombrados que recuerden su dicho presente codicilo, los cuales testigos él ha conocido bien y nombrado por su nombre y los cuales testigos también han conocido al dicho codicilante, por lo cual y por lo que el dicho maestro Miguel de Nostradamus ha querido que sea hecha un acta a aquellos a quienes de derecho pertenecerá por mí dicho y suscrito notario.*

Hecho *pasado y publicado* en el dicho Salon y en la casa del dicho codicilante en presencia del señor Jehan Allegret tesorero, Maestro Anthoine Paris doctor en Medicina, Jehan Giraud denominado[32] Bessonne, Guilhen Heyraud boticario y maestro Gervais Berard cirujano de dicho Salon, *testigos requeridos y llamados; los cuales codicilante y testigos yo dicho notario he requerido que firmen siguiendo la ordenanza del rey y los que han firmado abajo excepto el dicho testigo Giraud que dice no saber escribir*;

[30] Ratificando todo lo que queda que está contenido.
[31] Y quiere, dos palabras testadas en el texto definitivo (676).
[32] De.

así firmado en su primer original M. Nostradamus, Jehan Allegret, Gervais Berard, A. Paris, Guilhen Heyraud testigos.

(Firma del notario Roche.) —Copia conforme al original. —Marsella el veintitrés de marzo de 1962. —El Conservador de los Archivos de Bouches-du Rhône,

(FDO.) BARATIER

4

Las personas que intervienen en el testamento

La atenta lectura del testamento y del codicilo pone en evidencia que Nostradamus hizo intervenir 13 testigos y ejecutores testamentarios, ordenó limosna para 13 pobres y nombró en sus dos documentos a 13 personas, tres de las cuales eran personas jurídicas. Reproduciremos la lista de nombres con la ortografía de los documentos pertinentes que varía algunas veces para la misma palabra aun en el mismo documento.

Los 13 testigos y ejecutores testamentarios fueron en los dos documentos:

Pallamides Marcq, escudero, señor de Chasteauneuf.

Jacques Suffren, señor, burgués de Sallon.

Martin Mianson, señor, cónsul.

Joseph Raynaud, burgués.

Jehan Allegret, tesorero.

Guilhaume Giraud.

Arnaud Barthesard Damisane, noble.

Jaumet Viguier, escudero.

Hermano Vidal de Vidal, guardián del Convento de San Francisco del dicho Sallon.

Antoine Paris, maestro, doctor en Medicina.

Jehan Giraud, dicho de Besonne.

Guilhem Heyraud, boticario.

Gervais Berard, maestro, cirujano de Sallon.

Las 13 personas que intervinieron en el testamento y en el codicilo, notario, testador, herederos y beneficiarios, son las siguientes:

Joseph Roche, notario.

Maestro Michel Nostradamus, doctor, testador.

Hermanos de la Obediencia de San Pedro de Canon.

Capilla de Nuestra Señora de los Penitentes Blancos.

Hermanos menores del Convento de San Francisco.

Magdeleine Besaudine.

Anne Ponsarde, mujer de Nostradamus.

César de Nostradamus, su hijo.

Charles de Nostradamus, su hijo.

André de Nostradamus, su hijo.

Magdeleine de Nostradamus, su hija.

Anne de Nostradamus, su hija.

Diane de Nostradamus, su hija.

5

Las cifras del testamento

Fecha del testamento: 17-VI-1566
Días que transcurren hasta el codicilo 13
Fecha del codicilo: 3-VI-1566
Pobres que deben recibir limosna 13
Testigos y ejecutores testamentarios en ambos documentos 13
Testador, notario y 11 personas, tres jurídicas y ocho naturales, herederos y beneficiarios..... 13

Monedas de oro

Nobles a la rosa que valen once florines cada uno de acuerdo con palabras testadas en el Registro Notarial 136
Ducados 101
Angelotes 79
Dobles ducados 126
Viejos escudos 4
Leones de oro en forma de viejos escudos 2
Escudo del rey Luis 1
Medalla de oro que vale dos escudos 1
Florines de Alemania 8

Imperiales	10
Marionetas	17
Medios escudos sol	8
Escudos sol	1 419
Escudos pistolas	1 200
Piezas de oro llamadas portuguesas que valen 36 escudos pistolas según palabras testadas en el Registro Notarial	3
Total de piezas de oro	3105

Valor de la herencia según el testamento

Valor total, en escudos, de las piezas de oro	3 444 y 10 sueldos
Valor total, en escudos, de las cantidades dadas a interés según documentos	1600
Total escudos	5 044 y 10 sueldos

Gastos y mandas que debían cumplirse de inmediato

	Cuatro cirios de una libra	Escudo	1	30s
13	Trece pobres a seis sueldos cada uno	Escudo	1	28 s
1	Hermanos Observantes	Escudo	1	

1	Capilla de Nuestra Señora	Escudo	1
1	Hermanos Menores del Convento de San Francisco ..	Escudo	2
1	Para Ana, su viuda.	Escudos pistolas	400
17			

Legados que debían pagarse posteriormente

1	A su hija Magdalena	Escudo sol	10
1	A Magdalena Besaudin	Escudos pistolas	10
1	A su hija Ana	Escudos pistolas	500
1	A su hija Diana	Escudos pistolas	500
1	A su hijo Carlos	Escudos pistolas	100
1	A su hijo Andrés	Escudos pistolas	100
6			
23			

Quedaban ordenados de esta manera veintitrés (23) mandas y legados en dinero efectivo para 23 personas; 17 para ser abonados inmediatamente después de la muerte del testador y 6 sujetos a plazo y condición. Se cita en la obra profética este número 23 dividido en 17 y 6, en la Centuria II cuarteta 51: *De vint trois les six*. (De veintitrés, seis.)

Los gastos y mandas de ejecución inmediata debían pagarse de las monedas de oro y los legados de las cantidades dadas a interés.

Inmuebles

Una casa legada a su hijo César, cuya posesión quedaba dividida en tres partes: una para su viuda y otra para sus hijos e hijas, con excepción de César, propietario de ella que quedaba en posesión de una tercera parte.

Muebles y objetos

Para Ana su viuda:

3 cofres con tres llaves		3 cofres
1 caja grande		
1 caja chica		
1 lecho		3 muebles
7 ítems para el lecho		7 ítems
6 sábanas		
4 toallas		
12 servilletas	22 piezas de tela	
——		
6 platos grandes		
6 platos chicos		
6 tazas		
1 jarra grande		
1 jarra chica		
1 jarra para agua		
1 salero	22 piezas de estaño	
——		
3 botas para el vino		
1 pila pequeña y cuadrada	24 piezas para el vino	
——		

A César, su hijo:

1 copa de plata dorada
(en el testamento)
1 astrolabio de latón
(en el codicilo)
1 anillo de oro
con cornalina
(en el codicilo) 3 objetos

A Magdalena, su hija:

2 cajas de madera de
nogal, con su contenido
(en el codicilo) 2 cajas

―――――
22 piezas

Si tomamos los tres cofres en que se guarda el oro, los 14 muebles y objetos que hereda Ana, los tres objetos que hereda César, las dos cajas que hereda Magdalena, tendremos por tercera vez un total de 22.

No puede ser casual la mención en el testamento de 22 piezas de tela, 22 de estaño y 22 objetos diversos. Podemos legítimamente considerar para nuestro posterior trabajo criptográfico el número más importante de la Cábala, el 22 y su división tradicional en 3, 7 y 12.

Los herederos

Tres herederos: César, Carlos y Andrés, sus tres hijos varones.

Tres herederos sustitutos: Magdalena, Ana y Diana de Nostradamus, sus tres hijas mujeres.

Las monedas de oro fueron guardadas en tres cofres, con tres llaves entregadas una a cada uno de los tres ejecutores testamentarios; la casa habitación, propiedad legada al hijo mayor, quedó dividida en tres partes en cuanto a la posesión a la que tenían derecho, además del propietario, la madre en una tercera parte de por vida y en otra tercera parte los hijos varones hasta la mayoría de edad y las hijas mujeres hasta ser colocadas en matrimonio; las instituciones beneficiadas con legados eran tres: los objetos mubles se dividieron entre tres personas: la viuda, el hijo mayor y la primera hija mujer; los herederos fueron tres: César, Carlos y Andrés, que en caso de muerte tendrían tres herederos sustitutos: Magdalena, Ana y Diana de Nostradamus. Si recordamos que las Centurias se publicaron divididas en tres partes y que hoy, divididas en dos libros, les agregamos los presagios y relacionamos estos datos con los datos anteriores, dejaremos establecido un indicio de la voluntad del testador cuya verdadera herencia es su obra profética, la que deberá dividirse en tres partes como divide él mismo sus bienes: el oro en tres cofres, el uso de la casa en tres tercios, los muebles entre tres personas y el saldo final de todos sus valores entre tres herederos.[1]

[1] El valor de la monedas se ha calculado según la Real Orden de 1561, que estuvo en vigor hasta 1573 y que fijaba el valor del escudo en cincuenta sueldos, o sea en dos libras y media de veinte sueldos cada una.

6

Primeras observaciones

Lo primero que nos llamó la atención fue el lapso de trece días entre los dos documentos: uno de 17 y otro del 30 del sexto mes de 1566. Trece es el número de los presagios de cada año, y son 13 los almanaques con versos proféticos para los años transcurridos de 1555 a 1567, publicados por Nostradamus, quien juega mucho en toda su obra con el número trece. notamos inmediatamente la repetición de este número en los documentos testamentarios: trece pobres recibirían limosna, trece fueron los testigos y ejecutores testamentarios y trece sumaban el testador, el notario y las once personas, tres jurídicas y ocho naturales, entre las que se repartiría todo el haber de dicho testador.

Notamos además que el codicilo es de muy poca importancia y dada la minuciosidad de Nostradamus no tiene explicación. Conociéndolo bien, Nostradamus no podía convencernos de haber olvidado en su minuta testamentaria "su astrolabio de latón y su grueso anillo de oro con la cornalina engastada en él". Tampoco podía hacernos creer que había olvidado legar a su hija mayor dos cofres de madera de nogal con su contenido no especificado, y menos aún que era necesario un codicilo testamentario y la presencia del notario y de cinco testigos para decidir estos legados de cuatro objetos muebles de pequeña importancia, cuando habría bastado una reunión de familia y la expresión a viva voz de su voluntad ante los parientes cercanos. Los beneficiarios de este extraño documento son un niño de doce años y una niña de no más de once. En realidad el codicilo y el número trece produjeron el efecto deseado haciéndonos dar un segundo paso en el descubrimiento.

Al leer la lista de monedas, los 101 ducados simples y los 126 ducados dobles nos llamaron la atención. Se trataba de una suma de 353 ducados y la primera edición de las Centurias consta de 353 cuartetas.

El segundo número que nos saltó a la vista fue el penúltimo: mil 200 escudos pistolas. La tercera parte de la obra nostradámica consta exactamente de 300 cuartetas de cuatro versos cada una. Mil 200 escudos pistolas se referían seguramente a los mil 200 versos de esta tercera parte de la obra.

Consideramos entonces que los mil 419 escudos sol tenían que referirse a la segunda parte y todas las monedas restantes, que enumeramos a continuación, a los presagios.

Nobles a la rosa	36
Angelotes	79
Viejos escudos	4
Leones de oro en forma de viejos escudos	2
Escudo del rey Luis	1
Medalla de oro que vale dos escudos	1
Florines de Alemania	8

Imperiales	10
Marionetas	17
Medios escudos sol	8
Piezas de oro portuguesas	3
Total de monedas	169

Efectivamente, todas las monedas restantes son 169 y las cuartetas tituladas Presagios, 13 por año durante 13 años, son también 169.

Nos faltaba solamente encontrar la relación entre los mil 419 escudos sol y la segunda parte de la obra.

No había duda posible. El testamento y el codicilo encerraban la primera clave nostradámica para la determinación del número exacto de las cuartetas de las Centurias y de los presagios que deben considerarse en la obra profética para su primera ordenación.

7

Los Presagios

Haremos un paréntesis necesario porque se trata de la determinación exacta, que debe ser corroborada por los números del criptograma, de las cuartetas Presagios que completan la obra profética de las Centurias y de aquellas que no forman parte de esa obra.

Titulamos Presagios a las 169 cuartetas, 13 anuales, publicadas en las pronosticaciones o almanaques para los 13 años, de 1555 a 1567. Remitimos al lector a nuestro estudio bibliográfico pero debemos estudiarlas aquí, a la luz de las declaraciones textuales del autor, determinando exactamente cuáles completan la obra profética y cuáles deben ser desechadas. Si nuestras deducciones son correctas, el estudio criptográfico las confirmará.

Debemos demostrar que estamos autorizados: primero, a considerar los Presagios como cuartetas nostradámicas, la mayoría de las cuales completan la obra profética; segundo, a suprimir las 13 cuartetas que corresponden a los años en los 13 almanaques o pronosticaciones citados; tercero, a no tomar en consideración las 12 cuartetas restantes para 1567 y las cuatro últimas de 1566.

Ante todo podemos asegurar, de acuerdo con la copiosa documentación que hemos reunido y con las obras de Chavigny, que los Presagios no solamente son de Nostradamus y forman parte integrante de su obra profética, sino que fueron publicados bajo su nombre, 13 cada año, desde 1555 a 1567 inclusive. Cada almanaque anual incluía una cuarteta para el año y una para cada mes, totalizando así 13 cuartetas. De los 13 almanaques, el único que no ha llegado hasta nosotros o cuyos versos no han sido transcritos, en su totalidad o en parte, por Chavigny, es el de 1556. Ha desaparecido. No conocemos sus 13 Presagios, pero esto no nos autoriza a negar su existencia. Por el contrario, Nostradamus dice textualmente en su dedicatoria a Enrique II de *Les Presages Merveilleux pour l'An 1557:* "No me fue posible *tan ampliamante* especificar los hechos y predicciones futuras del año quinientos cincuenta y seis..." Esta declaración corrobora lo que afirma en la carta dedicatoria que dirige al mismo rey en 1558. (Ilustraciones 22 y 23.)

En esa dedicatoria a Enrique *Second*, Favorable,[1] fechada el 27 de junio de 1558 y que sirve de prefacio a un libro, y que no podía dejar de llegar a manos del rey y a conocimiento de Catalina de Médicis, Nostradamus declaró que en esa fecha dedicaba al rey "estas tres Centurias (VIII, IX y X) del resto de mis Profecías, completando el millar".

Es absurdo pensar que la edición de junio de 1558 no haya existido y que un impresor se haya atrevido a

[1] Véase la nota 4 del capítulo 12 en Cronología. La edición de 1558 está dedicada a "Henry, Roy de France, Second". El almanaque para 1557, a "Henry Second de ce nom": Enrique II. La primera dedicatoria es a Enrique, Rey de Francia, Favorable; la segunda a Enrique, segundo de ese nombre.

editar un libro, con gran dedicatoria al rey, en fecha posterior a la muerte del soberano, herido en un torneo. Semejante suposición evidenciaría un total desconocimiento de la corte de Catalina de Médicis y de la vigilancia de sus representantes en todas las ciudades de Francia amenazadas por la Reforma.[2]

Según la declaración de Nostradamus, en la fecha citada, mil cuartetas habían sido ya escritas y dadas a la imprenta. Esto solamente puede ser posible si consideramos entre ellas las 13 del año 1556. En efecto, las siete primeras Centurias sumaban solamente en ese momento 640 cuartetas que con las 300 que dedicaba a Enrique II llegaban apenas a 940. Tenemos que buscar en los Presagios anuales, las 60 cuartetas par *parachever la milliade*, o sea, completar perfectamente el millar.

En junio de 1558 tenían que haberse publicado las 13 cuartetas de los años 1555, 1556, 1557 y 1558 y tenían que haber sido entregadas al editor en los primeros meses del año, las 13 cuartetas para 1559. Las cuartetas de estos cinco años que titulamos Presagios eran, pues, 65,

[2] Nostradamus había visitado la Corte el mismo año 1555 y no en 1556 como han asegurado, sin prueba alguna y por simple repetición, algunos autores, entre ellos el doctor Parker. Para esto, como para todo lo que afirmamos respecto de la biografía y de la bibliografía nostradámica, tenemos prueba documental. Lo dice textualmente el profeta en la dedicatoria a Enrique II de sus Presagios para 1557, fechada el 13 de enero de 1556, en la que recuerda su visita a la Corte el año anterior. Comienza así: “Habiendo regresado de vuestra Corte oh Serenísimo Rey, no sin amplia remuneración de vuestra Majestad...” Queda refutado así uno de los errores de Eugene F. Parker. “Doctoral Dissertation”, Harvad University, 1920, Tipewritten Thesis. “La Leyende de Nostradamus et sa vie réele.” Revue du Seixième Siècle, tome x, 1923.

que sumadas a las 940 de las Centurias sobrepasaban el millar. Eran 1005.

No se puede objetar el haber considerado en junio de 1558 las cuartetas o Presagios de 1559, pues tenemos prueba plena de que Nostradamus dedicó siempre los almanaques, ya terminados, en los primeros meses del año anterior. Se comprueba esto con los datos que damos a continuación. Se trata de las fechas de las dedicatorias y de los *faciebat* en los ocho únicos almanaques completos, con versos, que han llegado hasta nosotros y en uno sin versos dedicado a Enrique II.

1555, a Monseñor Joseph des Panisses, el 27 de enero de 1554.
1557, a Catherine Reine, el 13 de enero de 1556.
1557, a Enrique II, el 13 de enero de 1556 (sin versos).
1560, a Claude de Savoie, el 10 de marzo de 1559, siendo el *faciebat* el 7 de febrero del mismo año.
1562, al Papa Pío IV, el 17 de marzo de 1561.
1563, a Fabritio de Serbelloni, el 20 de julio de 1562, siendo el *faciebat* el 7 de mayo de 1562.
1565, a Charles IX el 14 de abril de 1564, siendo el *faciebat* el 1° de mayo de 1564.
1566, a Honorat de Savoye, el 16 de octubre de 1565, siendo el *faciebat* el 21 de abril de 1565.
1567, a Monseigneur de Biragne, el 15 de junio de 1566, siendo el *faciebat* el 22 de abril de 1566.

Todo esto que explicaremos más ampliamente en nuestra bibliografía nostradámica prueba que los Presagios, 13 cuartetas anuales durante 13 años, son una realidad bibliográfica y que Nostradamus consideró siempre la mayor parte de ellos como integrantes de su obra profética. Prueba también que en el mes de junio de 1558 estaban escritos y dados a la imprenta 65 Presagios de los años 1555 a 1559. Este número elevaba a 1005 las cuartetas publicadas hasta ese momento por Nostradamus. Según esto, la frase "parachevant la milliade" no era exacta y sabemos que Nostradamus se ocupa de un criptograma y que sus datos deben ser exactos. ¿Cómo podemos reducir este número a mil? Dice: "Estas tres Centurias del resto de mis Profecías". Quiere dejar establecido que, en esa fecha, sus cuartetas proféticas son solamente mil. No son proféticas o no pertenecen a su obra profética las cinco cuartetas restantes. Son las que ha publicado en cada almanaque para el año y son cinco años: 1555, 1556, 1557, 1558 y 1559. En junio de 1558 su obra profética no tiene 1005 cuartetas; tiene solamente un millar, de acuerdo con su declaración.

La declaración de Nostradamus nos ha obligado a buscar en los Presagios anuales las cuartetas para "completar el millar" y tomar de ellos solamente 60 cuartetas, es decir, 12 Presagios por año, desechando la cuarteta para el año entero de cada uno de esos cinco almanaques. Constituye una prueba, no solamente del número de cuartetas que hasta esa fecha estaban escritas y dadas a la imprenta, sino del número de presagios que debemos considerar en adelante para cada año.

Los 169 presagios han quedado así reducidos a 156. Trece monedas de la lista de 169 monedas, que hemos establecido en el capítulo anterior, deben sustraerse de esa lista.

Hay dos números, los imperiales (10) y las monedas portuguesas (3), que representan las trece cuartetas Presagios, correspondientes una a cada año de los trece almanaques. Esto nos permitirá contar con esas trece monedas para el estudio criptográfico de la segunda parte de las Centurias, uniéndolas para este fin a los mil 419 escudos sol.

La lista queda reducida de esta manera:

Nobles a la rosa	36
Angelotes	79
Viejos escudos	4
Leones de oro en forma de viejos escudos	2
Escudo del rey Luis	1
Medalla de oro que vale dos escudos	1
Florines de Alemania	8
Marionetas	17
Medios escudos sol	8
Total de monedas	156

Como todos los cálculos, que hicimos con los mil 419 escudos sol y con las 13 monedas, no demostraron ninguna correspondencia con el número de las cuartetas de las segunda parte de las Centurias, tuvimos que volver a la lista de los presagios. Encontramos en esa lista dieciséis monedas que tenían un valor en escudos. Eran las siguientes:

Viejos escudos	4
Leones de oro en forma de viejos escudos	2

Escudo del rey Luis	1
Medalla de oro que vale dos escudos	1
Medios escudos sol	8
Total de monedas	16

El estudio de los 156 presagios que nos quedaban, después de suprimidos los 13 correspondientes a los años, nos hizo reparar en el presagio de septiembre de 1566.

Armas heridas cesar muerte de sediciosos.
El padre Liber grande no abundará demasiado.
Maliciosos serán atrapados por más maliciosos.
Francia más que nunca victoriosa triunfará.[3]

La cuarteta profetiza la aparición futura de la profecía y da la impresión de constituir un límite final para la obra.

Contamos el número de cuartetas Presagios que según este criterio quedarían fuera de la profecía y encontramos que las cuatro de 1566, septiembre, octubre, noviembre y diciembre, unidas a las doce de 1567, publicadas después de la muerte del profeta, sumaban también dieciséis. La cuarteta de septiembre marcaba el fin de la obra profética quedando fuera de ella.

Las cuartetas proféticas de los presagios quedaban reducidas a 140 y las monedas que las representaban quedaban también en ese número.

[3] Cuando no damos el texto francés del siglo XVI en nuestras citas las traducimos literalmente en español.

Nobles a la rosa	36
Angelotes	79
Florines de Alemania	8
Marionetas	17
Total de monedas	140

Las 16 monedas sustraídas debían unirse a los 1419 escudos sol y a las 13 monedas que ya habíamos retirado. Debíamos intentar una vez más el estudio de la segunda parte de las Centurias con todos esos elementos criptográficos retirados de los presagios.

8

La segunda parte de las Centurias

a) Según las ediciones anteriores a 1558

Hemos visto que los ducados representan las cuartetas de la primera parte, publicada en 1555; los escudos pistolas, las de la tercera parte, publicada en 1558, y las monedas restantes, las cuartetas tituladas Presagios que aparecieron en los 13 almanaques anuales del profeta provenzal. Hemos visto también que, de estos Presagios, solamente 140 pertenecen a la obra profética y que las 29 monedas restantes pueden ser consideradas junto con los 1419 escudos sol para representar la segunda parte de las Centurias.

Debemos ahora recordar que el número de las cuartetas de la primera parte fue siempre de 353; igualmente la tercera parte tuvo, en todas las ediciones, 300 cuartetas, y los Presagios fueron 169 en los 13 almanaques anuales que nunca se reeditaron en el siglo XVI, después de 1567. En cambio, la segunda parte, que va a estar representada por los escudos sol y por las 20 monedas restadas a los Presagios, ha sufrido diversos cambios en las ediciones de Lyon y en las ediciones de Avignon, antes y después de 1558; cambios que estudiamos en la bibliografía. La clave debería por lo tanto expresar esos cambios de número de las cuartetas en las diferentes ediciones.

La edición de Lyon, de Antoine du Rosne, 1557 (Biblioteca de Moscú), que apareció con este subtítulo: "En las que hay trescientas que no han sido todavía jamás impresas", dio la segunda parte, con 286 cuartetas, en la forma siguiente:[1]

Resto de la Centuria IV	47
Centuria V	100
Centuria VI	99
Centuria VII	40
Total de cuartetas	286

Todo lo que conocemos de las primeras ediciones de Avignon que no han llegado hasta nosotros, nos hace suponer que el número de sus cuartetas era también de 286 para la segunda parte. Aunque la Centuria VII tuvo probablemente 39 cuartetas en lugar de 40, la Centuria VI constaba probablemente de 100.

Resto de la Centuria IV	47
Centuria V	100
Centuria VI	100

[1] Antoine du Rosne, 1557, parece copiar la edición desaparecida de Sixte denise, 1556. Existía un ejemplar en la Biblioteca de Munich de cuyo frontispicio nos envió copi el conde Klinekowstroëm. Desapareció durante la guerra. Quizá se encuentre entre los libros de Hitler. Tenemos copia del único ejemplar conocido actualmente que se conserva en la Biblioteca de Moscú.

Centuria VII	39
Total de cuartetas	286

Nostradamus habría dado así, entre 1556 y 1557, dos versiones de la segunda parte. Es una suposición que consideramos demostrada bibliográficamente por la edición de Lyon, 1557, que hemos citado; por la obra de Jean Aimé de Chavigny, *La Premiere Face de Janus*, Lyon, 1594, que reproduce la cuarteta VI-100, tomándola seguramente de una edición de Avignon desaparecida; y por las cinco copias que aparecieron en París en 1588 y 1589 de la edición de París, Barbe Regnault, 1560-1561. La copia de la página de título de esa edición desaparecida de Barbe Regnault dice en las cinco ediciones: "Revisadas y adicionadas por el autor para el año mil quinientos sesenta y uno de *treinta y nueve* artículos en la última Centuria". Esta última Centuria es la séptima.

La clave debía darnos estas 286 cuartetas numeradas de cada una de las dos versiones y las 287 de las dos versiones reunidas.

Como todos los cálculos que hicimos con los 1 419 escudos sol no dieron resultado, los reunimos con las 16 monedas, cuyo valor estaba dado en escudos, de la lista de 169 monedas que hemos dado en el capítulo 5 y que son las siguientes:

Viejos escudos	4
Leones de oro en forma de viejos escudos	2
Escudo del rey Luis	1
Medalla, cuyo valor es de dos escudos	1

Medios escudos sol		8
Total de monedas		16

Seguimos nuestra investigación sumando el valor en escudos de estas monedas a los 1419 escudos sol:

1419	escudos sol	1419
8	medios escudos sol	4
4	viejos escudos	4
2	leones de oro	2
1	escudo del rey Luis	1
	Total de escudos	1430

Mil 430 escudos son 2860 medios escudos. De esta manera Nostradamus precisa el número de cuartetas numeradas de la segunda parte de sus Centurias que es 286. La medalla que completa las 16 piezas de oro que hemos tomado para este último cálculo, y que vale dos escudos, representará la cuarteta VI-100 de las ediciones de Avignon que no se encuentra en las ediciones de Lyon; y la cuarteta VII-40 de estas últimas que no reproducen las primeras. Tendremos así expresadas las 287 cuartetas que encontramos en dicha segunda parte, reuniendo ambas versiones.

Podemos llegar al mismo resultado sumando las piezas de oro, sin tener en cuenta su valor:

1419 escudos sol
8 medios escudos sol
4 viejos escudos

2	leones de oro
1	escudo del rey Luis
1	medalla
Total de monedas	1435

Este número, multiplicado por 2, nos da 2870, indicando así las 287 cuartetas de la segunda parte, reuniendo las dos ediciones a las que nos hemos referido.

Consignaremos aquí un dato bibliográfico: las dos primeras partes de las Centurias se publicaron siempre en un solo libro, con una sola paginación aún en el caso de algunas ediciones que separaron las dos partes de la Centuria IV, poniendo delante de la cuarteta IV-54 un título: *Propheties de M. Nostradamus, adioustees outres les precedentes impressions*. La tercera parte de las Centurias se publicó siempre durante el siglo XVI y los primeros años del siglo XVII, en libro aparte con paginación separada, aun cuando venían las tres partes en un solo volumen. Su frontispicio dice: "Que hasta ahora no han sido impresas". Nostradamus nos ha indicado de esta manera que las Centurias reúnen dos partes de su obra profética y que debemos buscar la tercera parte fuera de las Centurias, en las cuartetas Presagios.

b) Según las ediciones posteriores a 1557

Dos días después de firmar el codicilo de su testamento, Michel Nostradamus fue encontrado muerto al amanecer del 2 de julio de 1566. Previendo su muerte, seguramente había hecho contratos para la publicación de su obra.

Respecto de las ediciones de Lyon, tenemos una prueba bibliográfica indiscutible: en 1568 Benoist Rigaud edita las tres partes de las Centurias en un solo volumen bajo el título *Les Propheties de M. Michel Nostradamus*. Las dos primeras partes juntas, sin ninguna separación y con una única paginación y un solo frontispicio, y la tercera parte con página de título y paginación separada. Conocemos muy bien ese volumen del que tenemos tres ejemplares originales y hemos estudiado muchas ediciones diferentes individualizadas por la tipografía y viñetas. Benoist Rigaud la reeditó durante treinta años. A lo largo de veinte años, hasta 1588, es el único editor conocido de Nostradamus. Sus ediciones, en un periodo de veintiséis años, vienen fechadas 1568 o sin fecha, hasta la última que lleva dos fechas, 1594 y 1596. La de sus herederos es probablemente de 1597. Las tres posteriores de su hijo Pierre Rigaud no están fechadas pero son, con seguridad, de los primeros años del siglo XVIII. Todas repiten exactamente el mismo texto al que nos referimos siempre como "Ediciones de Lyon".

De las ediciones de Avignon, no tenemos ningún ejemplar auténtico ni copia anterior a 1588. En este último año se publica, en Rouen, por Rafael du Petit, Val *Les Grandes et Merveilleuses Predictions de M. Michel Nostradamus*, con una copia de las primeras 353 cuartetas. En 1589, el mismo editor publica una copia de las siete primeras Centurias: *Les Grandes et Merveilleuses Predictions de M. Michel Nostradamus*. Desgraciadamente, nuestro ejemplar, único, ha perdido las últimas páginas, tan importantes para nuestro estudio: llego solamente hasta la cuarteta 96 de la Centuria VI.

En 1590, François de Sainct Yaure reedita, mutilada, la desaparecida edición de Avignon de Pierre Roux, de 1555: *Les Grandes et Mereveilleuses Predictions de M. Michel Nostradamus*. Biblioteca del Arsenal. La fecha del prefacio, carta dedicatoria a su hijo César, es en todas estas copias de las ediciones de Avignon, el 22 de junio de 1555. En las ediciones de Lyon, la fecha es el 1° de marzo de ese año.

Esto es todo cuanto ha llegado hasta nosotros de las ediciones de Avignon. Tenemos que basar nuestras conclusiones en la obra de Chavigny de 1594, ya citada, y en las publicaciones del siglo XVII que copian ediciones de Avignon, muchas de las cuales, hechas con fines políticos, en 1630, 1643 y 1649, tienen fechas arbitrarias e incluyen versos apócrifos.

A las 286 cuartetas de la segunda parte, las ediciones de Lyon posteriores a 1566 añaden solamente dos al final de la incompleta Centuria VII, numerándolas 41 y 42 y una en latín. Tenemos, pues, prueba fehaciente de un total de 289 cuartetas, una de ellas sin numerar y en latín, en estas ediciones.[2]

Las ediciones de Avignon, en cambio, deben haber incluido la cuarteta VI-100, citada por Chavigny en 1594, y la cuarteta en latín. Según las copias del siglo XVII, deben haber incluido igualmente en la Centuria VII, después de las cuartetas 41 y 42, dos cuartetas más, numeradas

[2] La cuarteta en latín puede haber sido publicada entre la sexta y la séptima Centurias, en ediciones anteriores a 1566 que no han llegado hasta hoy. Igualmente la cuarteta VI-100. Los cuatro legados del codicilio deben referirse a las cuatro cuartetas añadidas a la séptima Centuria y numeradas 41, 42, 43 y 44.

43 y 44. Desgraciadamente la primera edición, con fecha discutible, que incluye estas dos cuartetas, es de 1627, y la suponemos posterior a 1630.

Para nosotros las ediciones de los versos proféticos durante el siglo XVII tienen solamente importancia bibliográfica. La obra profética de Nostradamus ha sido publicada completa en el siglo XVI y está perfectamente delimitada en la criptografía del testamento del profeta. Sólo por el hecho de estar incluidas dentro de esa criptografía, aceptamos que las dos cuartetas VII-43 y VII-44 forman parte de la profecía. Si la criptografía que estudiamos no acreditara la autenticidad de ellas consideraríamos que, por haber sido publicadas no en 1630 sino en 1643, entre la muerte de Richelieu y la de Luis XIII, se trataba de cuartetas apócrifas referentes al sobrino de Richelieu, contra quien esperaban predisponer al rey de Francia.

En resumen, las ediciones de Lyon de las Centurias quedaron definitivamente en 942 cuartetas, con 289 en la segunda parte, una de estas últimas sin numerar y en latín. Las ediciones de Avignon quedaron muy probablemente en 945 cuartetas, con 291 en la segunda parte, incluyendo en éstas la cuarteta latina y la cuarteta VI-100.

Volviendo al criptograma, añadimos a las 1 435 monedas o escudos de la segunda parte, los diez imperiales, con lo que tenemos:

1 419	escudos sol	1 419
8	medios escudos sol.........................	8
4	viejos escudos.................................	4
2	leones de oro..................................	2

1	escudo del rey Luis	1
1	medalla	1
		1435
10	imperiales	10
	Total de monedas	1445

Este número, multiplicado por 2, nos dio 2 890, indicando así las 289 cuartetas que, incluyendo la cuarteta latina, forman la segunda parte de la obra en las ediciones de Lyon de 1568.

Si esta multiplicación por 2 parece arbitraria, llegaremos a la misma conclusión añadiendo los valores, en medios escudos.

1419	escudos sol	1419
8	medios escudos sol	4
4	viejos escudos	4
2	leones de oro	2
1	escudo del rey Luis	1
		1430
10	imperiales	10
	Total de monedas	1440

Estos 1440 escudos son 2880 medios escudos. Nostradamus nos señala también de esta manera el número de 288 cuartetas de la segunda parte de su obra en las ediciones de Lyon posteriores a 1557. La medalla que completa la lista de las 16 monedas representaría aquí, como en el caso anterior, la cuarteta en latín. Tenemos así otra vez el total que ya conocemos de 289 cuartetas.

Pero hay todavía una última consecuencia de este simple problema de 1 419 monedas y de las 16 y las 13, porque no hemos utilizado las 3 monedas portuguesas. Si a las 289 cuartetas que, como hemos visto, completan la segunda parte en las ediciones de Lyon posteriores a la muerte del autor, añadimos estas tres últimas piezas, obtendremos 292. Es exactamente el número de cuartetas que debieron tener, en la segunda parte, las ediciones de Avignon, porque incluían las cuartetas VI-100 y VII-43 y 44.

Agregando los 140 Presagios, el criptograma del testamento señala para la obra profética un total de 1 082 cuartetas según las ediciones de Lyon o de 1085 según las ediciones de Avignon, incluyendo en ambos casos la cuarteta en latín.

El primer criptograma del testamento de Nostradamus nos da el número exacto de las cuartetas de la obra profética condenando toda interpolación futura, pero autorizando dos totales, 1082 y 1085 cuartetas.

Para que no quede duda alguna, 13 días después de su testamento, en un codicilo a todas luces innecesario, hace, a dos de sus hijos, cuatro legados. Dos a su hijo César: su anillo de oro con la cornalina engastada en él y su astrolabio de latón. Dos a su hija mayor: dos cajas de madera de nogal con su contenido sin especificar. Ya nos hemos referido a este extraño documento, pero debemos repetir que los beneficiarios eran un niño de doce años y una niña de once años. Esto nos permite ver en el codicilo la aprobación por Nostradamus de las cuatro cuartetas añadidas a su obra poco antes o poco después de su muerte: las 41 y 42 de la Centuria VII de las ediciones de Lyon y las 43 y 44, de la misma Centuria, de las ediciones de Avignon.

9

La primera clave testamentaria

En los capítulos anteriores hemos establecido, de acuerdo con la bibliografía nostradámica y con el testamento y el codicilo del profeta, que su obra consta de 1085 cuartetas.

Según este estudio debemos considerar en el número de ellas ciento cuarenta cuartetas Presagios, publicados en los almanaques de enero de 1555 a agosto de 1566. De éstas, solamente ciento veintisiete han llegado hasta nosotros. Trece están perdidas: las doce del año 1566 y la de enero de 1561. Respecto de las ciento veintisiete restantes hemos tomado: ochenta de los almanaques auténticos publicados durante la vida del autor; cuarenta y una, de la obra de Chavigny editada en 1594; dos, copiadas por el abate Rigaux del almanaque de 1558 que tuvo en su biblioteca, y cuatro, de publicaciones de 1588 que reprodujeron una edición de 1561. Como Chavigny comentó la mayor parte de los Presagios, y se publicaron traducciones de muchos de ellos, hemos podido comparar el texto de casi todas estas cuartetas en dos o más impresos del siglo XVI. Como todas las cuartetas del almanaque para 1558 han sido estudiadas por el abate Rigaux en la edición original, solamente los doce Presagios de 1564 han llegado hasta nosotros bajo la sola autoridad de Chavigny.

Bibliográficamente, las cuartetas de las Centurias publicadas durante la vida del autor o dos años después de su muerte, según las ediciones auténticas que han llegado hasta nosotros, son las siguientes:

La primera parte de las Centurias publicadas por Macé Bon-homme, en Lyon, en 1555 con 353 cuartetas	353
La segunda parte de las Centurias publicada por Antoine du Rosne, unida a la primera, en Lyon, en 1557 con 286 cuartetas	286
La tercera parte de las Centurias publicada seguramente con sus 300 cuartetas en 1558, como lo acreditan: la dedicatoria a Enrique Second; la relación del autor con Catalina de Médicis y con la casa real hasta su muerte; su visita a la Corte en 1555; sus almanaques y pronosticaciones de 1557, dedicados a principios de 1556 a Catalina de Médicis y a Enrique II; la visita de Carlos IX a Salon en 1564; y las ediciones de Benoist Rigaud en Lyon, fechadas en 1568, que circularon en Francia más de treinta años, con la reimpresión de dicha tercera parte y con la dedicatoria citada	300
Las tres cuartetas que Benoist Rigaud publicó en Lyon en 1568: la cuarteta en latín entre la sexta y la séptima Centurias y las cuartetas VII-41 y VII-42 al final de la Séptima Centuria incompleta	3
Total de cuartetas de las Centurias según las ediciones de Lyon	942

Tres cuartetas que muy probablemente se han publicado en las ediciones de Avignon desaparecidas: la cuarteta VI-100 dada por Chavigny en 1594 y las cuartetas VII-43 y VII-44. Estas dos últimas aparecen, por primera vez, en las cuatro ediciones de las Centurias que ostentan la fecha 1627. Se trata en verdad de una sola edición cuyos frontispicios llevan el nombre de uno de los cuatro impresores de Lyon: Jean Didier, Claude Castellard, Pierre Marniolles o Estienne Tantillon. Son, con toda seguridad, posteriores a 1627. Ninguna de las ediciones de Troyes, que suponemos de 1630, reprodujo esas dos cuartetas. Éstas, de Lyon, pueden ser de 1643	3
Total de cuartetas de las Centurias según las ediciones de Avignon	945
Agregamos los Presagios, que pertenecen a la obra profética y cuya autenticidad ha quedado demostrada. De acuerdo con el capítulo 6, 140	140
Total de cuartetas	1085

Cuando pretendimos ordenar estas cuartetas según la primera clave, tuvimos que vencer algunas dificultades. Los ciento cuarenta Presagios debían dividirse en treinta y seis, setenta y nueve, y veinticinco. Las trescientas cincuenta y tres cuartetas de la primera publicación de las Centurias en ciento una, ciento veintiséis, y ciento veintiséis. En cuanto a las 288 cuartetas de la segunda parte, según las ediciones de Lyon, y las trescientas cuartetas de las tres últimas Centurias, no sufrían división ninguna. Las cuatro cuartetas restantes ocuparían su lugar: la cuarteta latina, la VI-100 y las VII-43 y 44.

Estudiando el texto encontramos que las palabras *divin verbe* ("verbo divino") aparecían en las cuartetas II-27 y III-2. Si cambiaba el orden de las Centurias teníamos: cien cuartetas de la primera Centuria y una cuarteta de la tercera, que sumaban ciento una; noventa y nueve de la tercera y veintisiete de la segunda, que sumaban ciento veintiséis. Igualmente las setenta y tres restantes de la segunda y las cincuenta y tres de la cuarta centuria sumaban ciento veintiséis. Teníamos así la división de la primera parte de las Centurias señaladas por la frase *divin verbe*.[1]

Centuria I	100	
Centuria III	1	101
Centuria III	99	
Centuria II	27	126
Centuria II	73	
Centuria IV	53	126
Total cuartetas		353

[1] En una edición tan cuidada como la primera de las Centurias, es increíble que la viñeta de la Tercera Centuria salga invertida. Esa falla tipográfica corrobora nuestra interpretación de "divin verbe" y la colocación de la Tercera Centuria entre la primera y la segunda.

El texto de los ciento cuarenta Presagios decía en la cuarteta veinticinco, enero de 1557, la frase "Grand bas du monde", o sea, lo más bajo del mundo: tenía que ser la última de las ciento cuarenta. Como llevaba a esa situación a las veinticuatro cuartetas Presagios anteriores, y como ese grupo de veinticinco cuartetas debía ir al final de los Presagios, aceptamos esa frase como indicación criptográfica. Los treinta y seis Presagios siguientes terminaban en la cuarteta sesenta y uno, enero de 1560, en la que encontramos dos indicaciones: *changer ciel*, o sea, "cambiar cielo", y *Fin de Congé*, o sea, "fin de un periodo". Nostradamus divide su obra en tres círculos o cielos. En este punto terminaba el grupo de treinta y seis Presagios y para los siguientes había un cambio de cielo, un cambio de situación en el orden de la profecía. La palabra FIN corroboraba esta determinación porque los Presagios siguientes, hasta el fin de los ciento cuarenta, sumaban setenta y nueve. Quedaban así divididos en los tres grupos criptográficos: el primero de treinta y seis Presagios, de febrero de 1557 a enero de 1560, el segundo de setenta y nueve, de febrero de 1560 a agosto de 1566, y el tercero de veinticinco, de enero de 1555 a enero de 1557.

Febrero 1557 a enero 1560	36
Febrero 1560 a agosto 1566	79
Enero 1555 a enero 1557	25
Total Presagios	140

Las 1085 cuartetas se situaban así, según la primera clave criptográfica testamentaria en el orden siguiente:

Monedas, de acuerdo con el testamento		*Cuartetas, de acuerdo con los capítulos anteriores*	
36	nobles a la rosa	36	Presagios de febrero 1557 a enero 1560
101	ducados	101	Cuartetas de la primera parte de las Centurias, 100 de la Centuria I y una de la Centuria III.
79	angelotes	79	Presagios, de febrero de 1560 a agosto de 1566.
126	dobles ducados	126	Cuartetas de la primera parte de las Centurias, noventa y nueve de la Centuria III y veintisiete de la Centuria II.
		126	Cuartetas de la primera parte de las Centurias, setenta y tres de la Centuria II y cincuenta y tres de la Centuria IV.
1	medalla	1	La cuarteta en latín.
8	florines de Alemania	8	Presagios, de enero 1555 a agosto del mismo año.
17	marionetas 1	17	Presagios, de septiembre de 1555 a enero de 1557.

		Medios escudos
4	viejos escudos	8
2	leones de oro	4
1	escudo del rey Luis	2
10	imperiales	20
8	medios escudos sol	18
1 419	escudos sol	2 838
		2 880

288 Cuartetas de la segunda parte de las Centurias según las ediciones de Lyon sin la cuarteta en latín.

1200 escudos pistolas	300	Cuartetas o sea 1200 versos de la tercera parte de las Centurias.
3 monedas portuguesas	3	Cuartetas que deben completar la segunda parte de las ediciones de Avignon: VI-100, VII-43 y VII-44.
3 015 monedas	1085	cuartetas

Estas 1085 cuartetas constituyen, sin posibilidad de error, la obra profética, ordenada según la primera clave testamentaria.

La criptografía de Nostradamus nos permite asegurar que no pertenecen a la obra, aunque escritas por él, las cuartetas que quedaron en borradores, trece publicadas por Chavigny y diez por Pierre Rollet. Tampoco las seis publicadas en 1561 como pertenecientes a la Centuria VIII, ni las veintinueve que se publicaron en sus almanaques y pronosticaciones anuales, pero que la primera clave no ha considerado. De acuerdo con nuestro estudio bibliográfico, no fueron escritas por Nostradamus las cuartetas y las sextetas publicadas bajo su nombre durante la primera mitad del siglo XVII. La criptografía nostradámica nos da la razón y no tiene en cuenta ninguna de estas publicaciones.

Ésta es la finalidad de la primera clave testamentaria: establecer los límites de la obra profética salvándola de interpolaciones y conducir a los investigadores hasta el descubrimiento de la segunda clave testamentaria, dándoles la certeza de que existe un mensaje secreto y obligándolos a comprobar por sí mismos la necesidad de esa segunda clave.

Aquí debemos dejar establecida la verdadera división en tres partes de la obra profética de Nostradamus: hasta en la división de su obra ha procedido con su acostumbrada malicia. Ya hemos visto cómo se repite el número tres en su testamento y cómo ha publicado él en tres partes sus Centurias, que en realidad solamente forman dos libros, uno incluyendo la séptima centuria inconclusa y otro hasta la décima. Los Presagios cayeron en el olvido. Algunos fueron comentados por Chavigny en 1594 y añadidos a las ediciones de las Centurias en el siglo XVII por los autores de los versos apócrifos. Pero han transcurrido cuatro siglos sin que se haya establecido claramente cuáles son las tres partes de su profecía. Ha hecho creer en las tres partes de las Centurias para que fueran olvidados los Presagios. En realidad, las siete primeras Centurias forman una unidad, los Presagios otra y las Centurias VIII, IX y X una tercera. La primera parte, siete Centurias, con la séptima incompleta, se publica en 1555 y 1556. La segunda parte, los Presagios, de 1554 a 1566, y la tercera parte, tres centurias más, en 1558, en una edición dedicada a Enrique *Second*.

	Lyon	*Avignon*
Primera parte: siete Centurias incluyendo la cuarteta latina y la cuarteta VI-100	642	645
Segunda parte: los Presagios	140	140
Tercera parte: las tres Centurias finales	300	300
Total cuartetas	1 082	1085

Es muy probable que aun esta última división en tres partes sea maliciosa y contribuya solamente a insistir en la necesidad de dividir en tres partes, o círculos, o cielos, la obra profética, una vez terminada la ordenación definitiva de las cuartetas. Además de las claves testamentarias, las otras siete claves que hasta ahora hemos descubierto nos hacen suponer que 1080 cuartetas deben situarse alrededor de tres círculos de trescientos sesenta grados. Ésta sería la división definitiva de la obra en tres partes "iguales". Sería también la única forma de presentación de las cuartetas que permitiría el movimiento, dentro del círculo, de los tres pares de pentágonos de la última clave que hemos descubierto. Cada dos pentágonos, con sus diez vértices, señalarían en cada paso diez cuartetas reuniéndolas y dándoles una inscripción en el tiempo de acuerdo con el dodecágono cronológico que exponemos en el capítulo pertinente.

Hay otra posibilidad: Nostradamus ha podido considerar cuatro círculos para cada "cielo". En este caso los vértices de los pentágonos no señalarían cada uno una cuarteta: señalarían un verso. Esto parece imposible porque en muchas cuartetas los cuatro versos están perfectamente ligados entre sí y forman una unidad, pero hay cuartetas en que la división parece necesaria.

Sea cual fuere la ordenación definitiva para la aplicación de la clave de los pentágonos, los números son muy significativos y son los mismos que dividen la eclíptica no en años solares sino en "años de la eclíptica". Mil 80 cuartetas multiplicado por los cuatro versos de cada cuarteta nos daría 4320, o sea, dos periodos zodiacales. Si cada verso tuviera inexorablemente seis palabras latinas, según la teoría de Piobb, tendríamos como resultado los doce periodos zodiacales, o sea toda la eclíptica, con sus 2920 sectores, número igual a la totalidad de las palabras de la obra profética que quedaría así vinculada a la eclíptica: el camino del Sol.

10

La segunda clave testamentaria

La interpretación del testamento no podía terminar con el estudio de las monedas de oro. Debíamos tener en cuenta los créditos documentarios, las mandas y legados, y los resultados que tenían que producirse, de acuerdo con las cláusulas que conocemos, después de la muerte del testador.

Tenía que ser particularmente importante la última lista de monedas, o sea, la suma final resultante después de cumplido el testamento; la cantidad que, en realidad, constituye la herencia propiamente dicha que deberá repartirse entre los tres herederos.

Inmediatamente después de los funerales la masa hereditaria quedó reducida. Se entregaron cuatro escudos a las tres comunidades religiosas, setenta y ocho sueldos a trece pobres y cuatro libras para la compra de los cuatro cirios ordenados en el testamento. Los mil doscientos escudos pistolas se redujeron a ochocientos después de la entrega de cuatrocientos a la viuda de Nostradamus.

Como tuvo que reservarse la cantidad necesaria para el pago de todos los legados, sufrió una nueva disminución de mil ochocientos diez escudos: seiscientos escudos sol reservados para la dote de su hija Magdalena y mil doscientos diez escudos pistolas reservados para los dotes matrimoniales de sus hijas Ana y Diana y de su sobrina Magdalena Besandin y para dotar a sus dos hijos Carlos y Andrés cuando abandonaran la casa a la edad de veinticinco años. El saldo final, considerando que los intereses se invirtieron en los gastos normales de la familia, quedó, pues, reducido a 2827 escudos y dos sueldos.

Estos 2827 escudos y dos sueldos, valor definitivo de la herencia, divididos entre tres herederos, dieron 942 escudos par cada uno y un saldo de un escudo y dos sueldos.

Todas estas cantidades señalan, una vez más, el número de las cuartetas que constituyen la obra profética.

En monedas	3 444 e. 10 s.	
En créditos	1 600 e.	
Valor de la masa hereditaria ...	5 044 e. 10 s.	5 044 e. 10 s.
Pagos inmediatos	407 e. 8 s.	
Depósito en escudos sol	600 e.	
Depósito en escudos pistolas..	1 210 e.	
Pagos y depósitos	2 217 e. 8s.	2 217 e. 8 s.
Valor definitivo de la herencia		2827 e. 2 s.
Tercera parte que recibe cada heredero		942 e.
Saldo a repartir		1 e. 2 s.

A cada heredero le tocarán 942 escudos y es 942 el total de cuartetas de las Centurias en las ediciones de Lyon.

El saldo será de un escudo y dos sueldos representando así las tres cuartetas que vienen muy probablemente de las ediciones de Avignon: la VI-100 y las VII-43 y 44.

1810 escudos en depósito, divididos entre 13, dan 139.23 indicando así las 140 cuartetas Presagios, una de ellas incompleta, la de abril de 1564.

Los tres herederos dejan de recibir 2217 escudos y 8 sueldos invertidos en gastos, mandas y legados. Cada uno deja de recibir la tercera parte, o sea 739 escudos 2 sueldos, y quedan 2 sueldos por repartir. Como Carlos y Andrés reciben de esa suma, al cumplir los 25 años, cien escudos cada uno, su aporte es de 639 escudos 2 sueldos y lo que les corresponde en el saldo de los últimos 2 sueldos. Este aporte se puede expresar por el número 639.2.2. Precisamente 639 es el número de cuartetas de las dos primeras partes de las Centurias en sus primeras ediciones de Lyon, que no incluyen la cuarteta latina ni la VI-100. Considerando esas 2 cuartetas y las dos finales de la Centuria séptima (VII-41 y 42), añadidas posteriormente a las ediciones de Lyon, tendríamos el número 639.2.2.

Como vemos, todos los números del testamento se refieren directa o indirectamente a la obra profética y establecen definitivamente el número de sus cuartetas en cada caso. El total de las cuartetas que la integran queda establecido de acuerdo con la primera clave (942 + 3 + 140 = 1085), en mil ochenta y cinco; desautorizando, una vez más, cualquier interpretación.

Antes de establecer la segunda clave testamentaria debemos volver al testamento, no a la redacción definitiva sino a la primera, dictada y firmada por el profeta. En ella encontramos dos frases referentes a las monedas que fueron testadas, que quedaron sin valor legal, pero que constan en dicha primera redacción.

Primera frase testada referente a los treinta y seis nobles a la rosa: "Valiendo once florines pieza". Los treinta y seis nobles quedaban así convertidos en trescientos noventa y seis florines de plata.

Segunda frase testada referente a las tres monedas portuguesas: "Tres piezas de oro, dichas portuguesas, valiendo treinta y seis escudos pistolas". Las tres monedas se convirtieron así en treinta y seis escudos pistolas.

La misma frase testada se refiere también a las monedas portuguesas que se unen a los mil seiscientos escudos. Esta frase nos permite considerar todo el saldo de que vamos a disponer en la última parte del criptograma como constituido por escudos pistolas.

En esta segunda clave testamentaria encontramos una división diferente: ya no se trata de las tres partes de las Centurias, sino de las tres partes de la obra misma. Esto se verá confirmado por todas las claves posteriores. Estableceremos la clave según esta nueva división.

La primera parte de la obra constará de 642 cuartetas, la segunda parte, que titulamos Presagios, constará de 140, y la tercera parte de la obra quedará reducida a 298 cuartetas. Esta segunda clave no solamente nos dará una nueva ordenación, sino que reducirá el número de cuartetas a 1089, dejando sin número y fuera de la obra la cuarteta en latín y suprimiendo las dos primeras cuartetas de la primera Centuria y dos cuartetas de la tercera parte.

	Cuartetas
Primera parte de la obra profética........	642
Segunda parte, Presagios	140
Tercera parte de la obra profética.........	298
Total	1080

Los cambios realizados de acuerdo con las modificaciones ordenadas en el testamento, con las frases testadas, con los números de la clave y con el desarrollo criptográfico posterior, nos permitieron hacer una lista de las monedas expresando el valor efectivo de la herencia que debía repartirse entre los tres herederos. Como veremos es muy diferente de la primera lista, texto criptográfico para la primera clave testamentaria. Indicamos ya que el valor de estas monedas es de 2827 escudos y dos sueldos.

Saldo de las monedas que expone la segunda clave testamentaria

396 florines de plata, valor de los 36 nobles a la rosa
101 ducados
79 angelotes
126 dobles ducados
4 viejos escudos

Los dos leones de oro unidos a seis escudos pistolas cancelan los gastos inmediatos: cuatro escudos a las comunidades religiosas, cuatro libras para cuatro cirios y 78 sueldos para 13 pobres. El total de los gastos ha sido de siete escudos y ocho sueldos, lo que ha dejado un saldo de dos libras y dos sueldos.

2 libras
2 sueldos
1 escudo del rey Luis
1 medalla
8 florines de Alemania
10 imperiales
17 marionetas
8 medios escudos sol
819 escudos sol, quedando depositados 600, dote de la hija mayor.

Escudos pistolas: los 1200 escudos pistolas, en monedas, quedaron reducidos a 800 por el pago de 400 a la viuda de Nostradamus. Con los 36 escudos pistolas de las 3 monedas portuguesas sumaron 836. Se añadieron 10 a los 1 600 escudos dados a interés y se invirtieron 6 en los pequeños gastos inmediatos ordenados por el testador. Quedó un saldo de 820 que se dividieron en 2, 1, 25 y 792.

2 escudos pistolas
1 escudo pistola
25 escudos pistolas
792 escudos pistolas

A los 1600 escudos, en documentos dados a interés, se añadieron 10 escudos. Quedaron depositados 1210 para los dotes matrimoniales de Ana y Diana, para las dos entregas de 100 escudos cada una que corresponderían a Carlos y Andrés cuando llegaran a la mayoría de edad y para la dote matrimonial de Magdalena Besaudin. Restaron 400 escudos.

Lista definitiva de las monedas y las cuartetas de acuerdo con la segunda clave numérica testamentaria

Monedas		Cuartetas	
396	florines de plata: 396 versos:	99	primera parte de la obra.
101	ducados:	101	primera parte de la obra.
79	angelotes:	79	Presagios, segunda parte de la obra.
126	dobles ducados:	252	primera parte de la obra.
4	viejos escudos:	4	primera parte de la obra.
2	libras:	2	primera parte de la obra.
2	sueldos:	2	primera parte de la obra.
1	escudo del rey Luis:	1	primera parte de la obra.
		540	

	Una medalla:		La cuarteta en latín.
8	florines de Alemania:	8	primera parte de la obra.
10	imperiales:	10	Presagios, segunda parte de la obra.
17	marionetas:	17	Presagios, segunda parte de la obra.
8	medios escudos sol:	8	primera parte de la obra.
9	escudos sol:	9	Presagios, segunda parte de la obra.
810	escudos sol: 1 620 medios escudos:	162	primera parte de la obra.
2	escudos pistolas:	2	VII-43 y 44. Primera parte de la obra

1 escudo pistola:	1 VI-100. Primera parte de la obra.
25 escudos pistolas:	25 Presagios, segunda parte de la obra.
792 escudos pistolas, 792 versos:	198 tercera parte de la obra.
400 escudos, 400 versos:	100 tercera parte de la obra.

Estos mismos números permiten una nueva ordenación en tres grupos de 360 cuartetas cada uno, que pueden constituir los tres "cielos" nostradámicos:

Primera parte de la obra	99		
Primera parte de la obra	252		
Primera parte de la obra	4		
Primera parte de la obra	2		
Primera parte de la obra	2		
Primera parte de la obra	1	360	
Primera parte de la obra	101		
Segunda parte de la obra	79		180

Una medalla: la cuarteta en latín.

Primera parte de la obra	8		
Primera parte de la obra	8		
Primera parte de la obra	162		
Primera parte de la obra	2	180	360
Presagios, segunda parte de la obra	10		
Presagios, segunda parte de la obra	17		
Presagios, segunda parte de la obra	9		
Primera parte de la obra	1		

Presagios, segunda parte de la obra ..	25	
Tercera parte de la obra.....................	198	
Tercera parte de la obra.....................	100	360

Ha sido necesario deducir de los 1085 cuartetas las dos primeras de la primera Centuria y dos de las trescientas cuartetas de la tercera parte de la obra, dejando en medio de las dos partes del criptograma la cuarteta en latín, sin numerar, representada por la medalla. Así como la cuarteta es única y diferente de todas las demás no solamente por estar escrita en latín, sino por no llevar numeración e ir precedida por un texto, la medalla que la representa es única entre todas las monedas de la herencia. Como veremos más adelante, la "clave de los Planetas", que debe regir la tercera parte de la obra, señala solamente para esa parte 298 cuartetas en vez de 300. Igualmente las claves del verbo divino y de los ducados no consideran las dos primeras cuartetas que son en realidad una exposición de dos ritos clásicos de profecía.

Esta clave testamentaria, como todas las claves que presentamos en este libro, recibirá su confirmación cuando contribuya a la develación de un texto secreto. Nuestra exposición prueba solamente la existencia de una complicadísima serie de claves que acreditan ese texto y que lo guardan oculto, según profetiza Nostradamus, hasta el periodo comprendido entre los años 2047 a 2057 de nuestra era. En esa fecha, después de quinientos años de impresa la primera edición de las Centurias (1555) o del comienzo de la profecía (1547 a 1557), aquel que será "el ornamento de su tiempo" tendrá la misión de publicar el mensaje secreto y vigilar su cumplimiento.

Así nos lo asegura Nostradamus, como veremos en el capítulo siguiente, en la cuarteta 94 de su tercera Centuria.

Sin los cuatro documentos auténticos, que constituyen su testamento y codicilo, dos en el registro de borradores y dos en el registro notarial, no hubiera sido posible establecer la segunda clave testamentaria que reduce las cuartetas de una obra profética a 1080 y hace cambios en su ordenación.

Las copias antiguas del testamento, que se encuentran en París y en Arlés, habrían permitido establecer la primera clave, pero para la segunda eran necesarias las aclaraciones que se incluyen en la primera redacción del registro de borradores del notario, en la que fueron testadas, pero que no se encuentran en la redacción definitiva, de la que fueron suprimidas.

Este complicadísimo trabajo criptográfico acredita la existencia de un mensaje secreto de enorme valor para la humanidad. De acuerdo con el Apocalipsis, este mensaje debe referirse a las temibles catástrofes que sufrirá todo el planeta en la primera mitad del siglo XXII y a la salvación de algunos grupos humanos.

11

La herencia del padre

El estudio que hemos expuesto del testamento de Nostradamus y de las divisiones de su obra profética demuestra la existencia y el funcionamiento de dos claves testamentarias que limitan esa obra y establecen la primera ordenación de sus 1800 cuartetas. Esas claves fueron construidas con los números del citado testamento, que forman un todo con la profecía y es inseparable de ella. Sin ese documento y sin el pequeño tesoro que describe para dejarlo a sus familiares, su verdadera herencia, un mensaje para nuestra humanidad, estaría definitivamente perdida.

Nostradamus profetiza, con anticipación de cuatro siglos, este desocultamiento que hoy comienza. La cuarteta del mes de junio, en el almanaque para 1567, dada a la imprenta por Nostradamus, pero publicada inmediatamente después de su muerte, dice textualmente:

> *Por le thresor trouvé l'heritage du pére.*
> (Por el tesoro encontrada la herencia del padre)

Desde abril de 1566 había dedicado ese almanaque y conocía con mucha aproximación la fecha y los detalles de su muerte próxima. En el presagio de julio de 1563 ya había dicho: "A fin de junio el hilo cortado del huso". No se refería a junio de ese año, sino a un mes de junio del futuro. Sin esa seguridad no hubiera podido diferir su testamento y codicilo, que formaban una unidad, con trece días de intervalo, y terminarlo legalmente el 30 de junio. Murió en la madrugada del día siguiente.

Las cuartetas para 1567, escritas a principios de 1566, hacen referencia a las circunstancias no sólo de su fallecimiento, sino de la ceremonia de su entierro. El hecho de haber dado todos esos originales a la imprenta y de haber enviado los manuscritos a Monseñor de Birague, consejero en el Consejo Privado del rey de Francia, a quien los había dedicado, acredita nuestra opinión. Dedicados en el mes de abril, debieron llegar a su destinatario en ese mes. El verso que transcribimos nos asegura que su verdadera herencia no es su pequeño tesoro, sino su obra profética y, dentro de ella, el mensaje del padre, que sólo podrá ser encontrado con la ayuda de las cifras de ese tesoro confiadas a documentos testamentarios firmados por el notario y los testigos, y guardados en los archivos oficiales.

Sus Presagios, aunque aparecen para cada mes del año, no se refieren nunca a acontecimientos que deben producirse en ese mismo mes. Todos los Presagios deben considerarse de fecha incierta, como las cuartetas de las Centurias. Los Presagios que da a la imprenta para el almanaque de 1567 aluden a su muerte en 1566. El hecho innegable de que su profecía termine en la cuarteta de agosto de 1566 dada a la imprenta a principios de 1565 y que incluya en ese almanaque su tercera cronología arbitraria, demuestra que desde esa fecha consideraba concluida su obra profética. Reservaba solamente su testamento para fines de junio, fecha que había profetizado desde 1563 y que había señalado al margen del ejemplar de las Efemérides de Jean Stadius, con la frase latina: *Hic prope mors est* ("Aquí está próxima mi muerte").

La historia detallada de la vida del profeta y la posterior a él de su familia ha ido diluyéndose en el tiempo que va destruyendo inexorable los cuerpos humanos y sus memorias, pero hace desaparecer más lentamente algunos documentos. En la vida diaria de sus hijos fueron desapareciendo los objetos que lo rodearon y el oro acumulado. La casa cambió de dueños. El último de ellos, César, muere sin descendencia, igual que sus hermanos; tenemos noticias de él por su correspondencia y su testamento: muere pobre, de setenta y seis años, en 1630. En los sesenta y cuatro años transcurridos, todo lo que construyó Nostradamus durante su vida ha vuelto a la nada. Sólo ha quedado para la posteridad su obra profética, su verdadera herencia, que llega hasta nosotros llevada y traída por los intereses políticos del siglo XVII, aumentada por su escribiente que se autotitula su discípulo, Jean Aimé de Chavigny, con las cuartetas que él había desechado, y aumentada posteriormente por poetas cortesanos que añadieron, bajo el nombre y la fama del profeta, más de trescientos cincuenta versos para adular a Luis XIII, y para engañarlo.

Felizmente los archivos oficiales de Francia salvaron el testamento y codicilo con la relación de su tesoro. Relación detallada del tesoro físico pero al mismo tiempo relación exacta de su verdadera herencia, su obra profética y en ella su mensaje secreto legado, no a su familia ni a su famoso discípulo, ni a ninguno de sus comentadores, sino a Francia y a la humanidad.

Con perfecto derecho Nostradamus titula su obra *Escript Capitolin* ("Escrito del Capitolio"), porque en el Capitolio se guardaban en Roma los versos proféticos de las sibilas. Dice textualmente (IX-32) que están sus versos *dessouz la laze* (debajo de la losa sepulcral); más aún, profetiza que será *trouvée*, que será "encontrada" su obra debajo de la losa. Es lo que estamos haciendo hoy: levantando la losa para que todos sepan que su mensaje secreto está ahí y que queda guardado para el que ha de venir, a mediados del siglo XXI, cuyo advenimiento también ha profetizado. Siendo necesario su testamento para determinar con exactitud las cuartetas que completan su obra profética y para la primera ordenación de ellas, podía Nostradamus afirmar que su profecía sería descubierta bajo una losa sepulcral. Podía decir también que su obra profética era su verdadera herencia y titularla "escrito capitolino".

Repite todo esto en otra cuarteta profética, VIII-56: "Tombe pres D. nebro descouverts les escripts" (Serán descubiertos sus escritos en una tumba). Simbólicamente habla así de su tumba y de su testamento y repite una vez más, VIII-66: "Quand l'escriture D. M. truvée" (Cuando la escritura D. M. será encontrada).

DOM (Deo Óptimo Máximo), utilizado para encabezar los epitafios, podría reducirse a D. M. (Deo Máximo). Se refiere pues, Nostradamus a un epitafio que será encontrado. La escritura D. M. es aquello que libremente desea él escribir sobre su tumba, como se escribe un epitafio; en este caso su testamento y el legado de su verdadera herencia, documento con el que constituye el derecho que nos otorga, representando nosotros a la humanidad, de abrir su "tumba" y entregar a la posteridad su "tesoro": su obra profética, dentro de la cual está oculta la escritura D. J., el mensaje secreto que será encontrado.

Ese legado profetiza la historia de Europa manteniéndose así durante siglos en continua vigencia. Cada personaje importante y cada guerra promueven ediciones y comentarios de sus profecías. Está guardado en ellas y en su testamento, bajo una serie de claves, un mensaje secreto que no debe ser conocido sino después de quinientos años contados desde el principio de su profecía, o sea a mediados del siglo XXI. (557 + 500 = 2 057.) (1547 + 500 = 2 047.)

III-94 *De quinientos años más se tendrá cuenta*
Aquel que sea el ornamento de su tiempo
Después de golpe dará gran claridad
Que para ese siglo los pondrá muy contentos.

Es posible que se trate del año 2055, porque esta cuarteta de la tercera Centuria fue publicada en 1555 con la primera parte de sus profecías. En todo caso, entre 2047 y 2057 de nuestra era, de acuerdo con el principio de su profecía según las ediciones de Lyon y las de Avignon.

La primera idea de todos los comentadores a la que el mismo Nostradamus ha contribuido, con toda malicia, es que las cuartetas están fuera de su lugar y deben ordenarse según la fecha de los acontecimientos humanos a los que se refieren. Todos han pensado en una clave criptográfica en cierto modo exterior a la obra profética. Las claves testamentarias podrían llenar este requisito.

Pero el conjunto de claves que vamos a exponer más adelante, y que Nostradamus ha creado dentro y fuera de la obra misma, plantea nuevos problemas. Algunas estrofas y muchos versos de la obra se ocupan exclusivamente de las claves y no de la profecía. Como el autor tuvo que redactarlas de manera que parecieran proféticas, se vio obligado a rellenarlas con palabras y frases que nada significan y para ello inventó noticias. Nos lo dice textualmente en la cuarteta de mayo de 1555. Después de una serie de números, que se utilizan en la clave del gran reloj de bronce, pone un punto y termina una estrofa con dos palabras sobre las que llamamos la atención al lector: *Nouvelles inventées* (noticias inventadas).

Esto nos lleva a considerar la obra nostradámica no como una serie interesante e ininterrumpida de profecías, o sea una anticipación de la historia de Francia y de los pueblos de Europa que con ella se relacionaron, sino como un documento que está por encima de esa finalidad. Sus profecías se agrupan sobre determinados personajes históricos, como si Nostradamus hubiera tenido la visión perfecta de las escenas más importantes de los acontecimientos que determinaron sus vidas. Nos habla de esas escenas con detalles que la historia no ha podido conservar. Pero centenares de escenas no han podido darle una comprensión profunda de la historia humana. El profeta puede ver una ciudad destruida, pero no puede explicarnos la sucesión de errores que motivaron esa destrucción. Ha podido fijar algunas fechas, ha podido llegar a la convicción de los hechos históricos y relacionarlos con el camino del sol sobre la eclíptica; su testimonio puede ser muy útil para la humanidad que tiene que afrontar una catástrofe, pero no puede darnos una relación periodística de los acontecimientos futuros.

No ha podido explicarse la segunda guerra del siglo XX ni explicarla a sus contemporáneos del siglo XVI; pero ha tenido la visión de una escena y ha podido decir de Hitler (III-58): "Qu'on no sçaura qu'il sera devenu" (que no se sabrá lo que será de él), único personaje histórico del que puede decirse algo tan extraordinario.[1]

Tenía Nostradamus un mensaje muy importante para nuestros descendientes y se vio obligado a ocultar-

[1] Psicológicamnete el hombre no puede encontrar aquello en que no cree, menos aún aquello de lo que le han enseñado a dudar. Al hombre le han enseñado a dudar de la profecía; Nostradamus ha escrito y publica en 1555:

> III-13 —*Cuando sumergida la escuadra navegará*
> —*Quand submergee la classe nagera*
> (nager: del latín *navigare*, *naviguer*)

Todavía no se ha cumplido totalmente la profecía aunque cientos de barcos recorren sumergidos largas distancias, pero estamos seguros que se cumplirá: toda una escuadra viajará sumergida. Es tan terriblemente dominante la mecánica mental de nuestra época que el lector estará pensando: "Julio Verne profetizó el submarino". Nadie responde inmediatamente que Julio verne profetizó, en el siglo XIX, un submarino pequeño. Nostradamus pronostica setenta años después del descubrimiento de América, realizado en tres cáscaras de nuez menos de cincuenta metros de proa a popa, y pronostica una escuadra de submarinos.

lo de modo que pudiera ser descubierto después de cinco siglos. Ese mensaje habría sido incomprensible para los hombres de su tiempo. Podía hablar de un rey de Inglaterra muerto en el patíbulo y más oscuramente del suplicio de Luis XVI porque nadie tomó en serio esas profecías mientras no se realizaron, y podría hablar de las persecuciones de la iglesia católica. Pero no podía, sin arriesgar su vida y la vida de su obra, asegurar en sus escritos la desaparición del poder político de la monarquía y de la iglesia, que son hechos evidentes para nosotros.

Su mensaje apocalíptico será bien recibido cuando los pueblos europeos estén viviendo y comenzando a comprender la catástrofe que se avecina. Si un astro se acerca peligrosamente a la Tierra, marcará el momento en que el mensaje del profeta puede ser comprendido y aprovechado. Si su texto secreto queda develado en 2055 podrá guiar a algunos hombres, sin interferir la realización del destino, en una labor preparatoria que mejorará la situación de los sobrevivientes, después de 2137, ayudándolos a cumplir su terrible tarea en un planeta devastado.

Nostradamus predice una catástrofe cósmica que no será el fin del mundo pero sí el fin de nuestra EDAD. Nos da la fecha central de esa catástrofe con una aproximación de diez años, entre 2127 y 2137 de nuestra era, y hace de su testamento la piedra angular de su profecía.

Empezando con las claves de ese testamento, Nostradamus nos entrega dentro de su obra profética el trabajo criptográfico más importante del que se tiene noticia. Para guiarnos en su develación utiliza todos los conceptos que son afines a un testamento: la muerte, el ataúd, la tumba, el monumento sepulcral, el epitafio, la herencia, el tesoro...

Es un hecho evidente que cada personaje importante de la historia europea y cada cambio fundamental de carácter político o religioso, ha sido descubierto en las profecías nostradámicas a pesar del desorden de sus cuartetas, provocando un interés público que se revela en la bibliografía del profeta. Para este resultado los comentadores no necesitaron hacer un trabajo criptográfico. La reunión de los temas apoyándose en las expresiones que, para cada uno, ha inventado el profeta y la exactitud filológica de sus frases, permiten descubrir el acontecimiento ya realizado.

La única finalidad posible de su excepcional criptografía es la ocultación de un mensaje importante que solamente debe ser conocido en la época anterior a la catástrofe. Nostradamus, en la cuarteta III-94, nos señala la fecha de la aparición del mensaje, con la misma aproximación de diez años, como veremos más adelante.

La idea de *testamento* en el mundo judeocristiano está unida a la de Revelación tradicional. El Antiguo Testamento es la Revelación dada a Abraham bajo el Pacto, la Alianza y la Circuncisión, para el periodo zodiacal de Aries y codificada por Moisés que renueva esa Alianza. El Nuevo Testamento es en su esencia la Revelación de Jesucristo para le periodo zodiacal de Piscis. El novísimo Testamento contendrá la Revelación tradicional en la forma en que la dará el Ángel para el periodo zodiacal de Acuario. El mensaje que solamente podrá ser conocido a través del testamento de Nostradamus tiene que ser un mensaje apocalíptico, para el fin de Piscis y el comienzo de Acuario. Tiene que referirse a la catástrofe y a la Revelación.

Segunda parte

Cronología

III-79 *"L'ordre fatal sempiternel par chaine,*
viendra tourner par ordre consequent."

"El orden fatal, sempiterno, en cadena,
vendrá a tornar en orden consecuente."

12

La cronología tradicional o mística

Los grupos dispersos que durante el Diluvio de Noé salvaron en cavernas el tesoro sagrado de nuestro planeta, la sangre de la humanidad, salvaron también los conocimientos que consideraban más importantes. Reducidas a lodos sus ciudades, desaparecidos sus archivos y sus instrumentos, obligados a una lucha desesperada por la supervivencia, es fácil comprender cuáles fueron para ellos los conocimientos que no debían desaparecer: los que estaban ligados íntimamente con su propia salvación y con el futuro de la nueva humanidad que habían hecho posible.

Sin que necesitaran ponerse de acuerdo —durante siglos las comunicaciones entre ellos no existieron— esos grupos aislados llegaron a la misma conclusión: los conocimientos y las técnicas que el hombre va desarrollando en su lucha con la Naturaleza lo absorben por completo y estratifican su comunidad según una determinada escala de valores. La humanidad se aparta con esas conquistas de su verdadero destino. En cambio, los conocimientos astronómicos y cronológicos habían hecho posible la previsión de la catástrofe. Ésta era la ciencia que debían conservar celosamente y dejar como herencia de una generación a otra. Una élite debía guardarla. Y como de nada serviría la salvación física de la humanidad sin el cumplimiento de la verdadera finalidad humana, la salvación espiritual, también debían preservarse y legarse a las generaciones futuras la revelación y todos los mitos, símbolos y leyendas que hacen llegar su realidad eterna al alma del hombre.

El conjunto de los conocimientos astronómicos y la posibilidad de llevar más adelante la ciencia de los astros se perdieron en la catástrofe. Los grupos humanos que se salvaron de la muerte tuvieron que luchar por la supervivencia en un medio hostil. Guardaron algunos resultados de la antigua ciencia y sobre todo siguieron dividiendo sus días según la costumbre de sus padres.

La élite sabía ya que todos los materiales se destruyen, que los idiomas se olvidan, que los fundamentos mismos de la manera de pensar de los grupos humanos cambian de una edad a otra. Sabía que solamente atraviesan los siglos y milenios, en cantos y cuentos, los personajes fabulosos, los mitos, las leyendas y los conjuntos simbólicos.

Los hombres pueden olvidar que la personalidad debe ser destruida de un solo golpe por el héroe; que no se puede cortar una cabeza de ese monstruo sin que crezcan otras; pero Hércules seguirá aplastando a la Hidra con su maza y la verdad que simboliza podrá estallar siglos después en el corazón de un hombre que encuentra el mito de Hércules cuando va buscando a su Dios.

En todos los continentes, esa élite nos ha legado en diferentes versiones, bajo el ropaje de los símbolos, los conocimientos necesarios para las dos únicas finalidades humanas: la salvación física de la humanidad ante el cíclico peligro cósmico, y la salvación espiritual del héroe.[1]

Muchas leyendas que han llegado hasta nosotros y que se refieren al "Tesoro" se ocupan de la salvación de la humanidad, en las cavernas que están preparadas para ese fin y nos dan los datos necesarios para encontrarlas y utilizarlas en el momento catastrófico profetizado. Esas mismas tradiciones y leyendas se ocupan también de la salvación del héroe. Así como la humanidad debe salvarse en el mundo físico, el héroe, como representante de la humanidad, debe atravesar el mundo mágico y salvarse en el mundo espiritual.

No era necesario escribir la historia de las humanidades que nacieron, vivieron y murieron sobre la Tierra. El tiempo y los elementos, sobre un planeta continuamente convulsionado y sujeto a catástrofes periódicas, realizan a diario su labor destructiva. Si una humanidad anterior hubiera alcanzado, para todos sus habitantes, un grado superior de conciencia, lo habríamos heredado: habría venido en nuestra sangre.

[1] Para la salvación física de la humanidad no bastaba el "arca" que protegía al grupo humano de la muerte inmediata. Eran necesarias las semillas y los animales domésticos que garantizaban la supervivencia. Leyendo la Biblia no nos damos cuenta de que el trigo, el maíz, el arroz, la soya, la papa y otros cereales y tubérculos han necesitado siglos de trabajo inteligente para llevarlos del estado salvaje a su estado actual. En los últimos siglos siguen siendo los únicos alimentos básicos. No hemos transformado otros. Antes de estas conquistas y de la domesticación y el mejoramiento de los animales que nos ayudan o nos sustentan, la subsistencia de los grupos humanos era muy precaria. La domesticación a que nos hemos referido fue también un proceso de siglos. Tampoco hemos domesticado otros animales en nuestro tiempo histórico. Todo esto existía ya en tiempos de Noé.

Muchas humanidades tendrán que sucederse. Durante su proceso histórico las sociedades humanas han sido y serán aprovechadas como caldo de cultivo para la producción del hombre primero y del superhombre después. Si toda la violencia criminal que ocurre a nuestro alrededor es posible, podemos estar seguros de que, a pesar de los pocos hombres que pueden ostentar el título de tales, el reino hominal de la Tierra es una posibilidad que no se ha realizado todavía. El rechazo instintivo que va a sufrir el lector ante esta afirmación es una prueba de que estamos en lo cierto.

Los hombres superiores de la humanidad anterior a la de nosotros tuvieron que ocuparse del pasado de la Tierra en forma simbólica. Estamos convencidos de que superaron la astronomía europea del siglo XIX. Con los datos de su astronomía establecieron la cronología. Hasta hoy utilizamos esa cronología para nuestra vida familiar y social: el año, el mes, el día, la sucesión horaria, la semana de siete días, la matemática sexagesimal de los minutos y segundos: la misma para el tiempo que para los grados de círculo. No utilizamos el periodo astronómico de seiscientos años que Flavio Josefo atribuye a los patriarcas, quienes seguramente lo heredaron. Hemos olvidado también las concepciones cósmicas. Felizmente algunos hombres excepcionales han guardado y transmitido las ideas fundamentales de esa cronología mística que hemos titulado tradicional y de la que nos hemos ocupado en una parte de nuestro último libro.[2]

[2] Daniel Ruzo, *op. cit.*

Esa cronología se fundamenta en los conocimientos astronómicos de la ciencia oficial de nuestros días y no puede ser negada. Nadie puede argumentar que la hemos inventado. La hallamos en las tradiciones y leyendas, en los libros sagrados de todos los pueblos, en los mitos y conjuntos simbólicos, de la misma manera que la encontramos en los escritos de Tritheme y de Nostradamus. Ha sido ocultada sabiamente para que llegara hasta nosotros. Es evidente que no existe, explicada en todas sus partes, en una obra erudita.

No pretendemos haber develado la antigua ciencia. Estamos seguros de haber comenzado a levantar el velo de la más antigua cronología y creemos que este trabajo y el de los estudiosos que lo seguirán, serán considerados muy importantes durante el próximo siglo.

Iniciamos nuestros estudios con una concepción de las manifestaciones de la Santísima Trinidad, causas primeras después de Dios, guiados por dos profetas: Jean Tritheme y Michel Nostradamus. Con ellos llegamos hasta los siete planetas, representación de los siete arcángeles, causas segundas después de Dios. Presentamos aquí una teoría que requiere un desarrollo que no podemos dar en este libro. La relación profunda de las humanidades que se suceden sobre nuestro planeta, con las 12 posibilidades, perfectamente diferenciadas, representadas por las 12 constelaciones zodiacales, que rigen inexorablemente, una después de otra, el destino humano. Esas 12 posibilidades son las causas terceras después de Dios.

En el zodiaco, que recorremos en sentido retrógrado, cada humanidad recibe las influencias de las cuatro posibilidades que presiden los cuatro sectores zodiacales que recorre, durante le transcurso de una EDAD, nuestro sistema solar. La humanidad de Acuario, bajo la influencia de la onceava posibilidad, será muy diferente de nuestra humanidad, regida por la posibilidad de Piscis.

La influencia general de nuestro sistema solar, sobre nuestro pequeño planeta y sobre la humanidad, es innegable. Hay una relación evidente de las fuerzas telúricas y su desplazamiento sobre y bajo la superficie que habitamos, con los ciclos históricos. El hombre, durante su vida efímera, está sujeto a cada instante a situaciones inesperadas: su muerte misma es un accidente imprevisible. Por debajo de todo lo consciente, las olas de un destino lo arrastran, junto con el de su pueblo y el de su humanidad. Cuanto más grande y más antiguo es el cuadro histórico, tanto más claras son las líneas de fuerza que hacen inevitables los resultados.

Esta relación del hombre con su medio y del planeta con el sistema solar nos obliga a reconocer la relación de dicho sistema con los grupos de estrellas de nuestra galaxia que lo rodean, y entre los cuales se desarrolla la espiral de la eclíptica, es decir, el camino cíclico del sol.

Las bases astronómicas de la cronología tradicional han sido: la marcha retrógrada del sistema solar sobre la curva abierta de la eclíptica, único reloj exacto para determinar los siglos y milenios, y la marcha de la Tierra y de la Luna alrededor del Sol para los pequeños periodos de la vida humana.

Viajamos sobre la superficie de un planeta que en su movimiento de rotación nos lleva a más de mil seiscientos kilómetros por hora, y que se desplaza con nosotros en el espacio, alrededor del Sol, a más de cien mil kilómetros por hora. Tratemos de imaginar las dimensiones de la curva eclíptica que recorremos en, aproximadamente, 24 824 años solares. Cuando el Sol regresa al que podemos llamar punto de partida, el área inmensa que ha encerrado es un punto en el espacio que se encuentra dentro de un círculo infinitamente más grande, formado por las constelaciones zodiacales: 12 grupos de estrellas tan alejadas de nosotros que podemos considerarlas "fijas" en el cielo. Estamos refiriéndonos sólo a nuestra galaxia. Los modernos telescopios descubren millones de galaxias.

No podemos negar la ciencia astronómica de los hombres anteriores a Noé. Solamente en este siglo podemos hablar de millones de galaxias y de que todas ellas, a velocidades que no podemos concebir, se alejan de un centro desconocido. Pero hace más de seis mil años, los indostanos consideraban ya al Universo como la manifestación o el aliento de Dios. Actualmente se desarrolla —según ellos— la expiración de ese aliento que creará cada vez mayores espacios hasta el momento en que deberá comenzar el larguísimo periodo de la inspiración. Toda la creación volverá a Dios de donde ha partido.

Esta grandiosa concepción reúne en el más elevado sistema simbólico las tres manifestaciones de la Trinidad, causas primeras, los siete Planetas representación de las siete causas segundas que dirigen el mundo después de Dios, según Tritheme; y las 12 constelaciones zodiacales, representación de las 12 posibilidades de la

Manifestación, causas terceras después de Dios, como nos permite titularlas la antigua ciencia. La Cábala divide el número 22, como las letras hebreas, en tres, siete y 12.

La curva abierta de la eclíptica fue dividida en 27 mil sectores. Su proyección en un círculo ideal quedó reducida en un cuatro por ciento a 25 mil 920 sectores. El tiempo de la revolución del sistema solar sobre ese círculo se había fijado antes, aproximadamente, en 25 mil 824 años solares. Se establecieron así tres valores de la eclíptica y por lo tanto de cada una de sus divisiones o periodos.

La eclíptica se dividía en tres edades, cada una terminada por un cataclismo. En cada vuelta eclíptica del sol perecían tres humanidades. Los tres puntos de ruptura estaban señalados en el zodiaco: uno entre Escorpio y Libra, otro entre Cáncer y Géminis, y el tercero entre Piscis y Acuario.

La antigua ciencia simbolizó en una vuelta del Sol tres edades del pasado de la humanidad sobre la Tierra (véase figura 1). Terminaba con el segundo Adán, con el que principia la protohistoria. En esa vuelta simbólica se suceden tres edades: la de los ángeles, en los sectores zodiacales de Libra, Virgo, Leo y Cáncer; la de los Hijos de Dios, en Géminis, Tauro, Aries y Piscis; y la EDAD adámica que por ser la parte más alta del círculo zodiacal es el Paraíso, en Acuario, Capricornio, Sagitario y Escorpio. Los angeles cayeron en el Aire, los Hijos de Dios en la Tierra, y una catástrofe de Fuego, la espada flamígera que se revolvía a todos lados, obligó a Adán a seguir, sobre la Tierra, la marcha retrógrada del Sol.[3] A 30° de Libra comienza la primera edad protohistórica, la cuarta humanidad, la edad de los patriarcas hebreos y de los reyes caldeos, que desaparece al final de Cáncer por un cataclismo del Agua. Noé inicia, a 30° de Géminis, la marcha retrógrada de nuestra quinta edad. Nuestra humanidad recorre Géminis con Sem, Tauro con Phaleg, Aries con Abraham, padre de los hebreos y de los árabes, y padre de la Alianza; su revelación es codificada por Moisés: recorre Piscis con Jesucristo y con el Nuevo Testamento (véase figura 2).

Nuestra humanidad terminará, de acuerdo con el Apocalipsis, en la primera mitad del siglo XXII, con una catástrofe producida por el Aire. En ese momento el Sol, después de recorrer el sector de Piscis, comenzará a recorrer el sector de Acuario. Empezará la sexta edad.

Ésta es la sucesión retrógrada de los elementos, tal como la encontramos en la sucesión de las catástrofes cósmicas o telúricas del planeta: Fuego, Agua, Aire y

[3] Adán sigue "el camino de la Tierra", el camino retrógrado hacia Oriente, hacia la salida del sol. Los ciclos zodiacales y la influencia de las estrellas sobre la Tierra y sobre la Humanidad se suceden según esa marcha retrógrada: Acuario después de Piscis. El camino histórico, de predominio de cada nación y de cada continente, se desarrolla en sentido opuesto. Recordamos todavía la predominancia asiática y la posterior predominancia europea. Somos testigos de la actual predominancia americana. La importancia de cada nación en el mundo físico va en sentido contrario al camino espiritual de la Humanidad. Por eso "la felicidad" del milenario es concomitante con la "catástrofe". Los ciclos cronológicos de Tritheme siguen sobre el zodiaco la serie invertida de la semana: Venus, Júpiter, Mercurio, Marte, Luna, Sol, Saturno. En cambio la marcha histórica a que nos referimos sigue el orden de la semana en sentido directo: de Saturno hasta Venus.

tierra. El orden de los elementos en sentido directo es: tierra, aire, agua y fuego.

Figura 1
Las tres primeras Edades. Cronología simbólica

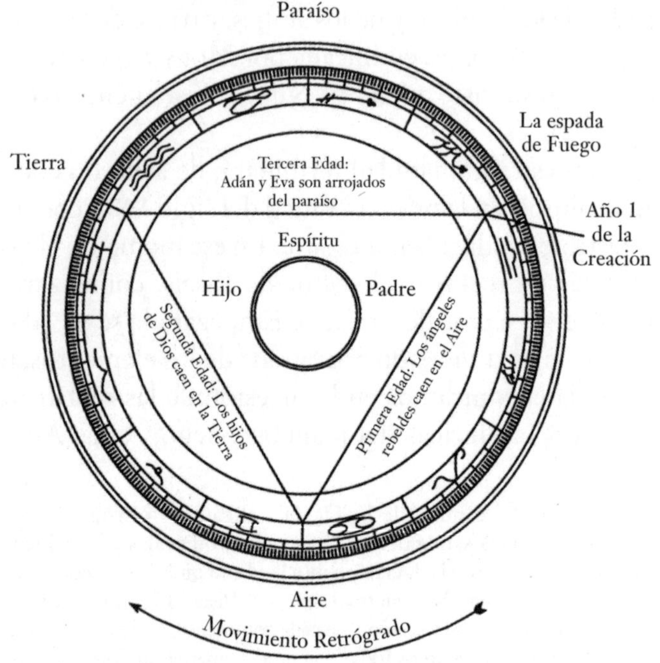

Los datos numéricos de esa cronología anterior al Diluvio son múltiples y se establecieron así con el fin de que el problema astronómico no fuera comprendido y su ocultamiento quedara asegurado. Según las profecías, en estos últimos días que vivimos y que son los 180 últimos años apocalípticos anteriores a la catástrofe, todo lo que ha sido ocultado saldrá a la luz para que la humanidad pueda prepararse para la terrible prueba que también está profetizada.

Tres series de datos numéricos diferentes, y la colocación cronológica de los años solares o eclípticos sobre el círculo de 360°, han sido los elementos principales para esa ocultación de la cronología tradicional. La curva abierta que traza el Sol en su marcha retrógrada, volviendo a su punto de partida en relación con las estrellas fijas, después de 25 824 años solares, es el único reloj exacto para la historia de la humanidad. Inmenso para el hombre, es un punto en el espacio estelar, dada la inconmensurable distancia del anillo de estrellas que constituye el círculo zodiacal sobre el que medimos los ángulos de la marcha retrógrada del Sol.

Tres números diferentes para la eclíptica significaban, igualmente, tres números para cada edad, tercera parte de la curva; para cada periodo zodiacal, duodécima parte; para cada milenio, y para cada año, grado o sector. La colocación sobre el círculo de 360° de una sección cualquiera de la eclíptica constituiría una clave porque era necesario conocer el año solar y el grado que se había escogido para comenzar esa sección.

Figura 2
La cuarta, la quinta y la sexta Edad.
Cronología tradicional

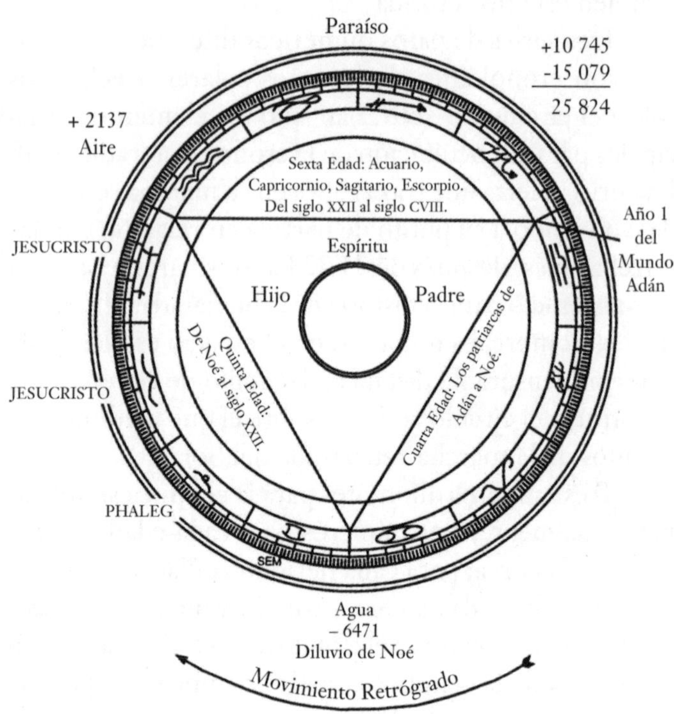

Un cuadro de las subdivisiones de la eclíptica y de los tres valores de cada una de esas subdivisiones, nos dará los mismos números que encontramos en diferentes cronologías, seguidos algunas veces de uno o más ceros.[4]

[4] El número 720 es el valor de uno de los tiempos de la profecía de Daniel que se cumple exactamente pero no en periodos eclípticos, sino en años solares. Los números: 144, 108, 1 296, 1 728, 720, 8 640, 432,

Números de		*Números de los sectores de la curva abierta*	*los sectores de la proyección circular*	*Años solares*
1	Eclíptica............................	27 000	25 920	25 824
1/2	Mitad de la Eclíptica	13 500	12 960	12 912
1/3	Un tercio: una EDAD	9000	8640	8 608
2/3	Dos tercios.........................	18000	17 280	17 216
1/6	Un sexto: media EDAD.....	4 500	4320	4 304
1/12	Un doceavo: un periodo zodiacal	2 250	2160	2152
1/18	Decimoctava parte de la eclípcita..................	1 500	1 440	1 434/8 m.
1/24	Medio periodo zodiacal: periodo del Fénix	1 125	1080	1 076
1/36	Medio periodo zodiacal: periodo del Fénix...........	750	720	717/4 m.
1/48	Cuarta parte del periodo zodiacal............................	562 a. 6 m.	540	538
1/60	Quinta parte del periodo zodiacal..............................	450	432	430/4 m.
1/72	Sexta parte del periodo zodiacal..............................	375	360	358/8 m.

Utilizando estas tres series de números indistintamente y sin explicarlas; colocando los periodos astronómicos sobre el círculo de 360° sin especificar en qué grado co-

360, son los números de la cronología indostana en años de la eclíptica. Otros números que, igualmente, no aparecen en nuestro cuadro, como el 216 y el 288, están en relación con nuestros números de la eclíptica: 216 es la 120ava parte, y 288 es la 90ava parte de 25 920.

menzaban los cálculos; exigiendo bajo severas penas el secreto iniciático, los colegios sacerdotales lograron preservar celosamente sus conocimientos cronológicos, que desaparecieron con ellos. Pero dejaron en las leyendas, en los cuentos y en los libros sagrados, suficientes datos para hacer posible la reconstrucción de la ciencia de los tiempos —base de las profecías— que marcan grandes tragedias humanas al final de cada EDAD de cuatro periodos zodiacales.

Otra ciencia guarda hasta ahora sus secretos empleando los mismos métodos. Nos referimos a la alquimia. Son muchos los verdaderos alquimistas que han dejado una relación de sus trabajos, pero ninguno ha hecho una relación completa; ninguno ha determinado a qué parte de la gran obra se refieren sus escritos; ninguno ha llamado por su nombre a la primera materia alquímica que cada alquimista debe descubrir.

Aquí queda probada plenamente la existencia de la cronología tradicional y la utilización de la misma por dos personajes del Renacimiento: Jean Tritheme y Michel Nostradamus. Este último se atrevió a darnos, en forma oculta, los datos fundamentales de esa cronología. Su finalidad fue profetizar la catástrofe cósmica o telúrica que destruirá nuestra humanidad a principios del siglo XXII, ubicándola en el tiempo con la mayor exactitud posible. Profetizó también el advenimiento de un personaje que a mediados del siglo XXI recibirá su herencia, el mensaje cifrado que esconde su obra profética y que seguramente completa y explica su profecía apocalíptica.

Veamos primero cómo profetiza Nostradamus al personaje al que nos hemos referido, el César, el Gran

Monarca, y cómo fija la fecha de su acción, que no creemos encaminada a dominar el mundo y traer la felicidad física al planeta. No creemos posible que gobernante alguno pueda detener la explosión demográfica, la polución del agua y del aire, y la extinción de los recursos naturales despilfarrados por los ignorantes que los han creído, y los creen todavía, inagotables.

La única acción digna de dicho Gran Monarca será contribuir a la salvación de grupos humanos en la época de la catástrofe. Solamente por ese motivo puede ser profetizado su reinado dentro de mensajes claramente apocalípticos. Hemos visto ya, en capítulo anterior, la cuarteta en la que Nostradamus profetiza al personaje y la fecha de su aparición:

III-94 De quinientos años más se tendrá cuenta
Aquel que sea el ornamento de su tiempo:
Después de golpe dará gran claridad
Que para ese siglo los pondrá muy contentos.

El primer verso, publicado en 1555, sitúa la fecha del cumplimiento de esa profecía, quinientos años después, es decir, en 2055. Dice en el segundo verso de quién se trata: aquel que será el ornamento de su tiempo. La primera palabra del tercer verso nos hace pensar que 2055 es el año del nacimiento de ese príncipe. Su acción viene después, y vendrá de golpe, en un instante, aclarándolo todo, dando felicidad a su siglo. Se trata de la felicidad del Milenario.

Muchos comentadores han encontrado en las profecías de Nostradamus claras afirmaciones respecto al

Gran Monarca. Los deseos o esperanzas personales de esos comentadores no les han permitido fijar la fecha de su llegada, que está exactamente indicada en la cuarteta que comentamos. Cada uno ha creído encontrar su Gran Monarca.

En otro capítulo veremos cómo Tritheme dedica sus dos principales obras al emperador Maximiliano I titulándolo César y diciendo, al dirigirse a él: "Trés sage César". Veremos también cómo Nostradamus bautiza con el nombre de César a su primogénito y le dedica la primera publicación de sus Centurias: "Ad Cesarem Nostradamum Filium", uniendo así su obra a la de Tritheme para la descripción futura, en ambas obras, de los mensajes secretos. En 1558, Nostradamus dedica las tres últimas Centurias de su obra profética a Henry, Roy de France, Second, el Gran Monarca.[5]

[5] La dedicatoria aparentemente a Enrique II está dirigida, de acuerdo con la redacción que aparece en todas las ediciones de Lyon, "a Henry, Roy de France, Second", es decir, a Enrique, Rey de Francia, Favorable, al Gran Monarca. Esto es exacto, pero nadie hasta hoy ha dado la prueba documentada de que éste era el verdadero significado que, en la dedicatoria de sus tres últimas Centurias, daba Nostradamus a esa expresión. Tenemos en nuestra biblioteca el único ejemplar conocido de *Les Presages / Merveilleux / pour l'an 1557. Dediés / au Roy treschrestien, / Henri deuxiesme / de ce nom, / Composez par maistre Michel Nostra / damus, Docteur en medecine de Saló / de Craux en Provence. / Contre ceulx qui tant de foys / m'ont fait mort. / Immortalis era vivus, moriésq; magísq; / Post morté nomé vivet in orbe meum. / A París, / Par Iacques Kerver, rue S. Iaques / aux deux Cochek. / 1557. / Avec privilege du Roy*, dedicado esta vez con toda claridad a Enrique Segundo. La dedicatoria dice textualmente: "Au Trés-Invin- / cible & tres puissant Roy / Henry, second de ce nom / Michel de Nostradamus sou- / haite victoire et felicité". Cuando se dirige a Enrique Segundo en 1558, Nostradamus emplea una redacción diferente: "A L'Invictissime, / tres-puissant, &

Una vez determinada la curva de la eclíptica y el valor en años solares de sus sectores, el dato más importante era la fecha exacta del final de un signo zodiacal y del comienzo del siguiente. Nostradamus lo ha dado en la cuarteta VI-2, que hemos relacionado ya con las dos fechas del principio de sus profecías: 1557 según las ediciones de Lyon, y 1547 según las ediciones de Avignon.[6]

VI-2 En el año quinientos ochenta más o menos,
Se alcanzará el siglo bien extraño:
En el año setecientos, y tres cielos son testigos.
Que muchos reinos uno a cinco harán cambio.

Los dos números de esta cuarteta están en relación, el primero con el año 1557 y el segundo con el año 1547, y ambos marcan el fin de Piscis, el fin de nuestra quinta EDAD y el fin del Kali Yuga. Al mismo tiempo, el comienzo de Acuario.

Si a 1557 sumamos 580 años, llegamos al año 2137, en que se inicia, históricamente, el periodo zodiacal de Acuario. Si a 1547 sumamos 703 años, obtendremos el año 2250, que según nuestro cuadro es la duodécima

---

tres-chrestien henry / Roy de France *second*: Michel No- / stradamus son tres-humble, tres- / obeissant serviteur & sub- / iect, victoire & / felicité." Bibliográficamente queda probado que Nostradamus emplea esta forma de dirigirse al Gran Monarca solamente en la dedicatoria de sus tres últimas Centurias y en las ediciones de Lyon. Como dice: "Ad Caesarem Nostradamum filum" en las dedicatorias de las primeras Centurias, debemos aceptar que toda su obra profética está dedicada al César o Gran Monarca, como la obra mística del Abate Tritheme. (Véanse ilustraciones 6 y 7, *Presages* para 1557.)

[6] Daniel Ruzo, *op. cit.*

parte de la eclíptica abierta, es decir, un periodo zodiacal. Indica Nostradamus que se trata, en 2137, del final de nuestro quinto reino o EDAD.

La fecha final de nuestra EDAD, del signo de Piscis, y de la catástrofe, es de la mayor importancia en la obra apocalíptica de Nostradamus. El profeta nos la da repetidas veces en forma oculta: no solamente se refiere a ella dos veces en la cuarteta VI-2; también en la cuarteta III-56 dice: *Depuis six cens et sept vingts trois pars*, o sea: "Después seiscientos siete veintitrés partes". Se trata del año 1607, que para él termina, según la cronología hebrea, el 14 de marzo de 1608. Ha fijado el comienzo de su profecía, en las ediciones de Lyon, el 14 de marzo de 1557. Si a 1608 añadimos veintitrés veces veintitrés años, o sea 529, llegamos a la fecha cíclica 2137 de nuestra era. (1608 + 529 = 2137.)

En la cuarteta siguiente, III-57, Nostradamus repite: "Taintz en sang en deux cens nonante *an*", es decir: "Teñidos en sangre en doscientos noventa *año*". Como 290 es la mitad de 580, esta cuarteta repite el dato de la cuarteta VI-2. Añadiendo a 1557 —año del principio de la profecía— dos veces 290, obtenemos una vez más 2137, es decir, el *año* teñido de sangre. (1557 + (290 X 2) = 2137.) La palabra *año*, en singular, como indicando el último año, el que se teñirá de sangre, atrajo nuestra atención.

Nostradamus nos ha dado tres veces, en forma oculta, los datos de la cronología mística necesarios para fijar en el tiempo, de acuerdo con la marcha del sol sobre la eclíptica, la fecha de la catástrofe que profetiza. Esa fecha señala el fin de nuestra humanidad y el principio de la sexta EDAD.

13

Texto de la carta-prefacio según traslación al francés moderno de François de Pierrefeu, dividida en treinta y seis párrafos

La primera edición de las Profecías de M. Michel Nostradamus se terminó de imprimir el 4 de mayo de 1555, por Macé Bonhome, en la ciudad de Lyon. Presentaba una carta-prefacio y cuatro Centurias, la última incompleta. En total 353 cuartetas. Ya en 1554 había publicado su primer almanaque, con versos proféticos para 1555, bajo el título: *Prognostication Nouvelle et Prediction Portenteuse.* Venían en ese almanaque trece cuartetas, una para el año y doce para los doce meses. Ninguna de esas cuartetas se refería al año 1555. Los esfuerzos del primer comentador del profeta para relacionar esas cuartetas con los acontecimientos de dicho año no han logrado convencer a nadie.

La carta-prefacio, que hemos citado, fue dirigida por el autor a su hijo César, nacido el 18 de diciembre de 1553 y quien no había cumplido aún los quince meses de edad el 1° de marzo de 1555, fecha de ese documento. Esta circunstancia y una frase de la dedicatoria, que se presta a interpretaciones, ha llevado a algunos comentadores a asegurar que ha sido dirigida, en realidad, no a su hijo César, sino a un hijo espiritual del profeta. Solamente puede tratarse del personaje futuro profetizado para una fecha a mitad del siglo XXI, que tendrá una misión histórica y será dirigido y auxiliado en ella por la obra profética a la que la carta sirve de prefacio.

El estudio de François de Pierrefeu, [1] a quien conocimos en Aix-en-Provence en 1947, y la transcripción al

[1] Nuestras investigaciones en la Biblioteca Mejanes, en Aix-en-Provence, nos hicieron conocer de la manera más casual posible a François de Pierrefeu, gran señor, pensador profundo, marino por afición, amable compañero en la petanca, amigo de Le Corbousier, enamorado de Provenza y estudioso del maestro Michel Nostradamus. Como la casualidad no existe, dimos mucha importancia a esta amistad que nos salía al paso de nuestros viajes en mitad de la vida. Lo visitamos siempre en París. Era uno de los pocos que sabían que Nostradamus era no solamente un personaje del Renacimiento y un verdadero sabio, sino también el depositario de las más antiguas y secretas tradiciones de su raza. visitamos a François durante los nueve últimos años de su vida en París, en el Hotel Ritz, donde se dedicó totalmente a su obra, grandiosa síntesis filosófica. Había descubierto, en el círculo de seiscientos grados, la relación, dos a dos, de los 600 primeros números colocados sucesivamente alrededor del círculo sumando cada par, en sentido horizontal, 601. Representadas por sus nombres hebreos, cada pareja expresaba los conceptos extremos y opuestos de la misma idea. Un delfín tiene solamente sesenta palabras; un hombre no llega a más de trescientas ideas fundamentales.

El doctor Prosper Azoulay visitaba periódicamente a François como profesor de hebreo. Dedicado al estudio de la Cábala y de los números como expresión filosófica, fundador en París del "Club de la Década", mantuvo con nosotros correspondencia hasta 1961. Nuestra última carta a Azoulay enviada desde Yakarta, en junio de ese año, quedó sin respuesta. La muerte de François de Pierrefeu y nuestra larga ausencia en Asia fueron apartándonos de París. Guardamos hasta hoy algunas hojas escritas por François durante nuestra última visita. Estaba con nosotros Azoulay y François nos enseñó el original de la primera parte de su obra terminada y corregida y nos dijo que la segunda parte se mecanografiaría inmediatamente. Nos habló con entusiasmo de la obra que daba por concluida como si eso le diera derecho al descanso. Las páginas que guardamos como recuerdo las llenó de números y francés moderno que nos dedicó, demuestra la profundidad filosófica de Nostradamus, quien precisa todos los aspectos de la relación del profeta con el mundo espiritual. Si leemos esa carta buscando comprender su sentido más allá de la dogmática y la astrología a que tenía que acogerse, terminaremos admirando la elevada metafísica de Nostradamus que analiza y reconoce los estados de conciencia que ha experimentado para los diversos grados de "unión" fuera de las leyes del mundo físico, y la poderosa mentalidad del traductor que supo traducirlo sin traicionarlo.

Ni nosotros, ni François de Pierrefeu, habíamos llegado en 1947 a descubrir en unas pocas frases de la carta las concepciones astronómicas y cronológicas de Nostradamus. Hubiera sido imposible para Copérnico y para todos los astrónomos europeos del siglo XVI. La cronología cíclica tradicional anterior al Diluvio, que permitía profetizar la próxima catástrofe que sufrirá nuestra humanidad y fecharla con una aproximación de diez años solares, pertenecía a la ciencia de una humanidad desaparecida.

Veinticinco años después podemos dar al público la versión castellana de la traducción de Pierrefeu y nuestros estudios de la obra de Nostradamus, que demuestran sus conocimientos astronómicos y cronológicos, heredados de los egipcios y de Moisés profeta. Hemos encontrado ocultos esos conocimientos en los números de la Gran Pirámide y del Antiguo Testamento, los do-

---

apuntes fijando así algunas explicaciones. Después de su muerte su obra ha desaparecido. Rogamos a la familia que debe tenerla en su poder, que deposite una copia en la Biblioteca Nacional de París.

cumentos fidedignos más antiguos que hemos podido consultar.

Prefacio de M. Michel Nostradamus filiu, Vida y Felicidad

Ad Caesarem Nostradamum filiu, Vida y Felicidad

1. Tu llegada tardía a este mundo César Nostradame, hijo mío, me induce a poner por escrito, a fin de dejarte este recuerdo después de mi extinción corporal, aquello que, del Porvenir, la Divina Esencia me ha permitido conocer por medio de las revoluciones Astronómicas. Es para el provecho común de los hombres que te dedico esta obra, fruto de una serie nunca interrumpida de vigilias nocturnas en el curso de una vida ya larga.
2. Y porque es la voluntad de Dios inmortal que, en el presente, no estés todavía despierto a las luces naturales que Él ha dado a esta terrena playa, y que debas recorrer solo y bajo el signo de Marte los meses de tu primera infancia, y que no hayas llegado siquiera a los años más robustos en que sería posible mi compañía, y que por lo tanto, tu entendimiento demasiado débil ahora, no puede recibir nada de esta búsqueda que realizo y que por la fuerza de las cosas terminará con mis días.
3. Visto que, por escrito, no podré transmitirte lo que sólo es posible por la tradición oral: esas pala-

bras, entre los nuestros hereditarias, que te abrirían a tu vez la vía de la oculta predicción, porque, bajo la escritura, el tiempo las haría ineficaces, quedarán encerradas en mi estómago.

4. Considerando también que, para el hombre, los acontecimientos futuros quedan siempre definitivamente inciertos, estando regidos y gobernados por el poder inestimable de Dios; el cual no deja de querer inspirarnos, y esto, no a través de transportes dionisiacos ni de movimientos delirantes, sino, a la verdad, por las figuras Astronómicas que Él nos propone: *"Fuera de esta aprobación divina, nadie puede presagiar con exactitud los acontecimientos fortuitos particulares, ni sin haber sido tocado por el soplo del espíritu profético"*.

5. Recordando además que, desde tiempo atrás y muchas veces, he predicho, con mucha anterioridad y precisando los lugares, acontecimientos que se produjeron efectivamente en ellos, previsión que nunca dejé de atribuir a la virtud de la inspiración divina; que, además, he anunciado como inminentes algunas calamidades o prosperidades que, bien pronto, vinieron a afectar las zonas que yo había designado entre todas las que se extienden bajo las diferentes latitudes; que después he preferido callar y no dar al mundo mis predicciones, renunciando aun a ponerlas por escrito tanto temía para ellas la injuria del tiempo, y no solamente del tiempo que corre, sino también, y sobre todo, de la mayor parte de las épocas que seguirán: porque los reinos del porvenir se mostrarán bajo formas de tal manera insólitas,

porque sus leyes, doctrinas y costumbres cambiarán tanto en relación con las presentes, a tal punto que se les podría decir diametralmente opuestas, que, si hubiese intentado describir esos reinos tales como serán en realidad, las generaciones futuras, quiero decir aquellas que, teniendo todavía el orden hoy en vigor, se sentían para siempre seguras en sus fronteras, en sus sociedades, en su modo de vida y en su fe, esas generaciones, digo, no hubiesen querido creer lo que oían y hubieran venido a condenar una descripción, por tanto verídica, la misma que, demasiado tarde, será aceptada por los siglos.

6. Refiriéndome en fin a la verdad de esta palabra del Salvador: *"No darás a los perros lo que pertenece a la santidad, no arrojarás las perlas a los cerdos, por temor de que las pisoteen y volviéndose juntos contra vosotros, os despedacen"*.
7. Por todas estas razones me había resuelto a privar de mi lengua al pueblo y de mi pluma al papel.
8. Después, yo cambié de opinión, y tomé un partido diferente: extender el empleo de mis luces al conjunto de los acontecimientos futuros, tan lejos como me fuera posible percibirlos, comprendiendo aquellos cuya comunicación me parecía lo más urgente, y dirigirme, no a algunos, sino al pueblo entero de los hombres y a la época que habrá visto el acceso de ellos a la cosa pública. Además, sabiendo la auricular fragilidad de los hombres y no queriendo arriesgarme nunca a escandalizarla, cualquiera que sea la mutación que se produzca en las mentalidades, decidí expresarme en sentencias cortas, *tejidas unas con otras*,

y cuyo sentido quedaría oculto tras de severos obstáculos: todo esto debía ser redactado bajo forma nebulosa, como conviene muy particularmente a estas profecías de las que está escrito: "*Tú has escondido estas cosas a los sabios y a los prudentes, a saber a los poderosos y a los reyes, pero las has entregado como frutos limpiados de sus semillas a aquellos que pesan poco sobre el suelo y que no entorpecen el espacio*".

9. Los Profetas del pasado, que vieron las cosas lejanas y que previeron los acontecimientos futuros, habían recibido de Dios y de sus ángeles este *espíritu de vaticinación* sin el cual ninguna obra puede llevarse a término. Mientras este espíritu de vaticinación permanecía en los Profetas, el poder que les comunicaba era inmenso y ellos esparcían sus beneficios sobre todo aquello que les estaba sometido. Existen otras realizaciones posibles además de las realizaciones sublimes de los Profetas, y por analogía entre sus finalidades respectivas, éstas dependerán de nuestro *buen Genio* exactamente como aquéllas dependían de Dios. A fin de permitirnos estas menores realizaciones, el espíritu de profecía acerca a nosotros su calor y su poder, así como hace el sol con nuestras personas físicas cuando, habiendo lanzado sus rayos sobre los cuatro elementos, deja su influencia, devuelta por esos elementos, esparcirse también sobre los cuerpos no-elementales, como son los nuestros. En cuanto a nosotros, como simples seres humanos, no somos capaces de penetrar, por el solo ejercicio de nuestras facultades y talentos naturales, los secretos insondables de Dios

creando el Universo: "*Porque no nos ha sido dado conocer los tiempos ni los momentos, etcétera*".

10. No se trata de que en nuestra época no puedan existir o aparecer ciertos personajes, como fue en el pasado, a quienes Dios el Creador quiera revelar, por medio de imágenes impresas por Él en su espíritu, algunos secretos del porvenir en armonioso acuerdo con los juicios astrológicos. Para este resultado, una clase de llama surge en estos personajes exaltando su facultad volitiva, inspirándolos y haciéndolos discernir en las cosas futuras aquello que será hecho por el hombre y aquello que será hecho por Dios. Porque la obra divina, si bien es absoluta en su totalidad, no lo es en sus partes. Esas partes son tres: los Ángeles, los Malos, y entre los dos, el hombre y sus poderes: esto deja a Dios todo el campo posible para realizar y terminar su obra como Él la entiende.
11. Pero me parece, hijo mío, que te hablo aquí en un lenguaje demasiado complicado.
12. Para volver a mi exposición, te diré que existe otra clase de predicción oculta, que nos viene oralmente y bajo la forma poética del *sutil espíritu del fuego*. Esto nos llega alguna vez cuando, como consecuencia de una más alta contemplación de lo que son en realidad los astros, ese sutil espíritu del fuego se apropia de nuestro entendimiento. Entonces nuestra atención se hace más vigilante y muy especialmente a las percepciones del oído: comenzamos a oír frases con cadencia rítmica, y he aquí que nos sorprendemos recitando de una sola vez, sin ningún

temor y olvidando toda vergüenza, largas series de sentencias, perfectas ya para ser escritas. ¡Pero qué! ¿Esto no se produce también por el don de adivinación, y no procede de Dios, del Dios que trascien de el tiempo y del que proceden todos los otros dones?

13. Aunque, hijo mío, haya puesto delante la palabra Profeta, no creas que yo me quiera atribuir título de tan alta sublimidad, sobre todo teniendo en cuenta el tiempo presente. ¿No está escrito: "Aquel que hoy es calificado de Profeta, antiguamente hubiera sido nombrado Vidente"? Profeta, en efecto, es propiamente aquel que ve las cosas situadas completamente fuera de la posibilidad del conocimiento natural, y no digo solamente del hombre, sino de todo ser creado. Que si tú pensaras que el Profeta pudiera, mediante la luz profética, la más perfecta, captar el todo de una cosa, sea divina, o aun humana, yo te respondería que no es posible, visto que dicha cosa extiende en todas direcciones ramificaciones indefinidas.

14. Sí, hijo mío, los secretos de Dios son incomprensibles; y si la virtud que produce las causas futuras puede andar durante largo tiempo en estrecho contacto con el conocimiento natural, las causas que nacerán de ella escaparán seguramente a ese conocimiento natural: Partirán en efecto, de otro de sus orígenes, el último y más determinante de todos, el *libre arbitrio*; esto hace que no sabrán adquirir ninguna condición capaz de hacerlas conocer antes de su realización, ni por humanos augures, ni

por ninguna inteligencia sobrehumana o potencia oculta existente bajo la concavidad del cielo. Lo cual resulta también de este hecho supremo: una Eternidad Total, que reúne en sí todos los tiempos.

15. Pero por lo mismo que esta Eternidad es indivisible, los impulsos continuos que de ella emanan no pueden sino inscribirse, con todo rigor, aunque de manera simbólica, en el movimiento de los astros: de aquí la posibilidad de llegar a las causas para quien posee el conocimiento de ese movimiento.

16. No digo, hijo mío, y me entenderás un día, aunque toda noción de estas materias sea hoy vedada a tu débil entendimiento, no digo que muchas causas futuras, y aun muy lejanas, se encuentran fuera de la comprensión de la criatura racional. No es así, toda vez que esas causas futuras han de ser engendradas por el alma intelectual de las cosas presentes. Por lejanas que ellas sean, esas causas futuras no son ni demasiado ocultas ni difíciles de situar en su cadena casual.

17. Pero aquello que jamás se podrá adquirir fuera de la inspiración divina es el conocimiento *completo* de las causas: éste exige imperiosamente la inspiración, ese motor primordial cuyo principio es Dios el Creador; instinto y ciencia de augures no vienen sino después. Sin embargo, estas últimas son eficaces en lo que concierne a las causas *indiferentes*, es decir aquellas que son indiferentemente producidas o no producidas: en ese caso, el presagio se realiza regularmente y en el lugar previsto, pero en parte solamente.

18. Porque el entendimiento, creado para el conocimiento racional es, por sí mismo, incapaz de la *visión oculta*: esta facultad no se despierta sino a favor del *limbo adivinatorio* y de la voz que en él se hace oír, esta voz traduce los movimientos de una *llama exigua, exacta y que actúa de fuera*, ante la que se inclinan las causas futuras.

19. A este respecto, hijo mío, te suplico que no emplees nunca tu entendimiento en semejantes sueños y vanidades que secan el cuerpo y llevan el alma a su perdición, nublando el juicio en quienes no lo tienen fuertemente formado, y, sobre todo, guardarte de la magia, esta vanidad más que execrable, reprobada por las Santas Escrituras y por los divinos cánones; exceptuando la Astrología Judiciaria, que no está incluida en esa condenación, y que ha sido el tema mismo de mis continuos cálculos. Es gracias a la Astrología, y mediante la inspiración y revelación divina, que he redactado las presentes Profecías.

20. Y aunque esta rama de la Filosofía secreta no sea, en lo que a ella misma concierne, de ninguna manera reprobada, me he guardado muy bien de llevarla hasta donde pudiera presentarse como presuntuosa y desenfrenada en sus especulaciones extremas; a pesar de que muchas obras que tratando de esas especulaciones, escondidas durante largos siglos, habían llegado a mis manos. Pero como yo desconfiaba de lo que podía suceder después de mí, he hecho de ellas, una vez leídas, presente a Vulcano. Y entretanto el fuego las destruía, la llama lamien-

do el aire producía una claridad insólita, más fuerte que todas aquellas que pudiera producir una llama ordinaria, y, semejante a un relámpago de rayo, iluminó de repente la casa como si ella fuera *sutilmente* a incendiarse. Es por esto, y a fin de que no te arriesgues un día a ser engañado por esos libros, persiguiendo y verificando cuidadosamente la perfecta transformación de lo que, en ellos, estaba relacionado con la Luna, así como de lo que estaba relacionado con el Sol, de tal manera que, bajo tierra, los elementos solares fuesen a las sustancias incorruptibles y los lunares a las ondas ocultas, es por esto —repito— que los he convertido finalmente en cenizas.

21. ¡Pero dejemos de lado estas imaginaciones fantásticas!

22. Lo que he quiero manifestar ante ti, es la esencia misma de este conocimiento que, modelándose sobre el conocimiento celeste, nos permite juzgar las causas que intervendrán en un espacio bien definido, los lugares mismos y una parte del tiempo, a saber: de aquella esencia que estará dotada de propiedades ocultas; todo por inspiración divina y de acuerdo con las figuras celestes consideradas bajo una luz o concepción sobrenatural. Este juicio se asienta sobre la virtud y la potencia divina, y sobre esta cualidad, propia a la Eternidad, de comprender en Sí los tres Tiempos; gracias a esto se nos revela la causa futura tanto como la causa presente o la causa pasada: "*Porque todas las cosas están desnudas y abiertas delante de Él, etcétera*".

23. Así, hijo mío, tú podrás bien pronto comprender, a pesar de tu tierno cerebro, que las cosas del porvenir se pueden profetizar por las nocturnas y celestes luces, que son naturales, y por el espíritu de profecía. No es, repito, que me quiera atribuir nombre y poder profético cuando digo haber recibido inspiraciones y revelaciones. No, yo no soy sino un hombre mortal, que toca el cielo por el espíritu no menos que la tierra por los pies: "*Yo puedo no errar, y sin embargo he fallado y he sido infiel*". Soy pecador, como cualquiera de este mundo, y sujeto a todas las humanas aflicciones.

24. Pero, a pesar de esto, como varias veces en la semana, me he sorprendido interrogando un espejo líquido y de él recibiendo alucinantes imágenes, he querido dar esas visiones dignas de la benevolencia divina sometiéndolas, durante largas noches, a la prueba del estudio y del cálculo. Así he compuesto los presentes Libros de Profecías. Contienen cada uno cien cuartetas de acuerdo con la Astronomía. En cuanto a las Profecías, las he oscurecido voluntariamente un poco *por la manera como las he ordenado*: constituyen una perpetua vaticinación de aquí al año 3797.

25. Leyendo esta cifra algunos retirarán su frente de mi obra considerando la duración que pretende abarcar y, también, su extensión a *todo* lo que ocurrirá y todas sus significaciones bajo la concavidad de la Luna, quiero decir a todas las causas, universalmente y por toda la Tierra, como bien lo entiendes, hijo mío. Que si tú vives hasta su término la

edad natural del hombre, tú verás, bajo la latitud que habitas y bajo el mismo cielo de tu nacimiento, los acontecimientos que preveo para el porvenir.

26. Ciertamente, el Dios Eterno es el único que conoce la Eternidad de su Luz, que procede de Él y reúne en sí todos los tiempos. Pero al personaje que Él quiere escoger, su Majestad inconmensurable e incomprensible dispensa sus revelaciones, al precio, lo confieso francamente, gracias a su amplia, estudiosa y melancólica respuesta. Ese personaje entra así en relación con una *potencia oculta* que Dios permite que se manifieste a él. Y cuando profetiza bajo el soplo de la inspiración, dos causas eficientes, cito las dos principales, se presentan a su entendimiento y determinan juntas su profecía: la primera es esa misma inspiración que no es otra cosa que una cierta participación de la Eternidad divina; ella le hace más inteligible la luz sobrenatural de los astros y le permite juzgar, por medio de Dios,

Creador, todo lo que Su *divino espíritu* presenta a su juicio. La segunda es una consideración puramente racional, pero también capaz de dar plena confianza al Vidente, a saber: que aquello que él predice es verdadero, como todo aquello que tiene su origen en el mundo del éter. Y es así cómo esa *llama exigua, exacta y que actúa del exterior* se demuestra eficaz; su dignidad aparece indudable como la dignidad de la luz natural, que ilumina a los Filósofos dándoles plena seguridad; gracias a ella han llegado, partiendo del principio de la causa primera, a los más profundos abismos de las más elevadas doctrinas.

27. ¿Pero de qué sirve vagar a semejantes profundidades a las que la capacidad futura de tu inteligencia no te permite seguirme?

28. ¿No veo yo, además, presentarse en el porvenir una inmensa regresión del pensamiento, sin ejemplo en el pasado? El mundo, cuando se aproxime la universal conflagración, sufrirá tantos diluvios y tan altas inundaciones que no quedarán terrenos que el agua no haya cubierto. Y tan largo será este periodo de calamidades que todo perecerá por el agua, fuera de lo que quedará inscrito en el inconsciente de los seres y en la topografía de los lugares.

29. Además de esas inundaciones, y en sus intervalos, algunas regiones estarán a tal punto privadas de lluvia, con excepción de una lluvia de fuego, que caerá del Cielo en gran abundancia, y de piedras candentes, que nada quedará que no sea consumido. Y esto vendrá pronto y antes de la última conflagración.

30. El planeta Marte, en este momento, termina su "siglo" antes de comenzarlo nuevamente al final de su último periodo; pero, entonces, quedarán reunidos los diferentes planetas, unos en Acuario por muchos años, otros en Cáncer durante mayor tiempo y de manera más continua. Si ahora somos conducidos por la Luna, por la voluntad de Dios Eterno, antes que termine su total circuito, el Sol vendrá y después Saturno. Cuando el reino de Saturno regresará, los signos celestes nos muestran, todo bien

calculado, que el mundo se aproximará a una "anaragónica" revolución.

31. Y antes 177 años, 3 meses y 11 días, a contar de la fecha en que esto escribo, por pestilencia, larga hambruna y guerras, y más todavía, por inundaciones que se repetirán muchas veces, antes y después del término que he fijado, el mundo se encontrará tan disminuido y quedará tan pequeña población que no se encontrará quien quiera trabajar los campos que quedarán libres por tanto tiempo como pasaron en servicio. He aquí lo que aparece del estudio del Cielo visible.

32. Estamos actualmente en el séptimo número de mil en que concluye todo acercándonos al octavo que es el firmamento de la octava esfera, que se encuentra, en dimensión latitudinal, en la posición fijada por Dios para terminar la revolución. Entonces, volverá a comenzar el movimiento de las imágenes celestes, ese movimiento superior que nos da la tierra estable y firme: *"Ella no se inclinará por los siglos de los siglos"*. He aquí lo que ha decidido la voluntad de Dios y cómo será en adelante si dicha voluntad permanece, a pesar de la opinión más o menos ambigua y sin relación con las leyes naturales que puedan profesar en esta materia ciertos personajes dados a sueños mahometanos.

33. También, algunas veces, Dios creador, por intermedio de sus mensajeros de fuego, viene a proponer a los órganos exteriores de nuestros sentidos, y principalmente a nuestros ojos, un mensaje de fuego, significativo de los acontecimientos futuros

que quiere manifestarnos, esta *llama mensajera*, constituyendo la causa material de nuestra predicción. Porque es evidente que todo presagio que se debe tomar de la *luz exterior* exigirá, como factor parcial, *una fuente de luz que sea ella misma exterior*. Y como el otro factor del presagio se muestra ante lo que llamaré el *ojo del entendimiento*, y que, en verdad, la visión de que tratamos aquí no podría confundirse con la clase de visión que producirá una lesión del sentido imaginativo, parece evidente que el conjunto de la predicción, luz exterior y visión interior, proviene de una sola y la misma *emanación de divinidad*. Es gracias a ella que un espíritu angélico inspira al hombre que profetiza; es ella que reviste de una unción sagrada sus aterradoras vaticinaciones; es ella también la que le da forma a su fantasía en diversas apariciones nocturnas: debiendo someterse todo a la claridad del día, a la intervención de la Astronomía, y recibir de ella esa certeza que dispensa regularmente cuando se une a la Santísima Profecía, la que no toma en consideración sino la verdad sola y no exalta sino al ánimo libre.

34. En esta hora debes comprender, hijo mío, lo que yo encuentro que esa espada caerá sobre la Tierra y volverá a caer muchas veces. Porque los astros se inclinan al regreso periódico de esas calamidades; porque también está dicho: "*Yo pondré a prueba sus iniquidades con una barra de hierro y yo los castigaré a golpe de vergas*".

35. Sí, hijo mío, la misericordia de Dios no se esparcirá más sobre los hombres durante el tiempo que

transcurrirá antes de que la mayor parte de mis profecías sean cumplidas y consumadas por los efectos de su cumplimiento. Así por muchas veces, durante este tiempo de siniestras tempestades: "*Yo trituraré*", dirá el Señor, "*y yo quebrantaré y no tendré piedad*".

36. Yo encuentro también mil otras desventuras que aparecerán por medio del agua y de continuas lluvias. Las describo detalladamente *aunque en proposiciones inconexas entre sí*, en estas cuartetas, precisando los lugares, las fechas y el término prefijado. Y los hombres, después de mí, conocerán la verdad de lo que digo porque habrán visto realizarse algunas de esas Profecías, de la misma manera que algunos lo han conocido ya, como lo he hecho notar a propósito de mis predicciones verificadas anteriormente. Es verdad que entonces yo hablaba en lenguaje claro, en cambio ahora, oculto las significaciones bajo algunas nubes: "*Pero cuando sea apartado el velo de la ignorancia*", el sentido de mi predicción se aclarará cada vez más.

Termino hijo mío; toma este don de tu Padre, Michel Nostradamus, que espera tener tiempo sobre esta tierra para explicarte cada una de las Profecías de las cuartetas dadas aquí; y que ruega al Dios inmortal que Él te quiera prestar larga vida, en buena y próspera felicidad.

De Salon, este 1°. de marzo de 1555.

Nota: Hemos corregido según las antiguas ediciones de Lyon la dedicatoria de este prefacio cuya importancia: “Ad Caesarem Nostradamum filium”, no percibió Pierrefeu. Remitimos al lector al capítulo 34 en la Bibliografía.

PROGNOSTICATION nouuelle, & prediction portenteuse, pour Lan M. D. LV.

Composee par maistre Michel Nostradamus, docteur en medicine, de Salon de Craux en Prouence, nommee par Ammianus Marcelinus SALVVIVM.

Dicatu Heroico præsuli D. IOSEPHO des Panißer, Cqualißensi præpósito.

M. DE
NOSTRE
DAME
A Lyon, par Iean Brotot.

5. Frontispicio de la primera publicación de versos proféticos de Nostradamus. Pronosticación impresa en 1554 para 1555. Ejemplar único, en la biblioteca del autor.

LES PRESAGES
MERVEILLEVX
pour lan. 1557. Dediés
au Roy treſchreſtien,
Henri deuxieſme
de ce nom,

Compoſez par maiſtre Michel Nostradamus, Docteur en medecine de Salō de Craux en Prouence.

Contre ceulx qui tant de foys
m'ont fait mort.

Immortalis ero viuus, moriēſq; magíſq;
Poſt mortē nomē viuet in orbe meum.

A PARIS,
Par Iaques Keruer, rue S. Iaques
aux deux Cochetz.
1557.
Auec priuilege du Roy.

8

6. Frontispicio de los Presagios para 1557 dedicados al rey Enrique, segundo de ese nombre. Ejemplar único, en la biblioteca del autor.

AV TRESINVIN-
cible, & treſpuiſſant Roy,
Henry, ſecond de ce nom,
Michel de Noſtradame ſou-
haite victoire & felicité.

Stant retourné de voſtre court ô Sereniſſime & invictiſſime roy non ſans ample remuneration de voſtre maieſté, & puis retourné a m ſolitaire eſtude, me cõfiant de voſtre bonté immenſe, non moins Imperialle que Royalle: laquelle m'a faict prendre ceſte licencieuſe audace vous conſacrer les preſaiges de l'an mil cinq cens cinquante & ſept, & à cauſe que l'année paſſée l'air n'eſtoit en telle ſerenité ne les aſtres diſpoſez, ne me fut poſſible ſi amplement ſpecifier les faictz & predictions futures de l'an cinq cens cinquante & ſix, me ſentât auſſi preſque du tout eſbloüy, comme du Ciel frappé d'avoir eſté veu & touché, & parlé au premier monarche de ce monde, au premier Roy des Roys, au bras dextre de toute la chreſtienté, & aſ armez conſiderant de quelle heureuſe felic

a ij

7. Primera página de la dedicatoria al rey Enrique, segundo de ese nombre. Fechada el 13 de enero de 1556. Es prueba documental del viaje de Nostradamus a la corte en 1555 y de la existencia del almanaque para 1556, desaparecido. Dice "a causa de que... no me fue posible *tan ampliamente* especificar los hechos y predicciones futuras del año quinientos cincuenta y seis..."

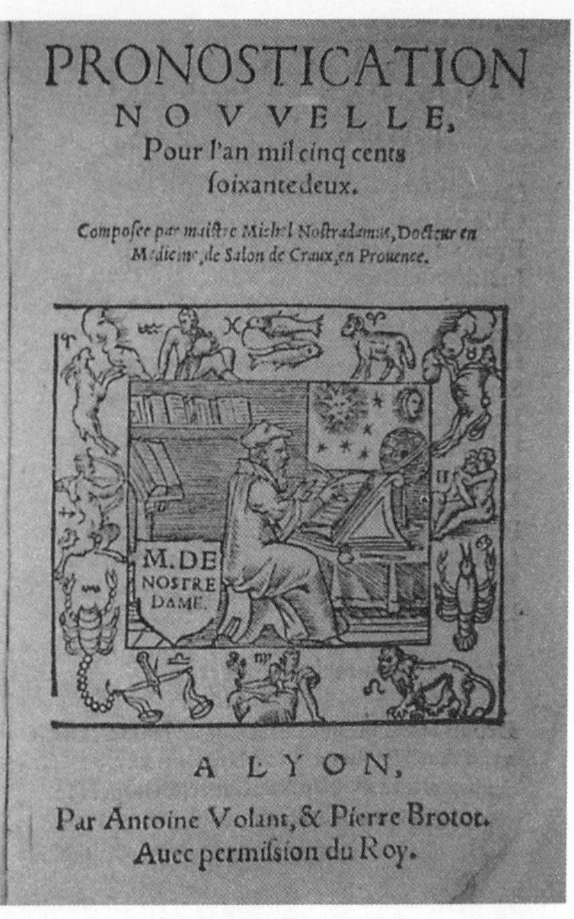

PRONOSTICATION
NOVVELLE,
Pour l'an mil cinq cents
ſoixante deux.

Compoſee par maiſtre Michel Noſtradamus, Docteur en Medicine, de Salon de Craux, en Prouence.

A LYON,
Par Antoine Volant, & Pierre Brotot.
Auec permiſsion du Roy.

8. Frontispicio de la Pronosticación para 1562, por Antoine Volant y Pierre Brotot. Ejemplar único, en la biblioteca del autor. Nostradamus nos hace saber que el almanaque del año ha sido dedicado al Papa Pío IV. No aparece esta dedicatoria en nuestro almanaque para 1562, también ejemplar único en nuestra biblioteca. Publicado en París por Guillaume le Noir & Johan Bonsons. Seguramente apareció en la edición de ese almanaque impresa en Lyon, desaparecida.

A Monſeigneur, frere & meilleur amy, que i'aye en ce monde, Cheualier d'vn vray zele.

COmbien que ie ne vous aye iamais veu ne vous moy, ſinon par viſitations de lettres l'vn à l'autre eſcrites, ſi eſt ce, que la grande conformité de noz eſprits, par laquelle i'ay cogneu, que ie n'ay iamais ſceu ſi bien deguiſer mes Almanachs, ou Pronoſtications ſouz motz couuerts & obſcurs, que ne les ayez deſcouuerts & entenduz incontinent auſsi bien que moy, comme quand i'eu mis, Lors que vn œil en France regnera. Et, Quant le grain de Bloys ſon amy tuera, &c. & en infiny autres paſſages. Cela m'a cauſé vne ſi grāde amitié entre nous deux, que ie ne ſeray iamais en repos, que ne nous ſoyons viſitez par mutuelle preſence. Et pource que ie dedie mon Almanach à noſtre Sainct Pere, à preſent nommé Pie quatrieme. I'ay bien voulu à vous qui eſtes Eccleſiaſtique, vous dedier ceſte miēne Pronoſtication, Laquelle enuoye pour vous preſenter par Brotot, laquelle il vous plaira accepter d'auſsi bon cœur, que la vous preſente.

L'entierement voſtre frere & meilleur amy

M. Michel Noſtradamus, Docteur en Medicine de Salon de Craux en Prouence, l'an mil cinq cents ſoixante vn. Priant Dieu vous tenir en ſa ſainte grace, & moy en la voſtre.

9. Dedicatoria de Pronosticación para 1562 a Monseigneur, en la que Nostradamus reconoce que pronosticó la muerte de Enrique II y el asesinato de Guisa, ordenado por el hijo de éste, Enrique III, descendientes de los condes de Blois, en la ciudad de Blois. No ha faltado un detractor charlatán para negar estas profecías y asegurar impúdicamente que Nostradamus mismo no las consideraba tales. (*Raoul Busquet, Fournier-Valdes, París, 1950, p. 110*).

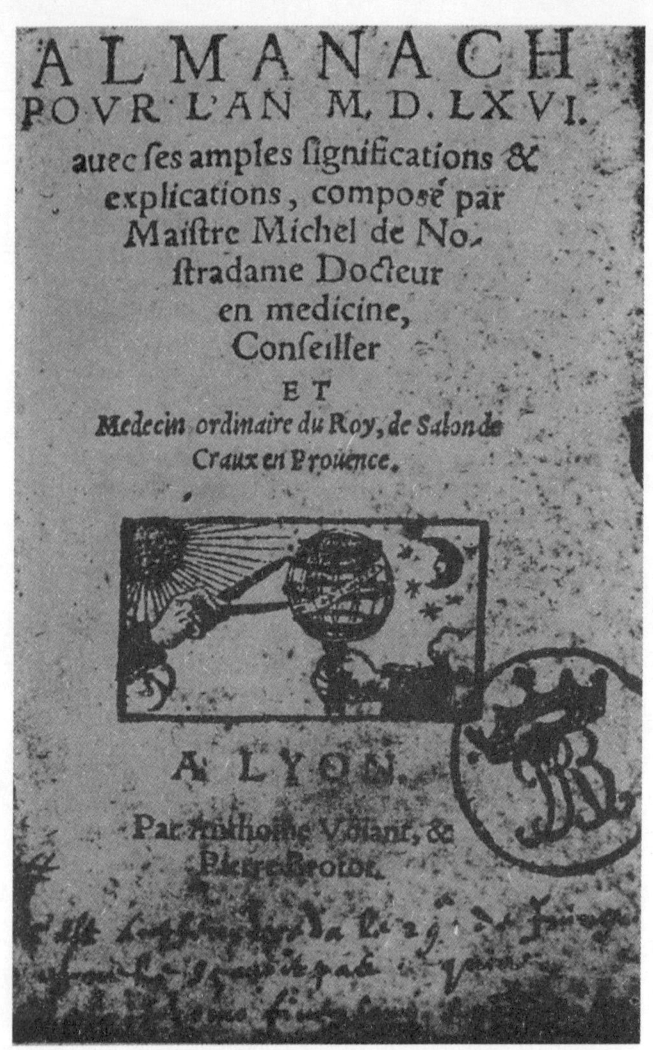
ALMANACH
POVR L'AN M. D. LXVI.
auec ſes amples ſignifications &
explications, composé par
Maiſtre Michel de No-
ſtradame Docteur
en medicine,
Conſeiller
ET
Medecin ordinaire du Roy, de Salon de
Craux en Prouence.

A LYON.
Par Anthoine Volant, &
Pierre Brotot.

10. Frontispicio del almanaque para 1566. A Lyon por Antoine Volant & Pierre Brotot. Ejemplar único, en la Biblioteca Víctor Manuel, en Nápoles, fotografiado allí por el autor, en 1946.

Les eages du monde ſelon la computation des Hebrieux.

De la creation du monde iuſque au deluge mille cinqcens nonante ans.

Du deluge de Noë iuſques à Abraham, 326

De la natiuité d'Abrahã iuſques à la ſortie d'Egypte du peuple d'Iſrael. 539.

De la ſortie d'Egypte iuſques à l'edification du temple. 514

De l'edification du temple iuſques à la captiuité de Babylone. 474

De la captiuité de Babylone iuſques à Ieſu Chriſt. 61

Le tout reuolu iuſques à l'an preſent. 1566.

11. La Tercera Cronología Arbitraria de Nostradamus necesaria para su criptografía, dada en el almanaque para 1566.

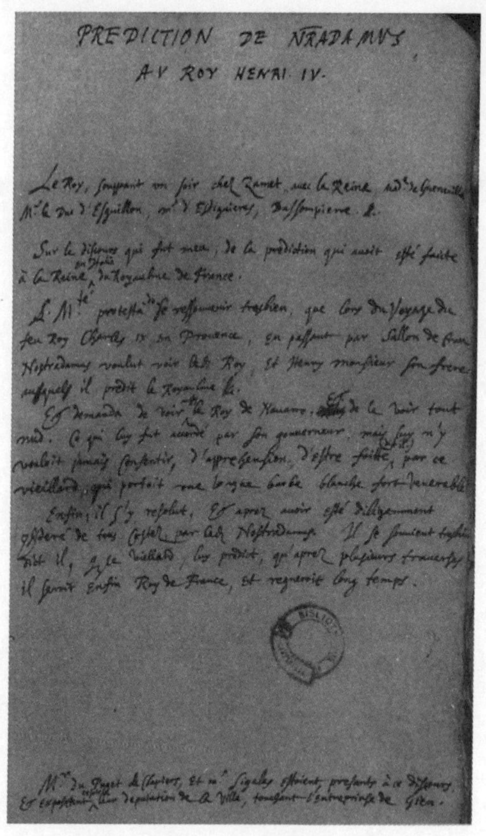

PREDICTION DE NRADAMVS

AV ROY HENRI IV.

Le Roy, soupant un soir chez Zamet, avec la Reine, M^de^ de Guercheville, M^r^ le Duc d'Esguillon, m^r^ d'Esdiguieres, Bassompierre &c.

Sur le discours qui fut mis, de la prediction qui avoit esté faicte à la Reine, en Italie, du Royaume de France.

S. M^té^ protesta de se ressouvenir tresbien, que lors du Voyage du feu Roy Charles IX en Provence, en passant par Sallon de Crau, Nostradamus voulut voir ledit Roy, et Henry monsieur son frere, ausquels il predit la Royaulté &c.

Et demanda de voir le Roy de Navarre, et de le voir tout nud. Ce qui luy fut accordé par son gouverneur, mais luy n'y vouloit jamais consentir, d'aprehension d'estre foité par ce vieillard, qui portoit une longue barbe blanche fort venerable.

Enfin, il s'y resolut, et aprez avoir esté diligemment consideré de tous costez par ledit Nostradamus. Il se souvient tresbien dit il, que le viellard luy predit, qu'aprez plusieurs traverses il seroit enfin Roy de France, et regneroit long temps.

Mrs du Puget de [illegible], et m^r^ Sigales estoient presents à ce discours, et exposoient leur deputation de la Ville, touchant l'entreprinse de [illegible].

12. Manuscrito fechado el 6 de octubre de 1609, conservado en la biblioteca de Carpentras, en el que se relata la escena en la que Enrique IV durante un banquete, en presencia de muchas personas que se nombran, se refiere a su entrevista con Nostradamus en Salon, cuando, niño todavía, acompañaba a Carlos IX en su viaje por Provenza. Estaba en el trono Carlos IX y Nostradamus predijo a su hermano Enrique que reinaría. Hizo que le presentaran, desnudo, al futuro rey de Navarra y Enrique IV de Francia y también le predijo el trono.

14

Los datos proféticos y cronológicos de la carta-prefacio

Para que la exposición metafísica de Nostradamus sea comprendida venciendo las dificultades del idioma francés de mediados del siglo XVI, hemos dado la versión en español, en el capítulo anterior, del trabajo de traducción al francés moderno hecho por nuestro recordado amigo François de Pierrefeu, ya fallecido. Como en ese trabajo ha quedado dividido el texto en treinta y seis párrafos, nos remitiremos a ellos según su número en nuestro estudio de los datos proféticos y cronológicos del documento.

Nostradamus profetiza con toda claridad una catástrofe cósmica que afectará a la humanidad en la primera mitad del siglo XXII. No será el fin del mundo sino el fin de una edad y de una humanidad. Dice textualmente que, después, las imágenes celestes volverán a moverse; profetiza así una nueva humanidad.

Una profecía no debe terminar con la exposición de lo que ocurrirá en un futuro completamente desconocido. El profeta indica siempre, más o menos oscuramente, la situación de su profecía en el tiempo histórico. Para ello necesita una cronología y, tratándose de largos periodos, esa cronología no puede ser otra que la cronología tradicional que hemos estudiado. Los datos exactos de la carta demuestran que Nostradamus conoce y utiliza esa cronología tradicional a la que tanto nos hemos referido.

Hemos logrado encontrar algunas relaciones cronológicas de las profecías; pero debemos recordar que los profetas hebreos pertenecían a un colegio que en tiempos de Moisés y Aarón era conocido (Números, capítulo XI), pero que fue suplantado por el poder político del sacerdocio levítico. Seguramente se ocultó como colegio y los profetas se presentaron individualmente a los reyes llevando la palabra de Dios; pero entre todas las profecías que conocemos hay un parentesco profundo. Parecen salidas de una misma voz y parecen situarse dentro de una cronología única que ocultan hábilmente pero que todos los profetas conocen. Hay otro rasgo común que nos obliga a considerar la posibilidad de un colegio secreto: todos los profetas hablan a los reyes con una autoridad que estos últimos respetan. No basta que un hombre común se diga enviado por Dios para que David (Segundo libro de los Reyes, XII) acepte ser censurado y condenado por él. Las aves se han perdido y la palabra de los profetas parece estar fuera de toda cronología, pero algunas veces es suficiente la cronología tradicional para situar en el tiempo, con asombro, el hecho histórico profetizado. Otras profecías no pueden situarse según la cronología tradicional pero responden a periodos que nos dan la seguridad de la existencia de un sistema de claves.

Hemos encontrado en el Génesis los datos exactos de esa cronología tradicional y estamos seguros de que existen las claves de la Biblia y de que muy pronto serán descubiertas.

En el párrafo 24 Nostradamus hace una declaración terminante: "Así he compuesto los siguientes Libros de Profecías. Contienen cada uno cien cuartetas de acuerdo con la Astronomía. En cuanto a las Profecías, las he oscurecido voluntariamente un poco *por la manera como las he ordenado*: constituyen una perpetua vaticinación de aquí al año 3797".

Su testamento y las claves que en él hemos descifrado, así como nuestro estudio bibliográfico, demuestran que ha cumplido su declaración: Nostradamus ha escrito solamente *cuartetas* para su obra profética y las ha presentado en libros de cien *cuartetas*, con excepción de la séptima Centuria inconclusa. Los Presagios en versos de sus almanaques han sido también *cuartetas*. No se puede alegar que su declaración es de 1555. Su maravilloso criptograma, y por lo tanto su obra profética, estaba terminado en 1555, y de las 1085 cuartetas estaban impresas 1000 a mediados de 1558. En cuanto a su segunda declaración, el lector debe tener en cuenta el texto de las ediciones de Avignon en el que dice: "De aquí al año 3767". Los dos números 3797 y 3767 son necesarios, como veremos, para la exposición cronológica y criptográfica.

En los párrafos 28 y 29 dice: "El mundo, cuando se aproxime la universal conflagración, sufrirá tantos diluvios y tan altas inundaciones que no quedarán terrenos que el agua no haya cubierto. Y tan largo será este periodo de calamidades que todo perecerá por el agua, fuera de lo que quedará inscrito en el inconsciente de los seres y en la topografía de los lugares. Además de estas inundaciones, y en sus intervalos, algunas regiones estarán a tal punto privadas de lluvia, con excepción de una lluvia de fuego, que caerá del Cielo en gran abundancia, y de piedras candentes, que nada quedará que no sea consumido. Y esto vendrá pronto y antes de la última conflagración".

Nostradamus profetiza la catástrofe cíclica que se avecina precedida por la entrada del Sol en el signo Acuario, o concurrente con ella. Se refiere a dicho signo hablando muchas veces de diluvios e inundaciones y añadiendo que todo perecerá por el agua. Después, la catástrofe continuará por una lluvia de fuego que caerá del cielo. Todo esto antes de la "universal conflagración".

En el párrafo 30 dice: "El planeta Marte, en este momento, termina su 'siglo'. Si ahora somos conducidos por la Luna, por la voluntad de Dios Eterno, antes que termine su total circuito, el Sol vendrá y después Saturno. Cuando el reino de Saturno regresará, los signos celestes nos muestran, todo bien calculado, que el mundo se aprobará a una 'anaragónica' revolución". Trata solamente de establecer la serie: Marte, Luna, Sol, Saturno, y después entre Saturno y Venus, la universal conflagración. Para que nos demos cuenta de la necesidad en que se encuentra de no hacer su exposición contra la cronología aceptada, dice que Marte no ha terminado y que ya su época está regida por la Luna. Esto no es cierto en 1555. No nos dice que la universal conflagración viene al final del reino de Saturno y al principio del reinado de Venus. Si lo hiciera, su cronología estaría en desacuerdo con los padres de la iglesia.

Con esta serie: Marte, Luna, Sol, Saturno, Nostradamus empieza a exponer la cronología tradicional, uniendo su propia exposición —que debe quedar oculta— a la exposición publicada ya, del abate Jean Tritheme (1462-1516) historiador, teólogo y alquimista alemán que dirigió primero el convento benedictino de Spanheim y luego la abadía de Saint Jacques de Wurtzburg, y cuya Poligrafía fue publicada en vida del autor.[1]

Nostradamus y Tritheme sitúan la humanidad bajo la influencia de la serie tradicional de los planetas, que así como rigen cada día de la semana en sentido directo, rigen cada sexta parte de cada periodo zodiacal en sentido retrógrado.

Esta exposición permite comprender la verdadera cronología tradicional y la imposibilidad en que se encontraban ambos sabios de hacer una perfecta exposición completa. El lector la encontrará en el segundo cuadro que acompaña el siguiente capítulo: Cuadro cronológico de nuestra Quinta edad.

Nostradamus ha citado cuatro planetas y la serie se completa siguiendo, con Tritheme, los días de la semana en sucesión retrógrada: a Marte, Luna, Sol y Saturno deben anteponerse Venus, Júpiter y Mercurio. La serie de la semana en sentido inverso es:

[1] Se conserva una edición de 1515 y, bajo ese título y el de Estenografía, se publicaron otras ediciones.

VENUS	JÚPITER	MERCURIO	MARTE	LUNA
Viernes	Jueves	Miércoles	Martes	Lunes

SOL	SATURNO
Domingo	Sábado

En unas pocas líneas Nostradamus nos ha hecho saber que la cronología que ordenará su profecía es la misma cronología oculta expuesta por el abate Tritheme y que nadie ha explicado todavía. La estudiaremos en capítulo aparte junto con la serie de dioses planetarios, y la serie de Arcángeles, base de la cronología tradicional.

En el párrafo 31 de la carta, Nostradamus expone otro problema astronómico totalmente olvidado por la Astronomía europea de 1555. Se trata de la precisión de los equinoccios que, según la mayoría de los astrónomos, solamente fue descubierta por Hiparco en el segundo siglo anterior a nuestra era. Para nosotros la cronología tradicional anterior al Diluvio divide ya los periodos de la historia de la humanidad según los pasos retrógrados del Sol sobre la eclíptica, es decir, siguiendo los signos del zodiaco y los periodos zodiacales. Esto es imposible sin el conocimiento de la precisión de los equinoccios.

Los astrónomos del siglo XVI consideraban, con Tolomeo, que la Tierra era inmóvil. Debemos recordar que en 1616, en pleno siglo XVII, fue condenado Copérnico, muerto en 1543. Galileo, en 1633, tuvo que retractarse públicamente y aceptar que no era la Tierra la que giraba alrededor del Sol, sino este último el que giraba alrededor de la Tierra. Nostradamus había muerto setenta y siete años antes, profetizando una catástrofe y estableciendo una cronología que se basa en el movimiento de la Tierra.

En una exposición genial por lo sencilla, breve y oculta, Nostradamus en el párrafo 31 fija, en la mitad del siglo XVI, exactamente, la diferencia entre el año solar y el sector o año de la eclíptica de 25 920 sectores, diferencia que presupone el conocimiento de la precisión de los equinoccios y del movimiento del Sol y de la Tierra, que la ciencia oficial negaba.

Dice Nostradamus en el párrafo 31 que comentamos: "Y *antes* 177 años, 3 meses y 11 días, a contar de la fecha en que esto escribo..., que se repetirán muchas veces, antes y después del término que he fijado, el mundo..."

Debemos poner atención en este párrafo: en treinta palabras Nostradamus plantea un problema astronómico, negado durante su siglo, de la mayor importancia para su obra profética y que forma un todo con la cronología tradicional. La precisión de los equinoccios expresada por él ocultamente en diferentes escritos, y las medidas de la eclíptica, o sea del camino del Sol, pertenecen a esa cronología que permite fijar, a miles de años de distancia, la historia humana y las profecías.

Cumpliendo la indicación de la frase nostradámica debemos situar la fecha anterior a que se refiere, "antes", con el lapso de 177 años, 3 meses y 11 días: el 19 de noviembre de 1377. No se trata de una fecha histórica importante, pero está a 180 años del principio de su profecía, según las ediciones de Lyon, en 1557.

Nostradamus establece una serie de fechas. Del 19 de noviembre de 1377 al 1°. de marzo de 1555 teníamos 177 años, 3 meses y 11 días. De esta fecha al 14 de marzo inclusive, de 1557, teníamos 2 años y 14 días. En total 179 años, 3 meses y 25 días:

— Considerando el año de 365.2422 días, teníamos
— para 180 años 65 743.6 días 1.00380
— para 179 años, 3 meses, 25 días, 65 494.7 días 0.99621

Si considerábamos la primera de estas cantidades como valor de 180 sectores de la eclíptica y la segunda como valor de 180 grados de círculo en años solares, teníamos:

— 1 sector de la eclíptica, 1.00380 en años solares
— 1 año solar, 0.99621 de sector de la eclíptica

De acuerdo con estos valores, el Sol recorre cada periodo zodiacal de 2160 sectores de la eclíptica en (0.99621 X 2160 = 2151.8136) 2152 años solares, y la eclíptica total de 25 920 sectores, en 25 824 años solares, números exactos de la Biblia que establece los datos cronológicos en años completos.[2]

El primer problema cronológico que hemos expuesto reposa sobre tres fechas exactas: 19 de noviembre de 1377, 1°. de marzo de 1555 y 14 de marzo de 1557. Señala, indudablemente, la relación de los sectores de la eclíptica con el valor en años solares del recorrido del Sol sobre esa curva.

Era evidente que Nostradamus, para establecer su cronología y fijar la fecha de la catástrofe que profetiza,

[2] Daniel Ruzo, *op. cit.*

tenía que darnos ese valor en años solares con el que podemos establecer los periodos zodiacales sobre la curva eclíptica. Sin esta base exacta, la fecha de la "última conflagración" no quedaba relacionada con el fin de un periodo zodiacal y el comienzo del periodo zodiacal siguiente.

Una criptografía se establece para ser develada y Nostradamus plantea siempre sus problemas cronológicos y criptográficos un número de veces que parece excesivo. Se pone en el caso de que sean descifrados por una u otra de sus ediciones, por uno u otro de los problemas que plantea. Hay también otra razón para esto: cuando encontramos un dato repetido ocultamente en diferentes lugares de su obra llegamos a la convicción de que estamos en el buen camino. No se trata de un charlatán que nos engaña, sino de un maestro que nos guía.

Tres son los datos exactos que definen una cronología basada en la marcha del Sol sobre la eclíptica: el punto de esta curva en que termina un doceavo y comienza el siguiente; el valor en años solares de cada sector eclíptico, y la fecha de un punto exacto de la curva que determina las fechas de todos sus sectores. En este caso —como para la construcción de su dodecágono cronológico, que veremos en el capítulo 16— tenía que repetir excepcionalmente sus datos ocultos.

Llegados a este punto en la develación de la cronología nostradámica comprendimos que, tratándose del problema más importante de esa cronología, todas las fechas exactas de la obra tenían que estar en relación con el valor en años solares de la curva eclíptica o con la fecha de la catástrofe.

Efectivamente, del 19 de noviembre de 1377, fecha arbitraria dada por Nostradamus, el 27 de junio de 1558, fecha en que firma su dedicatoria a "Henry, Roy de France, Second", que también ha sido escogida libremente por él, han transcurrido 180 años, 7 meses y 8 días.

— 180 años, 7 meses y 8 días son 65 964.667 días.
— 180 años solares son 65 743.596 días.

La primera de estas cantidades representa el valor en días de 180 sectores de la eclíptica; la segunda el valor en días de 180 años solares.

— Un sector de la eclíptica valdrá en años solares: 1.00336.
— Un año solar valdrá en sectores de la eclíptica: 0.99664.

De acuerdo con estos valores el Sol recorre un periodo zodiacal de 2160 sectores en 2152.759 años solares.

Ocurre igual con otras dos fechas: Del 14 de marzo de 1547, fecha del principio de la profecía según las ediciones de Avignon, hasta el 31 de octubre de 1727, fecha dada en la cuarteta III-77, transcurren 180 años, 7 meses y 17 días. Siguiendo su plan de ocultación, Nostradamus dice: "1727 en octubre". Interpretamos: "Todo el mes de octubre":

— 180 años, 7 meses y 17 días son 65 973.9 días a fin de octubre.
— 180 años solares son 65 743.6.

La primera de estas cantidades representa el valor en días de 180 sectores de la eclíptica; la segunda, el valor en días de 180 años solares.

— Un sector de la eclíptica valdrá en años solares: 1.00350.
— Un año solar valdrá en sectores de la eclíptica: 0.99651.

De acuerdo con estos valores el Sol recorre un periodo zodiacal de 2160 sectores en 2152. 446 años solares.

Como una prueba terminante de todo lo que hemos dicho aquí sobre el problema astronómico del párrafo 31 de la carta-prefacio, tenemos dos fechas más que repiten dicho problema, dando por cuarta vez un resultado casi idéntico. En nuestro libro anterior, tantas veces citado, anotamos los tres resultados anteriores. Este cuarto resultado del "problema de fechas" es inédito.

Debemos recordar una vez más que Nostradamus se ve obligado a ocultar sus datos. No puede hacer una relación científica de ellos. También, que debe utilizar cada fecha para diferentes finalidades. La fecha "1727 en octubre", que le ha servido para el problema anterior y que se refiere también a su profecía, le va a servir ahora una vez más. Se trata igualmente del mes de octubre completo; pero no a partir del último día, sino contado desde el primer día del mes, en el que comienza este nuevo plazo que termina en otra fecha importante, la cual tiene también muchas finalidades.

La cuarteta 72 de la décima centuria dice en el primer verso: "El año mil novecientos noventa y nueve, siete meses". En el cuarto verso dice: "Antes y después":

esta redacción permite interpretar el día final de esta fecha de la siguientes maneras:

1. El año 1999 comenzando el 1°. de enero, más siete meses: fin de julio del año 2000.
2. El año 1999 comenzando el primer minuto del 15 de marzo de acuerdo con la fecha del principio de las profecías, que comienzan así; hasta el 15 de octubre del año 2000.
3. El año 1999, en julio, comenzando en enero.
4. El año 1999, en octubre, comenzando en marzo.
5. El año 1998, el 15 de agosto, siete meses antes de 1999, si este año comienza el 15 de marzo.
6. El año 1998, el 31 de mayo, si el año comienza el 1°. de enero.

Son seis interpretaciones que pueden servir para diferentes problemas cuya solución se desea ocultar.

El plazo que nos ocupa, y que comenzará el primer minuto del 1°. de octubre de 1727, terminará según la quinta interpretación, el primer minuto del 15 de agosto de 1998. Tendrá una duración de 270 años solares, 10 meses y 14 días.

La relación con 270 sectores de la eclíptica nos dará, por cuarta vez, el valor en años solares de cada sector eclíptico y el valor en sectores de la eclíptica de cada año solar:

— Para 270 años solares tenemos: 98 615.3 días.
— Para 270 años, 10 meses y 14 días tenemos: 98 933.9 días.

Si consideramos la primera de estas cantidades como valor de 270 grados de círculo en años solares, y la segunda como valor de 270 sectores de la eclíptica en años solares tenemos:

— Un sector de la eclíptica: 1.00323 en años solares.
— Un año solar: 0.99678 de sector de la eclíptica.

De acuerdo con estos valores el Sol recorre cada periodo zodiacal de 2160 sectores en 2 153 044 años solares.

Vemos que Nostradamus ha repetido, cuatro veces por lo menos, la relación del paso del Sol sobre la eclíptica con los años solares, o sea el tiempo de una rotación de la Tierra alrededor del Sol calculada desde nuestro planeta. Hagamos un promedio de sus cuatro resultados sin olvidar que pueden existir otros datos en su obra para la misma finalidad.

Valores del año solar y del periodo zodiacal:

0.99621	2 151 813	
0.99664	2 152 759	
0.99651	2 152 446	8 610 062: 4 = 2152 515
0.00678	2 153 044	3.98614:4 = 0.9965
———	———	
3.98614	8 610 062	

El valor en años solares de la doceava parte de la curva eclíptica, que ningún observatorio astronómico puede fijar exactamente, está dado en forma muy aproximada por Nostradamus. Para la Biblia en años completos es 2152.

En el párrafo 32 de la carta, Nostradamus hace una nueva declaración, tan breve como la anterior pero más difícil aún de descifrar. Se trata de nuestra Quinta edad y de su extensión en el tiempo histórico. Pretende ponernos en el buen camino, pero todas las tradiciones y todas las autoridades que respaldan las cronologías aceptadas están tan lejos de la cronología tradicional que los números que puede darnos, por más esfuerzos que hace, no llegan a la exactitud de la que, como buen cronógrafo y criptógrafo, hace gala en todos sus escritos.

Marte ha terminado su ciclo en 1061, pero nos lo dice muy veladamente como si ese acontecimiento fuera contemporáneo en el siglo XVI. Es cierto que la humanidad estuvo conducida por la Luna, pero no hasta 1555, sino hasta 1420; tampoco es exacto que, cronológicamente, en esta fecha, se encuentre la humanidad en el séptimo número de mil aproximándose al octavo. Al decir esto ya esconde mil años. Es muy diferente decir que está en el séptimo número de mil, es decir, entre seis y siete mil, que decir, aproximándose al octavo, o sea, entre siete y ocho mil. También deja en la sombra el principio. Todos los cronógrafos empiezan en la Creación y él, sin decirlo, está empezando en el Diluvio. En realidad, hasta la entrada del Sol en Piscis, y el verdadero nacimiento de Jesucristo, han pasado desde el Diluvio de Noé, según los números secretos de la Biblia, según las medidas de la Gran Pirámide y según los cálculos que permiten los números caldeos e indostanos (4 304 + 1 152 = 6 456), seis mil cuatrocientos cincuenta y seis años. Como esta cuenta termina 15 años antes de la era cristiana, el periodo zodiacal de Piscis empieza el 1°. de enero o el 15 de marzo de 6457 después del Diluvio. En 1555 Nostradamus esta en el año 8026 después del Diluvio y nosotros en 1975 estamos en el año 8446. Nuestra EDAD terminará el año 8608, es decir, en 2187 de nuestra era.

En 1555 Nostradamus no puede hablar de 8000 años, ni aun refiriéndose o dejando entender un principio "en la Creación". La autoridad máxima para presentar su cronología es Lactancio, que calcula la cantidad de años mayor entre la Creación y Jesucristo: 5801 años. Esto le da en 1555, 7356 años y le permite hablar con gran vaguedad de 7000. Pero podemos estar seguros de lo que nos quiere decir no solamente por otros muchos datos cronológicos que da por todas partes en su obra, sino porque nos lo dice textualmente: "Aproximándonos al octavo", y 7356 no está próximo de 8000.

Tritheme ha sido también muy prudente. Hace terminar su decimonono periodo, partiendo de la Creación y no del Diluvio, en 1525, con el año 6732 del mundo. Tritheme y Nostradamus no podían establecer una cronología contraria a la opinión de los padres de la iglesia.

La declaración del párrafo 32 dice: "Estamos actualmente en el séptimo número de mil en que concluye todo acercándonos al octavo que es el firmamento de la octava esfera, que se encuentra, en dimensión latitudinal, en posición fijada por Dios para terminar la revolución. Entonces volverá a comenzar el movimiento de las imágenes celestes..."

Efectivamente, nos acercamos a Acuario, y nuestra humanidad y el periodo zodiacal de Piscis terminará alrededor del año 8608, como terminó la humanidad de Noé 8608 años después del fin de la humanidad de

Adán. Corresponde todo esto al año 2137 de la era cristiana, que podemos considerar, con Nostradamus, el año central de los grandes trastornos que sufrirá el planeta por el elemento Aire.

Después de hablarnos vagamente de 8000 años, Nostradamus en el párrafo 34 nos profetiza grandes calamidades, para estos últimos años, y en el párrafo 36 nos anuncia un milenio más: "Mil otras desventuras que acaecerán por medio del agua y de continuas lluvias". Se ocupa así, para concluir su vaga descripción cronológica de nuestra EDAD, de mil años más, entre ocho y nueve mil, y en ellos de la llegada de Acuario "por medio del agua y de continuas lluvias".

Ninguno de los comentadores de Nostradamus ha dado la debida importancia a las declaraciones que ha hecho en su carta-prefacio. Deja establecido que su obra consta de Centurias de cuartetas proféticas. Ha profetizado una conflagración universal cuando llegue el sol al sector zodiacal de Acuario. Ha establecido, de acuerdo con la obra de Tritheme, la influencia de los siete Astros, Dioses, Arcángeles o Genios, son nuestro planeta y nuestra humanidad en periodos históricos sucesivos; causas segundas, después de Dios, de todo lo que ocurre en el cielo y en la Tierra. Ha precisado entre Saturno y Venus el principio de Acuario y la "anaragónica revolución" que iniciará la sexta edad. Nos ha dado la relación en años solares de la marcha del Sol sobre la eclíptica, la relación de sus profecías con la cronología tradicional y con la cronología de nuestra quinta edad. Finalmente ha profetizado una nueva humanidad.

15

Jean Tritheme (1462-1516), Michel Nostradamus (1503-1566) y el advenimiento del César o Gran Monarca (2047-2057)

He aquí a dos hombres geniales del verdadero Renacimiento. En vez de olvidar el impulso espiritual de la Edad Media y besar los pies de los griegos, buscaron las fuentes de la sabiduría anterior al Diluvio, después de encontrar en sí mismos la palabra de Dios. Eran, sobre todo lo que se pueda decir de ellos, profetas del Altísimo.

Dos caminos distintos para llegar a la misma finalidad. Tritheme, en la mayor pobreza, se acoge al claustro, escribe protegido de la ignorancia y la maledicencia de un emperador y se convierte en maestro de la poligrafía, para dejar oculto en sus escritos todo lo que no puede decir.[1] Nadie ha develado todavía su obra oculta. A los 74 años estamos estudiando latín para acercarnos a él. Nostradamus, respaldado por la situación de su familia

[1] *Polygraphie et Universelle escriture Cabalistique de M. I. Tritheme Abbé, traduicte par Gabriel de Collange, Jacques Kerver, París, 1561.* La poligrafía o estenografía de Tritheme se publicó por primera vez en 1518, dos años después de su muerte. Un segundo tratado la acompañaba: *Clavis Polygraphie*. Se conocen cuatro ediciones del siglo XVI y cinco del siglo XVII, además de las ediciones de la traducción francesa ya citada. Hay noticia también de un "Supplément a la Stenographie" que no hemos podido consultar.

de conversos, se acoge a la profesión de médico y astrólogo que le da entrada en todas partes. Sospechoso para el Santo Oficio, consigue la protección de Catalina de Médicis y de los reyes de Francia; adula a los papas y se declara mil veces contra la Reforma. No basta esto para poder hacer declaraciones científicas que aparentemente van contra el texto de la Biblia. Tiene que aparecer no como un sabio, sino como un fabricante de almanaques. Su importancia social no es debida a su ciencia, sino a la protección de los reyes. Uno de ellos, Carlos IX, visita Salon en 1564, solamente para encontrarlo y hace pública su consideración por él. Vive haciendo el papel de charlatán, y cien charlatanes, empezando por su primer comentador que se autotitula su discípulo, se han ocupado de él o lo han menospreciado y detractado creyéndose a su altura.

Los dos adeptos han salvado sus obras: uno bajo su máscara de abad y dentro de una poligrafía impenetrable; el otro bajo su máscara de charlatán y dentro de una criptografía como no ha habido, ni hay ni habrá otra.

Nace Nostradamus cuando Tritheme tiene cumplidos 41 años. Muere Tritheme cuando Nostradamus no ha cumplido todavía trece años. No ha habido contacto personal y nadie los ha reconocido hermanos. Se habla siempre de una famosa sociedad de la Rosa Cruz en los siglos XV y XVI. Hay otra sociedad verdadera que nunca tendrá nombre. A ésa sí pertenecían ambos.

Expusieron la astronomía y la cronología anteriores al Diluvio. Ocultaron en sus escritos lo que no podían decir durante su vida, pero han dejado, uno dentro de una poligrafía y el otro dentro de una criptografía, excepcionales ambas, dos mensajes trascendentales para la humanidad.

Creemos poder presentar una prueba indirecta de que Nostradamus sabía quién era Tritheme y cuál era su verdadera obra, a la que él también estaba unido para siempre.

Nació César en Nostradame,[2] el 18 de diciembre de 1553 y la obra profética de su padre tenía que estar prácticamente terminada. Las cuartetas proféticas cuya ubicación y cuyo texto son parte de las claves están en relación unas con otras. El primer almanaque fue terminado por el profeta 40 días después del nacimiento de su hijo, y la primera parte de las Centurias salió al público en mayo de 1555, cuando tenía César un año y cinco meses de edad. Recibió un nombre de bautismo que no tenía nada que ver con la familia ni era habitual en su medio social ni en la ciudad de Salon. La carta-prefacio estaba por lo menos en borradores y la dedicatoria a César estaba decidida.

Nostradamus conocía con toda seguridad el tratado de las causas segundas de Tritheme, titulado por el autor *Chronologia Mystica* o *Tratado de las inteligencias Celestes que rigen el mundo después de Dios*,[3] el que reposa sobre las mismas verdades que hicieron posible su

[2] El autor. Libro citado. Las cartas y el segundo testamento de César de Nostradame no dejan ninguna duda al respecto: nació el 18 de diciembre de 1553 y murió en Salon, a principios de 1630, en el convento de los RR. PP. Capuchinos, donde firmó su último testamento el 23 de enero de dicho año.

[3] *Johannis Tritheme abbatis Spanheymensis, de septem secundeis, id est Intelligentiis sive spiritibus orbes post Deum moventibus libellus sive chronologia mystica multa scituque digna, mira brevitate in se complectens arcana.*

propia obra. De ese tratado se hicieron ediciones durante la vida de Nostradamus, una en 1515, dos en 1522, una en 1534 y una en 1545, todas en latín. Es el tratado más importante de Tritheme que, junto con la poligrafía, constituyen sus únicos escritos que están especialmente dedicados al emperador y César, Maximiliano I, empezando además por estas palabras: "Tres Sage César". Pensamos que es posible que a todo esto se deba el nombre del primer hijo de Nostradamus y la dedicatoria de su carta-prefacio: "Ad Caesarem Nostradamum filium", única frase en latín de esa dedicatoria.

Ni la dedicatoria de Nostradamus ni la de la obra de Tritheme se referían en realidad a las personas que indicaban. Ambas, muy probablemente, se dirigen al César del siglo XXI, personaje profetizado por Nostradamus que utilizará los mensajes secretos. La dedicatoria a César unía ambas obras para le futuro, como están unidas las concepciones profundas en las que reposa su verdadera importancia.

Nostradamus expone la misma cronología del abate Tritheme, autor aceptado por la iglesia católica. Aunque esta cronología está de acuerdo con los números secretos de la Biblia, Tritheme ha dado maliciosamente datos falsos, para que solamente quien conozca la verdadera cronología tradicional pueda corregir esos datos y encontrar la sucesión de los periodos, su valor en años solares y la exacta relación con los periodos zodiacales y con los periodos ocultos del Génesis y de la cronología tradicional.

Tritheme comienza el año cero del mundo en el equinoccio de primavera, como Nostradamus, en el primer minuto del día 15 de marzo, con un periodo cíclico de 354 años y 4 meses. No sabemos de nadie que haya explicado su cronología. Como hemos descubierto en la Biblia la cronología tradicional expresada ocultamente por egipcios, indios y caldeos; como hemos llevado muy adelante el estudio de Bailly sobre la semana de siete días, presididos por los mismos dioses planetarios y en el mismo orden; como esa semana que usamos hoy ha sido igual desde los tiempos más remotos para chinos, indios y egipcios, nos ha sido fácil, añadiendo el periodo de Tritheme 4 años y 4 meses, unirlo a la cronología tradicional y, por lo tanto, a la cronología nostradámica, como la sexta parte de un periodo zodiacal de 2152 años solares. En Tritheme la serie de los siete dioses planetarios es la misma que la serie de la semana, pero en sentido retrógrado, porque ya no se trata del paso del Sol sobre la Tierra, sino del camino del Sol sobre la eclíptica, que es retrógrado.

Si Nostradamus nos da una parte de la serie de los dioses o genios planetarios, podemos completarla. El profeta dice "Marte, Luna, Sol, Saturno"; deben anteponerse, como en la cronología de Tritheme: Venus, Júpiter y Mercurio. La cronología del abate Tritheme nos da la misma serie y también en sentido retrógrado, pero añade para nosotros un dato muy importante: la serie de los Arcángeles.

Presentaremos en un cuadro los datos cronológicos de Tritheme: los Arcángeles y el significado de sus nombres, los genios planetarios, el desarrollo de sus periodos cronológicos y su correspondencia con la era cristiana.

Presentaremos en un segundo cuadro los datos y símbolos de la cronología tradicional, referentes a nuestra quinta edad y a sus divisiones en cuatro periodos zodiacales y en veinticuatro periodos de influencia de los genios planetarios o arcángeles.

Para nuestro estudio cronológico hemos comparado cincuenta y cinco cronologías de las tres tradiciones cristianas: la tradición antigua greco-hebrea seguida por la iglesia primitiva griega y bizantina, la tradición de la iglesia occidental y la tradición del Renacimiento. Llegamos hace algunos años a la conclusión de que ninguna de las tradiciones cristianas había tomado en cuenta las tradiciones de los pueblos posteriores al Diluvio y anteriores a Moisés.

Los padres de la iglesia y los cronógrafos de Occidente, interpretando la Biblia textualmente, fijaron en los dieciocho primeros siglos de nuestra era el periodo de la Creación a Jesucristo entre 3 944 y 5 801 años solares. Nadie ha encontrado antes de ahora en los número de la Biblia la confirmación de la cronología anterior al Diluvio, que hemos titulado Tradicional, porque se apoya en la más antigua tradición. Tritheme la ha llamado "Cronología Mística". Está confirmada además por las medidas de la Gran Pirámide, por los números caldeos y por los números indostanos.

Nostradamus y Tritheme no tenían ninguna autoridad aceptada en el siglo XVI, que les permitiera afirmar que el año 1555 de la era cristiana era el año 8026, no después de la Creación, sino después del Diluvio.

Hemos visto que Tritheme titula su libro *Cronología Mística*. Acepta los genios planetarios de la Antigüedad equiparándolos a los siete Arcángeles. Se apoya seguramente en los padres de la iglesia. El cristianismo, como todas las religiones, se estableció sobre las concepciones simbólicas anteriores, y habiendo aceptado la semana presidida por esos genios, tenía que cristianizarlos.

Nostradamus sabe que el cálculo de Tritheme no es exacto. El suyo tampoco puede serlo. Tritheme, como él, solamente pude opinar dentro de los marcos de una cronología bíblica aceptada. Pero Nostradamus aprovecha su máscara de charlatán y dentro de un galimatías sabiamente dosificado, procura llevarnos a la comprensión de la cronología tradicional. Aparenta, en la serie planetaria, exponer la misma cronología de Tritheme, a quien puede citar en caso necesario, quedando fuera de toda sospecha. Sabe que Marte terminó su reinado en 1061 y la Luna en 1420, pero dice —con Tritheme— que está bajo la influencia de la Luna en 1555, ciento treinta y cinco años después.

Tritheme se cuida muy bien de no pasar de los 6 732 años solares desde la Creación hasta la fecha 1525 de nuestra era, lo que significa solamente 5 177 años de la Creación a Jesucristo. De acuerdo con nuestro estudio cronológico, puede apoyarse en quince autoridades de la iglesia primitiva, que asignan a ese plazo desde 5 325 a 5 801 años, y además en dieciocho autoridades de la iglesia occidental que asignan 5 190 hasta 5 201 años. A pesar de su situación excepcional no se atreve a más. El cronógrafo y criptógrafo que encuentre su mensaje secreto nos dará la razón.

Una prueba más de las dificultades de Tritheme para darnos un dato importante de la cronología tradicional es la colocación del Diluvio: entre Marte y la Luna. No puede hacerlo en la serie de genios planetarios. Si vemos el cuadro en el que presentamos su cronología, encontramos que el año 1656 está en el reino de Marte, pero el año 2242 no está en el reino de la Luna que terminó en 2126.

Un pequeño "error" en su cronología ha permitido a Tritheme decirnos:

1. Que debemos considerar la serie de las influencias planetarias, retrógradas como la marcha del Sol.

Cronología mística

Cuadro cronológico de Tritheme

Causas segundas	*Arcángeles*	*Genios planetarios*	*Periodo Tritheme*	*Era critiana*
Cielos	Orifiel	Saturno	354.4	-4 856.0
Yo Soy	Anael	Venus	708.8	-4 502.0
Justicia	Zachariel	Júpiter	1 063.0	-4 148.0
Salud	Raphael	Mercurio	1 417.4	-3 793.0
Muerte	Samael	Marte	1 771.8	-3 439.0
Fuerza	Gabriel	Luna	2 125.0	-3 085.0
Dios	Michael	Sol	2 479.4	-2 730.0
Cielos	Orifiel	Saturno	2 833.8	-2 375.0
Yo Soy	Anael	Venus	2 833.8	-2 021.0
Justicia	Zachariel	Venus	3 542.4	-1 666.0
Salud	Raphael	Mercurio	3 896.8	-1 311.0
Muerte	Samael	Marte	4 252.0	- 957.0
Fuerza	Gabriel	Luna	4 606.4	- 602.0
Dios	Michael	Sol	4 960.8	- 247.0
Cielos	Orifiel	Saturno	5 315.0	+ 108.0

Yo Soy	Anael	Venus	5 669.4	+ 462.4
Justicia	Zachariel	Júpiter	6 023.8	+ 816.8
Saludo	Raphael	Mercurio	6 378.0	+1 171.0
Muerte	Samael	Mercurio	6 732.4	+1 525.4
Fuerza	Gabriel	Luna	6 086.8	+1 879.8

Génesis-Diluvio: 1656
Setenta-Diluvio: 2242

---

2. Que debemos situar el Diluvio entre Marte y la Luna, aunque él no puede hacerlo.

3. Que las influencias, arcangélicas o planetarias, son inexorables y producen ciclos históricos.

4. Que un periodo zodiacal debe dividirse en seis periodos.

5. Que nos da para cada uno de los periodos zodiacales 2126 años solares, con lo que asigna a la eclíptica 25 512 años solares en vez de 25 824, ocultando así el verdadero número.

Con todos estos datos cronológicos nos invita: a levantar un cuadro completo, considerando el verdadero número de años solares del recorrido de la eclíptica; a colocar el "principio", o sea el Diluvio, entre Marte y la Luna; a dividir esa edad en seis periodos y a utilizar en orden retrógrado los planetas que presiden los días de la semana. Sólo nos resta estudiar este maravilloso conjunto de símbolos que preside cada instante de la marcha de la humanidad. Esto nos ayudará a unir nuestra conciencia con la conciencia cósmica y a situar en el tiempo humano la historia del pasado y las profecías del futuro.

Tritheme dice que "el Diluvio tuvo lugar según los hebreos en el año 1656 bajo el reino de Marte y según los Setenta en 2242 bajo la Luna". Esto último le parece "más conforme a la verdad, pero no es el momento de hacer una demostración". En realidad no puede decir la verdad, y como el Diluvio, según nuestros cálculos, se produjo al final de la cuarta edad y bajo el imperio de Marte y al principio de nuestra quinta edad y bajo el imperio de la Luna, establece esa situación: entre Marte y la Luna: Así lo hemos considerado nosotros en el cuadro que hemos formado de acuerdo con los datos de Nostradamus.

Una breve revisión de la cronología de Tritheme nos convencerá de que quiere defender del olvido, procurando ocultarla, la cronología tradicional que Nostradamus, de familia de conversos, nos da, dentro de sus escritos y profecías, con mayor prudencia.

Tritheme se atreve a presentar un cuadro de periodos cronológicos, empezando en el año cero del mundo, en el que cada periodo está regido por uno de los dioses planetarios. Coloca junto a ellos a siete Arcángeles sin explicarnos la relación simbólica de cada Arcángel con cada uno de los dioses planetarios.

Considera para cada periodo cronológico una extensión en el tiempo de 354 años y 4 meses, lo cual no vincula su trabajo a ninguna cronología conocida. Pero el solo hecho de presentar los dioses planetarios en orden inverso al de los días de la semana, nos dio la seguridad de que Tritheme conocía las mismas fuentes que sirvieron posteriormente a Nostradamus para establecer la cronología tradicional, o pertenecía a la misma escuela secreta.

En efecto, la serie de dioses de la semana enmarca nuestro camino sobre la Tierra y se desarrolla en sentido directo, como el sentido visible del paso diario del Sol sobre nosotros. La misma serie, en los cielos, enmarcando el camino de la Tierra y del Sol sobre la eclíptica, tiene que seguir, como el Sol mismo, un camino retrógrado.

Ayudados por la teoría de la cronología tradicional que hemos ido descubriendo en las leyendas y en los sistemas simbólicos y por las nociones de la astronomía moderna, hemos logrado hacer coincidir la relación de Tritheme con los datos eternos del paso del Sol sobre la eclíptica.

Nuestro primer descubrimiento, hace algunos años, fue el del verdadero periodo cronológico que ha ocultado Tritheme intencionalmente bajo un periodo falso. El verdadero es la sexta parte de un periodo zodiacal que, considerado en años solares, es de 2152 años. La sexta parte es de 358 años y 8 meses. Bastaba pues añadir al periodo de Tritheme 4 años y 4 meses para unir ambas cronologías.

Este reloj de los tiempos nos va a permitir establecer el cuadro completo de nuestra quinta edad, desde el diluvio de Noé hasta la próxima catástrofe, profetizada por el Apocalipsis y por Nostradamus y a la que no ha querido referirse públicamente Tritheme, que concluye su cronología en el año 7086 de su vigésimo periodo y, según él, el 1879 de nuestra era.

Hemos establecido este cuadro cronológico desde el diluvio de Noé hasta la catástrofe que pondrá fin a nuestra quinta edad. La vida de nuestra humanidad se desarrolla en el tiempo a lo largo de 8 608 años solares durante el paso del Sol por 8640 sectores, tercera parte de la eclíptica proyectada en un círculo ideal de 25 920 sectores. El sol recorre en ese lapso los cuatro doceavos de la eclíptica, periodos zodiacales de Géminis, Tauro, Aires y Piscis. En su camino retrógrado arrastra a la Tierra, que cambia veinticuatro veces la influencia de los genios planetarios, o Arcángeles, que aparecen aquí con los metales que los representan en el mundo físico y con los signos de esos metales sus números atómicos, y sus antiguos signos químicos y astrológicos. Comienza con el diluvio de Noé colocado entre los periodos de Marte y de la Luna, de acuerdo con Tritheme y termina al final del periodo de Saturno de acuerdo con Nostradamus. No pudieron estos dos sabios presentar este cuadro, que está en perfecto acuerdo con la cronología tradicional, y tuvieron que exponer una cronología falsa dentro de los límites de las cronologías aceptadas que se basaban en una errónea interpretación de la Biblia; pero hicieron todo lo posible para darnos los datos eternos de la cronología tradicional y nos han permitido establecer este cuadro.

Cronología Tradicional

Cuadro cronológico de nuestra quinta EDAD

Metales	*Signos químicos, astronómicos, y números atómicos*			*Arcángeles* ——— *Samael*	*Genios planetarios* *Marte*	*Sectores eclípticos*	*Años solares* *Diluvio*	*Era cristiana Año 6471, Catástrofe del agua*
					GÉMINIS			
Plata	Ag	☽	47	Gabriel	Luna	360	358.8	-6 112.4
Oro	Au	⊙	79	Michael	Sol	720	717.4	-5 753.8
Plomo	Pb	♄	82	Orifiel	Saturno	1 080	1 076.0	-5 395.0
Cobre	Cu	♀	29	Anael	Venus	1 440	1 434.8	-5 036.4
Estaño	Sn	♃	50	Zachariel	Júpiter	1 800	1 793.4	-4 677.8
Mercurio	Hg	♉	80	Raphael	Mercurio	2 160	2152.0	-4 319.0
					TAURO			
Hierro	Fe	♂	26	Samael	Marte	2 520	2 510.8	-3 960.4
Plata	Ag	☽	47	Gabriel	Luna	2 880	2 869.4	-3 601.8
Oro	Au	⊙	79	Michael	Sol	3 240	3 228.0	-3 242.0
Plomo	Pb	♄	82	Orifiel	Saturno	3 600	3 586.8	-2 884.4
Cobre	Cu	♀	29	Anael	Venus	3 960	3 945.4	-2 525.8
Estaño	Sn	♃	50	Zachariel	Júpiter	4 320	4 304.0	-2 167.0
					ARIES			
Mercurio	Hg	♉	80	Raphael	Mercurio	4 680	4 662.8	-1 808.4
Hierro	Fe	♂	26	Samael	Marte	5 040	5 021.4	-1 449.8
Plata	Ag	☽	7	Gabriel	Luna	5 400	5 380.0	-1 091.0
Oro	Au	⊙	79	Michael	Sol	5 760	5 738.8	- 732.4
Plomo	Pb	♄	82	Orifiel	Saturno	6 120	6 097.4	- 373.8
Cobre	Cu	♀	29	Anael	Venus	6 480	6 456.0	- 15.0
					PISCIS			
Estaño	Sn	♃	50	Zachariel	Júpiter	6 840	6 814.8	+ 343.8
Mercurio	Hg	♉	80	Raphael	Mercurio	7 200	7 173.4	+ 702.4
Hierro	Fe	♂	26	Samael	Marte	7 560	7 532.0	+1 061.0
Plata	Ag	☽	47	Gabriel	Luna	7 920	7 890.8	+1 419.4
Oro	Au	⊙	79	Michael	Sol	8 280	8 249.4	+1 778.4
Plomo	Pb	♄	82	Orifiel	Saturno	8 640	8 608.0	+2 137.0
				Anael	Venus			Catástrofe del aire

En el capítulo siguiente nos ocuparemos de la semana. Veremos que el orden de sus genios planetarios tiene su origen en el orden de los números atómicos de los siete metales, números atómicos que manejamos solamente en este siglo. El mismo origen protohistórico tiene la serie retrógrada de los genios planetarios de este cuadro.

El tratado de las causas segundas de Jean Tritheme termina con una profecía que se refiere a la iglesia católica, otra dirigida al emperador Maximiliano I y una declaración que coloca su obra a los pies de la iglesia para librarla de la destrucción, antes y después de su muerte.

Concluye la exposición cronológica con el periodo diecinueve, presidido por Samael y Marte. Este periodo finaliza, según su falso ciclo de 354 años y 4 meses, en 1525. Respecto del vigésimo periodo que llegará hasta 1879, no se pronuncia y dice solamente: "Será necesaria una profecía para la serie de acontecimientos futuros". Traducimos textualmente las últimas páginas de esta cronología mística de Tritheme: "Durante el primer periodo de Samael, Marte anunciaba el Diluvio; durante el segundo la ruina de Troya, hacia el fin del tercero habrá ruptura de la Unidad; en efecto, de acuerdo con lo que precede, se puede deducir lo que seguirá: este tercer periodo de Marte no se acabará sin que la profecía se cumpla y sin que una nueva religión sea establecida. Faltan, a partir de este presente año 1508 de la era cristiana, 17 años antes de la expiración del reino de Samael; en ellos se manifestarán presagios de desgracias. Porque antes del año 1525 de la era cristiana, las cruces vistas en esos diez próximos años sobre las vestiduras de los hombres, producirán sus consecuencias;[4] pero a trece años de allí, por la fuerza del derecho, tú cederás tu lugar a un ignorante para, después de estos acontecimientos necesarios, levantarte más alto en tu nieto; es mi opinión, a menos que no te sea dado dominar las sombras que te amenazan.[5]

"Para el vigésimo periodo, Gabriel, Ángel de la Luna, volverá a tomar la dirección del mundo, el cuarto día del mes de junio del año 6732 de la Creación que es el año 1525 de la era cristiana. Gobernará el Universo durante 354 años y 4 meses, hasta el año del mundo 7086, en el octavo mes, o 1879 de la Natividad del Señor. Se necesitará una profecía para la serie de acontecimientos futuros. No garantizo las cosas que escribo, muy sabio César, pero se puede razonablemente creer en ellas sin perjuicio para la fe ortodoxa. Hay personas que suponen que estos periodos corresponden a los me-

[4] Nadie tiene derecho a predecir la muerte a plazo fijo, aun en el caso improbable de poder hacerlo. Otra ley de la profecía es la inseguridad del profeta mismo que conoce el espejismo del mundo mágico perpetuamente cambiante. Nunca puede estar seguro de haber interpretado bien los signos, símbolos, palabras o visiones que ha recibido. Las leyes de la profecía son incomprensibles para el hombre porque actúan fuera de nuestro tiempo y no podemos fácilmente salir de nuestro tiempo. Si saliéramos de la caverna de Platón, no podríamos traducir nuestra nueva vida en el idioma de la caverna.

[5] Maximiliano Primero murió en 1519: en el onceavo año después de la profecía, escrita en 1508. El plazo de 13 años no debe contarse después de los "diez años de cruces", porque nos llevaría a 1531 y la profecía comienza fijando los acontecimientos "antes de 1525". Es probable que los trece años se refieran a acontecimientos de 1521, dos años después de la muerte de Maximiliano.

ses lunares; si ésta es vuestra opinión, yo puedo estar de acuerdo, pero sería necesario entonces cambiar lo que he escrito.

"Por lo demás, con mi mano doy testimonio y con mi boca confieso que en todas estas cosas no creo y no admito sino aquello que la iglesia católica ha aprobado por la autoridad de sus doctores y rechazo todo el resto como vanas y supersticiosas ficciones".

Las dos profecías de Tritheme fueron escritas indudablemente en 1508, como lo acredita el texto dedicado al emperador y la historia de su vida. Indica, como Nostradamus, la fecha exacta. No podía decirle al emperador que le quedaban once años de vida. Le habla de diez años de cruces que producirán sus consecuencias; queda sobrentendido: en el onceavo año. Después establece otro periodo de trece años: el emperador puede ilusionarse así con 23 años más de vida. En cambio, predijo exactamente que el nieto de Maximiliano, Carlos V, cumpliendo textualmente la profecía, sería mucho más grande que él.

Hagamos un paréntesis para acercarnos a Nostradamus. Es indudable que profetizó con detalles la muerte de Enrique II, en el torneo de 1559. Lo prueban no solamente la cuarteta que se refiere a ese torneo, sino otras que podemos citar. ¿Por qué no viajó a París? Le habría sido fácil acercarse a Catalina de Médicis y convencerla de que debía intervenir. Hay dos respuestas. La respuesta de nuestro mundo: si el hecho no se hubiera realizado por efecto de la profecía, nadie, ni el profeta mismo, habría tenido la seguridad de haber salvado la vida del rey. La respuesta del mundo de la profecía es otra: el hecho no puede dejar de realizarse; el hombre no puede torcer el destino. Si el futuro no existiera desde siempre, la profecía sería imposible.

La segunda profecía de Tritheme hecha en 1508 es mucho más importante: Martín Lutero (1483-1546) no tiene ni la más lejana idea de la Reforma hasta 1510, fecha de su viaje a Roma. Hasta su doctorado en 1512 no hay base alguna para predecir la Reforma en términos tan terribles como “ruptura de la unidad de la iglesia y establecimiento de una nueva religión”. El problema de las indulgencias comienza en 1516 y podemos fechar los ataques contra el papa y la primera condenación de Lutero en 1520, doce años después de la profecía. Sólo en 1529 se llama protestantes a los que únicamente pedían una reforma de la iglesia y no soñaban en una nueva religión.

Jean Calvino (1509-1564) nace después de la profecía, y solamente en 1531 defiende a los protestantes contra las torturas y ejecuciones ordenadas por Francisco I. profetizar la Reforma y sus consecuencias en 1508 está fuera de la previsión humana.

Tritheme, igual que Nostradamus, es un profeta. Como él, ha visto el porvenir de la humanidad y tiene que dejarnos un mensaje apocalíptico. Debe acompañarlo de la cronología tradicional que señala en el tiempo humano la fecha (2127-2137) del fin de Piscis y comienzo de Acuario, que es la misma fecha en que termina el Kali Yuga de los indostanos y que se encuentra oculta en los números de la Biblia; en los millones de años de la cronología caldea; en las medidas de la Gran Pirámide y en la posición excepcional de las estrellas —en relación con ese momento— 2 167 años antes de nuestra era.[6]

Tiene, como Nostradamus, que ocultar ese mensaje y para ello deja, dedicadas al emperador, las dos obras a que ya nos hemos referido.[7]

Nostradamus es un seudónimos; Tritheme también lo es. El abad nació en Trittenheim. Ambos desaparecen en sus obras que anuncian nuestro destino contribuyendo a la salvación de los hombres que debe-

[6] Las conclusiones del astrónomo C. Piazzi Smyth (*Our Inheritance in the Great Pyramid*, Londres, Isbister, pp. 380-381) son las siguientes:

a) Los lados de la Gran Pirámide están orientados astronómicamente, y sus pasajes perpendiculares a los lados están en el plano del meridiano.

b) La galería de entrada, con su ángulo de altitud de 26° 18' aproximadamente, señala un punto situado a 3° 42' verticalmente bajo el Polo Norte del cielo.

c) En el año 2170 a. C., Alfa Draconis estaba a 3° 42' del Polo Celeste y por lo tanto coincidía exactamente con el eje de la Galería de entrada cuando estaba en el punto más bajo de su culminación.

d) Cuando Alfa Draconis estaba en esa posición al Norte, Eta Taurus, la mayor estrella del grupo de las Pléyades, llamadas antiguamente Alción, cruzaba el mismo meridiano terrestre al Sur, siempre en el plano vertical del meridiano de la Gran Galería, pero en un punto más arriba en el cielo, cerca del Ecuador.

e) En el mismo instante de ese año 2170 a. C., el meridiano celeste del Equinoccio Vernal coincidía con esas estrellas y con el meridiano de la Gran Galería dándoles para ese momento una extraordinaria supremacía cronológica sobre todas las demás.

f) Toda esta combinación estelar no se había presentado durante los 25 827 años anteriores y no había de presentarse otra vez en los 25 827 años subsiguientes. No se ha repetido ni puede confundirse con otra en toda la historia de la raza humana.

[7] El frontispicio y la primera página de los Presagios para 1557 que damos *hors-texte* constituyen la prueba documental de que la visita de Nostradamus a la Corte se realizó en 1555 y no en 1556.

rán atravesar la última conflagración. Acompañarán así la destrucción de nuestra humanidad y el nacimiento de la sexta edad.

Demuestran igualmente que Nostradamus se dirigía a Enrique II como "Henry second de ce nom" cuando le dedicaba una publicación. Cuando dedica al Gran Monarca sus tres últimas Centurias, su redacción es diferente: "A Henry, Roy de France, favorable". Constituyen también una prueba de la existencia de la Pronosticación para 1556, porque Nostradamus se queja de no haber pronosticado en ella más ampliamente, los hechos y predicciones futuras del año 56.

16

La era nostradámica plagiada por Scaligero

El dodecágono cronológico

Nostradamus nos da todos los datos para la construcción de dos círculos divididos en sectores de treinta grados, indicándonos una fecha para cada grado. Hay diez años de diferencia entre las fechas de un círculo y las del otro, y pueden ubicarse con exactitud, sobre esas series de años solares, todos los acontecimientos humanos. Ya que dichos sucesos se inscriben en el mismo grado en ambos círculos, se admite un posible error de diez años, mínimo en profecías que se refieren a un futuro lejano. Para esto el profeta nos señala quince fechas exactas: siete relacionadas con una de las siete, que es el principio de su profecía en 1547, y contribuyen a formar el primer dodecágono (véase figura 1), y ocho relacionadas con una de las ocho, que es el principio de su profecía en 1557, y contribuyen a formar el segundo dodecágono (véase figura 2).

Profetizando para siglos, tenía que situar su obra en el tiempo histórico, de acuerdo con una cronología basada en la marcha del Sol sobre la eclíptica, y exponerla en la forma tradicional, sobre el círculo de 360 grados.

Figura 1
El dodecágono cronológico de Nostradamus
(Fuera del círculo hacia la izquierda)

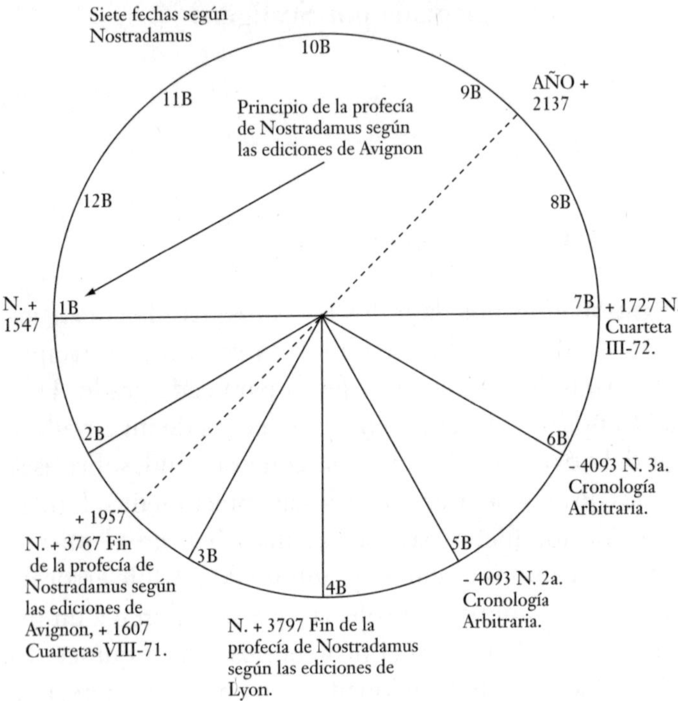

+ 1957 a + 2137 = Los últimos días y años del Apocalipsis, 180 semanas que simbolizan en el Apocalipsis los 180 años que estamos recorriendo. San Juan repite cuatro veces este periodo de 1 260 días o 42 meses: 18 semanas.

Era necesario, pues, que descubriéramos la clave cronológica de Nostradamus, su punto de partida para la colocación de cada año en un grado exacto de ese círculo y, cada 360 años o periodos, la señal de un cambio de círculo o, en lenguaje nostradámico, un cambio de “cielo”.

Figura 2
El dodecágono cronológico de Nostradamus

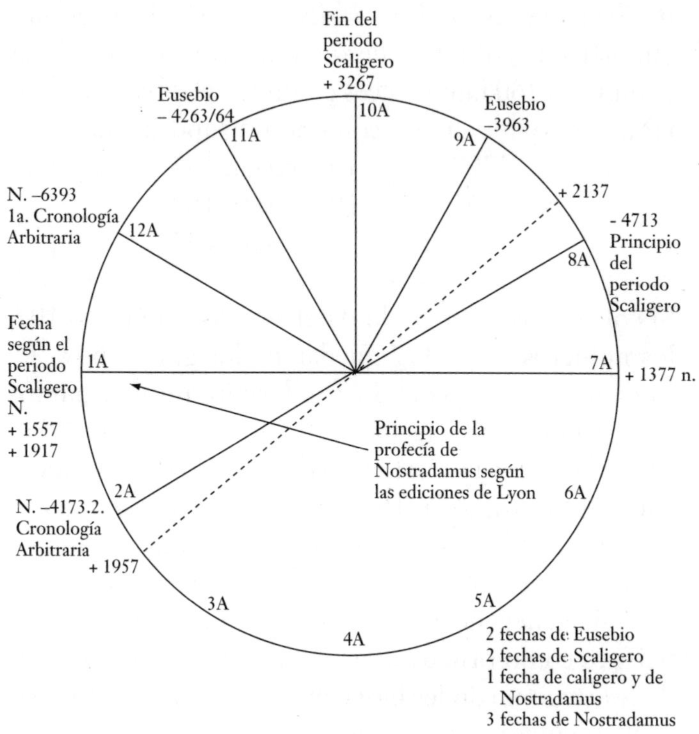

9A = 3963. Según la traducción de griego a armenio de los hebreos.
11A = - 4263/64
+ 1957 a + 2137 = Los 180 últimos días o años del Apocalipsis.

Una primera observación nos puso sobre el buen camino. La fecha final de su profecía es el año 3797 en las ediciones de Lyon, y en las ediciones de Avignon, el año 3767. Esta diferencia de treinta años entre ambas fechas nos hizo pensar en un círculo de fechas dividido en doce sectores, y en el que estas dos señalarían el principio y el fin de uno de esos sectores. Como la fecha del comienzo de la profecía *según las ediciones de Avignon* era 1547, y termina también en 7, restamos de ella y de las fechas anteriores el número 360 tantas veces como era posible. El resultado estuvo de acuerdo con nuestra suposición.

3797: 360 = 10 y restan 197
3767: 360 = 10 y restan 167
1547: 360 = 4 y restan 107

Si colocamos en el grado 0 del círculo el número 107, los números 167 y 197 quedan en los grados 60 y 90. Podíamos colocar con exactitud, en los mismos puntos del círculo, las tres fechas: 1547, 3767 y 3797 (1B, 3B, 4B de la figura 1). Partiendo de ellas hacia el pasado o hacia el futuro, todas las fechas de la historia humana podían ser ubicadas igualmente sobre el mismo círculo: quedarían inscritos 360 años en cada vuelta. Puesto que la coincidencia de estas tres fechas podía parecer insuficiente como prueba de la voluntad de Nostradamus de construir un dodecágono cronológico, llevamos más adelante nuestra investigación.

La cuarteta III-77 nos dio una fecha más para el dodecágono, ya que dice: “L’an mil sept cens vingt et sept en Octobre”: “El año 1727 en octubre”. Del año en que comenzamos, 1547, hasta este año que cita Nostradamus, hay 180 años. El año 1727 quedaba así inscrito entre el sexto y el séptimo sectores del dodecágono, en el grado 180 (7B de la figura 1).

Bastaban estas cuatro fechas para construir el dodecágono cronológico; Nostradamus hace una criptografía que deberá ser un día descifrada, y por tanto multiplica sus datos de manera que con un solo libro —de las ediciones de Lyon o de las ediciones de Avignon— resulte posible dicha decriptación. La abundancia de pruebas que expondremos dará también a los lectores la seguridad de la existencia de la criptografía cronológica que estudiamos y, al mismo tiempo, la seguridad de que existe un mensaje de tal trascendencia que mereció el trabajo benedictino de elaboración de la más compleja maquinaria criptográfica de que se tenga noticia.

Continuamos nuestra investigación partiendo de la fecha en que principia la profecía *según las ediciones de Lyon*: "Después del tiempo presente que es el 14 de marzo de 1557". En la carta a su hijo César, prefacio de la primera edición de sus Centurias, nos da con exactitud otra fecha: "y antes, 177 años, 3 meses y 11 días a contar de la fecha en que esto escribo", y fecha la carta el 1° de marzo de 1555. Está fijando el 19 de noviembre de 1377. Entre 1557 y 1377 hay 180 años. Inscribimos en 0° del círculo la fecha 1557 y, corriendo en sentido retrógrado 180 grados o años, llegamos al grado 180 con el año 1377 (7A de la figura 2).

Se trataba de astronomía y de fechas exactas para fijar una cronología de milenios. Esto y la relación de Nostradamus con Julio Scaligero, primero amigo y después enemigo del profeta, nos hizo pensar en este último, en su hijo José Justo y en el periodo juliano.

Julio César Scaligero llevó el apellido Bordoni hasta los cuarenta años. Filósofo y médico italiano, fue hijo de Benedetto Bordoni, pintor de miniaturas en una pequeña tienda de Florencia, bajo la insignia de la "Escalera"

—quien nunca pretendió, como su hijo, ser descendiente de los príncipes Della Escala—. Su increíble vanidad llevó a Julio César a inventarse una ascendencia principesca y a enemistarse con los representantes de la cultura de su siglo. Amigo de Nostradamus, se indispuso posteriormente con él. No podía comprender, y menos aún aceptar, la verdadera superioridad humana del médico provenzal, diecinueve años menor que él. Nostradamus era un sabio que tenía que presentarse como charlatán para salvar su vida y su obra profética. Scaligero era un erudito que, con base en una memoria excepcional, pretendía ser sabio y al que su siglo estimó en exceso, tanto por su autopropaganda cuanto por la índole de sus estudios. El Renacimiento redescubría la decadencia griega y olvidaba los verdaderos valores espirituales de la Edad Media. Scaligero prefería ocuparse de los poetas griegos en lugar de Homero. Era, en realidad, un personaje secundario. El siglo XIX lo apreciaba ya solamente por sus estudios gramaticales y filológicos. Murió a los 74 años de edad en 1558, ocho años antes que Nostradamus. No se atrevió a publicar un plagio en vida, pero lo perpetró en sus borradores.

José Justo Scaligero (1540-1609), décimo de los quince hijos de Julio César, fue un erudito como su padre. No era un astrónomo y menos aún un creador. Se ocupa de cronología y considera que ¡el tiempo transcurrido desde la creación del mundo hasta Jesucristo es de 3 950 años! Sus trabajos sobre cronología abren el camino moderno a esta ciencia, totalmente olvidada a mediados del siglo XVI. No tiene la menor idea de la antigüedad del hombre y menos todavía de la antigüedad de la Tierra, y se ocupa únicamente de las cronologías griega y romana. Después de publicar algunos estudios cronológicos, da a la imprenta en 1583 su *opus de enmendatione temporum* (París, 1583; Leyden, 1598), donde establece la cronología moderna sobre una base astronómica: la era juliana, que titula así en honor de su padre.

Toda nuestra obra demuestra que Nostradamus era un astrónomo y un cronógrafo. Scaligero era un gramático que basó su fama en su erudición. Después de cuatro siglos vamos a desenmascarar al erudito: la era que su hijo establece con su nombre deberá titularse algún día ERA NOSTRADÁMICA.

Es muy posible que José Justo Scaligero no cometiera conscientemente una tradición. Tenía 26 años cuando murió Nostradamus y dieciocho cuando falleció su padre. Sus trabajos cronológicos son posteriores a esas fechas. Pudo encontrar los datos necesarios en los borradores y manuscritos dejados por Julio César. Éste, denigrando al profeta, se apropiaba de un conocimiento que no le pertenecía, como se había apropiado de un apellido que no era de él. Nostradamus no podía reivindicar en vida su ciencia astronómica. Nadie ha podido hacerlo hasta hoy y la era juliana sigue siendo una más entre las mentiras de la historia.

Todos los astrónomos, desde el siglo XVI hasta ahora, cuentan el tiempo para sus cálculos partiendo del primer día del periodo juliano. Se trata de un periodo astronómico establecido seguramente por Nostradamus, por José Scaligero y denominado juliano en honor de Julio César. Pero vamos a demostrar que fue Nostradamus quien lo estableció, fijando dicho periodo exacto en el tiempo, para referir a él los hechos históricos de sus profecías. Los datos cronológicos del profeta, publicados desde 1555, nos permiten establecer, no solamente la verdadera cronología nostradámica, idéntica a la cronología tradicional, sino también el famoso periodo juliano que Nostradamus utiliza para la elaboración del dodecágono cronológico que estamos estudiando. Nostradamus lo vincula a la fecha en que comienza su profecía *según las ediciones de Lyon*, de una manera tal, que no podemos separar del dodecágono los dos datos cronológicos inscritos, principio y fin de la era en discusión.

Todas las fechas dadas por Nostradamus están relacionadas con el periodo juliano. Tenemos que aceptar que Nostradamus conocía y empleaba este periodo desde mucho antes de 1555 y que Julio César Scaligero lo consignó como propio en sus borradores. Una prueba de la mala fe de Scaligero es su diatriba contra Nostradamus: como quería apropiarse de la gloria del dato que había tomado del profeta, creyó oportuno enemistarse con él.

Comienza el notable periodo a las doce del día, hora de Greenwich, del 1°. de enero del año 4713 antes de la era cristiana y termina el 1°. de enero del año 3267 de nuestra era. Coinciden en esos dos días extremos los tres ciclos usados en la cronología romana: el ciclo solar de 28 años; el lunar de 19 —llamado también el número de oro—, y el ciclo romano de 15 años. Si multiplicamos los tres números, tendremos como total del periodo juliano, 7980 años (28 X 19 X 15 = 7980). Transcurridos 7980 años, se volverán a encontrar los tres ciclos:

el solar de 28 años se habrá repetido 285 veces; el ciclo lunar, 420, y el romano, 532 veces. Estos tres ciclos fueron anotados por Nostradamus en todos sus almanaques anuales.

Veamos cómo establece Nostradamus el periodo juliano dentro de las doce fechas de su dodecágono cronológico.

Si sumamos los 4713 años anteriores a Jesucristo con los 1557, de nuestra era, principio de la profecía *según las ediciones de Lyon*, tendremos 6 270 años o grados. Después de diecisiete vueltas (360 X 17 = 6120) en sentido retrógrado, comenzando en 1557, llegaremos al punto de partida y nos quedarán 150 años que nos llevarán al grado 210, donde inscribimos el principio de ese periodo (8A de la figura 2). Partiendo de ese mismo grado, inscribimos, por el mismo procedimiento, el fin del periodo juliano después de recorrer en sentido directo los 7 980 años o grados. Al final de veintidós vueltas (360 X 22 = 7920) llegaremos al punto de partida y nos quedarán sesenta años que nos llevarán del grado 210 al grado 270, donde inscribimos la fecha última de ese periodo (10A de la figura 2), o sea, el año 3267 de nuestra era (4 713 + 3 267 = 6980).

José Justo Scaligero coloca la creación del mundo en el año -3950, es decir, 3950 años antes de la era cristiana y considera que un periodo astronómico que se repite cada 6 980 años se ha originado en el cielo 763 años antes de dicha creación. Este hecho ha escapado a la vigilancia del Santo oficio.

Es indiscutiblemente muy interesante la posición exacta en el círculo cronológico de Nostradamus de estas cuatro fechas + 1557, principio de la profecía formando con + 1377 el diámetro horizontal; 4713, principio del periodo juliano, y + 1377 el diámetro horizontal; 4713, principio del periodo juliano, y + 3267, fin de ese periodo, en los grados 0, 180, 210 y 270, o sea, en los puntos divisorios en que principian cuatro periodos zodiacales. Sobre todo es sorprendente que el final del periodo astronómico de 7980 años concluya en el año 3267 de nuestra era, exactamente en el punto más alto del círculo, en el grado 270, señalado en el gráfico (10A de la figura 2). Todo esto prueba plenamente que Nostradamus, dentro de la cronología tradicional de las edades, ha creado con la era juliana una exacta cronología astronómica, y la ha inscrito dentro de su dodecágono cronológico.

Este resultado nos movió a proseguir nuestras investigaciones, que naturalmente se dirigieron a las tres cronologías arbitrarias que Nostradamus ha expuesto para su criptografía: dos en la dedicatoria de 1558 a "Henry, Roy de France, Second" y una en su almanaque con verso proféticos para 1566. Como la segunda de dichas cronologías arbitrarias concluye con dos resultados diferentes para los años transcurridos desde la Creación hasta Jesucristo, se trata en realidad de cuatro números, de cuatro totales, aunque las cronologías arbitrarias sean solamente tres. Como para nuestro dodecágono necesitamos sólo estos cuatro números, remitimos al lector para el análisis de las tres cronologías arbitrarias al capítulo 27 en la Criptografía, donde nos ocupamos de los seis pentágonos que tienen su origen en ellas.

Esos cuatro números diferentes, que expresan en las citadas cronologías el lapso entre la Creación y Jesucristo, resultaron aplicables al dodecágono: dos de ellos coincidían colocando el año 1547 en el punto cero del círculo y los otros dos colocando el año 1557. Dos estaban de acuerdo con la fecha del principio de la profecía en las ediciones de Avignon (véase figura 1) y dos con la fecha de las ediciones de Lyon (véase figura 2). Se trataba pues de dos dodecágonos o de uno solo con la diferencia de diez años entre las fechas de la primera figura y las de la segunda, determinando así, para todas las fechas profetizadas, una aproximación de diez años.

Las tres cronologías nos dieron cuatro números: 6 393, 4 093, 4173 y 4 063. Como podía resultar sospechoso que estas cronologías, a todas luces arbitrarias, dieran cuatro números terminados en 3 para el periodo desde la Creación hasta Jesucristo, lo cual era necesario para la perfección del dodecágono, Nostradamus disimula el número 4 093 como 4092 años y 2 meses, y el número 4173 como 4173 años y 8 meses. En la tercera cronología nos obliga a sumar a sus números los años que se emplearon en la construcción del templo de Salomón, porque uno de sus periodos históricos termina en el cuarto año del reinado, cuando Salomón da comienzo a la obra, y el periodo siguiente se inicia después de concluida la obra. En cuanto a la primera cronología, para encontrar el número hemos tenido que sumar a los datos que trae la cronología, los treinta y tres años de vida de Jesucristo, porque el periodo histórico anterior concluye con su nacimiento y el siguiente comienza con la redención. También tuvimos que sumar un número que nada tiene que ver con la cronología, porque Nostradamus lo incluye en el problema principal para el que ha establecido esas cronologías arbitrarias.

Los cuatro totales para el lapso desde la creación hasta Jesucristo fueron: 6 393, 4 093, 4173 y 4 063. Sumándole los años transcurridos hasta el principio de la profecía 1557, 1547, 1557 y 1547 dieron como resultado 7 950, 5 640, 5 730 y 5 610.

Si llevamos estas fechas al círculo, partiendo del grado 0 en sentido retrógrado, tendremos que restarles 360 años tantas veces como sea posible:

7 950: 360	5 640: 360	5 730: 360	5 610: 360
22 y restan 30	15 y restan 240	15 y restan 330	15 y restan 210

Como estas fechas pertenecen al pasado anterior a 1547, tenemos que inscribirlas en sentido retrógrado partiendo de la fecha del principio de la profecía, fecha que ha quedado inscrita en el punto 0° del círculo.

Tendremos así, para la primera figura que comienza en 1547 y para la que ya tenemos cuatro fechas, dos fechas más: 4093 y 4063. En grados, su recorrido será de 240 y de 210 en sentido retrógrado, para quedar situados en los puntos 5B y 6B de la primera figura, en los grados 120 y 150 del círculo (véase figura 1).

Tendremos igualmente para la segunda figura que comienza en 1557 y para la que también tenemos cuatro fechas, dos fechas más: 6393 y 4173. Su recorrido en grados será de 30 y de 330 en sentido retrógrado para quedar situados en los puntos 2A y 12A de la segunda figura, en los grados 30 y 330 del círculo (véase figura 2).

Como de las doce fechas inscritas, hay dos que se inscriben a 0° en el punto 1 de ambas figuras, y dos que se inscriben igualmente en el punto 7 a los 180°, nos faltaban dos fechas para completar el dodecágono y durante algún tiempo creímos que debíamos dar por terminado nuestro trabajo.

En la dedicatoria a Henry, Roy de France, Second, de sus tres últimas Centurias, Nostradamus cita a Eusebio, cronógrafo. Sospechamos que el número de años que fija Eusebio desde el principio del mundo hasta la era cristiana podía corresponder a uno de los vértices sin fecha del dodecágono. Cada una de las tres traducciones de Eusebio trae fecha distinta para el lapso entre la Creación y Jesucristo: la versión del griego a armenio según los hebreos, 3963; la versión de griego a armenio según los samaritanos, 4264, y la versión latina de san Jerónimo, 5199. Sumando las dos primeras con la fecha 1557, obtuvimos los siguientes resultados: 3963 + 1557 = 5 520 y 4 264 + 1557 = 5 821; llevamos estos periodos sobre el círculo en sentido retrógrado, el primero hasta el grado 240 en el punto 9A (véase figura 2) y el segundo hasta el grado 299 en el punto 11A (véase figura 2).

Todas las fechas anteriores a nuestra era tienen que terminar en tres para que queden situadas en los puntos exactos en que comienzan, en el círculo, las divisiones zodiacales. La cronología de Eusebio, según la versión de los samaritanos, dice 4264 y es el único elemento de este problema que no queda ubicado exactamente en la división zodiacal. Cuando el círculo del tiempo que estamos describiendo sea utilizado para la ubicación de las profecías, veremos si debe deducirse un año de esta cronología de Eusebio, o si efectivamente es necesaria esta anomalía y por lo tanto es preciso mantenerla. Puede ser que encontremos en Varrón o en otro cronógrafo, o en los escritos del mismo Nostradamus, una fecha exacta que sumada a 1547 o a 1557 llegue, partiendo de 0° en marcha retrógrada y después de un número de vueltas al círculo, al vértice número 11 de una de nuestras figuras.

Para la construcción de este dodecágono hemos tenido que partir hacia el pasado y hacia el futuro desde dos fechas nostradámicas del principio de la profecía. Hacia el pasado, hasta seis fechas dadas para la creación del mundo: dos atribuidas a Eusebio y cuatro nostradámicas. Hacia el futuro, hasta tres fechas, una 180 años antes y después del comienzo de la profecía y dos que señalan el fin de la profecía según las ediciones de Lyon y de Avignon. Hemos completado el dodecágono inscribiendo el principio y el fin del periodo juliano usado por todos los astrónomos.[1]

En verdad este dodecágono secreto es una clave cronológica porque divide el tiempo histórico de acuerdo con la profecía, en periodos de 360 años y establece en el grado 0 el comienzo de un ciclo en dos fechas aparentemente arbitrarias, una de las cuales, 1557, señala

[1] Como demostramos en este capítulo, Nostradamus ha determinado exactamente el principio y el fin de su profecía. Comienza en 1547-1557 y termina con el fin de nuestra humanidad o el fin de los tiempos en 2127-2137. Se extiende sobre los últimos 580 años de nuestra quinta EDAD.

el fin de un periodo de la profecía de Daniel y señala también, en el Génesis, el año 1557, anterior al Diluvio, en que es engendrado Sem. Presentamos este capítulo dando al lector una muestra de la malicia del profeta que, en toda su obra, va creando así las piezas de su criptografía, la cual defiende desde hace cuatro siglos su mensaje secreto. La criptografía de Nostradamus es la más perfecta que haya inventado el ingenio humano. Ha realizado el sueño de Newton y de Poe. Probablemente, es de la misma naturaleza de la que guarda, selladas para los postreros días, las páginas de la Biblia.

17

Los días de la semana y la serie de los números atómicos

En el prefacio de sus primeras Centurias, Nostradamus nos da la serie de los genios planetarios que rigen los periodos cronológicos de la humanidad. Repite la misma serie dada por Tritheme, ocultándola. Dice: "...antes de la última conflagración. Porque todavía aunque el planeta Marte haya terminado su ciclo... y ahora que estamos conducidos por la Luna, mediante la total potestad de Dios eterno, que antes que ella haya terminado su total circuito, el sol vendrá y después Saturno. Porque según las figuras celestes el reino de Saturno será de regreso, cuando todo calculado, el mundo se aproxima a una anaragónica revolución". Marte, Luna, Sol, Saturno. A estos astros deben anteponerse Venus, Júpiter y Mercurio. Comenzando en Venus la serie es:

Venus	Júpiter	Mercurio	Marte	Luna	Sol	Saturno
Viernes	Jueves	Miércoles	Martes	Lunes	Domingo	Sábado

Es la misma serie de los ciclos históricos de Tritheme que se siguen en ese orden influenciados cada uno por un planeta y por el Arcángel que domina en él:

Anael	Zachariel	Rafael	Samael	Gabriel	Miguel	Orifiel
Venus	Júpiter	Mercurio	Marte	Luna	Sol	Saturno

Como vemos, se trata, en orden inverso, de los días de la semana. En este orden los genios planetarios y por lo tanto los Arcángeles —causas segundas después de Dios, según Tritheme— presiden el destino de la Tierra e influyen sobre la humanidad predominando uno de ellos en cada sexta parte de un periodo zodiacal.

En la dedicatoria a Henry, Roy de France, Second, de sus tres últimas centurias y para la "clave de los planetas", que estudiamos en otro capítulo de este libro, Nostradamus presenta los mismos genios planetarios en orden diferente:

Saturno Júpiter Marte Venus Mercurio

Faltan el sol y la Luna. No se trata ya de los días de la semana ni de los periodos zodiacales, sino de la sucesión horaria que se completa con el Sol y la Luna en la forma siguiente:

Saturno Júpiter Marte Sol Venus Mercurio Luna

En este nuevo orden los genios planetarios influyen sobre las 168 horas de cada semana, repitiendo 24 veces su paso por cada una de ellas. En este recorrido la primera hora del sábado estará presidida por Saturno; y la sucesión será como sigue:

Hora 1 = 1ª. hora del Sábado, estará presidida por Saturno.
Hora 25 = 1ª. hora del Domingo, estará presidida por el Sol.
Hora 49 = 1ª. Hora del Lunes, estará presidida por la Luna.
Hora 73 = 1ª. hora del Martes, estará presidida por Marte.
Hora 97 = 1ª. hora del Miércoles, estará presidida por Mercurio.
Hora 12 = 1ª. hora del Jueves, estará presidida por Júpiter.
Hora 145 = 1ª. hora del Viernes, estará presidida por Venus.

Hemos encontrado en Nostradamus y en Tritheme tres series de los Arcángeles, Astros o Metales, que representan las siete causas segundas: la serie que preside los días de cada semana; la serie que domina la sexta parte del recorrido del Sol y de la Tierra por cada sector zodiacal de la eclíptica; y la serie o sucesión horaria, es decir, el orden en que esos astros influyen sobre cada una de las horas. Y hemos podido comprobar que estas tres series están interrelacionadas y que dominan la cronología y la historia humanas tanto en los periodos astronómicos como en las horas del día.

La íntima relación de estas tres series entre sí está demostrada: las dos primeras son una sola serie utilizada en sentido directo y en sentido retrógrado. En cuanto a la tercera, veremos cómo se forma partiendo de la primera serie, ordenada siguiendo de mayor a menor los números atómicos de los siete metales.

Tenemos que llegar a la conclusión de que se trata de un sistema de símbolos unidos en órdenes diferentes, cada uno relacionado con los otros dos, y que cada uno de esos órdenes origina otro en sentido inverso. Estudiamos aquí los que han sido utilizados para las divisiones del tiempo humano. Invirtiendo nuestro raciocinio tenemos que aceptar una realidad superior: los siete principios o causas segundas influyen en todas nuestras vidas y en la vida de la Tierra, en una forma que ha sido descubierta en época muy lejana, obligando a los hombres a una división de su tiempo que respeta esa realidad superior.

Solamente así podemos comprender que la semana de siete días, presidida por los siete genios planetarios, haya sido aceptada en el mismo orden por egipcios, indios y chinos desde los tiempos más lejanos a que puede llegar nuestra investigación. Las veinticuatro horas del día y la sucesión horaria que estudiamos se vinculan de tal manera a la semana, que nos vemos en la obligación de reconocer que se trata no solamente de una parte de un mismo sistema simbólico, sino, más aún, que ese sistema expresa una realidad que el hombre ha experimentado conscientemente antes de dividir su tiempo en semanas, días y horas regidas por siete principios o causas segundas, y antes de proyectar este conocimiento y hacer las divisiones de su cronología, ordenando bajo las mismas influencias los milenios y milenarios de la historia de la Tierra.

No podemos menospreciar la amplitud de los conocimientos astronómicos de A. Bailly,[1] ni la importancia de su *Historia de la Astronomía*. Sus opiniones como astrónomo e historiador acreditan la antigüedad y el valor que damos a estas medidas del tiempo que forman

[1] Bailly, Jean Sylvain /1736-1793): *Histoire de l'Astronomie Ancienne*, París, les Fréres Debure, 1775. *Histoire de l'Astronomie Moderne*, París, De Bure, 1785, segunda edición.

parte de un sistema que titulamos con Tritheme: "Cronología Mística".

Ocupándose de la semana, dice Bailly:

"Esta Astronomía (antediluviana) tenía el conocimiento de los siete planetas, puesto que puso sus nombres a los días de la semana. Es, posiblemente, la prueba más singular de la antigüedad de la Astronomía y de la existencia de ese pueblo (nosotros diríamos: humanidad) anterior a todos los otros. Esos planetas que presidían los días de la semana estaban ordenados siguiendo una secuencia que subsiste hasta ahora entre nosotros. Es primero el Sol, después la Luna, Marte, Mercurio, Júpiter, Venus y Saturno". Aquí Bailly dice en una nota: "La semana comenzaba, para los egipcios, el día de Saturno; para los indios, el viernes; para nosotros, el domingo. La elección de este primer día es arbitraria, pero lo que nos debe asombrar es que el orden de los planetas que presiden estos días sea invariable y en todas partes el mismo". El texto sigue: "Se encuentra el mismo orden para los antiguos egipcios, para los indios y para los chinos". Aquí una segunda nota nos hace saber que respecto a los chinos debemos consultar: Herodoto, libro II; Martini, *Historia de China*, tomo I, página 94; M. de Gentil, "Memorias de la Academia de Ciencias para 1773". Sigue el texto: "Este orden no es el de la distancia, ni el del tamaño ni el de la luminosidad. Es un orden que parece arbitrario, o por lo menos fundado sobre razones que ignoramos. Se puede decir que es imposible que el azar haya conducido separadamente a esas tres naciones, primero a la misma idea de dar a los días de la semana el nombre de los planetas, después de dar ese nombre según el mismo orden, único entre una infinidad de otros. El azar no produce nunca parecidas semejanzas. Algunos sabios querrán encontrar en esto una prueba de la pretendida comunicación entre egipcios y chinos. Para nosotros, que estamos persuadidos de que esta comunicación no ha existido, no vemos en ello sino una demostración de la existencia de un antiguo pueblo destruido, del cual algunas instituciones pasaron a sus sucesores. Encontrándose estas instituciones en pueblos situados a grandes distancias sobre el globo, debemos concluir que tienen el mismo origen. Pero este origen donde todos ellos han encontrado la idea de dar los nombres de los planetas a los días de la semana, y la astronomía que ha sugerido esa idea, son de una gran antigüedad, porque esos pueblos, ellos mismos, son muy antiguos sobre la Tierra".

Durante medio siglo estamos reuniendo pruebas de la existencia de una humanidad anterior a un cataclismo cósmico, de cuya ciencia heredaron datos dispersos los pueblos más antiguos de nuestra historia. El periodo astronómico de seiscientos años, la matemática sexagesimal y la concepción mística de las divisiones del tiempo que da su profundo sentido humano a la Cronología Tradicional, constituyen una parte de esos estudios.

Bailly se engaña cuando dice que la elección del primer día de la semana es arbitraria y que parece arbitrario el orden en ella de los planetas. Hay una cronología mística cuyo misterio empezamos a descubrir. La semana no es arbitraria. El primer planeta de la serie, en sentido directo, es Saturno, en sentido retrógrado es Venus.*

* Véase el cuadro de Tritheme. Capítulo 15.

La base científica del orden de los planetas y del primero de ellos en ese orden, la hemos encontrado en los números atómicos de los metales que corresponden a los genios planetarios.

La serie de los números atómicos es como sigue:

Signos	Arcángeles	Astros	Dioses	Metales	Números	atómicos
♄	☿	☉	♃	☽	♀	♂
Orifiel	Rafael	Miguel	Zachariel	Gabriel	Anael	Samael
Saturno	Mercurio	Sol	Júpiter	Luna	Venus	Marte
SATURNO	MERCURIO	APOLO	JÚPITER	DIANA	VENUS	MARTE
Plomo	Mercurio	Oro	Estaño	Plata	Cobre	Hierro
82	80	79	50	47	29	26
1	2	3	4	5	6	7

Aplicada esta serie a los metales, es directa empezando por Saturno y retrógrada empezando por Marte.

Si tomamos de esta serie un elemento de cada dos, tendremos la sucesión de los días de la semana:

DIOSES Y DÍAS DE LA SEMANA

SATURNO	APOLO	DIANA	MARTE	MERCURIO	JÚPITER	VENUS
Sábado	Domingo	Lunes	Martes	Miércoles	Jueves	Viernes
1	3	5	7	2	4	6

Aplicando esta serie al tiempo humano es directa empezando por Saturno y retrógrada empezando por Venus.

Si tomamos un elemento, en la primera serie, de cada tres, tendremos la sucesión horaria:

DIOSES Y SUCESIÓN HORARIA

SATURNO	JÚPITER	MARTE	APOLO	VENUS	MERCURIO	DIANA
Hora 1	Hora 121	Hora 73	Hora 25	Hora 145	Hora 97	Hora 49
1	4	7	3	6	2	5

Creemos que queda suficientemente demostrado que se trata de un sistema que rige todas las divisiones del tiempo y toda la cronología tradicional que estudiamos. Esta prueba nos permite dar un paso más y considerar las siete causas segundas de Tritheme, los siete Arcángeles, los siete Dioses o los siete genios mágicos de las antiguas leyendas, como siete aspectos de una realidad superior que rige la vida del hombre y del planeta que habita, y que divide su tiempo —y probablemente su espacio y su causalidad— en una relación profunda, difícil de concebir, con las tres fuerzas, manifestación de las personas de la Santísima Trinidad.

El peso atómico es hoy la suma de protones y neutrones en el núcleo del átomo. El número atómico es solamente el número de protones de ese núcleo.

La técnica nuclear se inicia con el descubrimiento de la fisión del uranio por Otto Hahn y Fritz Strassmann, en Berlín, en 1938. Se trata de problemas de nuestro actual momento histórico que han producido ya cambios fundamentales de toda clase, desde la concepción del universo hasta las situaciones concretas de la política internacional. Hace un siglo se hacían los primeros intentos para elaborar tablas de pesos atómicos calculados de acuerdo con distintas concepciones del "átomo", indivisible según su nombre, aunque ya dividido en la mente de los filósofos y los químicos; pero aún no se podía hablar de protones.

Hoy se puede hablar hasta del tamaño de los átomos. Un tamaño aproximado que va de mayor a menor en el mismo orden de los números atómicos: cada uno mayor que el que le sigue. El orden de proporción de los átomos de los siete metales que nos interesan es el mismo que el orden de los números atómicos de esos metales.

PLOMO	MERCURIO	ORO	ESTAÑO	PLATA	COBRE	HIERRO
82	80	79	50	47	29	26

Es decir, la misma serie de los números atómicos que conocemos y de la cual se deriva la de los días de la semana empleada hace muchos siglos por egipcios, indios y chinos, y heredada por ellos de una humanidad desaparecida. Se deriva también la tercera serie: la sucesión horaria.

Estas tres series dan nacimiento a otras tres en sentido inverso. Cada una de las seis series tiene relación con una ciencia.

La primera serie, la de los números atómicos, tiene relación con la alquimia: empieza en Saturno, el plomo, el color negro y la putrefacción; y termina en Marte, el Dios de la Guerra y de la Victoria, y el color rojo, último de la Gran Obra. Entre el negro y el rojo han pasado los cinco colores: violeta, azul, verde, amarillo y anaranjado.

La segunda serie, la que se refiere a los días de la semana, tiene relación con la vida del hombre y de los tres reinos sobre la Tierra y, en sentido retrógrado, con la cronología del universo.

Fludd, en Astrología, emplea la sucesión horaria, la tercera serie.

No se puede negar que estas series unen la Mitología con la química. La antigua ciencia consideraba los dioses, los semidioses y los héroes representados en el mundo físico por los cuerpos químicos. Ya hemos dicho en otra ocasión que nos apoyábamos en Basilio Valentín para hacer esta afirmación y hemos citado al escritor peruano, Pedro Astete, que dedicó algunos años al estudio de las correspondencias entre la Mitología y la Química.[2]

Terminamos este capítulo haciendo una vez más las mismas preguntas que hemos planteado ante las montañas talladas y las esculturas hechas en la roca natural, que hemos fotografiado en el Perú, Brasil y México, en Francia, Inglaterra, Egipto y Rumania. ¿cuál ha sido esa cultura protohistórica que conocía el número atómico de los metales y todos nuestros cuerpos químicos, y que ordenó su cronología y su tiempo en relación con nociones científicas? ¿Por qué respetamos hasta hoy, en toda la Tierra, los siete días de la semana, ordenados según los números atómicos de los siete metales que representan a los dioses o arcángeles que presiden nuestros días? Y ¿por qué no reconocemos públicamente que he-

[2] De la obra de Pedro Astete (1871-1940), publicamos en México el único libro que dejó terminado: *Los Signos*, Editorial Sol, 1953. Toda su obra fue copiada por Enrique Astete y quedaron ejemplares en poder de la familia. Sus datos sobre la relación entre la mitología y la química son sumamente interesantes, pero requieren la intervención de un erudito en química que pueda llevar adelante la síntesis y la ordenación necesarias.

mos heredado una pequeña parte de una ciencia que no comprendemos todavía, de esos pobres "primitivos" que nuestros sabios compadecen porque no conocían la escritura?

Cuadro de los siete metales de sus números atómicos y de las seis series, tres directas y tres retrógradas, que se derivan de ellos

	Plomo	*Mercurio*	*Oro*	*Estaño*	*Plata*	*Cobre*	*Hierro*
Números atómicos	82	80	79	50	47	29	26
Números atómicos	♄	☿	☉	♃	☽	♀	♂
Retrógrada	♂	♀	☽	♃	☉	☿	♄
Días de la semana	♄	☉	☽	♂	☿	♃	♀
Retrógrada	♀	♃	☿	♂	☽	☉	♄
Sucesión horaria	♄	♃	♂	☉	♀	☿	☽
Retrógrada	☽	☿	♀	☉	♂	♃	♄

18

El eneagrama de los tiempos

La cronología tradicional o cronología mística, con sus periodos eclípticos y sus catástrofes periódicas, ha sido la ciencia más respetada por las humanidades que nos han precedido sobre la Tierra. No fue nunca explicada fuera de las antiguas escuelas, porque debe pertenecer siempre a una élite de la raza que domina en los últimos siglos de cada humanidad: la que posee mayores conocimientos y mayores medios para la salvación y la supervivencia de grupos humanos, a través de un cataclismo y después de él.

Ni Tritheme ni Nostradamus pudieron hacerla pública sin condenarse y condenar sus obras. Aún hoy, en el siglo XX, los hombres de ciencia siguen formando círculos cerrados que defienden los límites que han asignado a cada especialidad. Es muy difícil que se inicie sin ninguna ayuda una investigación fuera de esos límites. Es más difícil que esa investigación se mantenga durante cincuenta años contra la indiferencia y la ignorancia.

Consignamos en este libro los datos más importantes de esa cronología milenaria. Los hemos encontrado ocultos en los escritos de los profetas y en las cronologías de los egipcios, de los hebreos, de los caldeos y de los indostanos. Se acercan los años en que esa cronología será necesaria para la humanidad. Es la única que fija los grandes periodos astronómicos en relación con las humanidades de nuestro planeta, y es la única que señala, en perfecto acuerdo con las profecías, la fecha de la próxima catástrofe. Esa fecha está todavía alejada de nosotros por más de siglo y medio. Exponemos lo que hemos descubierto, indicando el camino a quienes deseen seguir nuestra investigación.

Por primera vez se ha dado al público una antigua figura secreta, que hemos titulado "el eneagrama de los tiempos".[1] Su relación con la obra de Nostradamus y con la cronología mística es tan grande que nos vemos obligados a repetirla en este libro.

Este eneagrama expresa el desarrollo sobre el círculo de nuestra quinta EDAD, desde el diluvio de Noé hasta la próxima catástrofe. Contada en sectores de la curva abierta de la eclíptica, recorre nueve mil sectores en veinticinco vueltas sobre el círculo de 360 grados. Contada en sectores del círculo que representa a la eclíptica, recorre solamente veinticuatro veces el círculo, es decir, 8640 sectores. Si medimos su camino en años solares recorrerá 8 608 años.

Ya hemos establecido el valor de cada año en la eclíptica[2] en relación con el año solar:

Un sector de la eclíptica vale en años solares: 1.0037.

[1] Daniel Ruzo, *op. cit.*

[2] Véase el capítulo 14 de esta cronología

Un año solar vale en sectores de la eclíptica: 0.9962.

De acuerdo con estos valores, el sol recorre un signo zodiacal, o sea la doceava parte de la eclíptica, en 2152 años, término medio adoptado por los hebreos en la Biblia y por los egipcios en la Gran Pirámide.

Nostradamus se ve obligado a ocultar sus datos cronológicos y a hacer una exposición que no contradiga la cronología de los padres de la iglesia. A pesar de eso nos habla de siete mil y de ocho mil años sin declarar si principian en la creación del mundo o en el diluvio. Deja entender mil años más, que pueden ser los mil años de felicidad del milenarismo.

Cuando se ocupa del término de su profecía nos dice, en las ediciones de Lyon, que se extienden hasta el año de nuestra era 3797, y en las ediciones e Avignon, 3767.

Veamos cuánto valen en años solares los periodos de 9000 y 8000 años indicados en las figuras 1 y 2.

9000 años de la eclíptica multiplicados por 0.9962 = 8965.8
8000 años de la eclíptica multiplicados por 0.9962 = 7 969.6

En años completos = 8 966 y 7 970.

Si de los 9000 años de la eclíptica, reducidos a 8966 años solares, que considera Nostradamus el fin de los tiempos, restamos los 5199 años que acredita Eusebio, según la versión latina de san Jerónimo seguida por la iglesia occidental para el periodo de la creación a Jesucristo, tenemos:

8966-5199 = 3767 años, o sea el fin de la profecía según las ediciones de Avignon (véase figura 1)

Si de los 8000 años de la eclíptica, reducidos a 7790 años solares, que considera también Nostradamus el fin de los tiempos, restamos los 4173 años que él mismo nos indica para el periodo de la creación a Jesucristo, tenemos:

7970-4173 = 3797 años, o sea el fin de la profecía según las ediciones de Lyon (véase figura 2)

No solamente queda demostrada la relación de la cronología mística de Nostradamus y su dodecágono con el eneagrama de los tiempos, sino especialmente el plazo verdadero de su profecía, que debe concluir con el fin de los tiempos, es decir, aproximadamente con el año 2137, fin de nuestra quinta edad. Ese mismo año, el 2137 de nuestra era, será también el "año" 2250 del periodo zodiacal de Piscis, contado sobre la curva abierta de la eclíptica, o el año 2160, si lo contamos sobre el círculo cerrado que la representa. Si nuestra era comienza a contarse desde el principio del recorrido del Sol por el sector zodiacal de Piscis, que ocurrió aproximadamente 15 años antes del que se ha fijado cronológicamente al nacimiento de Jesucristo, 2137 será el año solar 2152 de Piscis. Los años 3797 y 3767 son números que simbolizan el fin de los tiempos: no son el fin de la profecía.

El dodecágono cronológico del capítulo 16 sitúa las fechas históricas en años solares, alrededor del círculo de 360 grados, dividido en 12 sectores. Como es una figura doble y hay diez años de distancia entre ambas series de números, cada grado está señalado por dos fechas, fijando una aproximación de diez años para el acontecimiento, lapso insignificante, dada la extensión de la cronología. Cada círculo recorrido en sentido directo, porque se trata de la historia humana sobre nuestro planeta, encierra un periodo de 360 años solares y, seguido por otro, señalará ese paso, de manera que cada acontecimiento histórico estará fechado por el grado y por el círculo que le corresponden.

El eneagrama de los tiempos se refiere solamente a una edad y la expresa en un círculo de 360 grados recorridos 25 veces en sentido retrógrado, porque se trata de la historia cósmica de una de las tres humanidades que nacen, viven y mueren en cada vuelta eclíptica. Esas 25 vueltas totalizan 9000 grados o sectores, tercera parte de la eclíptica espiral que se inscriben en el círculo del eneagrama. Los 9000 sectores de la curva abierta son 8640 sectores de la proyección circular de la eclíptica. La relación entre los dos sectores diferentes es: un sector de la eclipse vale 1 041. 666 de un sector de la proyección circular de la eclíptica y éste vale 0.96 de un sector de la elipse.

Los años solares, valor de estos últimos periodos, se encuentran con facilidad por un simple cálculo. Esta figura permite que una edad sea representada por tres números y, de la misma manera, cada uno de los cuatro periodos zodiacales que la forman y cada uno de sus nueve milenios. Cada momento histórico podrá también representarse por tres números, uno de los cuales es un grado del círculo. Como una edad puede comenzar en un punto cualquiera de ese círculo, el primer grado de

FIGURA 1
El eneagrama cósmico de los tiempos
La figura de los 9000 años en el círculo de 360°

Movimiento Retrógrado. Representación gráfica de una edad o Milenario en relación con el Cosmos.

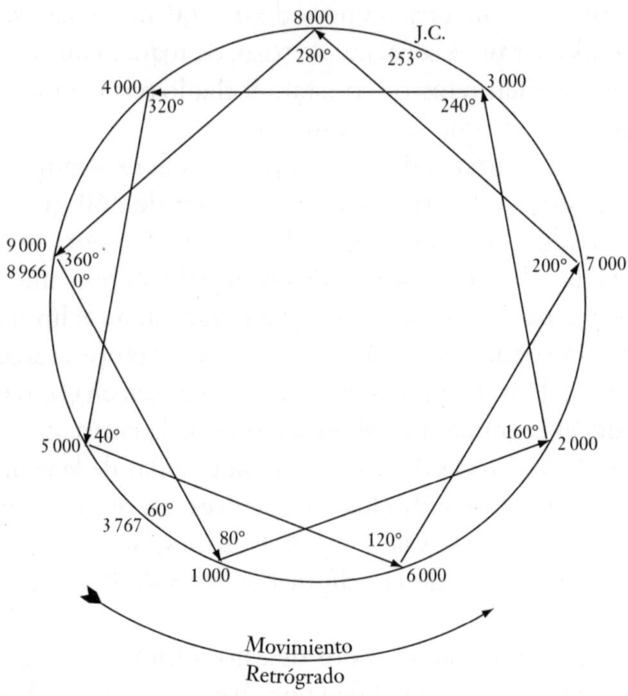

Los 9000 años de esta figura, considerados también como "años de la eclíptica", tienen un valor en años solares de 8966. Se trata, simbólicamente, de 8966 años "después del principio". El fin de este lapso debe considerarse también "el fin de los tiempos". Si restamos de estos años 5199, que según Eusebio, en la versión latina de san Jerónimo seguida por la tradición de la iglesia Occidental, transcurren de la Creación a Jesucristo, tendremos 3767 años. Éste es el año de la era cristiana en que termina la profecía de Nostradamus, según las ediciones de Avignon. (8966-5 189 = 3767). Estos datos cronológicos prueban suficientemente que la profecía de Nostradamus es apocalíptica y termina con el fin de los postreros días.

FIGURA 2
El eneagrama histórico de los tiempos
La figura de los 8000 años sobre el círculo de 360°

Movimiento Directo. Representación gráfica de una edad o Milenario en relación con la historia de la humanidad. Del Cataclismo de Noé a la Catástrofe de 2137.

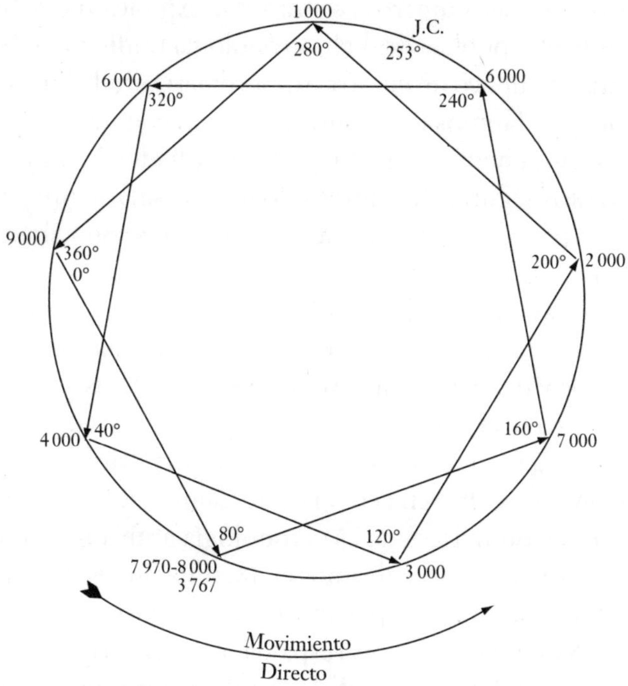

Los 8000 años de esta figura, considerados también como "años de la eclíptica", tienen un valor en años solares de 7970. Se trata, simbólicamente, de 7970 años "después del principio". El fin de este lapso constituye "el fin de los tiempos". Si restamos los 4173 años que transcurren de la Creación a Jesucristo, según las cronologías arbitrarias de Nostradamus, tendremos: 3797 (7970-4173 = 3797), es decir, el año hasta el que se extiende la profecía nostradámica según las ediciones de Lyon. Estos datos cronológicos prueban suficientemente que la profecía de Nostradamus es apocalíptica y termina con el fin de los postreros días.

su recorrido es por sí solo una clave que ha podido ser diferente para cada escuela. Los datos de la cronología tradicional han estado siempre muy bien guardados. La prueba es ésta: en cuatro siglos nadie los ha encontrado en la obra de Nostradamus y respecto a la cronología bíblica han pasado treinta y cinco siglos sin que se encuentre en sus números arbitrarios la exposición que hemos hecho pública de dicha cronología tradicional. No se trata tampoco de nuestra extraordinaria erudición cronológica. Hemos trabajado en esto muchos años, pero sólo ahora hemos llegado a estos resultados increíbles. Estamos seguros de que ha sido posible solamente porque es para estos últimos días que todos esos conocimientos han sido ocultados. Organizando notas y tarjetas para estas publicaciones, encontramos hoy páginas interesantes que pudieron salir al público hace más de veinte años y que solamente ahora serán impresas.

Una breve exposición de la cronología tradicional, estudiada en nuestra obra ya citada, permitirá al lector encontrar, ocultas en la obra nostradámica, las bases simbólicas y numéricas de esa cronología anterior al diluvio, cuya huella descubrimos en las tradiciones de todos los pueblos antiguos posteriores al cataclismo.

Ninguna tradición respalda a los cronógrafos de Occidente. Los números de la Biblia son muy importantes pero no pueden ser tomados a la letra para establecer una cronología. La creación hebrea se realiza en siete días, es decir, en 168 horas como la creación caldea se realiza en un millón seiscientos ochenta mil años. Se trata del número 168 y de su verdadera importancia, pero no de un plazo de años solares.

La expresión del milenario como sucesión de 9 periodos de 1 000 "años" sobre el círculo del tiempo

Sectores de la curva abierta	*Años solares*	*Años completos*
1 000	996.21	997
2 000	1 992.42	1 993
3 000	2 988.63	2 989
4 000	3 984.84	3 985
5 000	4 981.05	4 981
6 000	5 977.26	5 978
7 000	6 973.47	6 974
8 000	7 969.68	7 970
9 000	8 965.89	8 966

Para exponer su cronología mística bajo la autoridad de los padres de la iglesia tenía Nostradamus que situarse dentro del pensamiento milenario. Solamente así podía hablar de 8000 años y de mil años más, los años de felicidad a que ya nos hemos referido. Así afirmaba dos plazos de 8000 y 9000 años. Ambos números significan el fin de los tiempos. Dejaba la puerta abierta, como san Agustín, a una más larga existencia física en el tiempo, puesto que dice: "Las imágenes celestes volverán a moverse".

Ahora bien, si todo termina para Nostradamus el año 8000 y si él nos dice que profetiza hasta el año 3797 después de Cristo, según las ediciones de Lyon, quiere decir que ambos números expresan el principio y el final del periodo profético en el tiempo. Vamos a rectificarlo dos veces en el eneagrama (véase figura 2).

Si retrocedemos 3797 años en el círculo del tiempo partiendo de los 801 en que hemos colocado el fin del octavo milenario, retrocederemos diez revoluciones completas y ciento noventa y siete grados más y quedará situado el principio de la era cristiana en el grado 243. Si desde este grado 243 avanzamos en el círculo 1557 años o grados, principio de la profecía según las ediciones de Lyon, daremos cuatro revoluciones completas y nos sobrarán 117 grados que añadidos a los 243 nos llevan al final del grado 360, o sea al principio del círculo.

Quiere decir que el 14 de marzo de 1557, primer minuto del día 15, es el punto cero en que empieza la cronología profética de Nostradamus, que terminará 2240 años más tarde en el grado 80, fin de los tiempos, después de seis revoluciones y 80 grados más, de acuerdo con el eneagrama. (1557 + 2240 = 3797).

Igualmente, si todo termina para Nostradamus en el año 9000, y si él nos dice que profetiza hasta el año 3767 después de Cristo, según las ediciones de Avignon, quiere decir una vez más que ambos números expresan el principio y el final del periodo profético en el tiempo. Vamos a certificarlo en el eneagrama (véase figura 1).

Si retrocedemos 3767 años en el círculo del tiempo partiendo de los 60° en que Nostradamus ha colocado el fin de su profecía, según las ediciones de Avignon, en el dodecágono cronológico, retrocederemos diez revoluciones completas y 167 grados más y quedará situado el principio de la era cristiana en el grado 253. Si desde este grado 253 avanzamos en el círculo 1547 años o grados, principio de la profecía según las ediciones de Avignon, en el dodecágono cronológico, retrocederemos diez revoluciones completas y 167 grados más y quedará situado el principio de la era cristiana en el grado 253. Si desde este grado 253 avanzamos en el círculo 1547 años o grados, principio de la profecía según las ediciones de Avignon, daremos cuatro revoluciones completas y nos sobrarán 107 grados, que añadidos a los 253 nos llevan al final del grado 360, o sea al principio del círculo, el punto exacto o grado 0 en que hemos situado el fin de los 9000 años o fin de los tiempos.

Quiere decir que el 14 de marzo de 1547, primer minuto del día 15, es también el punto 0 en que empieza la cronología profética de Nostradamus que terminará 2220 años más tarde en el grado 60, después de seis revoluciones y 60 grado más de acuerdo con el dodecágono. (1547 + 2240 = 3767). Todos los números son simbólicos: la profecía de Nostradamus comienza entre 1547 y 1557 y termia con la quinta edad entre 2127 y 2137 durante un periodo de 580 años.

Nota a las figuras 1 y 2 del eneagrama de los tiempos de "los últimos días del Apocalipsis"

El eneagrama de los tiempos es una doble expresión gráfica de una edad o milenario, tercera parte de la eclíptica abierta de 27000 "años" o sectores, formada por sus cuatro periodos zodiacales que ocupan 2250 sectores cada uno. Si recorremos el círculo en sentido retrógrado o directo con estos cuatro periodos terminarán en los grados 90, 180, 270 y 360 del círculo, proyectando sobre él, con las líneas que unen esos puntos, una cruz.

Podemos estar seguros que este eneagrama ha sido utilizado por Nostradamus quien, como hemos visto, se refiere en su obra a ocho milenios y a mil años más. Esta figura le ha permitido referirse al milenario, o sucesión de milenios, como un periodo de nueve mil años.

Se puede considerar el eneagrama de los tiempos" según el movimiento retrógrado o directo de sus nueve milenios sobre los 360 grados del círculo. El eneagrama retrógrado expresará la relación de una edad o milenario con el Cosmos. El eneagrama directo expresará su relación, dentro de nuestro planeta, con la historia de la humanidad.

El eneagrama retrógrado se inscribe empezando en el cero, o sea en el centro del lado izquierdo del círculo y partiendo hacia arriba en nueve revoluciones consecutivas de mil años, grados o periodos, cada una, en el sentido en que giran las manecillas de un reloj. Empezando el primer millar de años después de dos revoluciones se han avanzado 720 años dando dos vueltas completas. Quedan 280 años que nos llevan al grado 80 donde termina el primer milenio. Empezamos en ese grado el segundo milenio y después de dos vueltas y 280 grados más de recorrido llegamos al grado 160 donde termina el segundo milenio. Procediendo igualmente fijamos el tercer milenio en el grado 240, el cuarto en el grado 320, el quinto en el grado 40, el sexto en el grado 120, el séptimo en el grado 200, el octavo en el grado 280 y el noveno en el punto de partida, que podemos titular el cero del círculo (véase figura 1).

El eneagrama directo empezará igualmente en el cero. Partiendo hacia abajo desarrolla sus nueve revoluciones en sentido contrario a las manecillas de un reloj. Colocando el primer millar de años, después de dos revoluciones se han avanzado 720 años dando dos vueltas completas. Quedan 280 años que nos llevan hasta el grado 280 donde termina el primer milenio. Empezamos en ese grado el segundo milenio y después de dos vueltas y 280 grados más de recorrido llegamos al grado 200 donde termina el segundo milenio. Procediendo igualmente, fijamos el tercer milenio en el grado 120, el cuarto en el grado 40, el quinto en el grado 320, el sexto en el grado 240, el séptimo en el grado 160, el octavo en el grado 80 y el noveno en el punto de partida que titulamos cero del círculo (véase figura 2).

Tercera parte

Criptografía

IX-8 — *"Escrit trouvé."*
"Escrito encontrado."

Juillet, 1567. — *"Thresor trouvé en plastres et cuisine."*
"Tesoro encontrado en lugares planos y cocina."

19

Criptografía

Dos hombres excepcionales, Poe y Newton, dieron gran importancia a la criptografía. No fueron los primeros que soñaron en una clave que no pudiera ser descifrada. Tritheme en el siglo XV (1462-1516) y Juan Bautista de la Porta en el siglo XVI (1540-1615), el primero en su *Polygraphie et Universelle escriture Cabalistique* y el segundo, en *De furtivus literarium Notis* lo habían intentado. Los estudios criptográficos han progresado en este siglo y los criptógrafos contemporáneos han llegado a la conclusión de que toda clave establecida para ocultar textos puede ser descifrada. Pero es absolutamente seguro que dos profetas, Nostradamus y Tritheme, nos han dejado mensajes de la mayor importancia que no han sido descifrados todavía.

Nostradamus tenía un mensaje secreto que debía llegar hasta estos años de terribles trastornos, hasta esta época llena de peligros, estos últimos días apocalípticos, cuyos 180 años han comenzado a contarse en 1957. Sabía que solamente podía confiar ese mensaje a una criptografía excepcional: aquí la exponemos demostrando que nos desafía aún, después de cuatro siglos.

Nuestros estudios nos permiten asegurar que Nostradamus era un sabio y que exageró su papel de charlatán para preservar su vida y su obra. Los datos astronómicos y cronológicos que ha ocultado en sus escritos acreditan que estaba muy por encima de la ciencia de su siglo. Su obra lo evidencia como el más grande filólogo de su tiempo. Sus profecías se realizan. Su visión del futuro le ha permitido escribir la historia de Europa con una anticipación de siglos y fijar para la humanidad el año 2137 de nuestra era como el centro de un cambio fundamental astronómico: el paso del Sol en su marcha eclíptica del sector de Piscis al sector de Acuario. Como consecuencia, ese año 2137 será también el centro de grandes peligros y de profundos cambios para la humanidad.

La catástrofe apocalíptica que profetiza san Juan para esa época y el fin del Kali Yuga señalado por los indostanos para ese mismo momento astronómico, dan a la obra del profeta provenzal un profundo sentido humano y una importancia excepcional: nada más urgente que la salvación a principios del siglo XXII de uno o varios grupos humanos. En ellos la sangre de la humanidad pasará de una edad a otra llevando en sí todas las experiencias de los cuatro reinos de nuestro planeta: mineral, vegetal, animal y humano. Sin esa salvación, toda la experiencia de milenios quedaría perdida para el mundo físico al desaparecer el vehículo que la guarda: la sangre del hombre.[1]

[1] Los científicos creen que conocen la sangre del hombre porque han analizado sus componentes químicos. Han llegado a saber que hay tipos de sangre y que un ser humano rechaza en su organismo la sangre

Según san Pablo, la sangre es espíritu: une, pues, la tierra y el cielo y debe acompañar al hombre animal, ánima viviente, en su tránsito por el mundo físico, hasta que la suma de todo el dolor y de todo el anhelo humano, guardado en ella, le permita dar nacimiento al superhombre, al héroe, al espíritu vivificante en el que la humanidad se "salvará" espiritualmente. Se debe considerar separadamente la salvación física de la humanidad y la salvación espiritual del héroe.

Nostradamus no solamente habla de la catástrofe cósmica y señala la fecha fatídica: también nos deja entender que profetiza hasta una fecha posterior a ella, porque dice después: "Las imágenes celestes volverán a moverse". No es de extrañar que no pudiendo ser más explícito al respecto y consciente de la necesidad de que su profecía apocalíptica llegara hasta la época señalada y cumpliera su destino humano, haya buscado en una criptografía genial el vehículo de ese mensaje "In soluta oratione", al que se refiere textualmente y cuya prematura exposición en el siglo XVI lo hubiera puesto en peligro.

---

de un tipo diferente. No saben por qué se produce ese rechazo que llega a causar la muerte. Más aún, no saben por qué, algunas veces, el organismo rechaza la sangre aunque sea del mismo tipo que la suya, y no pueden explicar la muerte de un paciente por ese rechazo de la sangre que le inyectaron, el que se produce después, cuando todo parecía ir perfectamente.

Hay bancos de sangre en todo el mundo, pero a ningún científico se le ha ocurrido estudiar, como a los chinos, los "humores" de la sangre que no pueden descubrirse en el análisis químico. Es muy posible que esos humores pueden considerarse como positivos y negativos, y que formen con la sangre una trinidad que refleje las tres causas primeras de la Trinidad de Dios.

Hemos descubierto algunas claves en la obra nostradámica y hemos llegado a una conclusión: para proteger su mensaje más importante y para que solamente pueda ser descifrado cuando llegue el momento oportuno, es decir, cuando la humanidad se dé cuenta de la pavorosa catástrofe que se avecina, su clave debe ser no solamente de muy difícil descriptación, sino que debe haber en ella elementos psicológicos y simbólicos que vinculen esa descriptación a determinada calidad de individuos: un elemento más para defender su criptografía extraordinaria.

Los criptógrafos no toman en consideración el factor humano. Si los números que representan las cuartetas quedan ordenados por las claves de acuerdo con el movimiento de determinadas figuras inscritas en el círculo de 360°; si todo esto está en relación con la máquina celeste y con los símbolos eternos de la humanidad, podemos suponer la existencia de una criptografía cuyo secreto solamente podrá ser develado bajo condiciones excepcionales. Sólo así ha podido Nostradamus dedicar su profecía a un determinado individuo al que vio en sus visiones proféticas como seguramente vio a Luis XVI y a Napoleón.

Corroborando lo que decimos, todas las publicaciones hechas en vida de Nostradamus están fechadas con evidente minuciosidad y se expresa en ellas con rara exactitud filológica. Tenemos el día, mes y año de las dos cartas-prefacio para los dos libros en que se dividen las diez Centurias y de cada dedicatoria y cada *faciebat* en todos los almanaques y pronosticaciones que han llegado hasta nosotros. Los cambios en las fechas y en los datos importantes del texto cuando son publicados en las ediciones de Lyon o de Avignon son hechos con toda intención y deben ser tomados en cuenta. La preocupación de Nostradamus por el dato exacto lleva a la convicción de que todo en su obra es parte de un plan, meditado profundamente para encerrar su mensaje, construyendo para esa finalidad el secreto criptográfico más perfecto que el hombre ha podido concebir.

Nuestro trabajo cronográfico, bibliográfico y criptográfico no pretende realizar esa labor de develación total de la profecía nostradámica. Nos bastará presentarla, como nos lo hemos propuesto desde 1927 y como lo haremos en fecha próxima, en edición facsimilar, anotada, con todas las variantes bibliográficamente aceptables, libre de interpolaciones. Demostramos en este libro la falsedad de esas interpolaciones y la existencia de las claves y de los temas criptográficos.

Se trata de una criptografía en la que hay que empezar limitando y reordenando el texto. Debemos descubrir los elementos necesarios para la construcción y utilización de las diferentes claves. Todo esto no solamente en su obra profética, sino fuera de ella, en su testamento y en sus dedicatorias. Muchos años después de tener en nuestra biblioteca copia del testamento del profeta vino a nosotros la idea de que las cifras de ese documento eran números necesarios para dos claves criptográficas.

Presentamos hoy terminados nuestros trabajos bibliográficos y cronográficos sobre la obra profética de Nostradamus. Para la develación criptográfica presentamos las dos claves testamentarias, el dodecágono cronológico, las seis claves que ordenarán las cuartetas y una que probablemente permitirá su lectura. Damos además dieciocho temas criptográficos.

La creación por el profeta de toda esta complicadísima criptografía y la labor que ha sido necesaria para su parcial exhibición acreditan la importancia del mensaje oculto.

Basándonos en los resultados que ya hemos conseguido, y que seguiremos exponiendo en los próximos capítulos, presentaremos al lector tres hipótesis sobre la posibilidad de una criptografía especial, como la que Nostradamus tenía que descubrir para la finalidad que perseguía.

La primera hipótesis que nos planteamos hace algunos años ha quedado confirmada: la criptografía perfecta no debe ser una clave para ser usada muchas veces en diferentes mensajes, sino un conjunto de claves, cada una de las cuales se debe usar una sola vez para develar, unida a las otras claves, un solo mensaje.

La segunda hipótesis: en esa criptografía perfecta la prueba final, la descifración del texto, solamente puede realizarse por la utilización de todas las claves, sin que cada una de ellas pueda probarse aisladamente. Lo que probamos nosotros en cada caso es la existencia de cada una de las claves. Los datos exactos que nos da Nostradamus textualmente y que no tienen ninguna otra utilización acreditan la existencia de cada una de ellas y la limitación con la que deben ser empleadas.

Tercera hipótesis: quien pretenda develar la criptografía perfecta debe unirse a la obra que la encierra, a todos sus detalles y a su única finalidad. Unido en la obra con el autor y con el estado de espíritu y nivel de conciencia que la hicieron posible, cada clave se irá iluminando de sí misma; esto hará realidad una segunda creación del conjunto profético, realizada por un contemporáneo de la época próxima de la catástrofe quien, además, debe estar colocado en una situación que le permita utilizar el mensaje en provecho de la humanidad.

Estas tres hipótesis han sido consideradas por nosotros durante los últimos doce años. Hace más de veinticinco años que descubrimos parte de la clave de los pentágonos, pero solamente el descubrimiento de las claves numéricas del testamento del profeta y la clara visión de las condiciones que planteaba la profecía misma, condiciones que quedan expuestas en las tres hipótesis antedichas, han hecho posible la develación que hacemos hoy, en el año 1975 de la era cristiana.

No hemos descubierto el funcionamiento del mecanismo criptográfico y no podemos, por lo tanto, dar el texto del mensaje apocalíptico, pero el lector atento de este libro llegará a la convicción de que Nostradamus es un profeta; que todos sus datos para el descubrimiento de sus claves son absolutamente exactos; que establece en su testamento dos claves numéricas; que establece en la carta a su hijo César el valor en años solares del recorrido del Sol sobre la eclíptica y la ubicación en el tiempo histórico de sus doce periodos zodiacales; y que establece un dodecágono cronológico que permite colocar en el círculo cualquier fecha del pasado o del futuro partiendo de las dos fechas, 1547-1557, que ha dado como principio de su profecía. Esto último permite una tolerancia de diez años, lo cual, para una profecía de milenios, es una aproximación muy aceptable. Llegará también a la convicción de que el profeta basa su concepción del tiempo histórico en la verdadera cronología tradicional, anterior al Diluvio.

La figura secreta del eneagrama de los tiempos" fue dada por primera vez en nuestro libro *Los últimos días del Apocalipsis*. La repetimos hoy completando su exposición. Véase Cronología, capítulo 18.

René Guenon asignaba 6000 años de antigüedad al principio del periodo Kali Yuga. Su verdadera duración es de dos periodos zodiacales de 2152 años solares cada uno, o sea 4 304 años. Comenzó el Kali Yuga en 2167 anterior a nuestra era. Ha progresado durante los sectores de Aries y Piscis. Comenzó con Abraham y su salida de Haran en 2167 antes de Jesucristo, en el mismo momento en que comenzaron cuatro cronologías: la asiria de Nemrod, la itálica de Comerus, la celtíbera de Tubal y la egipcia de Oceanus o Misraim. Terminará con nuestra quinta edad en 2137 de la era cristiana. Estamos de acuerdo con Guenon en que "cuando termina el Kali Yuga la tradición (la revelación tradicional) se manifestará de nuevo". Será así para el primer periodo zodiacal de la sexta edad, los 2152 años solares de Acuario, que comenzarán en la misma fecha: +2137, es decir, a mediados del siglo XXII.[2]

[2] Nostradamus, en sus publicaciones del siglo XVI, fija el fin de Piscis para 2137. Nadie conocía en ese siglo los estudios de Piazzi Smith sobre el telescopio de piedra de la Gran Pirámide que fijan un punto en la eclíptica por donde pasó el Sol, exactamente, 4304 años antes de dicha fecha. El paso del Sol del sector de Tauro al sector de Aries en –2167 es el comienzo del Kali Yuga. Cuatro mil trescientos cuatro años son dos periodos zodiacales, Aries y Piscis, de 2152 años cada

¿Cuáles son las razones que nos obligan a presentar este trabajo inconcluso? La primera y muy importante es que no profetizamos. Nacimos en 1900 y no podemos saber cuándo nos tocará la muerte. Preferimos corregir las pruebas de este libro mejorando hasta donde podamos nuestro estudio criptográfico. La segunda razón es también personal: si en tantos años (1927-1975) no hemos podido terminar nuestro trabajo, es porque aún no estamos en el momento histórico en que la develación de la profecía apocalíptica del profeta provenzal debe llegar al conocimiento de todos los pueblos de nuestro planeta. Nuestra obligación es dar a la imprenta todos los resultados conseguidos. Pasarán quizá ochenta años y aquel que tenga escrita esa terrible obligación en su destino, encontrará por "casualidad" estas páginas y sabrá que para él, y para facilitar su labor y hacer posible su acción inmediata, hemos preparado sus caminos. Le entregamos terminada una labor bibliográfica muy ardua y hemos hecho para él este trabajo de descriptación incompleto, cuyos errores podrá corregir fácilmente cuando logre descifrar el texto de la profecía apocalíptica encerrada bajo la criptografía que estudiamos.

Hasta 1962, año de nuestra primera publicación sobre el testamento de Nostradamus, y hasta hoy, ya en 1975, nadie que sepamos ha encontrado ninguna de las múltiples claves del profeta. Todos los que han dicho ocuparse de criptografía nostradámica han comentado

uno, que integran dicho Kali Yuga. (En años de la era cristiana: -2167 + 2137 = 4304.)

las Centurias según su propia intuición, pero no solamente no han podido demostrar cómo trabajan con esas claves ocultas en la develación de la obra profética, sino, más aún, no han podido exponerlas detalladamente a sus lectores. Tenemos derecho a dudar de la existencia de claves descifradas.

Quien encuentra una clave tiene que exponerla antes de servirse de ella para después demostrar a sus lectores que está de acuerdo con la obra y con el pensamiento del autor a quien pretende traducir. Todos los que se han ocupado de la criptografía nostradámica han dejado en el misterio la clave misma y se han preocupado de hacer valer sus comentarios, llegando muchas veces a profetizar por cuenta de Nostradamus. En este camino nadie ha tenido éxito. Hay magníficos comentarios sobre las profecías que se han cumplido, pero nadie ha podido ver el futuro a través de la obra de Nostradamus.

Una ley que el hombre no puede burlar impide la acción humana en contra del destino. La profecía realizada demuestra la triste condición del hombre. Sólo el profeta puede ver el porvenir y está obligado a legar su mensaje en palabras humanas y dentro de los moldes del medio en que discurre su vida. La calidad de su "conocimiento" y las leyes del destino hacen imposible un mensaje periodístico de los acontecimientos futuros.

Con su tremenda oscuridad, las profecías de Nostradamus, que estudiamos desde 1927, son las mejores que se han escrito. Dentro de la correspondencia sección de nuestra biblioteca hay mil trescientas piezas que se relacionan con el autor, con su familia y con sus comentadores y detractores. Ninguna biblioteca del mundo reúne documentación igual, pues tenemos copia fotográfica de los ejemplares únicos de las bibliotecas públicas o privadas que los guardan.

Apartándonos de todos los caminos recorridos por los comentadores de la obra nostradámica, estamos exponiendo, hasta donde nos ha sido posible descubrirlas, las series de claves que ocultan la profecía, sin pretender explicar una sola de sus cuartetas que se refieren a acontecimientos del pasado, y menos aún, develar el porvenir en las que se ocupan de hechos históricos que no se han realizado todavía.

Titulamos apocalípticas las profecías de Nostradamus porque en conjunto constituyen una obra destinada a influir en la historia de nuestra humanidad, de acuerdo con su destino inexorable, durante los 180 años que transcurren desde 1957 hasta 2137. Profetizó realmente en muchas estrofas los acontecimientos más notables de la historia de Francia y de los países vecinos, pero con el fin de que la obra interesara a sucesivas generaciones, fuera descifrada durante el siglo próximo y llegara develada al siglo XXII. Para colaborar a esa finalidad estamos realizando nuestro trabajo.

En los capítulos 9 y 10 en la primera parte de este libro, hemos expuesto las dos claves numéricas del testamento que determinan las cuartetas que constituyen la obra profética y las dos primeras ordenaciones de ellas. Permiten por primera vez, después de cuatrocientos años, *la editio princeps* de dicha obra.

En el capítulo 16, en la segunda parte, hemos reunido las fechas dadas por Nostradamus para la construcción de un doble dodecágono cronológico que permitirá colocar en círculos sucesivos todos los años históricos a los que se concretan sus profecías. Como entre ambos dodecágonos hay una diferencia de diez años, este lapso determinará la aproximación a la que ya nos hemos referido.

En esta tercera parte daremos el resultado de nuestros trabajos sobre las siete claves y los primeros dieciocho temas de la criptografía nostradámica:

1. La clave de los CENTROS en los que giran los grupos de cuartetas.
2. Los temas criptográficos que reúnen 180 cuartetas.
3. La clave de las URNAS.
4. Los temas criptográficos del TESORO que reúnen 180 cuartetas.
5. La clave del BRONCE GRANDE que divide en 17 grupos los 140 Presagios de la segunda parte de la obra.
6. La clave del VERBO DIVINO que divide en 22 grupos las 642 cuartetas de la primera parte de la obra.
7. La clave de los DUCADOS que reúne estos 22 grupos con los 17 de la clave anterior.
8. La clave de los PLANETAS que divide en 28 grupos las 298 cuartetas de la tercera parte.
9. La clave de los PENTÁGONOS que permitirá la lectura de la obra profética y del mensaje secreto.

20

La clave de los centros

Sobre el texto de Nostradamus reordenado por las dos claves testamentarias, la criptografía que estudiamos establece los CENTROS en los que deben girar grupos de cuartetas hasta colocarse en una nueva ordenación.

Las palabras que permiten determinar esos CENTROS son muchas, pero su significado está siempre de acuerdo con la función que deben realizar:

CENTRE-MIDY-MINUIT-COEUR DU CIEL-MILLIEU-FOSSE-BEFROY-PUIT-GOULFRE-ARC-MOITIE-SOMMET-NOMBRIL-COEUR et autres. Centro, mediodía, medianoche, corazón del cielo, medio, fosa, atalaya, pozo, sima, arco, mitad, cúspide, ombligo, corazón y otras.

Las palabras que nos permitirán utilizar estos CENTROS, con las limitaciones que señala el profeta, son también muy variadas. Señalaremos algunas que permiten la división en grupos de cuartetas que giran en cada una de las tres partes de la obra acompañando las claves pertinentes. Damos en el capítulo 22 un ejemplo de la utilización de los CENTROS.

El empleo de las claves requiere el descubrimiento de los CENTROS que ya hemos indicado y de las palabras que permiten su utilización. Para esto son indispensables esas palabras que se repiten en el texto indicando el cambio que se produce en cada caso, ya sea en la cuarteta final que sufre ese cambio o lo termina, ya sea en la cuarteta, anterior al centro, en que comienza.

Esas palabras que nos guían pueden significar también el acto de "girar" cuando colocadas en uno de los extremos del grupo de cuartetas que se desplaza alrededor del centro, o la dirección que la cuarteta debe seguir, hacia arriba o hacia abajo. También pueden indicar si se trata de una cuarteta que debe girar dos veces, primero con un grupo de cuartetas y después con otro.

Hemos escogido como ejemplo en el capítulo 22 la explicación de la clave de la campana, o BRONCE GRANDE, porque en ese grupo de once cuartetas se emplea la misma cuarteta central para hacer girar las once en un sentido y las cinco centrales una segunda vez en sentido contrario, volviendo solas a su posición primitiva. Es así un buen ejemplo de utilización de la clave de los CENTROS.

Las palabras que señalan la utilización de esta clave vienen colocadas en uno de los extremos del grupo de cuartetas que debe girar. Basta una, porque siempre es igual el número de cuartetas anteriores y posteriores al CENTRO. Las palabras que autorizan y acompañan el desplazamiento del grupo de cuartetas son: *change*, *changer*, *changement*, *grand changement*, *fin*, *finir*, *tourne*, *tourner*, *tournera*, *haut*, *bas*, *retourne*, *ne retourne* y otras; cambio, cambiar, gran cambio, fin, terminar, gira, girar, girará, alto, bajo, regresa, no regresa y otras. Nostradamus se sirve también de otras expresiones para indicar los diferentes pasos de la descriptación.

Esta clave de los CENTROS es la más importante de todas porque se usa en todo el texto de la profecía. No podemos determinar todavía su reglamentación. Se trata en cada caso de encontrar la palabra que podemos tomar como CENTRO y, en las cuartetas que la preceden o la siguen, la palabra o palabras que autorizan a un número de cuartetas, diferente cada vez, a cambiar sus posiciones respectivas tomando la cuarteta central como pivote. Los grupos de cuartetas tienen que quedar situados, después de la utilización de esta clave, de acuerdo con una de las tres claves que rigen cada una, una parte de la obra profética:

- La del VERBO DIVINO que rige la primera parte.
- La del BRONCE GRANDE que rige la segunda parte o Presagios.
- La de los PLANETAS que determina las divisiones de la tercera parte.

La clave de los CENTROS debe llevar las cuartetas, señaladas por esas tres claves, a su exacta ubicación.

Si este trabajo se realiza de acuerdo con las múltiples indicaciones del autor, el resultado será perfecto e indiscutible. Todas las cuartetas quedarán ordenadas en puntos exactos alrededor de tres círculos.

Nuestra única finalidad en esta exposición criptográfica es la de dar al lector la seguridad de la existencia de cada una de las claves que hemos descubierto, preparando el camino para el proceso futuro de la descriptación.

21

Temas criptográficos

Los temas criptográficos están formados por grupos de cuartetas en las que se repite una palabra, o una frase o diferentes palabras que expresan una misma idea. Estudiando y completando la clave de las URNAS descubrimos en toda la obra estos temas. Son muy numerosos y no hemos descubierto todavía el proceso de su utilización. Cansaríamos al lector incluyéndolos todos en estos capítulos.

La primera cuarteta de la obra, el Presagio para el mes de enero de 1555, publicado en 1554, indica y autoriza un conjunto de estos temas.

El grueso bronce que las horas ordena,
Con la muerte del Tirano se quebrará:
Llantos, lamentos y gritos agua hielo no da pan.
V. S. C. paz el ejército pasará.

Tenemos primero el tema del Tirano muerto. Son doce cuartetas. Después aquel en que intervienen las palabras llantos, lamentos y gritos. En seguida los temas que incluyen las palabras agua, hielo, o hambre: o sea falta de pan. Por último, el tema del sepulcro y el de la paz del sepulcro. Como siempre, Nostradamus nos promete que después de emplear estos temas "el ejército pasará", es decir que desfilarán sus personajes, o el ejército de sus cuartetas o versos, en perfecto orden. Con respecto al tema del hambre nos da una orden y una autorización en la cuarteta IV-30, "Qu'apres faim, peste, descouvert le secret", "que después de hambre, peste, descubierto el secreto". Con esto une ambas palabras y las autoriza juntas o separadas. Respecto a glace, hielo, ya nos ha dicho en el Presagio de 1562: "Par le cristal l'entreprice rompue", "por el cristal la empresa —la descriptación— rendida, quebrada". Tenemos pues para este tema dos palabras: hielo y cristal, y ya veremos cuántas utiliza.

El tema del TIRANO

El primer verso de la primera cuarteta que publica Nostradamus en 1554 establece la existencia de un bronce o reloj que ordena las horas, es decir, el tiempo y la cronología. Podía titularlo "el bronce de Saturno". El segundo verso nos dice que ese reloj se romperá, dejará de funcionar, por la muerte del tirano. Debemos tener pues en cuenta las cuartetas que hablan de esa muerte que interrumpe el curso del tiempo, dividiendo así las cuartetas de la obra profética.

En los ciento treinta y nueve Presagios siguientes no se vuelve a citar a ese tirano. En cambio se le cita doce veces en las Centurias: I-75, I-94, II-9, II-16, II-36, II-42, IV-55, VI-76, VII-21, VIII-65, IX-5, X-90. Una vez más se cita a un duque que gobierna tiránicamente y que entrega a los suyos y se entrega él mismo en manos de los bárbaros (IX-80). Y tres veces a Nerón, hablando de tres gobernantes tiránicos que son asesinados (IX-17, IX-53, IX-76). En total, podemos contar diecisiete cuartetas que se refieren a un tirano. En doce de ellas muere el tirano. La última, pocas cuartetas antes del final de la décima Centuria, dice: "Cien veces morirá el tirano inhumano".

No se puede negar que se trata de un tema criptográfico que se inicia en los Presagios, para las Centurias. Otros, anunciados en las Centurias, incluyen Presagios.

Debemos recordar que este gran problema criptográfico de los temas se plantea en el primer Presagio de enero de 1555, encabezando una Pronosticación que incluye los primeros versos proféticos de Nostradamus, impresa en 1554 para 1555. Esto nos da la seguridad de que toda la obra profética con la fabulosa criptografía que encierra estaba ya terminada en esa fecha.

Las cuartetas que se refieren al tirano son las siguientes. Un asterisco señala las doce cuartetas que se refieren a un tirano muerto:

*	1555-1:	"Sur le trepas du Tyran cassera..." Por la muerte del tirano se romperá el bronce grande.
	I-75:	"Le tyran Scienne..." El tirano de Siena.
*	I-94:	"Le tyran mis a'mort..." El tirano asesinado.
*	II-9:	"Le maigre... sanguinaire... tué par un..." El tirano flaco... snaguinario... muerto por uno.
	II-16:	"Nouveaux tyrans..." Nuevos tiranos.

	II-36:	“Entre les mains du tyran…” Entre las manos del tirano.
*	II-42:	“Tyran trouvé mort” Tirano encontrado muerto.
*	IV-55:	“Tyran meurtri...” Tirano asesinado…
*	VI-76:	“Le tyran... le peuple a’mort viendra bouter.” El tirano... asesinado por el pueblo.
*	VII-21:	“Le tyran... mettre a’mort luy & son adherant.” El tirano... asesinado él y su acompañante.
	VIII-65:	“Tyran cruel...” Tirano cruel.
	IX-5:	“Tyran occupera...” Tirano ocupará...
*	IX-17:	“Neron...mort...” Nerón... muerto...
*	IX-53:	“Neron...mort...” Nerón... muerto...
*	I X-76:	“Neron... meurtry...” Nerón… asesinado…
*	IX-80:	“Le Duc… tyrannie… los barbares…” El duque… tiranía… los bárbaros asesinos...
*	X-90:	“Cento foys mourra le tyran inhumain...” Cien veces morirá el tirano inhumano.

Como veremos, se cita al Tirano, o a personajes que gobiernan tiránicamente, diecisiete veces. Los asteriscos nos permiten contar hasta doce muertos. El número doce puede ser el duque que gobierna tiránicamente, extermina sus mejores hombres y no se libra de los bárbaros. Aunque Nostradamus no lo dice suponemos que señala su muerte en la cuarteta IX-80.

Las doce cuartetas son las siguientes: 1555-1, I-94, II-9, II-42, IV-55, VI-76, VII-21, IX-17, IX-53, IX-76, IX-80, X-90.

El tema de los GRITOS

Llantos, lamentos y gritos son las palabras que señalan las treinta y seis cuartetas del tema de los GRITOS. Encontramos las palabras que se refieren al llanto: *pleurs*, *pleura*, *pleurer*, en quince cuartetas. Como una pertenece al tema FUEGO DEL CIELO, otra a COLUMNAS y otra a TIRANO, quedan doce para el tema de GRITOS. Seis de ellas llevan además la palabra "grito". Estas últimas son: IV-68, VI-81, IX-63, X-78, X-82, X-88. Las seis que no llevan la palabra GRITO son: II-45, VII-35, X-60, 1555-9, 155-94, 1561-12.

Lamentos, *plaintes*, señala nueve cuartetas. Una pertenece al tema del TIRANO, otra a HAMBRE y PESTE, otra a CRISTAL. Las seis restantes quedan para el tema de los GRITOS. Tres de ellas citan, además, la palabra GRITO. Estas últimas son: II-57, VI-81 y IX-13. Las tres que no llevan la palabra GRITO son: II-90, III-74 y IV-4. Como VI-81 y IX-63 están repetidas en llantos y lamentos tenemos dieciséis cuartetas para el tema en estudio.

Encontramos veintiocho cuartetas más señaladas con las palabras grito, grita, gritar, gritará, gritón. Ocho de ellas pertenecen a otros temas criptográficos: II-6, HAMBRE y PESTE, II-32, MONSTRUO; II-91, RUIDOS; IV-55, TIRANO; VIII-56, SEPULCRO; VIII-86, URNAS; 1555-1, TIRANO; 1558-12, MITRA.

Quedan veinte cuartetas que, con las dieciséis ya citadas, completan el tema de los GRITOS que reúne treinta y seis cuartetas: I-10, I-38, II-77, II-86, III-7, III-81, IV-57, IV-80, V-33, V-70, VI-22, VI-78, VII-7, VIII-9, VIII-84, IX-30, X-17, 1555-4, 1558-1, 1559-11. Tenemos así treinta y seis cuartetas señaladas por las palabras: llantos, lamentos y gritos. En orden correlativo son: I-10, I-38, II-32, II-45, II-57, II-77, II-86, II-90, III-74, III-81, IV-4, IV-57, IV-68, IV-80, V-33, V-70, VI-22, VI-78, VI-81, VII-7, VII-35, 1555-4, 1555-9, 1558-1, 1559-4, 1559-11, 1561-12, VIII-9, VIII-84, IX-30, IX-63, X-17, X-60, X-78, X-82, X-88.

El tema del AGUA

Treinta y nueve cuartetas traen en singular o plural la palabra AGUA. Muchas de estas cuartetas pertenecen a otros temas. Quedan 12: II-29, II-87, III-70, IV-58, IV-98, V-71, VI-94, 1564-1, VIII-57, VIII-98, X-10, X-49.

El tema del CRISTAL

Con la palabra *glace*, hielo, Nostradamus autoriza el tema del CRISTAL. Para mayor seguridad del criptógrafo insiste en la cuarteta Presagio de diciembre de 1562: "Par le CRISTAL l'entreprise rompue", "por el CRISTAL la empresa rendida"... La empresa es la descriptación de su texto secreto, escondido dentro de su obra profética. Hielo y Cristal admiten otras palabras para formar el tema que señala veinticuatro cuartetas: GLAS, con s o z, VERRE o VERRIER, GELEE, GRESLE, MIRANDE, MARES o MARETZ. Este tema utiliza todas las palabras que representan superficies brillantes como las del hielo y del cristal, del vidrio, la helada, el granizo, el espejo y la marisma.

Cuando utiliza la palabra CRISTAL incluye una vez al lado de ella la palabra GLACE; cuando usa ésta añade GRESLE; con esta última palabra usa GELEE y con CRISTAL usa una vez MARETZ, marisma. Una a una va autorizando las palabras del tema.

Las veinticuatro cuartetas del tema del CRISTAL han quedado señaladas por las palabra que acompañan en la relación que sigue, el número de cada cuarteta: 1555-12, CRISTAL; 1559-1, CRISTAL; 1562-12, CRISTAL; IX-48, CRISTAL; III-40, GLAZ; I-22, GLACE; 1557-2, GLACE; 1565-12, GLACE; 1566-6, GLACE, IX-10, VERRIER; II-1, GELEES; VIII-35, GELEES; X-66; GELEE; X-71; GELERONT; 1565-11, GELEE; I-46, MIRANDE; VIII-2, MIRANDE; I-19, MARES; VI-87, MARESCHZ; I-66, GRESLE; VIII-77, GRESLER; IX-69, GRANDGRESLE; 1558-6, GRESLE; 1563-6, GRESLE.

En orden correlativo son: I-19, I-22, I-46, I-66, II-1, III-40, VI-87, 1555-12, 1557-2, 1559-1, 1559-6, 1562-12, 1563-6, 1565-11, 1565-12, 1566-6, VIII-2, VIII-35, VIII-77, IX-10, IX-48, IX-69, X-66, X-71.

El tema de HAMBRE y PESTE

Nostradamus autoriza otro tema que consta de dos palabras: HAMBRE y PESTE y dos temas más, uno con cada una de esas dos palabras. Cuando vienen ambas en una misma cuarteta debemos tomarla como dato criptográfico del primer tema. Cuando vienen aisladas completan el segundo y el tercer tema. Dice la cuarteta IV-30: "Qu'apres faim, peste, descouvert le secret." "Que después de hambre, peste, descubierto el secreto." Esta aclaración completa el Presagio 1555-1 que dice: hielo no da pan.

La palabra FAIM, hambre, se encuentra 12 veces unidas a la palabra PESTE y una vez a PESTES; la palabra FAMINE, hambruna, tres veces unida a PESTE y una vez a PESTIFERE. Esto nos da un total de 17 cuartetas señaladas para el tema HAMBRE y PESTE. Hay dos cuartetas en que la palabra FAIM no está unida a la palabra PESTE, pero en una de ellas, V-63, se habla de diversas plagas y en la otra, II-64, se habla de hambre y de barcos que no pueden ser acogidos en puerto. No lo dice, pero se supone con fundamento que el motivo es la peste que llevan a bordo. Hemos llegado con las dificultades que siempre acumula Nostradamus, a 19 elementos del tema. Buscando entre las palabras que citan la PESTE, hemos encontrado que en la cuarteta IV-48, la causa de esa peste ha sido una extraordinaria invasión de langostas. Éstas produjeron seguramente el hambre antes que la peste. En la cuarteta VII-50 la palabra FAIM está unida a Pestilence y en el Presagio 1560-7 a las palabras FIEBRE ARDANTE que le permite no repetir la palabra PESTE.

Los dos últimos elementos de la serie son las cuartetas: 1564-11 que une falta de alimentos a PESTE, palabra que se repite; y 1565-8.

La lista de las 24 cuartetas de este tema criptográfico termina con esta cuarteta 1565-8 que no contiene las palabras FAIM ni PESTE.

El grano no será de ningún modo suficiente
La muerte se acerca nevando más que blanco
Esterilidad, grano podrido, agua en abundancia.
El gran herido, muchas muertes de flanco.

Muchas muertes de flanco acreditan una peste; Nostradamus dice también en otras ocasiones: "Au costé mourir", muertos de costado cuando se trata de muertos por la PESTE. En cuanto a los tres primeros versos son la más clara expresión de HAMBRE para una región de Francia en el siglo XVI.

Se cita por segunda vez al gran herido que en Presagio anterior persigue el cofre, la URNA.

La relación de las 24 cuartetas es como sigue: I-55, II-6, II-37, II-46, II-64, III-19, IV-30, IV-48, V-63, V-90, VI-5, VI-10, VII-6, 1560-1, 1560-7, 1560-8, 1563-4, 1563-10, 1564-11, 1565-6, 1565-7, 1565-8, VIII-17, VIII-50.

El tema del HAMBRE

Las palabras hambre y peste forman por separado dos temas cada uno de dieciocho cuartetas. La palabra HAMBRE se encuentra sola en quince de ellas, y la palabra FAMINE, hambruna, en dos: I-67 y IV-15. Faltaba una cuarteta y hemos completado el tema con la III-82, que habla de langostas y guerra que han producido inevitablemente el HAMBRE.

Las 18 cuartetas que forman este tema son las siguientes en su orden correlativo: I-67, I-69, I-70, II-60, II-62, II-71, II-82, III-10, III-42, III-71, III-82, IV-15, IV-79, IV-90, VII-34, 1555-2, 1565-10.

El tema de la PESTE

Se forma con las trece cuartetas que llevan esta palabra y con las cinco que la remplazan por PESTILENCE. Las 18 cuartetas que forman este tema son las siguientes en su orden correlativo: PESTE, I-52, II-53, II-56, III-75, V-40, VI-47-IX-11, IX-42, IX-91, 1558-5, 1563-1, 1564-5, 1565-4. PESTILENCE, VI-46, VIII-21, IX-55, 1565-1, 1566-1.

El tema de la PAZ

Nostradamus usa la palabra francesa PAIX, pero cambia diez veces la ortografía y escribe PACHE. Una vez usa la ortografía PAYE en la cuarteta VIII-7.

Señala con estas palabras 48 cuartetas. Tantas de ellas concurren a la formación de otros temas, que quedan para este tema solamente 29. Encontramos cuatro cuartetas más: IV-77, PACIFIQUE; VI-24, PACIFIERA; 1562.3, PACIFIÉ, y 1562-7, PACIFIÉ. Faltaban 3 cuartetas para un tema de 36. Buscamos la palabra TREGUA, TREFUE y TRESVE, pero dos estaban en cuartetas en que acompañaban la palabra PAIX y una en el Presagio 1555-3 que forma parte del tema de SATURNO. Quedamos solamente con una, la cuarteta IV-6. Durante mucho tiempo mantuvimos incompleto este tema que hemos completado con dos cuartetas que se refieren a la PAZ: I-100, *finirá la guerre*, y VII-12, *fin de la guerre*.

Las 36 cuartetas que forman este tema son las siguientes, en orden correlativo: PAIX: I-63, I-92, II-43, III-23, III-54, V-Y, VI-23, VI-38, VI-64, VI90, VII-18,

VIII-93, IX-51, IX-52, IX-66, IX-86, IX-88, X-42, 1555-5, 1560-2, 1562-1, 1563-2. PAYE: VIII-7. PACHE: IV-73, V-19, V-50, V-82, 1560-5, 1563-9. PACIFIÉ: 1562-3, 1562-7. PACIFIERA: VI-24. PACIFIQUE: IV-77. TREUVE, tregua: IV-6. FINIRÁ LA GUERRE: I-100. FIN DE LA GUERRE: VII-12.

Estos ocho temas autorizados por la primera de las cuartetas de la obra profética, Presagio de enero de 1555, reúnen y señalan ciento ochenta cuartetas. El tema del TIRANO, 12; LLANTOS, LAMENTOS y GRITOS, 36; AGUA, 12; GLACE y CRISTAL, 24; HAMBRE y PESTE, 24; HAMBRE, 18; PESTE, 18; PAZ, 36. Se trata de la sexta parte de la obra reunida de esta manera con finalidad criptográfica. (12+36+12+24+24+18+18+36=180.)

Ponemos fuera de este capítulo el tema del SEPULCRO, reservándolo para el capítulo 23 que reunirá los temas del TESORO. Esos temas unirán otras ciento ochenta cuartetas. Nostradamus parece autorizarnos en sus primeros versos que hemos estudiado en este capítulo: no ha señalado el SEPULCRO por su nombre como los otros temas. ha consignado las iniciales de las tres palabras latinas, usadas por los romanos sobre sus sarcófagos.

Damos a continuación, en cuadro, la lista de los ciento ochenta cuartetas indicando los temas con las letras subrayadas: *Tirano*, *Gritos*, *Agua*, *Cristal*, *Y*-Hambre y Peste, *Hambre*, Peste, *Z*-paz.

I-10[g]
I-19[c]
I-22[c]
I-38[g]
I-46[c]
I-52[p]
I-55[y]
I-63[z]
I-66[c]
I-67[h]
I-69[h]
I-70[h]
I-92[z]
I-94[t]
I-100[z]

II-1[c]
II-6[y]
II-7[h]
II-9[t]
II-29[a]
II-32[g]
II-37[y]
II-42[t]
II-43[z]
II-45[g]
II-46[y]
II-53[p]
II-56[p]
II-57[g]
II-60[h]
II-62[h]
II-64[y]
II-71[h]
II-77[g]
II-82[h]
II-86[g]
II-87[a]
II-90[g]

III-10[h]
III-19[y]
III-28[z]
III-40[c]
III-42[h]
III-54[z]
III-70[a]
III-71[h]
III-74[g]
III-75[p]
III-81[g]
III-82[z]
IV-80[g]
IV-90[h]
IV-98[a]

IV-4[g]
IV-6[z]
IV-15[h]
IV-30[y]
IV-48[y]
IV-55[t]
IV-57[g]
IV-58[a]
IV-68[g]
IV-73[z]
IV-77[z]
IV-79[h]
VI-87[c]
VI-90[z]
VI-94[a]

V-6[z]
V-19[z]
V-33[g]
V-49[p]
V-50[z]
V-63[y]
V-70[g]
V-82[z]
V-90[y]

VI-5[y]
VI-10[y]
VI-22[g]
VI-23[z]
VI-24[z]
VI-38[z]
VI-46[p]
VI-47[p]
VI-64[z]
VI-76[t]
VI-78[g]
VI-81[g]

VII-6[y]
VII-7[g]
VII-12[z]
VII-18[z]
VII-21[t]
VII-34[h]
VII-35[g]

1555-1[t]
1555-2[h]
1555-4[g]
1555-5[z]
1555-9[g]
1555-12[c]
1557-2[c]
1558-1[g]
1558-5[p]
1559-1[c]
1559-4[g]
1559-6[c]
1559-11[g]
1560-1[y]
1560-2[z]
1560-5[g]
1560-7[y]
1560-8[y]
1561-12[g]
1562-1[z]
1562-3[z]
1562-7[z]
1562-12[c]
1563-1[p]
1563-2[z]
1563-4[y]
1563-6[c]
1563-9[z]
1563-10[y]
1564-1[a]
1564-5[p]
1564-11[y]
1565-1[p]
1565-4[p]
1565-6[y]
1565-7[y]
1565-8[y]
1565-10[h]
1565-11[c]
1565-12[c]
1566-6[c]
1566-7[p]

VIII-2[c]
VIII-7[z]
VIII-9[g]
VIII-17[y]
VIII-21[p]
VIII-35[c]
VIII-50[y]
VIII-57[a]
VIII-77[c]
VIII-84[g]
VIII-93[z]
VIII-98[a]

IX-10[c]
IX-11[p]
IX-17[t]
IX-30[g]
IX-42[p]
IX-48[c]
IX-51[z]
IX-52[z]
IX-53[t]
IX-55[p]
IX-63[g]
IX-66[z]
IX-69[c]
IX-76[t]
IX-80[t]
IX-86[z]
IX-88[z]
IX-91[p]

X-1
X-17
X-17
X-42
X-49
X-60
X-66
X-71
X-78
X-82
X-88
X-90

22

La clave de las "urnas"

Uno de los temas importantes de la criptografía de Nostradamus es el tema de las URNAS. Encontramos las URNAS tres veces en los Presagios, tres veces en las primeras siete Centurias y tres veces en las tres últimas Centurias. La malicia del profeta nos hace creer, con esta distribución, que la URNA o HURNA debe quedar ubicada de esta manera: tres veces en cada una de las tres partes de su obra profética. En una de esas nueve cuartetas se refiere, como veremos, a la URNA dos veces con dos ortografías diferentes: URNE y HURNE, autorizando así ambas ortografías.

Como la URNA en su corte transversal es un pentágono, y los pentágonos constituyen la última y más importante clave de su criptografía, esa malicia tantas veces citada nos alejó una vez más del verdadero camino.

Una URNA encierra siempre algo valioso: desde joyas o documentos, hasta las cartas o las cenizas de un ser querido; también objetos consagrados por un culto o textos proféticos. Las respuestas de las Sibilas se guardaban en el Capitolio en rollos de pergamino. Esos rollos debían estar en URNAS y es posible que desde entonces, o desde otras épocas más antiguas, los testimonios escritos de los profetas tuvieran relación con ellas y con los pentágonos que representan.

Una URNA puede ser hallada bajo las ruinas de un templo consagrado a Saturno, bajo la losa de un sepulcro, cerca de una lámpara de llama inextinguible. Encontramos estas ideas reunidas por Nostradamus alrededor del tema de las URNAS. Al mismo tiempo, determina la existencia de cada una como elemento de una criptografía, ubicándola exactamente en las cuartetas de las Centurias y de los Presagios; las une siempre a los textos que afirman el carácter sagrado del texto secreto guardado por esa criptografía en el corazón del texto profético.

Las nueve primeras URNAS que encontramos ortografiadas URNE o HURNE venían dentro de otras tantas cuartetas cuya redacción, evidentemente con finalidad criptográfica, unía la URNA como elemento simbólico a todos los antiguos símbolos que rodean siempre al tesoro sagrado. La aparición de la URNA y su contenido se producía, según el texto de esas cuartetas, por un cataclismo. Temblores de tierra, fuego del cielo o incendio producido por el rayo, y la avalancha de las aguas de un diluvio hendían las ruinas de un antiguo templo consagrado a Saturno, ponían al descubierto los simbólicos huesos y permitían encontrar la URNA. El cataclismo se producía bajo el imperio de Saturno, señalando un quinto cambio de siglo, reino o edad.

Este antiquísimo conjunto simbólico, repetido por Nostradamus, corroboraba su cronología, expuesta en la segunda parte de este libro, y afirmaba una vez más, en diferente lenguaje, la calidad del tesoro que debía ser hallado: su mensaje, evidentemente apocalíptico, profetizando, bajo Saturno, la destrucción de nuestra humanidad y de sus obras y el nacimiento de una nueva humanidad.

Nuestros trabajos sobre la cronología tradicional o cronología mística como la titula Tritheme, nos permiten situar el imperio de Saturno según el cuadro del capítulo 15 en la Cronología. Comenzó con el sexto y último periodo de Piscis en 1779 y terminará 358 años y 8 meses después, al mismo tiempo que el Kali Yuga indostano, con un cataclismo. Saturno terminará su ciclo histórico al mismo tiempo que nuestra quinta edad, aproximadamente en 2137.

Como veremos, los mismos símbolos rodean en otras cuartetas el descubrimiento de sus escritos, su mensaje secreto y la realización de la empresa que llevará hasta ese descubrimiento. En ambos casos se trata del mismo tesoro, guardado en una URNA.

El texto que rodea las nueve primera URNAS es el siguiente:

II-81: "Por fuego del cielo la ciudad casi quemada
La URNA amenaza una vez más Deucalión".
La redacción ambigua debe leerse: el fuego del cielo, y el diluvio con su personaje, Deucalión, representa la catástrofe que se avecina amenazando una vez más la URNA que guarda el verdadero tesoro: la sangre de la humanidad y el mensaje profético que ayudará a salvarla.

V-41: "Hará renacer su sangre de la antigua URNA
remplazando el siglo de oro por el de bronce".

Trata del advenimiento de la catástrofe como es en efecto, de acuerdo con su cronología: un cambio de edad, una renovación de siglo, ciclo o cielo y un renacimiento de la sangre del hombre.

VI-52: “El sol a la URNA”.

Los siete Arcángeles de Tritheme y de Nostradamus dominan nuestra tierra, como causas segundas después de Dios, desde los siete planetas o astros que los representan. El Sol es uno de ellos, su día es el domingo y su metal el oro. En el punto del círculo que señalará esta cuarteta predominará Michael, Arcángel del Sol.

1555-6: “Lejos cerca de la URNA el maligno retrocede
Que al gran Marte muerto dará impedimento”.

Como los malignos son Marte y Saturno, se trata de este último.

1559-8: “La URNA encontrada...” Descubierta como elemento principal de una criptografía.

1566-2: “La URNA demasiado odiosa...” Sólo se puede entender “odiosa” dentro de un criptograma cuya dificultad nos presenta cada vez mayores obstáculos.

VIII-29: “En el cuarto pilar se consagra a Saturno
Por temblor de tierra y diluvio hendido
Bajo el edificio de Saturno encontrada URNA”.

IX-73: “Sol, Marte y Mercurio reunidos cerca de la HURNA”.

Una vez más tres en relación con la URNA.

X-50: “El río Mosa descubrirá Saturno y Tres en la URNA... Traición por grande HURNA”. En esta cuarteta cita dos veces la URNA: tres en relación con la URNA.

Estas nueve citas nos convencieron del carácter criptográfico de los textos en los que Nostradamus se refiere al símbolo de la URNA cada vez que debe utilizarlo.

Descubrimos después, estudiando el texto, que el tema de las urnas se repetía dieciséis veces en la obra nostradámica, aparentemente cuatro veces para cada una de las dos primeras partes, cielos o círculos, y ocho veces para la tercera parte. La calve de los CENTROS, haciendo girar las cuartetas y colocándolas en una última y definitiva ordenación, situaría las URNAS en lo que podemos llamar los puntos cardinales de cada uno de los tres cielos. En los dos primeros quedarían situadas en los grados 90, 180, 270 y 360. En el tercer círculo o cielo serían ocho y quedarían ubicadas, además de en los grados que indicamos, en los intermedios: 45, 135, 225 y 315. De esta manera daría al texto criptográfico definitivo, ubicado sobre tres círculos, la más completa certeza, confirmando su autenticidad. Hallamos siete veces más el mismo tema de la URNA. Para ocultar esta parte de la clave, Nostradamus había utilizado siete variantes de la ortografía de la palabra. En esos siete casos, en lugar de URNE o HURNE, había escrito: URIE, URBEN, HURIN, HERNE, HUSNE, BRUNE y HURNEL. A cada una de las siete palabras le falta o le sobra una letra, considerando correctas las dos ortografías URNE y HURNE.

II-63: "...hará Perme l'URIE". Frase ininteligible que no hemos encontrado comentada. El lector debe recordar que Nostradamus nos advierte que para darnos en forma oculta los datos de su criptograma rellena el texto con "noticias inventadas": cuarteta de mayo de 1555.

VIII-20: "Correr por URBEN". Ortografía según las ediciones de Lyon; URBE según las ediciones de Avignon.

VIII-86: "HURINI". Ortografía según las ediciones de Lyon; HUTIN según las ediciones de Avignon.

IX-20: "...HERNE, la piedra blanca". Este texto incomprensible, introducido en una cuarteta importantísima que relata, dos siglos antes, la fuga de Luis XVI, arrestado en Varennes, ha desesperado a los comentadores que hasta hoy no han diferenciado el texto criptográfico y el texto profético. No parece bastante clara la alusión a la HURNE o HERNE titulándola "piedra blanca". Para Nostradamus es eso: una señal en el camino criptográfico. Las URNAS o HURNAS son para el profeta las piedras blancas, los mojones que señalan y autorizan la ordenación definitiva de las cuartetas.

IX-36: "...rayo en la HUSNE... cuando tres hermanos se herirán... y muerte". Tres en relación con la URNA. Ortografía de las ediciones de Lyon; las ediciones de Avignon dicen HUNE.

X-9: "Día de BRUNE".

X-14: "URNELL". Primera palabra de la cuarteta.

Estas siete URNAS completaban dieciséis para nuestra clave. No quedamos contentos con este resultado y seguimos investigando otras palabras que pueden también representar la URNA. Nos pareció que Nostradamus no podía hacer una diferencia tan notable entre las dos primeras partes y la tercera. Esta última quedaría controlada por la clave de las URNAS cada 45 grados o cuartetas; las dos primeras solamente cada 90 grados.

Habíamos descubierto primero nueve cuartetas con la ortografía perfecta; después, siete imperfectas, en las que hay que suprimir, cambiar o retirar una letra. Se necesitaban ocho URNAS más, si en las dos primeras partes de la obra, las URNAS debían situarse no solamente en los grados 90, 180, 270 y 360, sino también en los grados intermedios: 45, 135, 225 y 315. Se necesitarían, según esto, en total, 24 URNAS.

La clave del VERBO DIVINO marca sus últimas cinco divisiones con una sola palabra. Algo así debía acontecer con las ocho URNAS que debían completar las veinticuatro necesarias: ocho para cada una de las tres partes de la obra.

Conocíamos dos palabras que podíamos titular sinónimos de URNA y que están utilizadas en el texto una sola vez: ARCHE, arca y COFFRE, cofre. Se encuentran en las siguientes cuartetas:

III-13: "Por rayo en el arca oro y plata fundido". Muy similar a otra que ya habíamos aceptado: IX-36: "... rayo en la HUSNE". Además, en ambos casos se trata de un rayo que cae en un tesoro guardado en una URNA o en un ARCA.

1555-11: "La noche el gran herido persigue el cofre". Lo tiene otro sentido y se refiere al criptógrafo que, preocupado por la clave de las URNAS, las persigue en sus trabajos nocturnos.

Nos faltaban solamente seis URNAS para completar nuestra clave. Nostradamus tiene que valerse de diferentes astucias para citar en su texto veinticuatro URNAS sin llamar la atención. Esta vez emplea una palabra que requiere la supresión de dos letras: BRUINE, llovizna. La repite exactamente seis veces: II-83, IV-46, V-35, VI-37, VII-26 y IX-100, y en el texto de tres de las seis cuartetas nos autoriza a considerarlas dentro del conjunto de temas y símbolos de la clave; las autoriza Nostradamus en la cuarteta IV-46: "Ne passez outre au temps de la BRUINE". No pases adelante en tiempo de llovizna.

II-83: "Por Jura monte y Sueve BRUINE": llovizna.

IV-46: "Bien defendido el hecho por excelencia.
Guárdate Tours de tu próxima ruina.
No pases adelante en tiempo de BRUYNE". Se refiere a su criptograma autorizando así nuestra utilización de la palabra Bruine en la clave, que efectivamente hace temer la próxima ruina de dicho criptograma, o sea, la descriptación de su mensaje.

V-35: "Que lleva todavía en el estómago la piedra... vendrá bajo la BRUINE". Expresión que repite Nostradamus cuando se trata de su poder excepcional de profecía. En la carta a César dice: "Porque la palabra hereditaria de la oculta predicción quedará en mi estómago encerrada".

VI-37: "La obra antigua se llevará a buen término:

...escondido en la espesura por la BRUYNE". Sigue dándonos la palabra en relación con su mensaje y su criptograma.

VIII-26: "Por la abadía de Monserrat BRUINE".

IX-100: "Ira a vencido y victoria en BRUINE2.

Quedaba así completa la clave de las URNAS. Junto con la clave de los CENTROS nos permitiría la ordenación de las 1080 cuartetas de la obra nostradámica en periodos de 45 cuartetas. Tendríamos que respetar en cada parte de la obra las claves pertinentes, que funcionarán antes y después de la colocación de las URNAS haciendo muy difícil nuestro trabajo.

Las 24 cuartetas señaladas por la clave de las URNAS son: II-63, II-81, II-83, III-13, IV-46, V-35, V-41, VI-37, VI-52, 1555-6, 1555-11, 1559-8, 1566-2, VIII-20, VIII-26, VIII-29, VIII-86, IX-20, IX-36, IX-73, IX-100, X-9, X-14, X-50.

Las cuartetas VIII-29, IX-73 y X-50 de la clave de las URNAS mencionan también a Saturno y la de 1555-6 se refiere a él. Esto, la ortografía francesa que repite URNE en las cuatro últimas letras de SATURNE, y las cuartetas V-91 que dice SAT y VIII-49 que dice SATUR refiriéndose a Saturno, nos hizo pensar que quizá URNE y SATURNE formaban una sola clave. Si Nostradamus quería ordenar exactamente sus 1080 cuartetas debía dar una clave que autorizara su texto definitivo cada 10 o 15 cuartetas. Era imposible dar la misma palabra ciento ocho o setenta y dos veces sin llamar la atención. En este caso 24 citas de Saturno podían acompañar las 24 URNAS.

Efectivamente, si no tomamos en cuenta las cuartetas en que se cita a Saturno conjuntamente con la URNA, que son las cuatro citadas: VIII-29, IX-73, X-50 y 1555-6, quedan las veinte siguientes en las que se cita solamente a Saturno: I-51,[1] I-83, II-48, II-65, III-92, III-96, IV-67, IV-86, V-11, V-14, V-24, V-62, V-87, V-91 SAT, VI-4, VIII-8, VIII-49 SATUR, IX-44, IX-72, X.67.

Estudiando el texto podemos considerar que otras cuatro se refieren a Saturno: I-16: "Faulx a l'estang... Le siecle aproche de renovation". Guadaña, símbolo de Saturno. El siglo se acerca a su renovación: relación de Saturno con el tiempo. I-54: "Deux revolts faits du malin falcigere de regne et siecle fait permutation". Dos revoluciones del maligno de la guadaña reino y siglo hacen permutar. Los malignos son dos: Marte y Saturno l'argent". La guadaña con la plata, o sea Saturno con la Luna. 1561-3 "Le falcigere". El de la guadaña: Saturno. Son cuatro: I-16, I-54, 1555-3, 1561-3.

Llegamos a la conclusión de que estas 24 cuartetas señaladas por Saturno formaban una segunda parte de la clave de las URNAS.

Como 48 no divide exactamente a 1080, número de las cuartetas, consideramos incompleta la clave y decidimos continuar nuestra investigación.

[1] En todas las ediciones que conocemos, anteriores a 1665, tanto las de Lyon como las que copian las de Avignon desaparecidas, la cuarteta que cita a Saturno, de la que nos ocupamos en este capítulo, está numerada I-51. Después de la fecha citada aparece con el número I-50 en ediciones que copian una edición de Avignon que no ha llegado hasta nosotros. Su primer verso es: "Jefe de Aries, Júpiter y Saturno".

Volvimos al texto buscando para la clave de las URNAS otra representación de los pentágonos, que acompañara la URNA, el COFRE y el ARCA.

La antiquísima "mitra" pertenece al mismo conjunto simbólico de la URNA. Cubrió la cabeza de los Reyes y de los Pontífices de muchos pueblos desde la antigüedad más remota y fue adoptada hace algunos siglos por la iglesia católica. Su corte transversal, como el de la URNA, es un pentágono.

Las palabras Prelado y Pontífice que se repiten en la obra nostradámica nos hicieron recordar la mitra ceremonial y suponer que Nostradamus podía haber añadido con ella 24 elementos más a los 48 que hemos determinado ya para la clave de las URNAS.

El número 72 (24 X 3 = 72) divide exactamente 1080. Esta tercera serie, sumándose a las dos anteriores, señalaría un punto del texto definitivo cada 15 cuartetas.

La URNA, el COFRE y el ARCA son pentágonos; la MITRA en sus diferentes dibujos es siempre, en su corte transversal, un pentágono. El sepulcro del gran romano descubierto por Piobb en las letras de FLORAM PATERE inscritas en el dodecágono es igualmente un pentágono. Así como hay una teoría tradicional del eneágono la hay también del pentágono.[2] Los diferentes pentágonos de todos estos símbolos se pueden dibujar par-

[2] Los seis pentágonos que hemos descubierto en las cronologías arbitrarias y cuya explicación damos en el capítulo 27 de esta criptografía son iguales en su dibujo al pentágono de Piobb, inscrito en el dodecágono. La Urna, el Cofre o Arca, la mitra del Pontífice y del prelado y el gorro frigio que siempre fue considerado una mitra y al que también se refiere Nostradamus dan en su corte transversal diferentes pentágonos inscritos en el círculo pero no en el dodecágono.

tiendo de las divisiones clásicas del círculo en el que quedan inscritos.

El *pontife* está citado en las cuartetas II-41, II-97, III-65 esta cuarteta forma parte del tema del tesoro: V-15, V-44, V-56, VI-49, VI-82; tenemos 7 cuartetas de las seis primeras Centurias señaladas por el pontífice. No se le cita ni una sola vez en los Presagios ni en las Centurias VIII, IX y X. Como también algunos prelados usan la mitra para pontificar, vamos a enumerar las cuartetas que los citan: III-41, VI-31, VI-53, dos veces en la cuarteta VI-86, VI-93, IX-15, IX-21, IX-87, X-47, X-56, 1557-6, 1558-12, 1563-8, 1565-9. Están citados en catorce cuartetas. Como también los cardenales usan la MITRA para pontificar, incluimos las cuartetas que los citan: VIII-4, el cardenal de Francia, y VIII-68, Richelieu, el viejo cardenal.

Son solamente veintitrés citaciones de la MITRA. Pero tenemos una más: Luis XVI fue obligado por el pueblo a cubrir su cabeza con el gorro frigio y Nostradamus le dice MITRÉ, palabra que sólo encontramos en esa cuarteta de Luis XVI, la IX-34. Esa palabra era un título de los Prelados que podían pontificar en las ceremonias de la iglesia.

Como vemos, Nostradamus nos crea siempre dificultades en las cuartetas que terminan la exposición de sus temas. Pontífice, cardenal y prelado "mitrados" nos señalan por tercera vez veinticuatro cuartetas. Son las siguientes: II-41, II-97, III-41, V-15, V-44, V-56, VI-31, VI-9, VI-53, VI-82, VI-86, VI-93, 1557-6, 1558-12, 1563-8, 1565-9, VIII-4, VIII-8, IX.15, IX-21, IX-34, IX-87, X-47, X-56.

La clave de las URNAS señala 72 cuartetas: 24 URNES, 24 SATURNES y 24 MITRAS; dividirá el texto profético de 1080 cuartetas en setenta y dos grupos de 15 cuartetas cada uno. Damos a continuación, en cuadro, la lista de las 72 cuartetas indicando con las iniciales U, S o M cada uno de los tres temas.

I-16^{s}	II-41^{m}	III-13^{u}	IV-46^{u}	V-11^{s}	VI-4^{s}	1555-5^{s}	VIII-4^{m}	IX-15^{m}	X-9^{u}
I-51^{s}	II-48^{s}	III-92^{m}	IV-67^{s}	V-14^{s}	VI-31^{m}	1555-6^{u}	VIII-20^{u}	IX-20^{u}	X-14^{u}
I-54^{s}	II-63^{u}	III-96^{s}	IV-86^{s}	V-15^{m}	VI-37^{u}	1555-11^{u}	VIII-26^{u}	IX-21^{m}	X-47^{m}
I-83^{s}	II-65^{s}			V-24^{s}	VI-49^{m}	1557-6^{m}	VIII-29^{u}	IX-34^{m}	X-50^{u}
	II-81^{u}			V-35^{u}	VI-52^{u}	1558-12^{m}	VIII-48^{s}	IX-36^{u}	X-56^{m}
	II-83^{u}			V-41^{u}	VI-53^{m}	1559-8^{u}	VIII-49^{s}	IX-44^{s}	X-67^{s}
	II-97^{m}			V-44^{m}	VI-82^{m}	1561-3^{s}	VIII-68^{m}	IX-72^{s}	
				V-56^{m}	VI-86^{m}	1563-8^{m}	VIII-86^{u}	IX-73^{u}	
				V-62^{s}	VI-93^{m}	1565-9^{m}		IX-87^{m}	
				V-87^{s}		1566-2^{u}		IX-100^{u}	
				V91^{s}					
				V-11^{s}					
				V-14^{s}					
				V-15^{m}					
				V-24^{s}					
				V-35^{u}					
				V-41^{u}					
				V-44^{m}					
				V-56^{m}					
				V-62^{s}					
				V-87^{s}					
				V91^{s}					

Tenemos así 48 cuartetas para la división de las dos primeras partes de la obra y 24 para la tercera parte.

Nota explicativa de las figuras

El dibujo de los seis pentágonos que hemos descubierto en las cronologías arbitrarias se traza dentro del círculo dividido en doce sectores. La base tiene dos sectores; los lados derecho e izquierdo tres; los lados superiores que se juntan en el vértice, dos cada uno. Está autorizado por Nostradamus con las palabras floram patere copiadas por Chavigny de una edición desaparecida del almanaque para 1557. Nuestro ejemplar, único hoy, dice PATERE FLORAM. Ambos textos pueden utilizarse, uno de ellos de la misma figura invertida para que se lea en sentido retrógrado. Es la figura que Nostradamus tituló "Sepulcro del Gran Romano". (Véase figuras 1 y 2.)

Nos merece fe la reproducción de Chavigny porque las dos palabras vienen en cursivas dentro de un texto en letra redonda. En nuestro ejemplar toda la cuarteta viene en cursivas, lo que resta importancia a las dos palabras. Como nuestro ejemplar fue editado por Kerver, en París, consideramos que la edición de Lyon pudo ser la de Chavigny.

Piobb descubre parte del secreto de FLORAM PATERE y estudiando la figura no nos da la correspondencia entre la letras y los planetas para su colocación. En realidad su libro, pleno de intuiciones notables, es novelesco. Piobb desea hacer un libro interesante y no pierde tiempo en probar sus afirmaciones. Dice que se deben inscribir los siete planetas y no los inscribe.

Evidentemente, las cinco vocales sitúan en el círculo un pentágono y las siete consonantes representan a los siete planetas. Pero hay en la figura que reproducimos mucho más de lo que ha visto Piobb: las tres vocales, porque dos de ellas se repiten, representan las tres causas primeras después de DIOS. Las siete consonantes, los planetas, o sea las siete causas segundas después de Dios según Tritheme y las doce divisiones del dodecágono, las doce Posibilidades, causas terceras después de Dios.

Veamos cómo quedan representados los planetas después de inscribirlos en la figura FLORAM PATERE: F es Febo y L la Luna; M es Mercurio y P Peroum, el nombre que daban a Júpiter los esclavos. Hay dos R; ¿cuál es la única pareja entre los planetas en el texto de Nostradamus? Los dos malignos: Marte y Saturno. Queda sola la letra T y falta solamente Venus. En cuanto a la colocación de Saturno leemos en la cuarteta de Saturno, I-16: "Vers le Sagitaire", hacia Sagitario. Queda así explicada la colocación de los planetas en nuestra figura. (Véase figura 1.)

Se trata, en movimiento directo de la sucesión de los días de la semana. Nadie ha tenido en cuenta el verdadero origen de la serie planetaria del que se derivan la sucesión de los días de la semana y la sucesión horaria. (Véase Cronología, capítulo 17.)

PATERE FLORAM, en cambio, nos da la segunda figura (véase figura 2) en la que el mismo pentágono aparece invertido. Si seguimos en ella la sucesión de los planetas en sentido retrógrado, veremos que nos da la serie invertida de los días de la semana que, según Tritheme, es igual a la serie de la sucesión de los periodos cósmicos de 3454 años 4 meses cada uno, presididos por los Arcángeles que dominan así, igualmente, los días de la semana y los 72 periodos de la eclíptica. Estos últimos son los grandes días de la marcha del Sol.

La teoría del abate Tritheme, su cronología mística, es un aporte importantísimo para el redescubrimiento de la cronología tradicional, anterior al Diluvio. Será de gran utilidad en este último periodo que estamos viviendo, presidido por Saturno, que terminará con la catástrofe cíclica, poniendo fin a nuestra edad.

La división que hace Tritheme en seis periodos de cada periodo zodiacal es tradicional y permite el cambio del planeta por el Arcángel. Presiden los Arcángeles cada una de las tres catástrofes cíclicas de cada vuelta eclíptica. Según Tritheme, 72 periodos dividen la eclíptica. (Véase Cronología, capítulo15.) Esto fija las catástrofes al final de cada vigésimo cuarto periodo. Como los Arcángeles y los planetas son siete y los periodos de cada sector zodiacal son seis, los Arcángeles siguen el orden retrógrado de los días de la semana, pero el último de ellos forma con el último de cada sexta parte del periodo zodiacal una serie que sigue el orden de los días de la semana en sentido directo. (Véase el cuadro del capítulo 15, en la Cronología.) Así cambia cada vez el responsable de la catástrofe.

Figura 1

Nostradamus: La marcha de la humanidad
sobre la Tierra, dominada
por los planetas, las siete causas segundas
y recorriendo las doce posibilidades:
Causas terceras después de Dios.
Cada semana de siete días.

Al centro: el triángulo de las
tres causas primeras

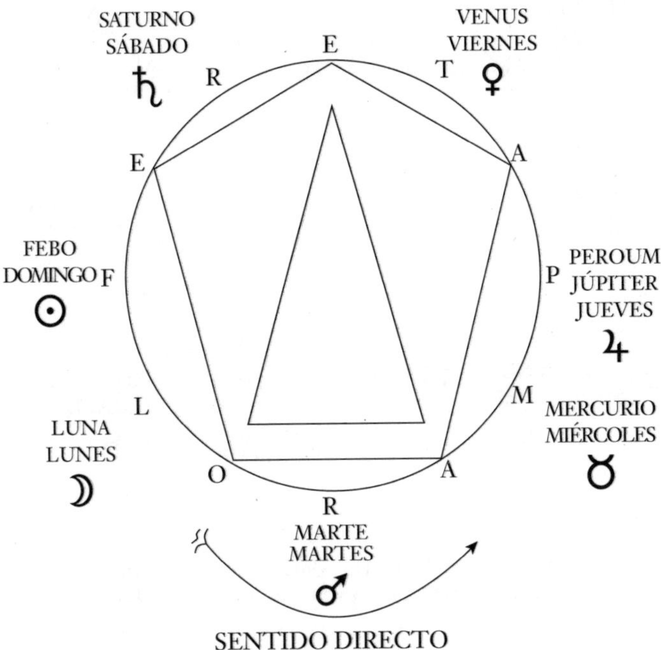

Sábado-domingo-lunes-martes-miércoles-jueves-viernes
Eoa: Las tres causas primeras después de Dios

Figura 2

Trigheme: La marcha del Sol sobre la eclíptica, dominada por los Arcángeles, causas segundas después de Dios, recorriendo las doce posibilidades zodiacales, causas terceras después de Dios, cada setenta y dos periodos arcangélicos.

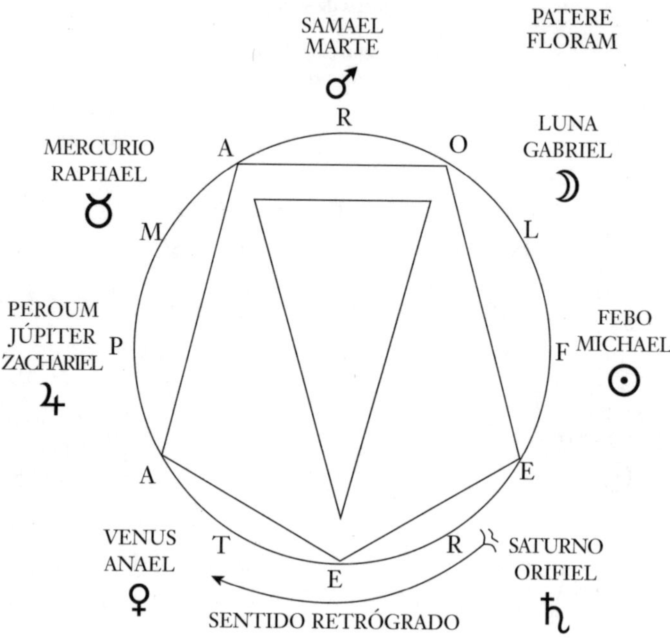

Venus-Júpiter-Mercurio-Marte-Luna-Sol-Saturno
Eoa: Las tres causas primeras después de Dios

Como las catástrofes se producen después de cuatro periodos zodiacales, la serie de los Arcángeles o Dioses que presiden las catástrofes a que se refiere la Biblia ha sido.

Zachariel o Júpiter: Que ha presidido la caída de los Ángeles Rebeldes en el cielo, o sea en el aire. Júpiter, príncipe de los Atlantes y dios del Cielo, derrota con sus rayos a los Titanes.

Gabriel o Diana, la Luna: Que ha presidido la caída de los hijos de Dios en la Tierra.

Anael o Venus: Que ha presidido la caída de Adán, razón por la que la simbología hace responsable a Eva. El elemento devastador es el fuego que lo obliga a alejarse del Paraíso.

Samael o Marte: Que ha presidido el Diluvio de Noé y eliminado a la humanidad anterior a la nuestra de la faz de la Tierra.

Orifiel o Saturno: Que presidirá la catástrofe del aire que terminará con nuestra humanidad en 2137.

Piobb comprende la importancia de esta figura de la que sólo conoce FLOREM PATERE, la expresión directa, y dice que debe ser muy antigua y que ha llegado a Nostradamus traída por los hebreos desde Egipto a Jerusalén y por su familia de Jerusalén a Provenza. Es muy difícil demostrar ese camino de más de treinta siglos y mucho más importante es el estudio de la figura misma.

Así como el eneagrama de Gurdjieff, en el que hemos encontrado la creación por los esenios del Padre

Nuestro,[1] esta figura está secretamente presidida por la Santísima Trinidad o mejor aún por sus tres manifestaciones buenas divinas que llegan hasta el mundo físico. Las cinco vocales son tres porque, como ya hemos dicho, dos se repiten. Las tres están situadas en el vértice de la figura y en los dos extremos de su base. Estas letras que forman la Gran Palabra EOA, unidas por líneas, dan el triángulo de la Trinidad a la que nos referimos.[2]

La doble figura expresa la cronología mística de Tritheme y no pretendemos explicar, a la manera de Piobb, el viaje de los mismos conocimientos desde Asia o América hasta la abadía de Spanheim donde Tritheme realiza su obra cincuenta años antes que el profeta provenzal.

La figura expone la cronología histórica del hombre sobre la Tierra y la cronología cíclica de la Tierra misma y de los siete astros que van con ella. Como todos los astros, nuestro sistema solar se traslada en un mundo sin pasado ni futuro, diferente y muy superior a nuestra concepción animal del espacio tiempo en que creemos que transcurren nuestras vidas.

Esta figura plena de enseñanzas y de la que no podemos ocuparnos en este libro con la extensión necesaria pertenece a una serie de figuras pantaclos: la serie del dodecágono. Estamos convencidos de que existe igualmente la serie del eneágono y la del pentágono. Se

[1] Daniel Ruzo, *op. cit.*

[2] Jehová y otras palabras han sido dadas para diferentes pueblos. La palabra que puede acercarnos más a aquello que es verdaderamente superior al hombre no tiene consonantes.

trata de la ciencia que podemos titular mística con Tritheme o tradicional. La misma sabiduría viene de Egipto y de Caldea, de China y de la India, de México y de Jerusalén. De todas esas naciones del mundo tan apartadas unas de otras nos llegan jirones de la misma ciencia basada siempre en la trinidad, el septenario y el duodenario y que expresa sus más secretas concepciones en la serie de eras del eneágono. La base geométrica de esta ciencia es el problema de los veintidós polígonos regulares inscritos en el círculo. Seguramente pueden expresarse en ellos todos los conocimientos humanos, científicos y místicos. Su conjunto no ha sido encontrado todavía. Su origen es una humanidad anterior a la nuestra, aniquilada por un cataclismo.

En cuanto al dibujo de los pentágonos que representan la URNA, el COFRE o ARCA, y la MITRA, debe hacerse sobre el círculo pero no sobre el dodecágono.

La URNA es el pentágono perfecto, inscrito, de cinco lados iguales de 72° cada uno. La clave de las URNAS tendrá setenta y dos elementos como los grados de su representación. El ARCA o COFRE y la MITRA se inscriben en el círculo dividido en 9 sectores de 40°. El primer pentágono que representa el ARCA o COFRE tiene la base y los lados de la derecha y de la izquierda de dos sectores; los lados superiores que se encuentran en el vértice tienen un sector y medio cada uno; el segundo pentágono tiene la base de un sector y los cuatro lados de dos sectores cada uno: es la figura ideal de la MITRA que ha sufrido modificaciones por haberse perdido el plan tradicional (véase figura 3). No son las únicas figuras de esa serie.

Figura 3

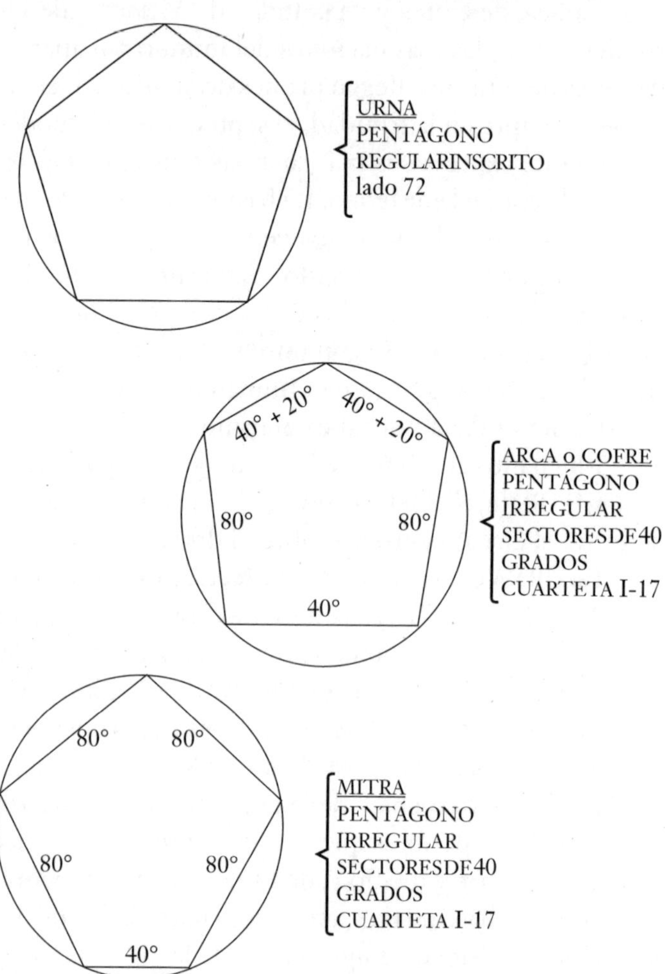

URNA
PENTÁGONO
REGULARINSCRITO
lado 72
40° + 20°
40° + 20°
80°
80°
40°
ARCA o COFRE
PENTÁGONO
IRREGULAR
SECTORESDE40
GRADOS
CUARTETA I-17
80°
80°
80°
80°
40°
MITRA
PENTÁGONO
IRREGULAR
SECTORESDE40
GRADOS
CUARTETA I-17

23

Los temas criptográficos del tesoro

Presentamos en esta criptografía trescientas sesenta cuartetas que forman dieciocho temas criptográficos. Ocho temas con 180 cuartetas en el capítulo 21; tres temas con 72 cuartetas en el capítulo 22 y siete temas con 108 cuartetas en este capítulo 23. Estas dos últimas series unen sus ciento ochenta cuartetas para formar el conjunto simbólico del TESORO.

No hemos terminado el estudio de los temas y hoy mismo podríamos presentar muchos otros más que van a quedar inéditos hasta que podamos descubrir su utilización criptográfica.

Sin fatigar al lector, los temas que publicamos acreditan la importancia de su descubrimiento. Su número, su texto y las ideas que expresan sus cuartetas dan nueva vida a los antiguos símbolos. Si Nostradamus hubiera usado reiteradamente las mismas palabras no hubiera mantenido más de cuatro siglos su secreto. La manera como ha fabricado cada uno de sus temas nos hace apreciar su paciente labor. La malicia con la que oculta las últimas cuartetas que completan cada tema y la exactitud con la que nos lo anuncia y nos lo autoriza, es la mejor prueba de que ha fabricado dicho conjunto con una finalidad criptográfica precisa.

El tema del TESORO

Este primer tema reúne doce cuartetas que se ocupan del tesoro místico, de su ubicación y de su descubrimiento. En todas ellas viene, bien en evidencia, la palabra TROUVÉ, encontrado. Daremos también en este capítulo el tema del SEPULCRO. Ambos temas están autorizados por Nostradamus: la cuarteta X-81 dice: MIS THRESOR TEMPLE. Igualmente la cuarteta I-37 autoriza otros dos temas con una frase aparentemente sin sentido: PONT & SEPULCHRE en deux estranges lieux": puente y sepulcro en do lugares inacostumbrados.

El TEMPLO se encuentra en los "edificios vestales" y en su cuarto PILAR o COLUMNA se consagra a SATURNO. El oficiante de esta consagración llevaba seguramente la MITRA. Vesta es hija de Saturno o Cronos, padre de la cronología: en sus edificios se encuentra el SEPULCRO y en él la lámpara de fuego inextinguible, la URNA, los ESCRITOS proféticos y los huesos del personaje legendario que lleva en el escudo, como Perseo, otro símbolo eterno: la Medusa.[1]

Se unen así todos los elementos del problema simbólico con el cataclismo: DILUVIO, RAYO y FUEGO DEL

[1]No era un romano el que llevaba en su escudo la cabeza de Medusa. Era Perseo, personaje legendario. Se trata de una indicación exacta de Nostradamus que sabía perfectamente que las mitologías fueron heredadas de una humanidad desaparecida. Nostradamus cita a Perseo para llevar nuestra atención a los símbolos protohistóricos.

CIELO provocan la destrucción y permiten encontrar la obra subterránea de mármol y plomo cubierta por la losa sepulcral.

Los símbolos pentagonales y las figuras enigmática del TESORO nos llevaron al descubrimiento de las URNAS, de SATURNO y de la MITRA de los Pontífices y Prelados. Nos llevaron también a recordar que Luis XVI fue "Mitré" por el pueblo que lo reconoció su Pontífice antes de asesinarlo y fue profetizado detalladamente por Nostradamus con 240 años de anticipación.

Pero esos mismos símbolos y figuras que vienen desde una humanidad desaparecida, ese mismo TESORO secreto que ha permanecido guardado para el próximo siglo durante los últimos nueve mil años es el tema central de la vida y la obra de nuestro profeta. Ha tenido que descubrirlo y ocultarlo porque los "tiempos" no habían llegado todavía; ha inventado para eso un relato fantástico que muy posiblemente está corroborado en el mundo físico por un tesoro metálico que puede ser encontrado en la misma región de Francia. Un corresponsal amigo, el señor Paul Vegerby, está seguro de que así es.[2]

El relato nostradámico sitúa los elementos del TESORO en la época romana. No nos engañemos: se trata

[2] Hace muchos años que el señor Vegerby está convencido de la existencia al sur de Tolosa de un antiguo edificio romano hasta el que pudieron llegar, desde Babilonia, las tablas de la Ley. El emperador Marcus Ulpius Trajanus conquistó Babilonia y llevó las armas de Roma a su más lejano límite oriental. Pudo traer las tablas de la Ley al sur de Francia. Nostradamus dice: "*Loy, Roi, Prince Ulpian*... (Ley, Rey, Príncipe Ulpiano...)". Y acredita a Trajano la lámpara de fuego inextinguible que debe encontrarse bajo los "edificios vestales". Esto no invalida nuestra

del tesoro más antiguo de nuestro Mundo que no ha sido encontrado todavía pero que será "encontrado". Ésa es la palabra elegida por Nostradamus para señalar las cuartetas del tema del TESORO MÍSTICO.

He aquí la herencia que debe recibir nuestra humanidad durante el siglo XXI y que acompañará durante el siglo XXII a algunos grupos humanos en su difícil tarea de salvarse de la catástrofe cíclica y fundar una nueva humanidad.

Las cavernas iniciáticas de los compañeros de Noé, talladas en el corazón de las montañas, serán descubiertas y utilizadas. Esculturas antiquísimas hechas en la roca natural rodean esas cavernas. Nos ocupamos de esas esculturas en un libro que solamente ahora tiene editor, pero cientos de documentos fotográficos hacen indiscutibles sus conclusiones; se titula *La Historia Fantástica de un Descubrimiento*.[3]

El tema del TESORO es el más importante de la obra nostradámica. Es también el tema central de la sabiduría tradicional. Se trata de la salvación física de la sangre humana, la sustancia preciosa que durante milenios

---

opinión: Nostradamus expone en forma oculta la cronología cíclica a la que no puede referirse claramente. Coloca en la época romana los símbolos eternos que deben acompañar cada 8608 años solares el fin de una EDAD y la revelación mística o tradicional para la nueva humanidad durante el primer periodo zodiacal de su existencia. Es perfectamente posible que se refiera concretamente a ambas épocas y que sea una realidad histórica la existencia de los edificios y las tradiciones romanas sin que eso invalide su referencia a los símbolos más antiguos de la protohistoria que deben acompañar una vez más a nuestra humanidad en un próximo futuro.

[3] Daniel Ruzo, *La Historia Fantástica de un Descubrimiento. Los templos de piedra de una humanidad desaparecida*, Editorial Diana, México, 1974.

se ha ido formando en la Tierra. Su desaparición en un cataclismo anularía el resultado de los millones de años de evolución del planeta. Se trata además de la salvación espiritual del "héroe". En él, la sangre de la humanidad quedará purificada. Un puñado de tierra roja se habrá convertido en espíritu. Podrá guardarse para siempre en una copa de esmeralda la piedra preciosa verde, símbolo de la tierra misma. El héroe y su sangre unen la Tierra con el cielo, su humanidad con aquello que es tan superior a la humanidad que el hombre de esta Tierra no puede concebirlo.

En su obra, Nostradamus coloca en la época romana todos los elementos del tema del TESORO, que son símbolos antiquísimos. No pudiendo hablar de un pasado histórico de diez mil años o más, Nostradamus construye de nuevo la más antigua simbología. No puede hablar de cavernas talladas en el corazón de las montañas y no puede hablar de cataclismos periódicos que marcan el fin de cada humanidad, pero puede crear nuevas figuras para los antiguos símbolos.

De acuerdo con las tradiciones del sur de Francia señala la presencia de los edificios vestales en la región de los ríos Sardon y Nemans cerca de la ciudad de Tolsa y sus alrededores.

El cataclismo "bajo Saturno" se producirá, de acuerdo con su cronología, al final del periodo de Saturno que transcurre entre 1779 y 2137 de nuestra era. La conmoción de la tierra y de las aguas dejará al descubierto el Sepulcro y el fuego del cielo acompañará la catástrofe.

En esa tumba se encontrarán todos los símbolos de las tradiciones milenarias: el héroe, representado por el Príncipe, el Triunviro o el Gran Romano, de cuyos huesos habla muchas veces y cuya sangre renacerá de la antigua URNA en la que ha permanecido guardada, los escritos proféticos que marcan los periodos de la historia; la lámpara de fuego inextinguible, símbolo de la Luz; los mármoles del más fino pórfido que en otras cuartetas de la profecía se convierten en las dos columnas de los templos hebreos y masónicos. Son las tradicionales columnas de Seth. Nostradamus insinúa al hablar de las columnas que están grabadas, escritas, como las columnas de Seth en las que inscribió el patriarca todos los conocimientos humanos: los que en los templos y en sus recintos subterráneos deben salvarse y pasar de una humanidad a otra para que sepan los hombres la única razón de su existencia. Deben contribuir a la experiencia que se encierra en la sangre y a su perpetuación en el tiempo y contribuir como humanidad, como caldo de cultivo, a la producción del héroe en que esa sangre se ha purificado y en el que se "salva" la humanidad.

Todo esto estará bajo la losa. La cantidad de oro y plata, el tesoro físico cuya ilusión hace que permanezcan y pase de una generación a otra todas las tradiciones, habrá sido robado y arrojado a un lago en el que será también encontrado, con los mármoles escritos; otra vez las columnas tradicionales.

El tema principal de la obra profética se sintetiza en doce cuartetas, reunidas bajo la palabra TROUVÉ, encontrado, que se repite en todas ellas. Forman un tema criptográfico al mismo tiempo que exponen el tema simbólico.

Damos la traducción de la parte pertinente de las doce cuartetas en su orden lógico.

VIII-30: Dentro de Tholoze, no lejos de Beluzer
Haciendo un pozo...
Tesoro *encontrado*...

8-27: Debajo de cadena Guien del cielo golpeado,
No lejos de allí está oculto el tesoro:
Que por largos siglos había estado hecho polvo,
Encontrado morirá, el ojo reventado por resorte.

IX-84: Después de *encontrar* su origen...
Torrente abrir de mármol y plomo la tumba
De un Gran Romano de Insignia Medusina.

IX-9: Cuando lámpara ardiente de fuego inextinguible será *encontrada* en el templo de las Vestales.

V-7: Del Triunviro serán *encontrados* los huesos,
Buscando profundo tesoro enigmático:
Los que rodean no se darán reposo,
Quebrantando mármol y plomo metálico.

VI-15: Debajo de la tumba será *encontrado* el Príncipe...

VI-50: Dentro del pozo serán *encontrados* los huesos...

VI-66: Serán los huesos del Gran Roman *encontrados*,
Sepulcro en mármol aparecerá cubierto,
Tierra temblar en abril, mal enterrados.

VIII-66: Cuando el escrito D. J. *encontrado*,
Y cueva antigua con lámpara descubierta...

IX-12: La cantidad de plata de Diana y Mercurio
Los simulacros en el lago serán *encontrados*,
El "figuller" buscando arcilla nueva
El y los suyos de oro serán abrevados.

III-65: Cuando el sepulcro del Gran Romano será
"*encontrado*"
El día después será elegido el Pontífice:

IV-7: Quien abrirá el monumento *encontrado*,
Y no vendrá a cerrarlo inmediatamente
Mal le vendrá y no podrá probar,
si mejor debe ser rey bretón o normando,

Las cuartetas del tema del TESORO son las siguientes en su orden bibliográfico: I-27, II-65, V-7, VI-15, VI-50, VI-66, VIII-30, VIII-66, IX-7, IX-9, IX-12, IX-84.

El tema del TEMPLO

Nostradamus repite muchas veces estas palabras en el curso de su obra uniéndola a las palabras clave de sus otros temas. El TEMPLO y sus 12 pilares o columnas es el símbolo central consagrado a Saturno. El sepulcro, en los fundamentos del edificio, reúne en sí mismo la urna y los huesos del Gran Romano. El Diluvio y el fuego del cielo consuman la destrucción que permite que el tesoro salga a la superficie y que renazca la sangre del hombre conservada en la urna antigua.

He aquí los 10 temas de este capítulo: TESORO, 12; TEMPLO,24;COLUMNAS,12;MITRA,24;DILUVIO,12;FUEGO DEL CIELO y RAYO, 24.

Para formar este tema la palabra TEMPLO señala 24 cuartetas: I-96, II-8, II-12, III-45-III-84, IV-27, IV-76, V-73, VI-1, VI-9, VI-16, VI-65, VI-98, VII-8, 1559-3, VIII-5, VIII-45, VIII-53, VIII-62, IX-22, IX-23, IX-31, X-35, X-81.

El tema de las COLUMNAS

Nostradamus autoriza un tema que se relaciona con el anterior: el TEMPLO se levantaba sobre sus 12 PILARES. Las COLUMNAS de pórfido encontradas junto a la tumba, destruida por la avalancha de las aguas, sostenían ese templo consagrado a Saturno. Nostradamus dice: VIII-29: "En el cuarto pilar se consagra a Saturno".

Efectivamente se citan cuatro pilares en las 1080 cuartetas de la obra: I-43, VI-51, VII-43 y VIII-29. El verso citado pertenece a la última cuarteta que aunque es el cuarto pilar no presidirá el tema de los PILARES o COLUMNAS porque forma parte de la clave de las URNAS. Nos quedan pues tres pilares para el tema que estudiamos que reúne doce.

La cuarteta I-82 nos habla de unas columnas de madera llenas de inscripciones; la V-51, de la columna apresada o capturada y la IX-2 a otra dislocada o desencajada. La cuarteta IX-32 describe otra columna: "De fino pórfido profunda columna encontrada". La X-27 cita otra columna y la X-64 se refiere a una última que cambiará en Roma, probablemente, de emplazamiento. Con estas siete columnas llegan a diez los elementos de nuestro tema.

La cuarteta X-93 nos habla ya del hallazgo de dos columnas de pórfido acercándose así al verdadero tema simbólico, muy antiguo, de las dos columnas de Seth. Por último, la cuarteta VIII-67 parece referirse a la ciudad de Colonia, pero la ortografía es *Collonne*. Dice: "Ferrare, Collonne grande protección". Las cuartetas V-43 y V-94 se refieren a dicha ciudad y escriben *Cologne*. Los diccionarios franceses modernos dicen *Cologne* por la ciudad de Colonia y colonne por columna en todas sus acepciones.

Tenemos pues un nuevo tema formado por doce cuartetas que indicamos a continuación. Son los doce pilares del templo y de la obra: el tema de las COLUMNAS. I-43, I-82, V-51, VI-51, VII-43, VIII-51, VIII-7, IX-2, IX-32, X-27, X-64, X-93.

El tema del SEPULCRO

Nostradamus se refiere al Sepulcro del Gran Romano, del Triunviro, del Príncipe, personaje que hace pensar en la época del Emperador Trajano y sus relaciones históricas con Provenza. Sitúa el sepulcro en un templo construido en los edificios vestales que han existido en las inmediaciones de la ciudad de Tolsa.

Pero el corte transversal del sepulcro es un pentágono y esto lo une con los símbolos de la URNA, el ARCA, el COFRE, la MITRA y los pentágonos del capítulo 27 de esta criptografía.

No debemos detenernos en la significación romana de los símbolos porque nos impide descubrir la antiquísima serie simbólica a que pertenecen. Vesta es hija de Saturno y Saturno o Cronos es el padre de la Cronología. Hemos descubierto en la obra de Nostradamus datos astronómicos y cronológicos que explican los ciclos históricos del profeta de Salon y del profeta de la Abadía de Tritenheim. La obra oculta de estos dos profetas y el título que da Tritheme a su obra cronológica, *Cronología Mística*, nos hace reflexionar. Estaban ambos muy por encima de la astronomía europea de su siglo. Se referían al pasado de esta humanidad y a las humanidades anteriores al Diluvio. Solamente podían explicarse bajo el secreto criptográfico o poligráfico.

La historia de Provenza durante la dominación del imperio romano le permite a Nostradamus situar en las ruinas de un templo de vesta, consagrado a Saturno, los símbolos más antiguos de la humanidad. Para salvarlos del olvido, todas las leyendas del TESORO se ocuparon de esos símbolos. Nostradamus sabe cuál es el verdadero TESORO de la humanidad, cómo debe ser guardado y cuáles son las épocas en que debe ser descubierto. No puede hablar claramente en el siglo XVI de los grandes periodos cronológicos en abierta oposición con la interpretación textual de la Biblia, ni de las cavernas milenarias, ni de las montañas sagradas. Se limita a encerrar en sus escritos los números necesarios para reconstruir la cronología mística y crea una leyenda ubicada en el tiempo de la dominación romana en la hermosa tierra de Provenza. Coloca así en esa leyenda, la que se refiere en versos oscuros, todos los elementos tradicionales que deben guiar a los pueblos cuando se acerquen las grandes convulsiones de la Tierra. Como Tritheme, escribe un mensaje y lo guarda dentro de una criptografía para que sea conocido después de cinco siglos.

El ataúd, el sepulcro, el monumento funerario de mármol y plomo encerrado en los cimientos de un antiguo edificio consagrado a Saturno, le permite insistir en que esa catástrofe que se avecina ocurrirá bajo el imperio de Saturno. Con esto fecha una vez más la catástrofe. El ciclo histórico dominado por Saturno es la última sexta parte del periodo zodiacal de Piscis, de 358 años 8 meses; última sexta parte de los 2152 años de ese periodo zodiacal que comenzó quince años antes de la era cristiana. La catástrofe queda fechada para el fin de este periodo, alrededor del año 2137.

El mensaje secreto de Nostradamus deberá quedar oculto quinientos años para acompañar en la segunda mitad el siglo próximo el proceso histórico del Gran Monarca.

El tema del SEPULCRO nos señalaba, acompañado por las palabras sepultar y tumba, solamente nueve cuartetas porque el tema del TESORO y el tema del DILUVIO se formaron con cuartetas en que se encontraba la palabra SEPULCRO. Una de las nueve cuartetas, la VII-24, decía además de SEPULCRO, *ensevely*: amortajar, dar sepultura. Otras tres cuartetas de la obra traían esta palabra y completaban el tema.

Las 12 cuartetas y las palabras que las señalan son como sigue: I-37, SEPULCHRE; III-32, GRAN SEPULCHRE; III-43, TOMBEAU; VII-24, TOMBEAU; VIII-34, TOMBE; VIII-56, TOMBE; IX-74, SEPULTURER; X-74, TOMBE; 1558-3, SEPULTES; III-36, ENSEVELY; III-72, ENSEVELY; IV-20, ENSEVELIS.

En su orden correlativo las 12 cuartetas son: I-37, III-32, III-36, III-43, III-72, IV-20, VII-24, 1558-3, VIII-34, VIII-56, IX-74, X-74.

El tema del GRAN ROMANO

La palabra ROMANO, en singular o plural, se encuentra veintitrés veces en la obra profética. Once veces acompaña otros temas. Doce forman el tema del GRAN ROMANO de Insignia Medusina, autorizado, con estas palabras, por Nostradamus.

Las doce cuartetas en su orden, según el texto de las publicaciones, son: I-11, II-30, II-45, II-72, II-99, III-66, V-13, V-92, VI-7, IX-67, X-20, X-91.

El tema del DILUVIO

Nostradamus autoriza el tema de DEUCALIÓN, o el DILUVIO, que este personaje representa, en el Presagio de noviembre de 1563: "Deucalion un dernier trouble fair". Deucalión creará una última parturbación. Esta frase después de un punto hace pensar en un tema bajo el nombre del personaje que solamente se repite tres veces más: en la cuarteta II-81 que pertenece a la clave de las URNAS, en la cuarteta X-50 que también pertenece a la misma clave y en la cuarteta X-6. Fuera de estas cuartetas DELUGE está citado once veces y DELUGES una vez. DEUCALIÓN solamente nos da, sin referirse al Diluvio y sin citar la URNA, las dos cuartetas que autorizan el tema: el Presagio citado y la cuarteta X-6. DELUGE en singular o plural sólo nos señala diez cuartetas porque la VIII-29 pertenece a la clave de las URNAS, y la VIII-91 al tema de los CAMPOS. Nos quedan así, con las dos de DEUCALIÓN, doce cuartetas en este tema del DILUVIO: I-17, I-62, V-88-1557-10, 1563-11, 1564-2, 1564-2, 1564-8, VIII-16, IX-3, IX-4, IX-82, X-6.

El tema del FUEGO DEL CIELO

Este tema señala doce cuartetas con la palabra RAYO y otras doce con expresiones como *feu du ciel*, *feu celestes*, *flambeau ardnt au ciel*, *ciel bruselera*, *feu ciel pievra*; fuego del cielo, fuegos celestes, antorcha ardiente en el cielo, cielo arderá, fuego del cielo lloverá. En todos los casos se puede traducir por fuego del cielo porque no es otra cosa el rayo y la misma luz de los astros es fuego del cielo.

Las veinticuatro cuartetas son como sigue según el orden de las publicaciones de Nostradamus: I-26, II-16, II-18, II-51, II-76, II-92, II-96, III-6, III-7, III-17, III-44, IV-35, IV-54, IV-99, IV-100, V-98, V-100, VI-97, 1555-7, 1555-8, 1558-6, 1564-6, VIII-10, IX-19.

Repetimos los 10 temas de este capítulo que forman cinco grupos en cada uno de los cuales el primer tema es de 12 cuartetas y el segundo de 24: TESORO, 12; TEMPLO, 24; COLUMNAS, 12; SATURNO, 24; SEPULCRO, 12; URNA,

24; GRAN ROMANO; 12; MITRA, 24; DILUVIO, 12 FUEGO DEL CIELO, 24.

Damos a continuación, en cuadro, la lista de las ciento ochenta cuartetas indicando los temas con las letras subrayadas: Tesor*o*, T*e*mplo, *K*-columnas, *S*aturno, Sepu*l*cro, *U*rna, Gran *R*omano, *M*itra, *D*iluvio, *F*uego del Cielo.

I-11^{r}	II-8^{o}	III-6^{f}	III-6^{f}	V-7^{o}	VI-1^{c}	VII-8^{c}	1555-5^{s}	VIII-4^{m}	IX-2^{k}	X-6^{d}
I-16^{s}	II-12^{o}	III-7^{f}	III-7^{f}	V-11^{s}	VI-4^{s}	VII-24^{l}	1555-6^{u}	VIII-5^{e}	IX-3^{d}	X-9^{u}
I-17^{d}	II-16^{f}	III-13^{u}	III-13^{u}	V-13^{r}	VI-7^{r}	VII-43^{k}	1555-7^{f}	VIII-10^{f}	IX-4^{d}	X-14^{u}
I-26^{f}	II-18^{f}	III-17^{f}	III-17^{f}	V-14^{s}	VI-9^{e}		1555-8^{f}	VIII-16^{d}	IX-7°	X-20^{r}
I-27°	II-30^{r}	III-32^{l}	III-32^{l}	V-15^{m}	VI-15°		1555-11^{u}	VIII-20^{u}	IX-9°	X-27^{k}
I-37^{l}	II-41^{m}	III-36^{l}	III-36^{l}	V-24^{s}	VI-16^{e}		1557-10^{d}	VIII-26^{u}	IX-12°	X-35^{e}
I-43^{k}	II-48^{s}	III-41^{m}	III-41^{m}	V-35^{u}	VI-31^{m}		1558-3^{l}	VIII-29^{u}	IX-15^{m}	X-47^{m}
I-51^{s}	II-51^{f}	III-43^{l}	III-43^{l}	V-41^{u}	VI-37^{u}		1558-6^{f}	VIII-30^{o}	IX-19^{f}	X-50^{u}
I-54^{s}	II-54^{r}	III-44^{f}	III-44^{f}	V-44^{m}	VI-49^{m}		1558-12^{m}	VIII-34^{l}	IX-20^{u}	X-56^{m}
I-62^{d}	II-63^{u}	III-45^{c}	III-45^{c}	V-51^{k}	VI-50^{o}		1559-3^{c}	VIII-45^{c}	IX-21^{m}	X-64^{k}
I-82^{k}	II-65^{s}	III-65^{o}	III-65^{o}	V-56^{m}	VI-51^{k}		15559-8^{u}	VIII-48^{s}	IX-22^{e}	X-67^{s}
I-83^{s}	II-72^{r}	III-66^{r}	III-66^{r}	V-62^{s}	VI-52^{u}		1561-3^{s}	VIII-49^{s}	IX-23^{e}	X-74^{l}
I-93^{c}	II-76^{f}	III-72^{l}	III-72^{l}	V-73^{c}	VI-53^{m}		1563-8^{m}	VIII-51^{k}	IX-31^{e}	X-81^{e}
	II-81^{u}	III-84^{e}	III-84^{e}	V-87^{s}	VI-65^{c}		1563-11^{d}	VIII-54^{e}	IX-32^{k}	X-91^{r}
	II-83^{u}	III-92^{s}	III-92^{s}	V-88^{d}	VI-66^{o}		1564-2^{d}	VIII-56^{l}	IX-34^{m}	X-93^{k}
	II-92^{f}	III-96^{s}	III-96^{s}	V-91^{s}	VI-82^{m}		1564-6^{f}	VIII-62^{e}	IX-36^{u}	
	II-96^{f}			V-92^{r}	VI-86^{m}		1564-8^{d}	VIII-66^{o}	IX-44^{s}	
	II-97^{m}			V-98^{f}	VI-93^{m}		1565-9^{m}	VIII-67^{k}	IX-67^{r}	
	II-99^{r}			V-100^{f}	VI-97^{f}		1566-2^{u}	VIII-68^{m}	IX-72^{s}	
					VI-98^{e}			VIII-86^{u}	IX-73^{u}	
									IX-74^{l}	
									IX-82^{d}	
									IX-84°	
									IX-87^{m}	
									IX-100^{u}	

24

La clave del bronce grande

La importancia de esta clave hace que su nombre mismo esté escrito de diferente manera en la edición de la "Prognostication nouvelle" para el año 1555 impresa en Lyon por Jean Brotot y en la que dice: GROS AIRAN, y en una edición desaparecida de Avignon, que dice: GROS ERAIN, copiada por Chavigny, quien publicó las cuartetas de esa pronostication en 1594.[1] Hemos visto ya las diferencias que hay en los números y palabras más importantes, entre las ediciones de Lyon y las de Avignon, intencionalmente colocadas para llamar la atención de los futuros comentadores.

En ninguna otra parte de la obra hay tal cantidad de datos criptográficos. En la tercera cuarteta, marzo, después de un punto, termina el último verso con una frase: "L'amy a L. V. s'est joint": el amigo a L. V. se ha juntado. El amigo es uno y L. V. es el número romano 55. Se trata pues del número 56. Lo usaremos más adelante. Es un dato criptográfico y ningún comentador ha podido explicarlo.

[1] Airan, Erain: En francés actual *Airain*, del griego *auramen*, aleaciones de cobre: bronce. Poéticamente se usa bronce por campana. Las campanas señalan y ordenan las horas.

Después, en la cuarteta de mayo nos hace saber que no toda su obra es profética; que lo más importante es su mensaje secreto y que la criptografía excepcional que lo guarda requiere insertar todos los datos necesarios. Estos datos deben quedar también ocultos y esto lo obliga a rodearlos de noticias inventadas. El comentador debe separar de sus profecías el texto o palabras que constituyen su criptografía.[2]

En las cuartetas de mayo, julio y agosto, habíamos encontrado doce números y nuestras primeras investigaciones se limitaron a ellos.

Mayo: 5-6-15-23-5. Julio: 15-5. Agosto: 6-12-13-20.

Se trataba de una clave numérica y pusimos estos doce números sobre el círculo sin ningún resultado. La malicia del reloj y los doce números, vinculando aparentemente la clave a las horas del día o a las doce divisiones zodiacales, oculta la verdadera criptografía que debe completarse con cinco números más. Quedamos algunos años detenidos ante los doce números y solamente ahora podemos completar nuestra exposición.

Colocados los números en serie, nos permitieron adicionarlos por grupos:

5+6+15	23+5	9+15+5	6+12+13+20
26	28	28	51

[2] Como muchas cuartetas de los Presagios están llenas de datos criptográficos, Nostradamus nos advierte que los rellenos son "noticias inventadas", o sea que no son proféticas. ¡Hay que ver lo que descubren los comentadores en esas noticias inventadas! "May 1555: nouvelles inventées."

Añadimos las tres letras, el número tres, al último grupo: encontramos así una colocación armónica; la suma total se acercaba al número de los 140 Presagios.

5+6+15+23+5 8+15+5 6+12+13+20+3
54 28 54
54+28+54=136

La cuarteta de noviembre nos completó el número de los Presagios. Dice: "El cuarto ruido hiere a los que reposan de noche". Se trataba así de cuatro ruidos que sumados al total anterior de 136 nos debía dar 140.

Encontramos un ruido en la cuarteta de enero *cris*, o sea "gritos"; otro en la cuarteta de abril "crie"; un tercero en la cuarteta de agosto: "Hablará la dama", y el cuarto ruido en la cuarteta de noviembre. Si sumábamos estos ruidos de acuerdo con su colocación, dos antes y dos después de los doce números, tendríamos la serie siguiente:

1+1+54 8+15+5 54+1+1
56 28 56
56+28+56=140

Esta serie se refería a los 140 Presagios y empleaba el número 56, indicado por Nostradamus, y su mitad: 28. Se formaba con 17 números indicados en el texto y podía dividirse en cinco grupos con un valor de 28 cada uno. La simetría nos hizo aceptar su originalidad. No teníamos ninguna otra explicación para esta serie numérica.

28	28	28	28	28
1+1+5+6+15	23+5	8+15+5	20+1+28+6	3+12+131

79 — 36 — 25

Esta división en cinco partes con 17 números nos permitía otra en tres grupos de 79, 36 y 25, de acuerdo con la segunda clave testamentaria. Pero la clave expresada así era demasiado simétrica: no daba especial importancia al número 56; colocaba al final al número 3, que viene en la primera cuarteta; no respetaba el orden en que Nostradamus daba los números de la cuarteta de agosto, que era: 6-12-13-20.

Decidimos estudiar cada palabra de la presentación de la clave, considerando que esta presentación se completa en las once primeras cuartetas, de enero a noviembre de 1555. La palabra MIDY, mediodía, en la cuarteta de junio, indicaba el punto central en el que debían girar esas once cuartetas.

La cuarteta de mayo decía: "Tard et tost on sejourne": tarde o temprano residiremos, permaneceremos, y "s'en retourne", o sea, retornar, regresar. Debía girar primero esta cuarteta y después volver a girar en sentido contrario y volver a su lugar.

La cuarteta de junio decía: "Le malin tourne arriere": el malvado gira hacia atrás. Se trata de Marte, que está citado en la cuarteta de marzo, donde se indica el número 56, y que debe girar hacia atrás, al lugar de septiembre.

Comprendimos que las once cuartetas debían girar para colocar noviembre en el lugar de enero, y debían retornar de abril a agosto a su situación primera para que mayo volviera a su lugar. Los meses y los números quedaron, después de girar esas dos veces, según los cuadros siguientes:

La clave de los CENTROS hace girar dos veces, en la palabra MIDY, de acuerdo con las indicaciones de Nostradamus, primero las once cuartetas y después, en sentido contrario, las cinco centrales

Enero	cris	1	Noviembre				
	V.S.C	3					
Febrero			Octubre		4º. ruido	1	
Marzo	L. V.	56	Septiembre				
Abril	crie	1	Agosto	Abril	crie	1	
Mayo	5-6-15	26	Julio	Mayo	5-6-5	26	
	23-5	28			23-5	28	
Junio	MIDY						
Julio	8-15-5	28	Mayo	Julio	8-15-5	28	
Agosto	6-12-13-20	51	Abril	Agosto	6-12-13-20	51	⎤
	hablará	1			hablará	1	⎥
Septiembre			Marzo		L. V. 56		⎥
Octubre	4º. ruido	1	Febrero				⎬ 56
Noviembre			Enero		V. S. C.	3	⎥
					cris	1	⎦

Enero ha quedado cabeza abajo y por eso el 1 es el último número de la clave. El número 56 de marzo sirve para autorizar la suma de los números de agosto y enero (51+1+3+1=56)

Esto cambia el orden de los 17 números que quedan como sigue:

1-1-5-6-15-23-5-8-15-5-6-12-13-20-1-3-1

Los números de acuerdo con esta serie son:

56	28	56	
28	28	28	56
1+1+5+6+15	23+5	8+15+56+12+13+2+1+3+1	
79	36	25	

La serie criptográfica quedaba así perfecta. Esta clave respeta la división de la segunda clave testamentaria (79-36-25) y divide los 140 Presagios en 17 grupos de cuartetas. Las divisiones tendrán que coincidir con las palabras clave que sirven para dividir las cuartetas, previos los centros que las hacen girar, y después de seguir las indicaciones exactas del autor.

Esta clave que divide los 140 Presagios en 17 grupos de cuartetas es una muestra de la malicia del profeta y de las dificultades que acumula para guardar su secreto; pero es también una prueba de que nos da todas las indicaciones necesarias para la formación y utilización de sus problemas criptográficos. Queda demostrado igualmente que la clave de los CENTROS y sus círculos es la primera; y que debe ordenar todas las cuartetas de acuerdo con el plan establecido para la obra por las claves testamentarias. La clave del BRONCE GRANDE dividirá en 17 grupos los 140 presagios.

25

La clave del verbo divino y la clave de los ducados

Las dos primeras partes de las Centurias se unieron para formar la primera parte de la obra. Según la segunda clave testamentaria, sus 644 cuartetas debían reducirse a 642. Era indudable que la clave "Verbo divino" que nos había permitido la división de las 353 primeras cuartetas debía presidir esa reducción y la división en grupos de las 642 cuartetas restantes.

Bibliográficamente las 644 cuartetas estaban divididas en once grupos: I-100, III-100, IV-47, V-100, VI-99, VI-1, VII-40, VII-41 y 42, VII-43 y 44. Las primeras ediciones terminaban en las cuartetas IV-53, VI-99 y VI-40. Las ediciones posteriores de Lyon terminaron en la cuarteta VII-42. Las ediciones de Avignon terminaron en las cuartetas VI-100 y VII-44.

Nuestro estudio de las siete primeras Centurias nos hizo encontrar en ellas la expresión DIVIN en masculino o femenino, en singular o plural, se encontraba siete veces en las cuartetas I-2, I-14, I-88, II-13 o 17, IV-24, IV-43 y VI-72.

Hicimos una lista de las once divisiones bibliográficas y las once divisiones de la palabra DIVINO: I-2, I-14, I-88, I-100 = II-13 o 17, II-27, II-100 = III-2, III-

100 = IV-5, I-24, IV-43, IV-54, IV-100 = V-100 = VI-72, VI-99, VI-100 = VII-36, VII-40, VII-42, VII-44.

Las 644 cuartetas quedaban divididas en 22 grupos, el primero de los cuales separaba las dos primeras cuartetas de la primera Centuria. La cuarteta I-2 marcaba esta división permitiendo que comenzara la primera Centuria en la cuarteta I-3: decía que la profecía llegaba hasta el profeta pronunciada por una "voix fremissent", una voz estremecida, y la titulaba "esplendor divino". Aunque no repetía las palabras VERBO DIVINO, se trataba de una expresión idéntica.

Se suprimieron así las dos primeras cuartetas que no eran proféticas ni criptográficas. Se limitaban a exponer dos ritos de augures y Sibilas, ambos por una voz, un verbo, proferido por el sutil espíritu del fuego o por el espíritu del agua, lo que diferencia ambos ritos.

Hicimos una segunda observación: la cuarteta V-53 decía "espíritu de profecía", o sea el mismo significado de "Verbo divino". Como Nostradamus completa habitualmente sus claves de esta manera, con expresiones similares, incluimos esta división. Los grupos que habrían quedado reducidos a 21 volvieron a ser 22 después de dividir la quinta Centuria en V-53 y V-100, o sea en 53 y 47 cuartetas.

Las siete primeras Centurias quedaron reducidas a 642 cuartetas divididas bibliográfica y criptográficamente en veintidós grupos:

I.	3 a 14
I.	14 a 88
I.	88 a 100
II.	1 a 17 (13)
II.	17 a 27
II.	27 a 100
III.	1 a 2
III.	2 a 100
IV.	1 a 5
IV.	5 a 24
IV.	24 a 43
IV.	43 a 53
IV.	53 a 100
V.	1 a 53
V.	53 a 100
VI.	1 a 72
VI.	72 a 99
VI.	99 a 100
VII.	1 a 36
VII.	36 a 40
VII.	40 a 42
VII.	42 a 44

Aquí debemos hacer una tercera observación importante respecto de la cuarteta número trece de la segunda Centuria. Creemos que podemos considerarla bajo el número 17. En la primera edición de las Centurias aparece sin número: la cuarteta siguiente lleva el número 13 y siguen la 14, la 5 y la 16; después viene la 18. Estamos convencidos de que esta falla tipográfica fue ordenada por Nostradamus. En ninguna de las muchas ediciones de las Centurias, en el curso de cuatro siglos. ha ocurrido un error similar de la tipografía. Si se tratara de una edición descuidada, podríamos dudar, pero la primera edición es la más cuidada y mejor corregida de todas las ediciones de las obras nostradámicas aparecidas durante la vida del autor. Más todavía: el empleo intencional de algunas mayúsculas y números romanos dentro del texto no ha sido respetado completamente en ediciones posteriores y creemos que el profeta contaba con estas diferencias tipográficas, que hacían necesaria esa primera edición para sus fines criptográficos.

Creemos que la segunda edición, de Sixte Denise, desaparecida, tuvo igualmente, para sus 286 cuartetas inéditas, las similares características tipográficas que hacen única la primera edición. Desgraciadamente no ha llegado hasta nosotros.

La tercera parte de las Centurias, edición de 1558, desaparecida igualmente, fue copiada muchas veces por Benoist Rigaud y sus herederos, desde 1568 hasta 1600, y copiada después por su hijo Pierre, como editor independiente, por lo menos tres veces. Dicha edición trae las Centurias VIII, IX y X. Mantiene muchas mayúsculas que deben ser señales criptográficas y puede haber perdido otras. Señalaremos: las tres palabras mayúsculas con las que empieza, PAV, NAY, LORON; el nombre de HIERON que pertenece al tema del Diluvio; las palabras IVRA?NORLARISanagramadeLorrain,TAQ,PAR,CAR,NERSAF anagrama de FRANSE, y VAR. Todas estas mayúsculas solamente en la octava Centuria.

La existencia de estas señales, a la vez tipográficas y criptográficas, en las primeras ediciones y la suerte diversa que han corrido en las ediciones posteriores, nos autoriza a preferir para este estudio la numeración diferente para la cuarteta a la que nos referimos, 17 en lugar de 13. De todas maneras los criptógrafos futuros pueden estudiar este problema comparando los resultados según una u otra numeración.

Tuvimos una prueba indirecta de que estábamos en el buen camino en el hecho de que las palabras DIVIN, DIVINE, en singular o plural, no se encuentran ni una sola vez en las tres últimas Centurias y en los presagios sólo una vez: diciembre, 1559, donde muy probablemente se trata de una indicación criptográfica que deberá utilizarse cuando el texto que estudiamos se una al texto de los presagios.

Esta cuarteta, presagio de diciembre de 1559, completa el tema de la palabra DIVIN que señala doce cuartetas. Aparentemente son solamente once, porque la cuarteta I-2 no forma parte de la obra profética, pero ya hemos visto cómo concluye Nostradamus todos sus temas criptográficos y sus claves son sinónimos o con ideas afines. Completa la clave del VERBO DIVINO con la cuarteta V-53 que dice "esprit de prophetie", espíritu profético, en vez de verbo divino, y concluye con la misma cuarteta el tema "DIVIN". Las doce cuartetas de este tema criptográfico son. I-14, I-88, II-13 o 17, II-27, III-2, IV-5, IV-24, IV-43, V-53, VI-72, VII-36 y 1559-12. El profeta autoriza considerar "espíritu de profecía" como "espíritu divino" en la cuarteta II-13.

Tenemos otra prueba indirecta en la primera cuarteta nostradámica que fue impresa en el almanaque de 1554 para 1555 y que puede considerarse como un prólogo de la obra, aunque no está comprendida en ella, porque no pertenece a ninguno de los meses del año, sino al año entero. El estudio bibliográfico, siguiendo una indicación textual del autor, así como también las claves testamentarias, coloca fuera de la obra profética las cuartetas que aparecen presidiendo los años. Chavigny considera esa cuarteta como la primera de la obra, insistiendo en que encabeza las primeras cuartetas publicadas. El primer verso de ella dice, en una versión:

D'Esprit divin l'ame presage atteinte.
De Espíritu divino el alma presagio ha logrado.

En otra versión:

L'ame presage d'esprit divin attainte.
El alma presagia alcanzada por el espíritu divino.

En la primera versión el verbo es *atteinte*, y en la segunda el verbo es *presage*. Las primeras palabras se refieren al espíritu divino del que el alma recibe el presagio; en la segunda versión es el alma que profetiza.

Desde su primer verso, Nostradamus declara la divinidad de su obra profética y emplea la palabra DIVINO que le sirve de clave para la división criptográfica de la primera parte de esa obra.

Esta primera cuarteta encierra la más pura teoría mística que el lector atento encontrará expuesta en dos cuartetas que merecen su atención:

II-13 o 17: *El cuerpo sin alma no seguirá sacrificado*
Día de la muerte transformando en natividad
El espíritu divino hará feliz al alma
Contemplando al verbo en su eternidad.

III-2: *El verbo divino otorgará a la sustancia*
Comprendido en ella cielo, tierra, oro oculto del hecho místico:
Cuerpo, alma, espíritu, teniendo toda potestad
Tanto sobre sus pies como en la sede celeste.

Los números de los 101 ducados y de los 126 dobles ducados nos permitieron dividir las primeras 353 cuartetas, de acuerdo con la primera clave testamentaria, utilizando dos cuartetas, II-27 y III-2, en las que venían las palabras VERBO DIVINO.

Como las mismas palabras venían en las cuartetas IV-5 y VII-36, pensamos utilizar unidas, para las siete primeras Centurias, las claves del VERBO DIVINO y los números de los DUCADOS. No obtuvimos ningún resultado y tuvimos que reconocer que la clave de los DUCADOS no funcionaba para las 642 cuartetas, cuyo total no podía dividirse por los números 101 y 126.

Terminada la segunda clave testamentaria, las 642 cuartetas de las siete primeras Centurias y las 140 de los Presagios sumaban 782. Si sumábamos cuatro series de 101 cuartetas y tres series intermedias de 126, teníamos un total exactamente igual: 782 (101+126-101-126+101+126+101 = 782). La clave de los DUCADOS reuniría los 22 grupos de la primera parte de la profecía con los 17 grupos de la segunda parte formada por los Presagios.

La cuarteta del mes de junio de 1561 autorizaba esta reunión criptográfica en el cuarto verso:

Et dix & sept assaillir vint & deux.
Y diecisiete asaltar veintidós.

Como el verso anterior termina en punto y seguido, este cuarto verso es indudablemente una indicación criptográfica.

	1+1+5+6+15+	
Los 17 números dados	23+5+8+15	=79
por la clave del BRONCE	5+6+12+13	=36
GRANDE son:	20+1+1+3	= 25 140

Unidos a los 22 grupos del VERBO DIVINO, quedarían:

I. (3 a 14) (14 a 88) (88 a 100) + III-1 + VII-(43 y 44)
12 + 74 + 12 =98+1 + 2 =101 1o.

II. (2 a 100) + II-(1 a 17) (17 a 27)
99 + 17 + 10 = 126 2o.

III. (27 a 100) + IV-(1 a 5) (5 a 24) (24 a 43) (43 a 53)
73 + 5 + 19 + 19 + 10 = 126 3o.

IV. (53 a 100) + Presagios 79
47 + 79 = 126 4o.

V. (1 a 53) (53 a 100) + VI-(100)
53 + 47 + 1 = 101 5o.

VI. (72 a 99) + Presagios 36 + VII-(1 a 36) + VII-(41 y 42)
27 + 36 + 36 + 2 = 101 6o.

VII. (1 a 72) + Presagios 25 + VII-(36 a 40)
72 + 25 + 4 = 101 7o.

Los 79 presagios divididos en nueve grupos:	1+1+5+6+15+23+ 5+8+15 = 79
Los 36 presagios divididos en cuatro grupos:	5+6+12+13 = 36
Los 25 presagios divididos en cuatro grupos:	20+1+3+1 = 25

La clave de los DUCADOS uniría así los 22 grupos de las cuartetas de las siete primeras Centurias con los 17 grupos de los Presagios.

Presentamos como ejemplo este cuadro numérico para dar al lector una idea de la utilización futura de las claves "VERBO DIVINO" y "DUCADOS". El cuadro definitivo será diferente no sólo porque cambiará el orden de los grupos de cuartetas, sino porque el número de cuartetas de cada grupo formado por las once divisiones criptográficas no será igual.

Por ejemplo: el segundo grupo de la primera Centuria va de la cuarteta 14 a la cuarteta 88 y puede constar de 73, 74 o 75 cuartetas. El primer grupo puede terminar en la cuarteta 13 o en la 14, y el tercer grupo puede comenzar en la cuarteta 88 o en la 89. Esto da tres soluciones: de la 13 a la 88 serían 73. El tercer grupo en cambio sólo puede tener 11 o 12 cuartetas porque la división bibliográfica en 100 es invariable. De la 88 a la 100 tendrá 12 y de la 89 a la 100 solamente 11.

Nos quedaría también por determinar el orden en que deben ubicarse las siete grandes divisiones en las que se unen las dos primeras partes de la obra. Utilizaríamos para ello la segunda clave testamentaria, y en ella la última división que establece: tres círculos o "cielos" de 360 sectores cada uno.

26

La clave de los planetas

En la dedicatoria de sus tres últimas centurias a Enrique, Roy de France, Second, después de la segunda cronología arbitraria, Nostradamus dice textualmente: "Y después de algún tiempo y comprendiendo en él desde que Saturno quien volverá a entrar el 7 de abril hasta el 25 de agosto, Júpiter de 14 de junio hasta el 7 de octubre, Marte desde el 17 de abril hasta el 22 de junio, Venus desde el 9 de abril hasta el 22 de mayo, Mercurio desde el 3 de febrero hasta el 24 de dicho mes. Y después del 1o. de junio hasta el 24 de dicho mes y del 25 de septiembre hasta el 16 de octubre".

Sigue a esto un cuadro astrológico del cielo que debe preceder a la Revolución Francesa. "Saturno en Capricornio, Júpiter en Acuario, Marte en Escorpio, Venus en Piscis, Mercurio en un mes en Capricornio, Acuario y Piscis, la Luna en Acuario, la cabeza del Dragón en Libra: la cola en su signo opuesto siguiendo una conjunción de Júpiter a Mercurio, con una cuadratura de Marte a Mercurio, y la cabeza del dragón será con una conjunción del Sol a Júpiter, el año será pacífico, absolutamente sin eclipse, y comenzando en ese año será hecha más grande persecución a la iglesia cristiana que no ha sido hecha en África y durará hasta el año 1792 que será una renovación de siglo..."

Efectivamente, el año 1792 fue declarado por la convención año primero de la República: se produjo en ese año en Francia un cambio cronológico. Fue el año más importante de la Revolución y el primero de la nueva era que pretendió instaurar.

Siguen a esto unas líneas y el párrafo concluye con una noticia que no se relaciona con el texto: "Que a los dos cretenses no les será la fe guardada".

Ningún comentador ha explicado nunca satisfactoriamente la exposición astronómica, ni mucho menos la existencia de los dos enigmáticos cretenses y la situación desagradable en que los sitúa el profeta.

Pensamos en la posibilidad de una clave numérica y nos limitamos a considerar los números en el orden en que habían sido expuestos.

Como el texto se encuentra redactado así en las ediciones de Lyon y todos los números importantes sufren alguna variante en las ediciones e Avignon, empezamos por confrontar ambas versiones. Encontramos que, efectivamente, existía una variante: el texto de las ediciones que copian las de Avignon dice algunas veces: "Hasta el 15 de agosto" en lugar de "hasta el 25 de agosto". No hallamos motivo alguno para dicho cambio y continuamos investigando según el texto de las ediciones de Lyon. Este cambio puede haberse originado en una errata de imprenta.

Nostradamus ubica los planetas de acuerdo con la sucesión horaria: Saturno, Júpiter, Marte, Venus y Mercurio. Falta solamente el Sol entre Marte y Venus y la Luna a continuación de Mercurio.[1]

Los planetas se repetían en el plano del cielo astrológico en el mismo orden: Saturno, Júpiter, Marte, Venus y Mercurio, seguidos de la Luna. Faltaba solamente el Sol, y pensamos que la situación de ellos podía darnos una ordenación distinta para el criptograma. De acuerdo con nuestro estudio de los días de la semana y los genios y metales que presiden esos días, podían presentarse en uno de los tres órdenes directos: el de sus números atómicos, el de los días de la semana, o el de las primeras horas de cada día. También podían presentarse en cualquiera de esos tres órdenes, en marcha retrógrada. No hallamos dato alguno que nos autorizara a ello. Nostradamus colocaba sus números relacionándolos con cinco planetas y debíamos estudiarlos tal como los habíamos recibido. Siguiendo el texto, los números nos dieron el cuadro que termina este capítulo. En él hemos numerado los meses y los días: siete de abril 7.4 a veinticinco de agosto 25.8 y así sucesivamente.

El cuadro queda formado por 28 números, cuya suma total es 298. Hay pues una relación con las trescientas cuartetas de la tercera parte de las Centurias. Basta añadir el número 2, señalado por Nostradamus con los dos cretenses, para completar 300. El hecho de que los dos cretenses están separados de los 28 números significa seguramente que deben reducirse las 300 cuartetas a 298.

[1] Véase el capítulo 17 en la cronología.

Según el cuadro, debemos encontrar una división de las 298 cuartetas en 28 grupos de acuerdo con los veintiocho números, en 14 grupos de acuerdo con las catorce fechas, o en 7 grupos sumando los cuatro números de las dos fechas de cada movimiento planetario. Tendríamos aún otra posibilidad: la de formar cinco grupos sumando todos los números que corresponden a cada planeta.

Los veintiocho números, en su orden, son: 7-4-25-8-14-6-7-10-17-4-22-6-9-4-22-5-*3-2-24-2-1-6-24-6-25-9-16-10.

Las catorce fechas, sumando los dos números de cada una, son: 11-33-20-17-21-28-13-27-5-26-7-30-34-26.

Los siete movimientos planetarios, sumando los cuatro números de las fechas en que comienzan y concluyen, son: 44-37-49-40-128.

Parecería evidente que se trata de una clave que solamente puede funcionar cuando hayan sido utilizadas las claves anteriormente expuestas y hayan dado a todas las cuartetas proféticas la reordenación definitiva. No es así. Y vamos a demostrarlo: primero, siguiendo en el texto la división previa de las 298 cuartetas según los números de los siete movimientos planetarios, y segundo, descubriendo las indicaciones de Nostradamus que nos permiten poner fuera de la obra profética las cuartetas VIII-52 y VIII-53.

Hemos decidido hacer en este libro una exposición completa de las claves que hemos descubierto en la obra nostradámica, sin ocuparnos de la utilización de esas claves. Como el profeta nos plantea un trabajo de creación, es muy difícil fijar el límite entre ambos propósitos. La clave de los planetas nos dará un ejemplo: pretendiendo solamente presentarla nos hemos visto obligados a llevar nuestra investigación más adelante. Partimos del cuadro numérico tal como lo hemos recibido de Nostradamus. La primera observación hará que lo dividamos en forma simétrica en tres grupos. El primero de la izquierda sumará 98, el segundo 100 y el tercero 100. El cuadro así dividido y la frase referente a los dos cretenses nos autorizan a retirar definitivamente dos cuartetas de una de las Centurias. Buscamos las indicaciones del autor para saber cuáles eran las dos cuartetas que debíamos poner fuera del texto.

La primera columna de fechas sumaba 44. La cuarteta 44 de la octava Centuria nos dio una indicación precisa: "De siete a nueve poner fuera del camino". Debíamos contar siete cuartetas (44 + 7 = 51) y poner fuera del texto las numeradas 52 y 53. La palabra AMY señalaba la cuarteta 44. La cuarteta 51 estaba señalada por la palabra BIZANTIN. La 52 está incompleta y su primer verso es igual al primer verso de la cuarteta VIII-38.

Sumamos al primer total de 44 el total de la segunda columna, 37 (44 + 37 = 81). La cuarteta 81 no se ocupaba de nuestro problema criptográfico. Tuvimos que seguir hasta la 83 que con las palabras "Bisance, entreprise y amy", está señalada por el profeta como final del segundo grupo según la clave de los PLANETAS. Amy se encuentra en la cuarteta 14, Bizantin en la 51 y ambas palabras se repiten en la cuarteta 83 junto con "Entreprise", empresa; siendo con esta última palabra que Nostradamus indica en toda su obra el trabajo de descriptación y el descubrimiento de su secreto. Quedaba aprobada por el autor la anulación de las cuartetas VIII-52 y VIII-53; el segundo grupo terminaba en la cuarteta 83.

Seguimos adelante. La tercera de las siete partes de la clave tiene 49 unidades bajo el signo de Marte (83 + 49 = 132), lo cual nos lleva hasta el número 132, es decir, hasta la cuarteta IX-32; 100 de la VIII y 32 de la IX.

> IX-32: *De fino pórfido profunda columna encontrada*
> *Bajo la loza, escrito capitotino:*
> *Huesos, pelambre retorcida Romana fuerza probada.*

Se refiere al descubrimiento, bajo el sepulcro romano, del escrito capitolino, o sea, de su mensaje secreto.

El cuarto grupo (132 + 40 = 172), bajo el signo de Venus, termina en la cuarteta 72 de la novena Centuria.

> IX-72: *Todavía serán los santos templos profanados*
> *Y saqueados por el Senado Tolosano.*

Nos lleva nuevamente al templo antiguo en el que todas las cuartetas de este tema relatan el descubrimiento de la tumba, los huesos, el tesoro y los escritos proféticos.

El quinto grupo, bajo el signo de Mercurio (172 + 31 = 203), nos lleva a la décima Centuria y a la tercera cuarteta:

> X-3: *En apres cinq troupeau ne mettra hors un.*
> *Y después de cinco rebaños no se dejará fuera uno.*

Efectivamente, después de cinco grupos de cuartetas perfectamente señalados, y luego de haberse encontrado las dos cuartetas de la tercera parte de la obra que deben excluirse del texto, ya no es necesario seguir adelante. Tenemos un sexto grupo de 37 cuartetas que llega hasta la X-40 y un séptimo grupo de 60 cuartetas que termina junto con la décima Centuria.

Pondremos en evidencia una malicia más de nuestro autor. La cuarteta X-3, a la que ya nos hemos referido, dice en las ediciones de Lyon:

Después de cinco rebaños no se dejará uno fuera.

que en francés es:

En apres cinq troupeau ne mettra hors un.

La última palabra, *un*, uno, no pertenece al verso, que termina en *hors*; pertenece al verso siguiente y así aparece en las ediciones de Avignon. El error en las ediciones de Lyon fue cometido deliberadamente. El criptógrafo comprende que se trata de los rebaños o grupos de cuartetas y no del fugitivo al que se refiere el segundo verso; aunque también puede entenderse como un sexto rebaño fugitivo. El segundo verso dice:

Un fuytif pou Penelon laschera...
Un fugitivo para Penelón dejará.

En resumen: las tres Centurias, VIII, IX y X, quedan divididas por la clave de los PLANETAS, según sus siete totales, cada uno integrado por cuatro números, que ya quedaron establecidos en el cuadro pertinente.

Primer grupo:	Las 44 cuartetas primeras de la Centuria VIII.	44
Segundo grupo:	las 37 cuartetas siguientes. Como quedan suprimidas la VIII-52 y la VIII-53, este segundo grupo llega hasta la cuarteta VIII-83	37
Tercer grupo:	49 cuartetas; llega hasta IX-32	49
Cuarto grupo:	40 cuartetas hasta la IX-72	40
Quinto grupo:	31 cuartetas hasta la X-3	31
Sexto grupo: 3	7 cuartetas hasta la X-40	37
Séptimo grupo:	60 cuartetas hasta la X-100	60
		298

Hasta aquí presentamos la clave de los PLANETAS, que ya queda relacionada con el texto de las 298 cuartetas dividiéndolo en siete grupos. Para continuar la división en catorce o veintiocho grupos tendremos que recurrir a la clave de los CENTROS. Se hará evidente la división correcta de cada uno de los siete grupos en cuatro subgrupos.

La clave de los PLANETAS dividirá la tercera parte de la obra en veintiocho grupos de cuartetas.

Cuadro de los veintiocho números de la clave de los PLANETAS

♄	♃	♂	♀	☿	☿	☿
7	14	17	9	3	1	25
4	6	4	4	2	6	9
25	7	22	22	24	24	16
8	10	6	5	2	6	10
44	37	49	40	31	37	60

(44 + 37 + 17) (32 + 40 +28) (3 + 37 +60)

98 + 100 + 100 = 298

44— VIII-1 a VIII-44
37— VIII-45 a VIII-82 + 2 = VIII-83
49— VIII-84 a VIII-100 + IX-1 a IX-32
40— IX-33 a IX-72
31— IX-73 a IX-100 + X-1 a X-3
37— X-4 a X-40
60— X-41 a X-100

Nota: Cuando no damos el texto francés del siglo XVI en nuestras citas, las traducimos literalmente en español. Esto está bien para pequeñas frases explicativas, pero la traducción de las cuartetas proféticas no es aconsejable y la hemos hecho solamente en casos que era indispensable. Existen traducciones imperfectas al inglés que confirman nuestra opinión.

27

La clave de los pentágonos

Las claves y los temas criptográficos que hemos descubierto y explicado en el curso de esta obra constituyen una complicadísima trama que obligará a muchas ordenaciones de las 1080 cuartetas de la PROFECÍA. Como cada ordenación debe partir de una ordenación criptográfica anterior, todas las claves son necesarias y el orden de su utilización constituye una última dificultad.

El resultado de este complicadísimo trabajo será un texto definitivo que solamente podrá ser comprobado por la evidencia del mensaje secreto. Ninguna de las claves y ninguno de los pasos de su utilización podrá confirmarse aisladamente. La única demostración vendrá con el último resultado.

La clave de los pentágonos que vamos a estudiar en este capítulo, constituida sobre el círculo dividido en 360 sectores o grados, nos obliga a aceptar la colocación del texto profético sobre dicho círculo. Divide la obra en tres partes: las 1080 cuartetas se colocarían alrededor de tres círculos. Es posible también que los 4320 versos deban colocarse alrededor de doce círculos. En el estado actual de la descriptación ambas soluciones deben tenerse en cuenta sin que sea posible decidir al respecto.

Nostradamus se refiere muchas veces en el curso de su obra a las figuras pentagonales y lo hace tan insistentemente que parece imposible que durante siglos sus comentadores no le hayan dado la debida atención. El único que encontró una relación entre el sepulcro y el pentágono y lo trazó como símbolo central de la profecía nostradámica haciéndolo girar en círculo fue Piobb en 1927. Interpretando en la cuarteta de enero de 1555 las letras "V. S. C. paix" como la inscripción latina sobre los sepulcros romanos "Voto Suscepto Curavit", empezó a levantar el velo del "Sepulcro del Gran Romano". Aunque se refiere a las dos primeras cronologías arbitrarias que estudiamos en este capítulo y hace observaciones interesantes llegando a asegurar que en ellas ha encontrado la clave, no ha descubierto su pentágono único en esas cronologías. Lo traza dentro del círculo de acuerdo con otro secreto nostradámico, que viene en la cuarteta de noviembre de 1557 encerrado en las palabras FLORAM PATERE. Refirió su pentágono a la clave que esas palabras encierran de las que también nos hemos ocupado y dedicó su libro a un estudio de la profecía en relación con la historia de Francia y la sucesión en ella de los símbolos que la representan y a los que se refiere claramente Nostradamus. Piobb nos habla muchas veces de la clave que ha descubierto, pero no da ninguna explicación criptográfica. Sus intuiciones son admirables, pero su exposición bibliográfica es pura fantasía y sus vagas afirmaciones sobre una criptografía que ha descifrado son igualmente fantásticas. Insistimos en el valor de sus descubrimientos que denotan una intuición excepcional. *El secreto de Nostradamus*, que publicó en 1927, marcó en esa fecha el comienzo de nuestro interés por las profecías y por la criptografía nostradámicas y, a pesar de sus errores, acompañará siempre a los más serios estudiosos de las Centurias contribuyendo indirectamente a la develación de la profecía apocalíptica encerrada en el mensaje secreto a cuyo descubrimiento dedicamos esta obra.[1]

El sepulcro en su forma clásica es, en su corte transversal, un pentágono. Es verdad que Nostradamus se refiere a él muchas veces, pero no es la única forma en que insiste en el pentágono y en su relación secreta con la profecía. Se refiere también, como hemos visto, a la URNE. Son tantas las veces que debe nombrarla que transforma la ortografía de esa palabra y utiliza también SAT-URNE. La urna en su corte transversal es también un pentágono como la mitra pontifical, romana por adopción, que utiliza igualmente. La mitra, como su nombre lo indica, fue uno de los símbolos muy antiguos que con la religión de mitra trajeron las legiones a Roma. Insiste así en los pentágonos que constituyen la clave más importante de su criptografía.

Vamos a estudiar tres cronologías arbitrarias dadas por Nostradamus aprovechando la confusión cronológica creada por los cronógrafos para el periodo anterior a nuestra era. Demostraremos que han sido establecidas esas tres cronologías arbitrarias solamente para darnos tres pares de pentágonos, exactamente ubicados, cada par, en un círculo, formando así una máquina criptográfica para cada una de las tres partes de su profecía.

[1] Véase al final del capítulo 22, La clave de las "urnas", la nota explicativa de las figuras.

De estas tres cronologías arbitrarias vienen las dos primeras en la dedicatoria a Enrique, Rey de Francia, Second, prefacio de las Centurias VIII, IX y X, publicadas en 1558, edición de la que no existe ningún ejemplar, pero que fue reeditada por Benoist Rigaud en 1568 y muchas veces, con esta misma fecha, durante los 25 años siguientes. Como este documento fue reproducido después en casi todas las ediciones de las Centurias, ha sido estudiado por todos los comentadores de Nostradamus. A pesar de ser obvio que no se trataba allí de cronología, solamente Piobb llegó a suponer que esos conjuntos numéricos encerraban con toda precisión los datos necesarios para la construcción de una maquinaria criptográfica; desgraciadamente no pudo descubrirla. La tercera cronología arbitraria fue publicada solamente en 1565, con el almanaque, pronósticos y presagios para 1566, en un librito que nunca fue reeditado. Es pues completamente desconocida porque existe un solo ejemplar que descubrimos en 1946 en la Biblioteca Víctor Manuel de Nápoles. Damos la copia fotográfica del frontispicio y de la página pertinente en las ilustraciones fuera de texto número 10 y 11.

Ninguna de estas tres cronologías está de acuerdo con las otras dos; la segunda llega a dar dos totales diferentes para los años de que se ocupa y la primera incluye un número de mil y dos profetas que no tiene nada que ver con la cronología, pero cada una de ellas nos dará los números necesarios para inscribir en un círculo dos pentágonos cuya rotación permitirá la lectura del verdadero mensaje del profeta provenzal. Recordamos al lector que estas cronologías arbitrarias nos han dado ya cuatro fechas para el dodecágono cronológico del capítulo 23 en la CRONOLOGÍA.

Los dos pentágonos de la primera cronología arbitraria

Del prefacio en que Nostradamus dedica sus tres últimas Centurias a Henry, Roy de France, Second, en 1558 traducimos textualmente la primera cronología arbitraria:

"Por que el tiempo de nuestros antepasados que nos han precedido es de tal suerte... que el primer hombre Adán fue antes de Noé (*a*) más o menos mil doscientos cuarenta y dos años, no computando el tiempo según los gentiles como ha dejado por escrito Varrón: sino tan solamente según las Sagradas Escrituras, según la debilidad de mi espíritu, en mis cálculos astronómicos. Después de Noé (*b*), de él y del Diluvio universal, vino Abraham más o menos mil y ochenta años, el cual fue soberano Astrólogo, según algunos, inventó el primero las letras caldeas: después vino Moisés, más o menos quinientos quince o dieciséis años (*c*), y entre el tiempo de David y Moisés, han sido quinientos setenta años más o menos. Después entre el tiempo de David, y el tiempo de nuestro salvador y redentor Jesucristo, nacido de la única virgen (*d*) han sido (según algunos Cronógrafos) mil trescientos cincuenta años: podrá objetar alguno esta calculación no ser cierta, porque difiere de la de Eusebio. Y después del tiempo de la humana redención hasta la seducción detestable de los sarracenos, han sido seiscientos veintiún años, más o menos, después de esto se puede fácilmente calcular cuántos tiempos han pasado, si mi cálculo no es bueno y valedero para todas las naciones, porque todo ha sido calculado por el curso celeste, acercándome a la sentencia de uno de los mil dos profetas, que han sido después de la Creación del mundo, hasta la calculación y Crónica púnica de Joel". (*e*.)

Poco antes ha dicho: "Esperando dejar por escrito los años, villas, ciudades, regiones donde la mayor parte sucederá, aun del año 1585 y del año 1606. Comenzando desde el tiempo presente que es el 14 de marzo de 1557".

Observaciones:

a) "Adán fue antes de Noé." Quiere decir que la cronología puede comenzar con Adán o puede comenzar con Noé. Los 1242 años se pueden inscribir en sentido directo en el primer caso o en sentido retrógrado en el segundo.

b) No da el tiempo de Noé: 600 años antes y 350 después del Diluvio. Tampoco el tiempo del Diluvio que señala él mismo en otra cronología arbitraria, pero que ha dado en meses no es para esta cronología que se desarrolla toda en años completos. Como después viene el periodo de Abraham de 1080 años, y como este periodo no señala ningún grado, porque da tres vueltas completas, de 360 grados cada una, podemos tomarlo como una indicación de que el Diluvio puede dividir el problema criptográfico para que vuelva a comenzar con el periodo de Abraham a Moisés.

c) El periodo de Abraham a Moisés, de 515 o 516 años, acredita que estos números pueden considerarse para dos problemas diferentes, en uno de los cuales se usará uno, dejando el otro para un segundo problema.

d) Como el tiempo entre David y Jesucristo termina con el nacimiento de éste, "*nacido de la única virgen*", y el tiempo entre Jesucristo y los sarracenos, es decir Mahoma, comienza "*después de la humana redención*", debemos considerar los 33 años de la vida de Jesucristo.

e) Joel nunca se ha ocupado de 1002 profetas. Así como son arbitrarios casi todos los números de estas cronologías lo es también este número de profetas, que podemos usar desde el 0 del círculo en sentido directo o retrógrado considerando el valor del número para el problema criptográfico de acuerdo con los resultados.

f) Líneas antes de esta cronología, que además de arbitraria es incompleta y maliciosa, vienen tres fechas: la del comienzo de la profecía, 1557, que en las ediciones de Avignon es 1547, y las posteriores, 1585 y 1606, que están allí solamente como datos criptográficos.

El conjunto de estos datos, que aparentan una cronología y que hemos titulado "Primera cronología arbitraria", tiene por objeto la construcción de dos pentágonos inscritos en el círculo, figura necesaria para esta clave de su complicado criptograma.

Vamos a llevar al círculo de 360 grados los resultados numéricos de los datos que hemos expuesto. Si esos números son inferiores a 360 se inscribirán en el grado correspondiente; si son superiores, se les restará 360 tantas veces como sea necesario para que el saldo, inferior a 360, pueda ser inscrito.

Figura 1
Los dos pentágonos inscritos construidos según los números de la primera cronología arbitraria

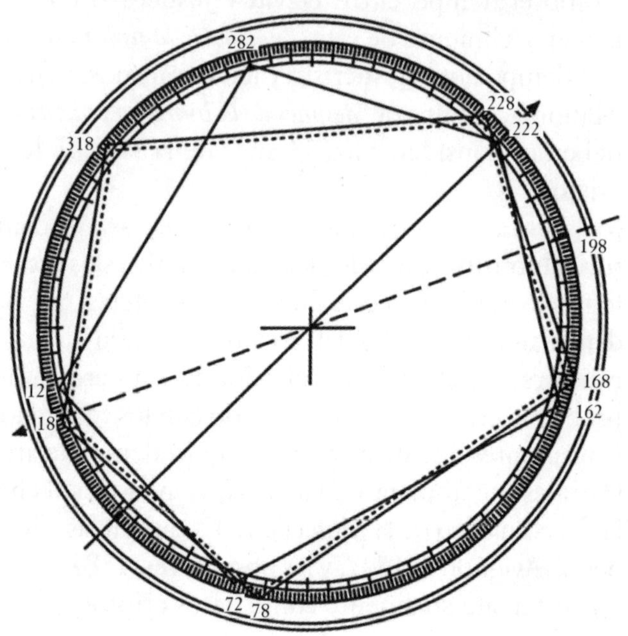

1. Adán fue antes de Noé 1242 años. Después de tres vueltas de círculo (1 242-1 080 = 162) quedan 162 años que nos llevan en sentido
directo al grado 162 y en sentido retrógrado, 162°
al grado 198 (1 242 - 1 080 = 162) (360-162 198°
= 198).

2. Noé vive hasta el Diluvio 600 años. Después de una vuelta de círculo (600-360 = 240)
quedan 240, que nos llevan en sentido direc- 42°
to al grado 42 (162 + 240 = 402-360 = 42).

Figura 2
El primer pentágono inscrito construido según los número de la segunda cronología arbitraria

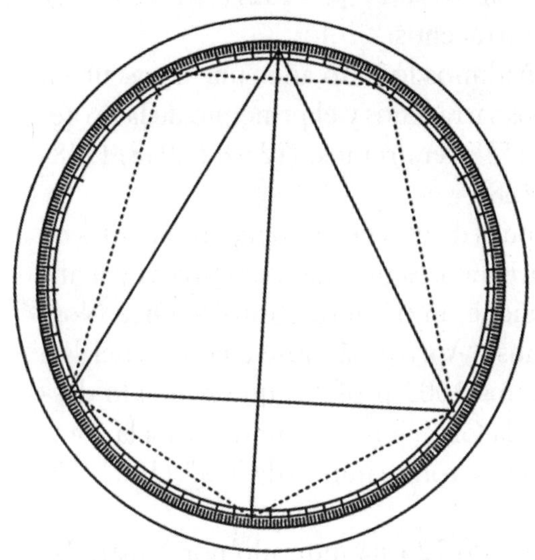

3. Abraham, 1080 años después del Diluvio, divide el problema criptográfico que comenzará de nuevo con el tiempo transcurrido entre Abraham y Moisés. Mil ochenta (1080-1080 = 0) quedan en 0 después de tres vueltas de círculo.

4. Abraham a Moisés 516 años. El nacimiento de Noé nos había llevado al grado 162 (162 + 516 = 678) (678-360 = 318). 318°

5. Hasta David 570 años (318+570 = 888) (888-720 = 168). 168°

6. Hasta el nacimiento de Jesucristo 1350 años (168 +´1350 = 1518) (1518-1440 = 78). 78°

7. Si sumamos los 33 años de vida de Jesucristo con los 621 de los sarracenos tendremos 654 años (78 + 654 = 732) (732-720 = 12). Hasta sarracenos:

8. Si añadimos los 936 años que transcurren entre los sarracenos y el principio de la profecía de 1557 tendremos: (12+936=948) (948-720 = 228). 228°

9. Después de esta cronología que además de arbitraria hemos titulado incompleta y maliciosa, viene un número absurdo. Dice Nostradamus: "Aproximándose a la sentencia de uno de los 1002 profetas que han sido después de la Creación del mundo hasta la computación y Crónica púnica de Joel". (1002-720 = 282). 282°

10. El grado 72 está indicado por Nostradamus con la suma de los años transcurridos, según su cronología, desde el Diluvio hasta el año 1606, incluyendo los 350 años que vivió Noé después del Diluvio. (350 + 1080 + 516 + 570 + 1350 + 1 606 = 5 4729 (5 472-5 400 = 72). 72°

Estas operaciones nos han dado diez números, cinco terminados en 2 y cinco terminados en 8. Colocados en los grados respectivos nos permiten trazar dos pentágonos (véase figura 1).

En ambos falta fijar el grado que corresponde a su vértice superior. No es indispensable, porque en ambos está fijado el grado central de la base y basta trazar el eje de los dos pentágonos para que las dos figuras queden perfectas y se pueda asegurar que fueron trazadas así por Nostradamus.

La primera cronología arbitraria nos ha dado dos pentágonos que pueden girar en sentidos opuestos. El círculo en que están inscritos puede hacerse coincidir con el círculo cronológico que nos ha dado el dodecágono de Nostradamus, que fija en cero grados las fechas del comienzo de la profecía 1547-1557.

Hemos empleado los datos dados por Nostradamus para este problema y los datos sobrentendidos en su confusa relación, pero no hemos utilizado ni la fecha 1585 ni la variante del periodo entre Abraham y Moisés de quinientos quince años. Hemos utilizado solamente 516. Pero si sumamos hasta el año 1585 la relación cronológica dada por el profeta, sin los números sobrentendidos de la vida de Noé, y de la vida de Jesucristo y utilizamos la variante 515, tendremos: (1242 + 1080 + 515 + 570 +1350 + 1 585 = 6 342) (6 342-6 120 = 222). Este número nos llevará al grado 222 que es el vértice de uno de los dos pentágonos.

Los dos pentágonos de la segunda cronología arbitraria

Nueve páginas adelante, en la misma carta dedicada al Rey, Nostradamus dice:

"De todas maneras, contando los años desde la Creación del mundo hasta el nacimiento de Noé, pasaron mil quinientos seis años, y del nacimiento de Noé hasta la perfecta fabricación del arca, próxima a la universal inundación, pasaron seiscientos años, si éstos eran solares o lunares, o de diez divisiones. Yo creo que las Santas Escrituras declaran que eran solares. *a)* Y al fin de esos seiscientos años entró Noé en el Arca para ser salvado del Diluvio, y fue ese Diluvio universal sobre la Tierra y duró un año y dos meses. Y desde el fin del Diluvio hasta el nacimiento de Abraham, pasó el número de años de doscientos noventa y cinco. Y desde el nacimiento de Abraham al nacimiento de Isaac pasaron 100 años. Y desde Isaac hasta Jacob sesenta años, desde la hora que él entró en Egipto hasta su salida pasaron ciento treinta años. *b)* Y desde la entrada de Jacob en Egipto hasta la salida de éste pasaron cuatrocientos treinta años. Y desde la salida de Egipto hasta la edificación del templo hecha por Salomón el cuarto año de su reinado, pasaron cuatrocientos ochenta años. *c)* Y después de la edificación del templo hasta Jesucristo, según la suputación de los hierógrafos, pasaron cuatrocientos noventa años. *d)* Y así por esta suputación que yo he hecho de acuerdo con la sagradas letras son alrededor de cuatro mil ciento setenta y tres años y ocho meses más o menos. Ahora, de Jesucristo acá por la diversidad de sectas (*sic*), yo lo dejo, y habiendo suputado y calculado las presentes profecías, todo según el orden de la cadena que contiene su revolución, todo según la doctrina astronómica y según mi natural instinto".

Inmediatamente antes de esta cronología arbitraria, Nostradamus cita un plazo de siete años, o sea de 84 meses.

Observaciones:

a) De esta manera Nostradamus nos autoriza a considerar los años de esta segunda cronología arbitraria convertidos en meses, única manera de llevar adelante el problema de los grados de círculo; pues hay cuatro cantidades dadas en meses: la duración del Diluvio, la duración de la construcción del templo, el total real de todo el tiempo transcurrido según esta cronología, de la Creación a Jesucristo, y el total falso que da el autor de 4173 años y ocho meses. Nos autoriza igualmente a hacer la misma conversión en la tercera cronología arbitraria.

b) Aquí hay un error cometido probablemente en la primera edición, que se ha perpetuado hasta hoy en todas las ediciones. Los ciento treinta años eran la edad de Jacob cuando entró en Egipto, donde murió diecisiete años después (*Génesis*, capítulo 47, versículo 28: "Vivió Jacob en la tierra de Egipto diecisiete años, siendo todos los días de su vida, ciento cuarenta y siete años"). Todo esto queda corroborado por el dato cronológico que sigue de 430 años, que, aunque no lo dice expresamente, se refiere, no a la salida de Jacob, sino al éxodo de los hebreos bajo Moisés.

c) Aquí maliciosamente Nostradamus omite el tiempo que duró la construcción según la Biblia. (En el libro primero de los Reyes, capítulo 6, versículo 1: "El año cuatrocientos ochenta después de la salida de los hijos de Israel de Egipto, el cuarto año del reinado de Salomón sobre Israel, el mes de Ziv, que es el segundo mes, comenzó a edificar la casa de Jehová". Y en el capítulo 6, versículo 38: "Y el año undécimo, el mes de Bul, que es el octavo mes, estaba terminada la casa en todos sus aspectos y en todo conforme a su diseño".) Tenemos pues que tener en consideración estos siete años y seis meses, o sea noventa meses, y no solamente para este problema, sino también para la tercera cronología arbitraria, donde también el autor la ha omitido.

d) No puede haber error más grande, no sólo porque la Biblia es clara al respecto, sino porque el mismo Nostradamus, en la tercera cronología arbitraria, nos va a decir que de la construcción del templo a la cautividad e Babilonia pasaron 474 años, y de ésta a Jesucristo 613. Es decir, que él mismo acepta 1087 años en vez de 490 para este lapso de la construcción del templo a Jesucristo.

e) El total de sus números en esta cronología es 4092 años y 2 meses. Añadido el tiempo de construcción del templo, 4099 años y 8 meses. Hay pues en este último total una diferencia de siete años y seis meses. Pero todos estos números son necesarios para la formación de sus pentágonos. El total falso de 4173 años y 8 meses es 74 años mayor, sin que se pueda descubrir la razón de este aumento. Se trata de su criptografía.

Figura 3
Los dos pentágonos inscritos construidos según los números de la segunda cronología arbitraria

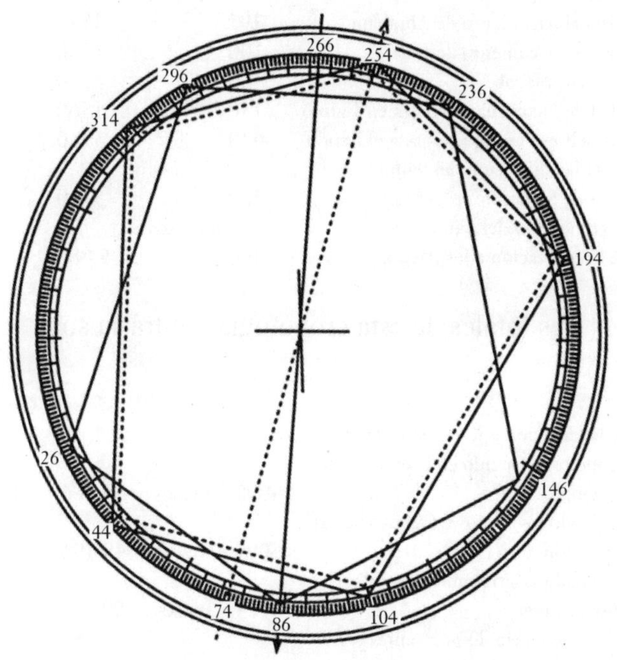

Hacemos un cuadro con los números de años dados por Nostradamus, su conversión a meses y el saldo que resulta después de descontar 360 grados, o sea una vuelta de círculo tantas veces como es posible.

	Años	*Meses*	*Grados*
Creación del mundo a Noé	1506	18 072	72
Hasta la perfecta fabricación del Arca	600	7 200	0
Diluvio	1.2 meses	14	14
Hasta el nacimiento de Abraham	295	3540	300
Hasta el nacimiento de Isaac	100	1200	120
De Isaac a Jacob	60	720	0
Edad de Jacob cuando entra en Egipto	130	1560	120
Los hebreos en Egipto hasta el Éxodo	430	5760	0
Hasta la edificación del templo año 4 de Salomón	480	5760	0
La edificación del templo	7.6 meses	90	90
De la edificación a Jesucristo	490	5 880	120

Los tres totales de esta cronología arbitraria son:

	Años	*Meses*	*Grados*
De la Creación a Jesucristo, sin el tiempo transcurrido en la edificación del templo	4092.2 meses	49 106	146
Contando los 7 años y 6 meses de esa edificación	4099.8 meses	49 196	236
Total dado arbitrariamente por Nostradamus	4173.8 meses	50 084	44
Plazo que ha citado poco antes	7	84	84
La diferencia entre los dos últimos totales es de	74	888	18

Con estos números, Nostradamus nos permite construir dos pentágonos inscritos en el círculo de trescientos sesenta grados.

Primer pentágono

De la Creación del mundo al nacimiento de Noé pasan 1506 años, que sumados a los seiscientos que transcurren hasta el principio del Diluvio y a los 14 meses que dura el Diluvio mismo, son 2 107 años y 2 meses, o sea 25 286 meses. Partiendo del grado 0 después de 70 vueltas completas se han recorrido 25 200 grados y quedan 86. Marcamos en el círculo el grado 86.

Del fin del Diluvio al nacimiento de Abraham pasan 295 años, o sea 3540 meses. Después de 9 vueltas se han recorrido 3240 grados y quedan 300, que después del grado 86 terminan el círculo de 360 grados y llegan hasta el grado 26.

Del nacimiento de Abraham al nacimiento de Isaac pasan 100 años, o sea 1200 meses. Después de tres vueltas quedan 120, que unidos a 260 nos llevan al grado 146.

De Isaac a Jacob son 60 años o 720 meses. Después de dos vueltas de 3 600 llegamos al mismo grado: 146.

Desde la entrada de Jacob en Egipto hasta su salida pasan 130 años o 1560 meses. Después de 4 vueltas quedan 120, que unidos a los 146° anteriores nos llevan hasta el grado 226.

Se refiere Nostradamus a los 430 años de esclavitud en Egipto, o sea 5 160 meses; después de 14 vueltas quedan 120, que nos llevan al número 386. Descontando 360, quedamos en el grado 26.

Formando la figura: un triángulo equilátero y el eje que pasa por su vértice superior; han quedado señalados cuatro puntos en el círculo. (Véase figura 2: línea llenas.)

Después de la salida de Egipto hasta que principia la edificación del templo en el mes segundo del cuarto año del reinado de Salomón pasan 480 años, o sea 5760 meses. Sumados los noventa meses que demoró la construcción a los 490 años, o sea 5 880 meses, nos darán para el periodo que va desde el Éxodo hasta Jesucristo 11 370 meses. Después de 32 vueltas completas quedarán 210, que nos llevan del grado 26 al grado 236.

El plazo de 7 años citado inmediatamente antes de esta cronología, el total falso de 4173 años y 8 meses que vienen inmediatamente después y la diferencia entre este total falso con el total verdadero que es de 74 años nos dan la suma de 4254 años y 8 meses, o sea 51 056 meses. Después de 141 vueltas completas quedan 296, que partiendo de cero grados del círculo nos llevarán al grado 296.

Estos dos grados inscritos en el círculo de la figura nos permiten trazar el pentágono completo: sus cinco vértices y el centro de la base con el vértice superior forma el eje de la figura. Queda construido un primer pentágono con los números de la segunda cronología arbitraria. (Véase figura 2: líneas de puntos.)

Como Nostradamus duplica muchas veces sus datos, podemos encontrar los mismos resultados haciendo diferentes combinaciones con sus números. Damos un ejemplo para que el lector vea que ninguno de los números puede suprimirse en los problemas criptográficos que plantea algunas veces duplicando sus datos. El total de años de esta cronología, sin tener en cuenta el tiempo de construcción del templo, es de 4092 años y dos meses, o sea 49106 meses. Si lo llevamos al círculo después de 136 vueltas completas nos llevará una vez más al grado 146. Si hacemos lo mismo con el total, incluyendo los noventa meses de la construcción del templo, tendremos 49 196 meses, que llevados al círculo, después de 136 vueltas, nos llevarán una vez más al grado 236.

Segundo pentágono

Como Nostradamus nos da un segundo total en esta segunda cronología arbitraria, que no tiene relación alguna con sus propios datos cronológicos y con su primer total, lo consideramos un dato criptográfico. 4173 años y 8 meses son 50 084 meses, que llevados al círculo, después de 139 vueltas completas, marcarán con su saldo el grado 44.

Total falso 44°

Si sumamos los 1506 años hasta Noé, los 600 hasta el Diluvio, el año y dos meses que dura este cataclismo, y la diferencia de 74 años entre el falso y el total verdadero que incluye la construcción del templo, tendremos 2181 años y dos meses, o sea 26174 meses. Llevando al círculo, después de 72 vueltas completas, llegarán, después del Diluvio, al grado 254°

Del Diluvio a Abraham, según la lista de números de Nostradamus, tendremos 300 que sumados dan 554. Después de una vuelta completa nos llevarán (254+300 = 554-360 = 194) al grado 194°

Hasta el nacimiento de Isaac 120 (194+120 = 314) nos llevarán al grado 314°

De Isaac a Jacob 60, o sea 720 meses que hacen dos círculos completos.

La edad de Jacob 130 /1560 meses-1 440 = 1 209 (314+0+120 = 434-360 = 74) nos llevarán al grado 740°

Estos cinco grados nos obligan a trazar un pentágono inscrito indicando exactamente cuatro de sus cinco ángulos y el centro de la base que, opuesto al vértice superior, forma el eje de la figura. (Véase figura 3, reforzado con líneas punteadas.) Queda construido el segundo pentágono con los números de la segunda cronología arbitraria.

Estos dos pentágonos deben inscribirse en un mismo círculo como los pentágonos de la primera y de la tercera cronologías arbitrarias (véase figura 3).

Los dos pentágonos de la tercera cronología arbitraria

La tercera cronología arbitraria de Nostradamus no viene en la dedicatoria de las tres últimas Centurias. En 1947 encontramos en la Biblioteca Víctor Manuel de Nápoles el único ejemplar que existe del almanaque para 1566. Todas las pronosticaciones y almanaques, con versos, que conocemos, dan un número de años desde la Creación del mundo. En sus primeras publicaciones indica 3967 años de la Creación a Jesucristo colocándose muy cerca de Eusebio que, según los Hebreos, señala 3963 y de la Cronología del Estado de la iglesia que en 1556 señalaba 3962 años. En una de sus últimas publicaciones cambia a 5000 como san Justino y Flavio Josefo. Ambas cronologías están respaldadas por la autoridad de los padres de la iglesia. El único de los trece almanaques anuales que trae una cronología detallada sin relación con las otras cronologías ni con ninguna cronología conocida es éste de 1566, en el que solamente considera, contra todos los cronógrafos, 326 años del

Diluvio a Abraham. Como esta cronología arbitraria no ha sido nunca reeditada, damos una copia fotográfica. (Véase ilustración fuera de texto número 11.) A continuación damos la traducción de dicho grabado.

Las edades del mundo según la computación de los hebreos

De la creación del mundo hasta el Diluvio, mil quinientos noventa años.

	Años
Del Diluvio de Noé hasta Abraham[1]	326
Del nacimiento de Abraham hasta la salida de Egipto del pueblo de Israel	539
De la salida de Egipto hasta la edificación del templo	514
De la edificación del templo a la cautividad de Babilonia	474
	613
De la cautividad de Babilonia a Jesucristo	
	1 566
Todo esto transcurrido hasta el presente año	

Observaciones:

Deben inscribirse los 1590 años.

Igualmente el año 1565, pues el texto dice: "Hasta el presente año 1566" y porque en realidad el alma-

[1] En la primera cronología arbitraria, Nostradamus ha dado para el periodo de Noé a Abraham 1080 años.

naque para 1566 está terminado e impreso a finales de 1565.

También debe inscribirse la suma de todos los números, de la Creación al presente, porque la frase en francés es perfectamente clara, *le tout revolu*, y también debe inscribirse, después de esta suma total, el año 1566 aislado, porque así lo cita Nostradamus.

Y una última observación: Tenemos que incluir el tiempo que transcurre en la edificación del templo que, según la Biblia, fue de siete años y seis meses desde el mes segundo del cuarto año del reinado de Salomón hasta el mes octavo del undécimo año: Tercer libro de los Reyes, capítulo 6, versículo 38. Total: 90 meses. Este dato cronológico dado en meses nos autoriza a llevar adelante en meses todos los cálculos de esta tercera cronología arbitraria.

Damos a continuación una lista completa de los años, los meses que los años representan y los saldos de esos últimos números después de restarles una o más veces los 360 grados del recorrido que hacen alrededor del círculo. La colocación sobre los grados del círculo se puede seguir en la figura 4.

Figura 4
Los dos pentágonos inscritos construidos según los números de la tercera cronología arbitraria

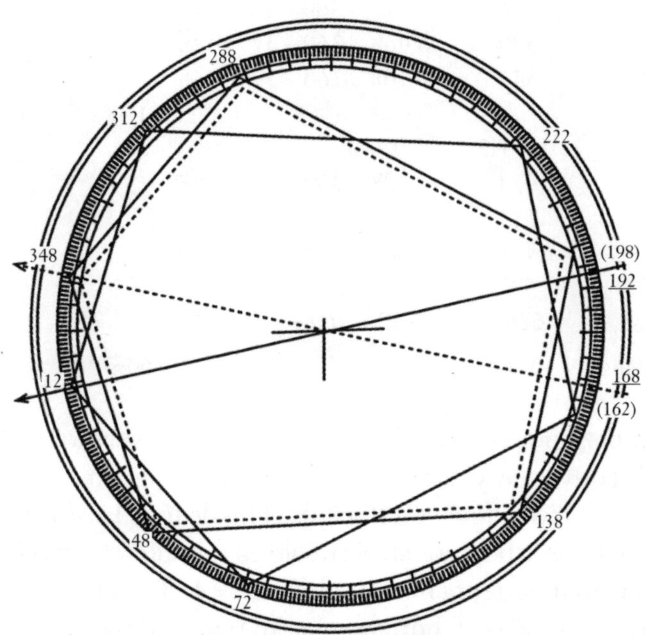

Los números 192 y 168, que hemos subrayado, no han sido dados por Nostradamus, o no han sido descubiertos por nosotros, pero no eran necesarios. Los vértices superiores de los dos pentágonos situados en los grados 12 y 348 son suficientes para marcar los ejes de esas figuras que tienen que pasar de todas maneras por los grados 192 y 168 (números subrayados).

Colocados los dos pentágonos en el círculo y cada uno en perfecta ubicación según los cinco números que hemos anotado, era innecesario el sexto número de cada pentágono. La clave no se ocupa de ellos. Son los dos números entre paréntesis (162 y 198).

	Años	*Meses*	*Cociente*	*Saldo*	
	1590	19 080 ÷ 360 =	53	0°	
	326	3 912 ÷ 360 =	10	312°	
	539	6 468 ÷ 360 =	17	348°	
	514	6 168 ÷ 360 =	17	48°	
					) 48+90= 138°
	7.5	90 ÷		90°	
	474	5 688 ÷ 360 =	15	288°	
	613	7 356 ÷ 360 =	20	156°	
	1 565	18 780 ÷ 360 =	52	60°	
	5 628.5	67 542 ÷ 360 =	187	222	
El año	1566	12		12+60=72	

Empezamos colocando en el círculo los tres saldos terminados en 8 y señalaremos así los grados 48, 348 y 288. Como la suma total señala el fin de toda la progresión, la inscribiremos en el círculo en sentido retrógrado. Marcaremos de esa manera (360-222 = 138) el grado 138 (véase figura 4). Tendremos cuatro puntos de un pentágono que no se puede confundir con ningún otro. Tendremos un punto más, porque el opuesto al grado 348 es el 168, y ambos forman el eje del pentágono. Solamente falta un punto, el 198, para completar la figura, pero hemos visto ya que Nostradamus se contenta con dar los datos necesarios para que el problema quede demostrado.

Tenemos igualmente tres números que terminan en 2, y señalaremos con ellos los grados 12, 222 y 312. Si sumamos a los 60 grados, resultado del año 1565, los 12 que corresponden a los meses de 1566, tendremos el número 72 y marcaremos también ese grado. Como en el caso anterior tendremos un punto más, porque el opuesto al grado 12, o sea el grado 192, está en el eje del pentágono marcado ya por el grado 12. También aquí falta un solo punto del pentágono, el grado 162, dato que no es indispensable.

Como en los dos problemas anteriores, la tercera cronología arbitraria nos ha dado dos pentágonos inscritos, exactos, que pueden girar en sentido directo o en sentido retrógrado (véase figura 4).

Nuestro trabajo criptográfico

Estos estudios criptográficos demuestran ampliamente la existencia, dentro de la obra profética de Nostradamus, de una criptografía excepcional. Se trata de ordenaciones sucesivas de las 1080 cuartetas de esa obra o de sus 4320 versos. Recordamos una vez más que estos números unen la profecía al camino del Sol sobre la eclíptica. 1080 es la mitad de los 2160 sectores de un periodo zodiacal y la vigésimo cuarta parte de la proyección circular de la eclíptica de 25 920 sectores. 4320 es la suma de los sectores de dos periodos zodiacales y la sexta parte de dicha proyección de la eclíptica.

Las dos claves testamentarias han fijado las cuartetas que completan la profecía, su número y su primera y segunda ordenación. El dodecágono cronológico permitirá colocarlas en su ordenación definitiva alrededor de los círculos en los que se sucederán las fechas históricas desde el principio de la profecía 1547-1557 hasta el fin de los tiempos 2127-2137. Estos 580 años apocalípticos se dividen en tres periodos: el último medio periodo de la profecía de Daniel de 360 años, de 1557 a 1917, año en el que comienza el regreso de Judá a Palestina; los cuarenta años de Judá, de 1917 a 1957;

y los 180 “últimos días del Apocalipsis” profetizados por san Juan como 180 semanas (1 260 días o 42 meses) y que son en realidad los 180 años trópicos de 1957 a 2137.

La profecía se refiere a los 540 últimos años de la vida histórica de nuestra humanidad, de 1557 a 2097. El mensaje secreto, a los cuarenta últimos años, de 2097 a 2137, y a la catástrofe apocalíptica, el último “¡Ay!”, el fin de los tiempos.

13. Grabado de 1702 que representa a Nostradamus joven con la pluma en la mano. Original en la biblioteca del autor.

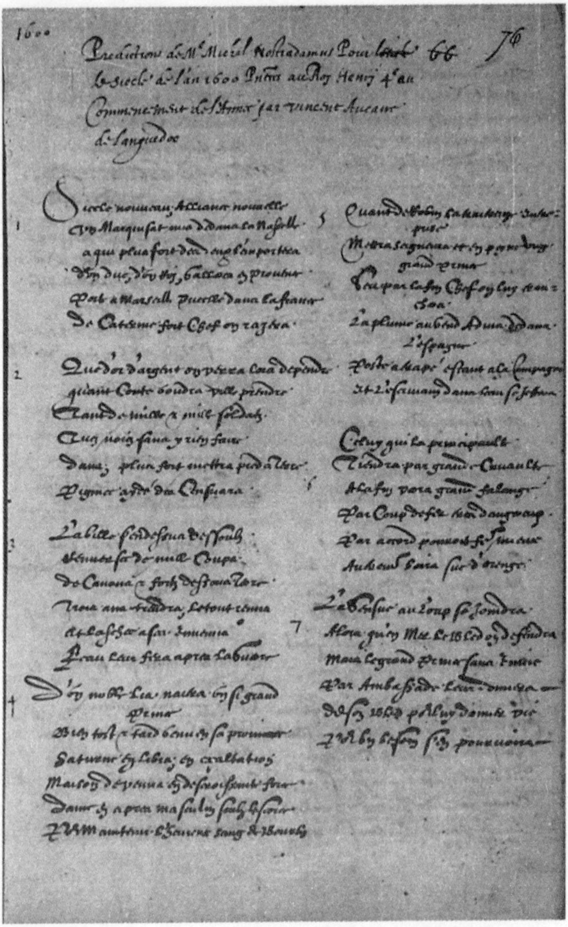

14. En esta ilustración y en las cinco siguientes transcribimos las "Predicciones del Maestro Miguel Nostradamus para el siglo del año 1600, presentadas al rey Enrique IV al comienzo del año por Vincent Aucane de Languedoc". Primer manuscrito de las sextetas apócrifas diferente de la publicación posterior. Ejemplar en la Biblioteca Nacional de París. F. F. 4 744. Folio 76 a 78.

8 Un peu avant l'ouvert comice
Ambassadeur viendra de Perse
nouvelle au franc pais porter
Mais non receu vaine esperance
A son grand dieu sera l'offense
feignant de le vouloir guetter

Deux estendars du costé de l'auvergne
9 Senestre pris pour un temps prison regne
Et une dame enfant voudra mettre
Au censuart, mais descouvert l'affaire
Danger de mort murmure sur la terre
Germain bastille, frere et soeur prisonniers

Ambassadeur pour une dame
10 A son vaisseau mettra la rame
Pour prier le grand medecin
Que de l'oster de telle peine
Mais en ce s'opposera royne
Grand peine avant qu'en venir a fin

L'aventurier six cens ou neuf
11 Sera surpris par fiel mis en un oeuf
Et peu apres sera hors de puissance
Par le puissant Empereur general
Qu'au monde n'est son pareil ny egal
Dont un chascun luy rend obeissance

12 Nouveau esleu patron du grand vaisseau
Verra long temps briller le cler flambeau
Qui sert de lampe a ce grand territoire
Et auquel temps armees sous son nom
Joinctes a celles de l'heureux de Bourbon
Levant Ponant et Couchant sa memoire

13 En octobre six cens et cinq
Pourvoyeur du monstre marin
Prendra du souverain le cresme
Et en six cens et six en Juing
Grand joye aux grands et au commun
Grands faicts apres ce grand baptesme

Au mesme temps un grand endurera
14 Joyeux mal sain, l'an complet ne durera
Et quelques uns qui seront de la feste
feste pour un seul a ce jour
Mais peu apres sans faire long sejour
Deux se donneront l'un l'autre de la teste

Considerant la triste Philomelle
15 Qu'en pleurs et cris sa peine renouvelle
Racoursissant par tel moyen ses jours
Six cens et cinq elle en verra l'yssue
De son tourment, ja la toille tissue
Par son moyen senestre aura secours

Six cens et cinq six cens et six et sept
16 Nous monstrera jusques l'an dix et sept
Du boutefeu l'ire hayne et envie
Soubz l'olivier assez long temps caché
Le Crocodil sur la terre a caché
Ce qui estoit mort sera pour lors en vie

Celuy qui a par plusieurs fois
Tenu la cage et puis les bois
Retourne a son premier estre
17 Vie sauve peu apres sortir
Ne sachant encor conseiller
Cherchera subiect pour mourir

II

18 L'auteur des maux commencera a regner
en l'an six cens sept sans espargner
Tous les subiectz qui sont a la sensue
et puis apres s'en viendra peu a peu
au franc pais r'allumer son feu
s'en retournant dont elle est issue

Cil qui dira en descouvrant l'affaire
19 comme du Mort, la mort pourra bien faire
Coups de poignars par un qu'auront induict
sa fin sera pis qu'il n'aura fait faire
La fin conduict les hommes sur la terre
guetté partout tant le iour que la nuict

Quant la grand Nef, la proue & gouvernal
du franc pais & son esprit vital
20 D'escueilz & flotz par la mer secouée
Six cens sept & dix Cœur assiegé
et du reflux de son Corps affligé
Sa vie estant sur ce mal renouée

Le Mercurial non de trop longue vie
six cens & huict et vingt grand maladie
21 et encor pis danger de feu & d'eau
son grand Amy lors luy sera contraire
De telz hazards se pourroit bien distraire
Mais bref le fil luy sera son tombeau

Six cens six ou six cens neuf
Un Chancellier gros comme un beuf
22 et vieil comme un fenix du Monde
en ce terroir plus ne luira
De la nef d'oubly passera
aux champs Elizees faire sa ronde

Deux freres sont de l'ordre ecclesiastique
dont l'un prendra pour la France la picque
encores un coup si l'an six cens & six
23 N'est affligé d'une grand maladie
armes en main iusques six cens & dix
Gueres plus loing ne s'estendra sa vie

L'an mil six cens dix au quatorziesme
Le viel Caron fera Pasques en Caresme
Six cens & six par escript le mettra
24 Le Medecin de tout ceci s'estonne
Au mesme temps assigné en personne
Mais pour certain l'un deux comparoistra

Le Griffon se peult aprester
Pour a l'ennemy resister
et renforcer bien son Armée
25 Autrement l'Elefant viendra
qui d'un abord le surprendra
Six cens & huict mer enflammée

Dans peu de temps medecin du grand mal
et la sensue d'ordre & rang inegal
26 mettront le feu a la branche d'olive
Poste courir d'un & d'autre costé
et par tel feu leur Empire augmenté
se rallumant du franc finy la vie

Celuy qui a les hazards surmonté
qui fer feu eau n'a iamais redouté
27 et du pais bien proche du Bazacle
D'un coup de fer tout le monde estonné
par Crocodil estrangement donné
Peuple ravy de voir un tel spectacle

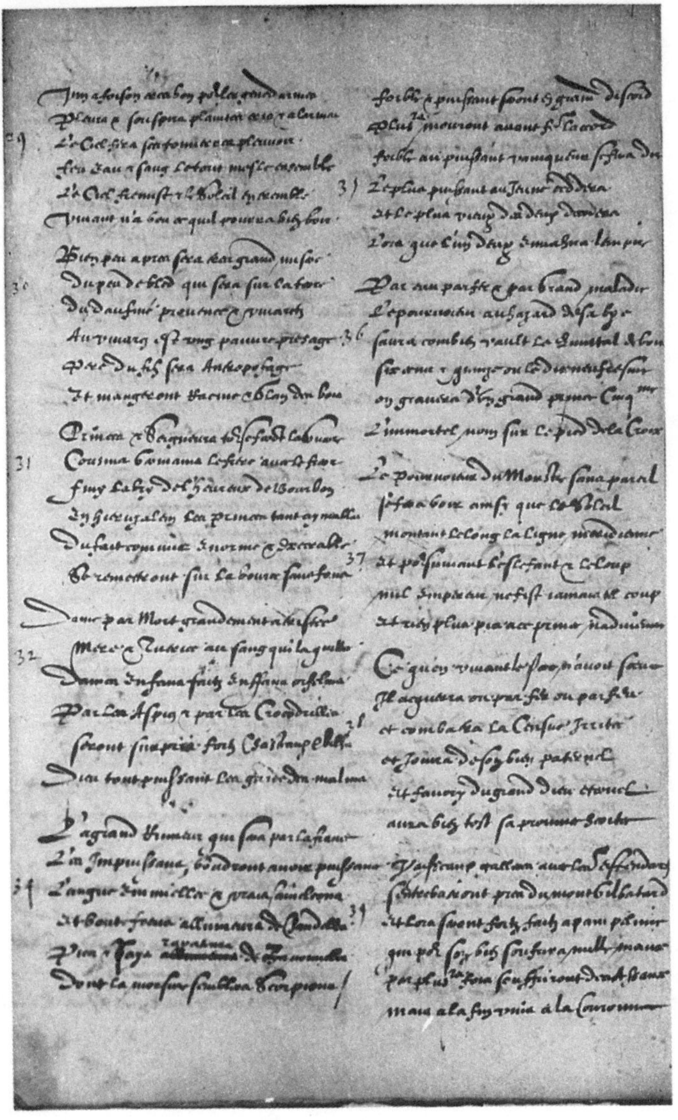

La grand Cité qui est le premier nom
40 Bien amplement l'abeille je vous nomme
toute en alarme le soldat aux champs
par feu et eau grandement affligée
et a la fin des françois soulagée
mais ce sera des six cens et dix ans

Le petit coing provinces mutinées
par fors chasteaux se verra dominer
41 encore un coup par la gent militaire
dans bref seront fortement assiegez
mais ils seront d'un tres grand soulagez
qui aura fait entrer dans Beaucaire

La belle Roze dans la France admirée
d'un tres grand Prince a la fin desirée
six cens et dix lors naistront ses Amours
42 Cinq ans apres sera d'un grand blessée
d'un trait d'Amour elle sera enlassée
si a quinze ans du Ciel recoit secours

D'un coup de fer tout le monde estonné
par Crocodil estrangement donné
43 a un bien grand parent de la Sensue
Et peu apres sera un autre coup
de guet a pan commis contre le loup
Et de tels faits on en verra l'issue

Le pourvoieur mettra tout en desroute
Sensue et Loup et mon dire n'escoutte
44 Quant Mars sera au signe du Mouton
Joint a Saturne et Saturne a la Lune
Alors sera ta plus grande fortune
Le Soleil lors en exaltation /

Le grand d'Hongrie ira dans la nasselle
le nouveau nay fera guerre nouvelle
a son voisin le tenant assiegé
45 et le noireau avec son altesse
ne souffrira que par trop on le presse
durant trois ans sa gent tiendra rangé

Du viel Caron on verra le Phenix
46 estre premier et dernier de ses fils
reluire en France et d'un chacun aymable
regner longtemps avec telles honneurs
qu'eurent jamais ses predecesseurs
dont il rendra sa gloire memorable

Venus et Sol Jupiter et Mercure
augmenteront le genre de Nature
grande alliance en France se fera
47 et du Midy la Sensue de mesme
Le feu esteint par ce remede extreme
en terre ferme Olivier plantera

Un peu devant et apres l'Angleterre
par mort de loup mise aussi bas que terre
48 verra le feu resister contre l'eau
le rallumant avec telle force
du sang humain dessus l'humaine escorce
faicte de pain bondance de Cousteau

La ville qui a ses ans
Combattu l'injure du temps
49 qui de son vainqueur tient la vie
Celuy qui premier la surprist
que peu apres françois reprist
par combats encore affoiblie

50 La grand Cite qui n'a pain a demy
Encores un coup la S. Barthelemy
Engravera au profond de son ame
Nismes, Rochelle, Geneve, Montpellier
Castres, Lyon, Mars entrant au belier
S'entrebattront le tout pour une dame

51 Plusra mourront avant que phenix meure
Jusques a six cens septante est sa demeure
Passe quinze ans, vingt et trente neuf
Le premier est subiect a maladie
Et le second au fer danger de vie
Au feu et l'eau est subiect trente neuf

52 Six cens et xv vingt dame mourra
Et peu apres un fort long temps plouvra
Plusra pays flandres et Angleterre
Seront par feu et par fer affligez
De leurs voysins longuement assiegez
Contraints seront de leur faire la guerre

Ung peu apres une tres grande dame
53 Son ame au Ciel son corps soubz la lame
De plusieurs gens regrettee sera
Tous ses parens seront en grand tristesse
Pleurs et souspirs d'une dame en jeunesse
Et a deux grans le deuil delaissera

Tost l'Elephant viendra de toutes parts
Grand pourvoyeur au griffon se joindra
54 Sa ruine proche et mars tousiours gronde
Fera grand faictz proche de terre saincte
Grans estendartz sur la terre et sur londe
Si la nef a este de deux freres enceinte

55 Peu apres l'alliance faicte
Avant que solemniser la feste
L'empereur le tout troublera
Et la nouvelle mariee
Au franc pays par sort liee
Dans peu de temps apres elle mourra

56 Censeur en peu de temps mourra
Sa mort bon signe donnera
Pour l'accroissement de la france
Alliances se feront
Deux grands royaumes se joindront
Francois aura sur tout puissance

Fin du Tiers des dites Profeties

15. Grabado que representa a Nostradamus, viejo, ante la esfera armilar y con el compás en la mano. Original en la biblioteca del autor.

Cuarta parte
Bibliografía

Mayo 1555. "Nouvelles inventées."

La obra de Nostradamus reúne un texto profético y un texto criptográfico: Para completar las cuartetas incluye "noticias inventadas".

28

Estudio bibliográfico de los versos proféticos

La verdadera importancia del presente estudio bibliográfico de las cuartetas proféticas de Nostradamus, publicadas durante su vida e inmediatamente después de su muerte, reside en la demostración de cuáles y cuántas son las cuartetas de la obra. Llegamos a estas conclusiones en 1960, cuando no sospechábamos la existencia de las claves testamentarias. En ese año empezamos a estudiar la criptografía del testamento y del codicilo de Nostradamus. Ese estudio no hizo sino confirmar nuestras conclusiones bibliográficas:

1. Nostradamus había dado a la imprenta íntegramente su obra profética durante su vida.
2. De acuerdo con su declaración textual de 1555, había escrito solamente cuartetas.
3. El 27 de junio de 1558, en la dedicatoria a Henry, Roy de France, Second, de sus tres últimas Centurias declaraba que completaba con ellas 1000 cuartetas proféticas. Las Centurias reunían en esa fecha 940. Las cuartetas Presagios, 13 por cada año, durante 1555, 1556, 1557, 1558 y 1559 completaban 1005 cuartetas. Las cuartetas de 1559 estaban dadas a la imprenta

desde abril de 1558. Muy probablemente estaban ya impresas el 27 de junio. Los almanaques tenían que venderse antes del año para que adelantaran sus comentarios proféticos. Descontando las cuartetas referentes a los cinco años el total quedó, de acuerdo con la afirmación del profeta, en 1000.

4. En el total anterior quedaba incluida la cuarteta VI-100 que probablemente fue publicada en una edición de Avignon desaparecida y que solamente conocemos por el libro de Jean Aimé de Chavigny, *La première Face de Janus François*". (Ficha número 15.)
5. Desde enero de 1560 hasta agosto de 1566, año de la muerte de Nostradamus, sus almanaques habían dado al público 87 cuartetas. Descontando las 7 cuartetas referentes a los años, el total quedó en 80. El almanaque de 1566 incluía las últimas cuartetas de su obra: era el único que presentaba una cronología arbitraria en la que seguramente concluía el problema planteado por las dos cronologías arbitrarias de la carta-prefacio de 1558. El presagio de septiembre de ese año de 1566 ponía límite a la obra profética restándole cuatro cuartetas. De acuerdo con estas consideraciones, el total de cuartetas proféticas era de mil ochenta. Todas las cuartetas Presagios de 1566 fueron dadas a la imprenta desde abril de 1565, catorce meses antes de la muerte del profeta.
6. Dos años después de la muerte de Nostradamus, en 1568, veía la luz la edición completa de las Centurias, que él había contratado, ciertamente, con el editor, bajo el título que llevan las ediciones de Lyon: *Les Prophetíes de M. Michel Nostradamus*, Lyon, Benoist

Rigaud, 1568. Incluía una cuarteta latina sin número y dos cuartetas finales en la séptima centuria incompleta: VII-41 y VII-42. Estas nuevas cuartetas elevaban el número a 1083.

7. En la primera mitad del siglo XVII aparecieron dos cuartetas más, añadidas a la séptima Centuria, tomadas de ediciones de Avignon que no han llegado hasta nosotros: las cuartetas 43 y 44 de la séptima Centuria. Se publicaron por primera vez en ediciones apócrifas fechadas en 1627 pero que deben haber salido de la imprenta después de 1630. Se reimprimieron en 1643.

Bibliográficamente la obra consta de 1085 cuartetas. La primera clave testamentaria que presentamos en este libro confirma ese mismo número. La segunda clave testamentaria disminuye el total a 1080 cuartetas, manteniendo las cuarenta y cuatro de la séptima Centuria. Durante mucho tiempo tuvimos serias dudas respecto a la autenticidad de las dos cuartetas, VII-43 y VII-44, que no hemos encontrado nunca en un libro del siglo XVI. Hemos puesto de lado nuestras dudas ante las conclusiones de las dos claves criptográficas del testamento.

Ya hemos citado al primer comentador de Nostradamus, pero las vicisitudes de los versos proféticos a finales del siglo XVI nos obligan a ocuparnos de él en forma especial. Jean Aimé de Chavigny Beaunois (1524-1606), alcalde de su ciudad en 1548, doctor en Derecho y Teología, poeta y astrólogo, amigo de Jean Dorat, a quien traduce en 1570, había publicado ya en 1551 una "Congratulation au Mr. Mandelot", y en 1557 un epigrama latino de doce 12 elegiacos.

Alrededor de 1560 traslada su residencia a Salon y acompaña a Nostradamus hasta su muerte en 1566; escribe con magnífica letra las piezas que dedica el profeta, que son muchas, la correspondencia con sus clientes, las copias de esa correspondencia y los originales que van a las imprentas; agrega de su inspiración pequeñas piezas en versos a los últimos almanaques y se prepara, ensalzando a su profeta, a constituirse en depositario de su obra, autotitulándose su "discípulo".

Las múltiples declaraciones de Nostradamus y los pocos manuscritos que de él conocemos acreditan sus dificultades con los impresores y clientes, por su caligrafía incomprensible: el doctor, como secretario, le era de gran utilidad. En cambio, no tenemos una sola palabra que nos autorice a considerarlo como su discípulo y continuador. Las obras de Chavigny son de una mediocridad indiscutible.

Se comprende que Nostradamus no solamente no se ocupara de él en su testamento, sino que ordenara terminantemente que todos sus papeles y libros quedaran sin inventario, empaquetados y depositados en una habitación de su casa, hasta que los heredara aquel de sus hijos que se dedicara más al estudio. Sus hijos eran tres y había que esperar la mayoría de edad, los veinticinco años de todos ellos, para cumplir su disposición legal. Nostradamus, que había publicado toda su obra profética y había encerrado, además, en ella, un mensaje secreto dentro de una criptografía digna de su genio, la dejaba en manos de su editor. Hacía imposible toda intromisión en ella y en sus papeles hasta después de diciembre de 1578. El 18 de ese mes cumpliría su hijo César los veinticinco años. Era posible que sus hermanos aceptaran que desde ese momento entrara en posesión del legado.

Pasaron, pues, a ser propiedad de César Nostradame todos los manuscritos de su padre. Podían encontrarse borradores desechados por el profeta, pero de ninguna manera obras de importancia. No aparecieron entre sus papeles ni las dos Centurias completas XI y XII a que se refiere Chavigny, ni las cincuenta y ocho sextetas que con la misma falta de seriedad le fueron atribuidas en 1630, después de la muerte de su hijo César.

Veintiocho años después de la muerte del profeta, en 1594, se edita el primer comentario de su obra. Es Jean Aimé de Chavigny quien lo dedica pomposamente a Enrique IV que va consolidando su reinado. En 1593 ha abjurado el rey hugonote y ha reunido alrededor de su ejército la opinión de todos los franceses, hartos ya de la intromisión española. En marzo de ese año el conde de Brissac deja sin defensa una puerta de París y Enrique IV entra en la capital y no encuentra más resistencia que la de un puesto militar español. Nuestro "discípulo de profeta" considera que ha llegado el momento de salir a la luz bajo el manto de Nostradamus. Quiere ser el profeta de Enrique IV.

Un manuscrito de la Biblioteca de Carpentras (1864-F=3°), fechado en octubre de 1609, transcribe, citando a los testigos de la escena, el relato de Enrique IV que recordaba muy bien a Nostradamus, a quien conoció, en 1564, cuando acompañaba a la corte en la visita de Carlos IX a Salon. Después de profetizar el trono a Enrique III, el profeta quiso examinarlo desnudo.

Predijo que después de muchas dificultades sería, por fin, rey de Francia y reinaría largo tiempo. No es extraño que Chavigny pronosticara a su vez el advenimiento al trono de Enrique IV, cinco años antes del asesinato de Enrique III, y que recordara este hecho a Alfonso D'Ornano cuando se cumplió la profecía de Nostradamus que se había adjudicado.

El libro de Chavigny al que ya nos hemos referido, escrito en latín y francés, sugiere algunas observaciones interesantes. A través de la obra de Chavigny pueden encontrarse verdaderas indicaciones del profeta sobre su propia obra, mal comprendidas por el aspirante a sucederlo.

I. La primera observación se refiere a la traducción latina de todas las cuartetas. Chavigny traduce todas las que comenta. Nostradamus nos dice en su obra: 1557 septiembre, "no hacer olas, no molestar a los latinos".

Nostradamus, además, en su única cuarteta latina aparta de su obra a los "bárbaros", expresión que designó en la antigua Roma a quienes estaban fuera del mundo y del idioma latino. Esta limitación, y algunas traducciones, no solamente felices sino que constituyen prueba plena de que cumplían la voluntad del autor, llevaron a Piobb, igual que a Chavigny, a generalizar considerando que toda la obra debía ser traducida al latín y retraducida después a un texto francés inteligible.

Más digna de atención es la idea central de la obra de Jean Le Roux, antiguo cura de Louvicamp, diócesis de Rouen. Considera que Nostradamus emplea el francés del siglo XVI sometiéndolo a las reglas no solamente de la gramática práctica latina, sino también de la especulativa que él llama de doctrina, "tal como se encuentra en los buenos maestros el arte": *La Clef de Nostradamus*, París, 1710.

Chavigny, sin expresar esa opinión, tradujo todas las cuartetas que comentó; Piobb, en cambio, a pesar de haber emitido la misma opinión se guardó bien de cumplirla. Comentó muchos versos sin traducirlos al latín.

Las indicaciones de Nostradamus y el resultado de las traducciones latinas nos llevan a la conclusión de que los versos ininteligibles de Nostradamus, aquellos en los que ha hecho imposible una interpretación, después de un estudio filológico exhaustivo de cada palabra, deben ser traducidos al latín. No debe traducirse con el ánimo de interpretar subjetivamente al profeta; la traducción debe llevar en sí misma la prueba de su validez. Es muy probable que Nostradamus se refiera ante Chavigny a esa traducción latina de algunos de sus versos y fuera mal interpretado.

II. La segunda observación se refiere a los Presagios. De 169 cuartetas incluidas por Nostradamus en sus trece almanaques anuales Chavigny comenta 140. Viene una más en sus comentarios pero se trata de una cuarteta laudatoria dirigida al conde de Tende. En cambio, de 944 cuartetas de las Centurias, tradujo y comentó solamente 126. Algo dijo Nostradamus sobre 140 Presagios que debían considerarse para su obra profética, y Chavigny creyó sinceramente que él podía escogerlos entre los 169. Como todos los comentadores de los últimos cuatrocientos años, no dio importancia al testamento ni, por tanto, encontró las claves testamentarias.

III. Chavigny ha tenido un acierto profético ante Alphonso D'Ornano: la predicción de la muerte de Enrique III y la coronación de Enrique IV. Era fácil predecir la muerte de Enrique III. La venganza del partido católico, sostenido y respaldado por España, era de temer. En cambio, la coronación de Enrique IV era de casi imposible realización. Chavigny repitió la profecía de Nostradamus, quien seguramente se refirió ante él a la escena y a la profecía que hemos mencionado. Quizá supo, por su "maestro", que la cuarteta IX-39 se refería a la entrada del "Vif Gascon", Enrique IV, en París. Le fue fácil profetizar. Desgraciadamente para él fue la única vez que acertó.

En 1593 abjuró Enrique IV y el libro de Chavigny no solamente salió dedicado a ese rey sino lleno de profecías que no se cumplieron. *La Première Face du Janus* fue dada al público en 1594, no para ensalzar a Nostradamus sino para halagar la vanidad de Chavigny, quien pretendió convertirse en el profeta de Enrique IV y, a pesar de sus fracasos, siguió pretendiendo esta situación hasta su muerte.

El solo hecho de titularse "discípulo" de un profeta nos hace conocer la mediocridad del doctor en Teología. En sus obras posteriores, un manuscrito que se encuentra en la Biblioteca de Aix-en-Provence, que dirigió a Enrique IV, tres ediciones de Las Pléyades y otro manuscrito, se ocupa menos de Nostradamus que de su propio furor profético con el que sólo consiguió "cubrirse de un ridículo imborrable", palabras textuales de un bibliófilo excepcionalmente preciso, F. Buget, a cuyo estudio de las obras de Nostradamus y sus comentadores detractores remitimos al lector.[1]

IV. Los comentadores han encontrado ocho cuartetas que según Chavigny se ocupan de acontecimientos anteriores a 1555. Es posible que algunas cuartetas se ocupen del pasado y hayan sido incluidas para certificar con ellas la cronología de toda la obra cuando sean colocadas todas las cuartetas sobre tres círculos de 360°

Los detractores de Nostradamus buscan los detalles discutibles para, generalizándolos, atacar una obra que no comprenden. Parten del prejuicio de considerarlo un charlatán, fabricante de almanaques. Mayor estudio los llevaría a reconocerlo como un sabio cuya finalidad lo obliga a adoptar una máscara y a dejar bajo una criptografía su mensaje profético más importante. Esperamos que no ocurra lo mismo con nuestro libro en el que procuramos reunir un conjunto de pruebas, directas e indirectas, que acreditan la existencia de dicho mensaje.

V. En el siglo XVI Chavigny es el único que le da importancia a los Presagios. La única reedición de ellos, posterior a la muerte de Nostradamus, es la que incluye en su libro en 1594. Se salvaron del olvido 140 Presagios.

Desaparecidas las ediciones de Avignon de las Centurias, sabemos algo de ellas por reproducciones posteriores. Respecto a los almanaques nuestra ignorancia

[1] F. Buget, erudito y bibliófilo del siglo XIX, autor de *Étude sur les Prophéties de Nostradamus*, publicado en el "Bulletin du Bibliophile", año 1860: págs. 1 669 a 1 721; año 1861: págs. 68 a 94, 241 a 268, 383 a 412, 657 a 691; año 1862: págs. 761 a 785, 786 a 829; año 1863: págs. 449 a 473, 513 a 530, 577 a 588.

es mayor. Se trata de trece libritos y solamente conocemos ocho, y éstos en una sola de sus ediciones. Cuatro son de Lyon, tres de París y uno de Avignon.[2]

De aquí la importancia bibliográfica del libro de Chavigny. Muchas de sus cuartetas comentadas provienen de ediciones desaparecidas. Ha salvado la cuarteta VI-100 y doce de las trece que tomó de los borradores del profeta. Nos ha permitido comparar dos ediciones en la mayor parte de los Presagios.

[2] Henri Douchet reprodujo tipográficamente en los primeros años del siglo XX los almanaques para 1563 y 1567 con versos proféticos. Salieron de su taller otras reproducciones tipográficas de Nostradamus. Citaremos *Orus Apollo* y las profecías dedicadas al Papa en 1562.

29

Esbozo bibliográfico de las cuartetas proféticas publicadas por orden del autor

Las cuartetas proféticas fueron impresas en Lyon en tres ediciones de las Centurias y trece Pronosticaciones o almanaques. Las Centurias se publicaron bajo el título de *Les Propheties de M. Michel Nostradamus*: en 1555, con un prefacio y 353 cuartetas; en 1556, con 286 o 287 cuartetas más, constando así de siete Centurias, la última incompleta, y en 1558, con 300 cuartetas inéditas y con un segundo prefacio, las Centurias VIII, IX y X. Las Pronosticaciones o almanaques[1] aparecieron en trece libritos anuales, desde 1554, la *Pronostication Nouvelle* para 1555, hasta 1566, el *Almanach* para 1567. En cada uno de estos trece libritos venían 13 cuartetas, una para el año entero y una para cada uno de los doce meses. Una

[1] Las primeras ediciones de los dieciséis libros de Nostradamus que comentamos fueron seguramente muy cuidadas para hacer resaltar detalles tipográficos que se relacionan con la criptografía. Desgraciadamente, sólo han llegado hasta nosotros dos ejemplares de las primeras ediciones: la primera edición del primer almanaque con versos (ficha núm. 1) y la primera edición de las Centurias (ficha núm. 16). Es posible que Nostradamus haya ocultado una colección de ejemplares de sus primeras ediciones. Es seguro que los envió a Catalina de Médicis y a los reyes. Los bibliotecarios no las consideraron dignas de ser conservadas. (Ilustraciones 5, 18 y 19.)

declaración del autor nos obliga a considerar estas 169 cuartetas como parte integrante de la obra formando un todo con las Centurias. Se trata por lo tanto de dieciséis publicaciones de Lyon.

A estas complicaciones, agravadas por el hecho de que algunos de esos 16 libritos se han perdido totalmente, se agrega una mayor: Nostradamus imprimía en Lyon o en París dando exclusiva a sus editores; pero imprimía también, con título diferente y pequeños cambios de texto, en Avignon que, bajo la soberanía de los papas, estaba fuera del territorio donde tenían valor esos derechos exclusivos. "Le Comtat Venaissin" formó parte de los Estados Pontificios hasta 1789 y en él los impresores no estaban sometidos a las leyes del reino de Francia.

Esto eleva el número de libros que deberíamos consultar, por lo menos a 32, suponiendo solamente dos ediciones para cada uno. En realidad sólo tenemos a la vista 10 libros: seis de Lyon, tres de París y uno solamente de Avignon. Las dos primeras ediciones de las Profecías impresas en Lyon en 1555 y 1557, y ocho ediciones de las Pronosticaciones o almanaques con cuartetas proféticas o Presagios correspondientes a las ediciones de: Lyon 1555, París 1557, París 1560, París 1562, Avignon 1563, Lyon 1565, Lyon 1566, Lyon 1567. Aunque nunca hemos podido consultar el almanaque original para 1567 impreso en Lyon, del que sabemos existe un ejemplar que perteneció al abate Rigaux,[2] tenemos plena confianza en la copia tipográfica

[2] Abate Héctor Rigaux, cura de Argoeuvres, cerca de Amiens, discípulo del abate Torné Chavigny, quien en el siglo XIX había publicado

hecha personalmente por Henri Douchet[3] en 1904, de la que hemos copiado para nuestro archivo la reproducción fotográfica, que insertó, del frontispicio.

Este resultado, bastante pobre, ha requerido una labor detectivesca realizada desde 1946 hasta 1960. Un ejemplar de la primera edición de las Centurias de Macé Bonhomme, Lyon, 1555, está en París en poder de la viuda de J. Thiébaud. Se conoce la existencia de otro ejemplar que perteneció en el siglo pasado al abate James, redactor de *El Propagador de la Fe* y comentador de Nostradamus bajo el seudónimo de Henri Dujardin, pero no hemos podido ubicarlo. La segunda edición, de Lyon, 1556, con 639 cuartetas, ha desaparecido. Tenemos copia de la reproducción de Antoine

comentarios a la obra de Nostradamus, demostrando que éste había profetizado tres siglos de la historia de Francia de manera excepcional. Rigaux se dedicó a buscar por toda Europa las obras de Nostradamus; hizo copiar en las grandes bibliotecas las ediciones más raras y formó así una colección única. Habiendo encontrado en las profecías que, hasta el triunfo final de Francia, Europa entera sería trastornada por guerras y quedaría cubierta de ruinas, buscaba preservar, para las generaciones futuras, esos textos desconocidos o desdeñados que ayudan a comprender las "Centurias" y los "Presagios". Fue ayudado en esta misión por uno de sus amigos, el impresor y editor Henri Douchet, también él de los alrededores de Amiens.

[3] Henri Douchet conoció al abate Rigaux en 1898. Entre 1900 y 1914 se interesó profundamente, y en forma personal, por Nostradamus, e hizo algunas ediciones tipográficas, de doscientos o trescientos ejemplares, de almanaques y obras inéditas. Dichas ediciones no fueron puestas a la venta y sólo algunos de sus amigos las recibieron. Pretendió reservarlas para que después de la "crisis" que vivimos actualmente pudieran servir de testimonio. El depósito donde estaban guardadas fue bombardeado en 1918 y luego de su reconstrucción fue saqueado durante la Segunda Guerra Mundial; unos pocos ejemplares pudieron salvarse del desastre.

du Rosne, Lyon, 1557, estudiada por Klinckowstroëm en 1913, que desapareció de la Biblioteca de Munich, incendiada durante la Segunda Guerra Mundial. Puede ser que estén en los cajones de libros que salieron de Berchtesgaden, residencia de Hitler. Nuestra copia es de otro ejemplar de la misma edición que se encuentra en la Biblioteca de Moscú. No tenemos hasta ahora noticia de la existencia en este siglo o en el siglo XIX de ningún otro ejemplar de las Centurias, editado durante la vida de Nostradamus.

En cuanto a las Pronosticaciones o almanaques con versos proféticos, que titulamos Presagios, solamente dos eran conocidos en 1946 por los bibliófilos de Francia: el almanaque para 1563 que perteneció al abate Rigaux, después de Buget, quien hizo de él un estudio exhaustivo, y que ahora se encuentra en la Biblioteca del Museo Arbaud, de Aix-en-Provence, y el de 1567 cuya impresión se terminó después de la muerte del profeta. Ambos fueron reeditados a principios de este siglo por Henry Douchet.

En 1946 descubrimos y fotografiamos en la Biblioteca de Nápoles el almanaque para 1566. En 1948, y a través de circulares enviadas a las principales bibliotecas de Europa, descubrimos y fotografiamos en Peruggia un ejemplar del almanaque para 1565. El mismo año Pierre Brun, de Pelisanne, nos cedió el más preciado de todos: la primera publicación hecha por Nostradamus de los versos proféticos, *Pronostication Nouvelle et Prediction Portenteuse*, Lyon, Jean Brotot, editada en 1554 para 1555. Años después, en una colección de nueve libritos nostradámicos, de los que no existe ningún otro ejemplar, editados todos ellos a mediados del siglo XVI, adquirimos, por intermedio de J. Thiebaud, tres almanaques con versos proféticos, ediciones de París, correspondientes a los años 1557, 1560 y 1562. En el curso de esos catorce años hemos ido descubriendo también reproducciones en francés y en otros idiomas de algunas cuartetas que no reprodujo Chavigny. Bibliográficamente son de inestimable valor para nuestro estudio. Nos ocuparemos de ellas más adelante.

Desde 1927 nos habíamos propuesto realizar una edición facsimilar de las cuartetas proféticas tal como fueron escritas por el autor, con todas las variantes de sus diferentes ediciones. Creímos que sería fácil colocar las cuartetas en el orden en que deben ser consideradas por los futuros comentadores y por todos aquellos que se dediquen a descifrar las claves, los anagramas y las traducciones latinas de cuya existencia tenemos múltiples ejemplos. Esta tarea, aparentemente sencilla, se ha ido complicando cada vez más, no solamente porque unas pocas cuartetas parecen definitivamente perdidas, sino porque debíamos demostrar que todas aquellas que han aparecido años después de la muerte de Nostradamus nos son parte integrante de la obra misma y no deben ser consideradas en ella. Aquellas cuya publicación autorizó durante su vida no pertenecen todas al texto profético que debe ser ordenado de acuerdo con las instrucciones y las claves que se encuentran en su testamento y en sus escritos.

Su obra debía llegar a una época remota con las anotaciones necesarias para que fuera descifrada, pero sin que esas anotaciones llamaran demasiado la atención de sus contemporáneos y de los estudiosos de los siglos XVII y XVIII. Con este fin, Nostradamus comienza por repartir sus cuartetas proféticas, que en realidad constituyen una sola obra, en dieciséis publicaciones hechas en el transcurso de trece años. Duplica estas publicaciones y crea lo que llamamos "las ediciones de Lyon" y "las ediciones de Avignon". Las Centurias se imprimen en tres partes y en pequeños tirajes. De cada parte se hace una edición cuidadosamente impresa. En la otra edición se cambian fechas y números para hacer creer que todo esto no tiene ninguna importancia. Modifica también algunas palabras o su ortografía y cambia el título mismo y le añade subtítulos. Y es que tiene que tener en cuenta a los Reyes de Francia y a la Inquisición católica, no solamente durante su vida sino durante la vida de su obra. Sólo así se explica que un hombre genial, médico y herbolario, matemático y astrónomo, filólogo, conocedor de la Cábala y de la simbología hebrea, digno representante de su siglo, nos dé en un mismo documento la carta a Enrique II, tres versiones distintas de la cronología humana anterior a Cristo. Se vale de esos cambios, aprovechándolos, para darnos nuevos datos o para señalarnos de esa manera palabras y números que deben tomarse en cuenta junto con los del texto principal. Igual hace en las Pronosticaciones o almanaques anuales: publica dos o tres ediciones introduciendo en cada una pequeñas modificaciones.

Los cambios de títulos, fechas, números y palabras permitirán suponer que Nostradamus no tuvo nada que ver con las ediciones de Avignon. No es así. El estudio de los cambios realizados acredita que no fueron hechos al azar por un ignorante, sino que son de la mano del mismos autor. ¿Cuál fue la finalidad de estas dos ediciones diferentes? Fue múltiple: en primer lugar, Nostradamus creaba su máscara y una prueba a su favor en un posible proceso ante los inquisidores. En segundo lugar, acrecentaba su fama que le significaba, entre otras cosas, el apoyo de Catalina de Médicis: sus libros eran objeto de piratería, pero él para sus propios fines intervenía activamente en esa piratería. En tercer lugar, creaba para el remoto futuro la confusión de dos redacciones. Cada una tendría partidarios y en un ambiente de misterio y de duda sería más discutido. El estudioso, en cambio, encontraría en ambas los datos necesarios para la comprensión y ordenación de las cuartetas. Además, el autor no descuidaba nunca la finalidad económica. Esas ediciones, al margen de las exclusivas que había dado a sus editores de Lyon o París, le producían utilidad.

Una obra tan "poco seria" no podía probar ninguna acusación contra su autor ni valía la pena destruirla. La máscara de charlatán le permitiría atravesar sonriente cuatro centurias. Pero es solamente una máscara. Debemos admirar la precisión filológica con que nos dice lo que realmente quiere decir. Nadie ha podido condensar más ideas en menor número de palabras. Tan perfectamente ha fabricado su personaje que en el siglo XVII encontramos reediciones de sus profecías que incluyen versos apócrifos, hechas con fines políticos al amparo de su nombre.

Nostradamus ordenó en su testamento que todos sus libros y papeles, sin excepción, fueran empaquetados y guardados en una habitación de su casa. Solamente llegada la mayoría de edad de sus hijos se podría determinar cuál se dedicaba a las letras y, por tanto, a quién correspondía ese legado. Parece, pues, que su intención fue que pasaran más de catorce años sin que nadie pudiera hacer ninguna alteración en su obra. Esta última voluntad del testador acredita también que la edición de *Las Profecías*, que reuniría 942 cuartetas en 1568, estaba ya contratada con el editor de Lyon, Benoist Rigaud.

Declaró textualmente en su testamenteo: "... y también ha prelegado y prelega dicho maestro Miguel Nostradamus testador todos y cada uno de sus libros que tiene a aquel de sus hijos que aprovechara más el estudio y que haya 'aspirado más el humo de la lámpara', los cuales libros junto con las cartas que se encontrarán en la casa del citado testador, dicho testador no ha querido de ninguna manera sean inventariados ni descritos sino que sean amarrados en paquetes y canastas hasta que aquel a quien estén destinados llegue a la edad de recibirlos y puestos y encerrados en una habitación de la casa del citado testador..." César, el mayor, llegó a la mayoría de edad a finales de 1568 y por su correspondencia con Peiresc podemos asegurar que fue él quien recibió el legado. Ni una palabra de Chavigny que aparece posteriormente, en 1594 anunciando que tiene dos Centurias completas, inéditas, en su poder.[4]

[4] La larga vida de César de Nostradame, sus cartas a Peiresc y su testamento mismo, son una prueba en contra de la ridícula afirmación de Chavigny. César heredó los papeles de su padre. Suponiendo que le hubiera confiado a Chavigny dos Centurias, las habría luego recu-

Todos los papeles y libros de nuestro autor estuvieron, pues, reunidos y en manos de su hijo César alrededor de 1580. Si entre esos papeles se hubiera encontrado una parte importante de su obra, habría sido publicada. Estaba en ello el interés de la familia y de su editor. Nada autoriza a suponerlo. Por el contrario, las numerosas publicaciones históricas y literarias de César Nostradame, entre los años 1600 y 1620 y la fecha de su muerte en 1630,[5] más de sesenta años después de la muerte de su padre, acreditan que consideraba terminada la publicación de la obra profética. La realidad bibliográfica es que no se ha publicado ni un solo verso inédito o pretendido tal hasta 28 años después de la muerte del autor.

Aunque Michel Nostradamus no hubiera presentido su propia muerte, sabemos por las claves de su testamento que terminó la publicación de su texto profético el 21 de abril de 1565, fecha del *faciebat* para el almanaque de 1566. Éste es el único almanaque que

perado. Chavigny murió en 1606. Desde 1621 hasta su muerte, acaecida en 1630, César tuvo tiempo para publicarlas o por lo menos para entregárselas al rey de Francia o, en último caso, a Peiresc, a quien dejó otros documentos de su padre. Más adelante nos ocuparemos de su relación personal con María de Médicis y con Luis XIII. En su testamento se refiere al rey en los términos más elogiosos y demostrativos de su afecto. Y esto en su lecho de muerte, cuando no podía impulsarlo interés alguno.

[5] Ya hemos demostrado en nuestro libro *Los últimos días del Apocalipsis* que César de Nostradamus nació el 18 de diciembre de 1553 y murió a los setenta y seis años cumplidos, en enero o febrero de 1630. Firmó su último testamento el 23 de enero de ese año. Su correspondencia con Peiresc y con Pierre d'Hozier había terminado en diciembre de 1629; no se conoce ninguna carta de César posterior a esa fecha ni posterior a su testamento, y en ese documento acredita también su edad.

trae una cronología, la tercera cronología arbitraria, diferente de las dos, igualmente arbitrarias, y de la falsa suma de años que en realidad es una cuarta cronología, todo lo cual había dado ya en la carta-prefacio dirigida a Enrique II. Esta última es necesaria, como las otras, para la reconstrucción de sus criptogramas. Con esa última cronología nos hace saber que ese almanaque es el último que debemos considerar para su obra y que en él terminó su profecía. La cuarteta de septiembre dice:

Armas, heridas cesar: muerte de sediciosos:
Et padre Liber grande, no abundará demasiado:
Maliciosos serán atrapados por más maliciosos:
Francia más que nunca victoriosa triunfará.

Nostradamus nos autoriza en su testamento a considerar en este almanaque para 1566 y en la cuarteta para el mes de septiembre de ese año el límite de su obra profética. Corroborando nuestra tesis el último almanaque, el de 1567, no pertenece a la obra profética que fue publicada íntegramente durante la vida del autor.

Tuvo, pues, Nostradamus, más de un año entero, tiempo suficiente para tomar todas las providencias necesarias. Ante problema tan importante, que constituía la razón y objeto de su vida, Nostradamus no podía morir sin dejar editadas e impresas todas sus cuartetas proféticas y sin que quedara legalmente concluido y archivado su testamento. Se trataba de asegurar el futuro de la obra por la que se había esforzado tanto. Su biografía nos hace conocer no solamente el monto de su fortuna, sino su minuciosa previsión hasta en detalles de la menor importancia. Ésta es la tónica psicológica de nuestro personaje que se expresa en todos los actos de su vida. No podemos, pues, aceptar que alguna parte de su profecía, indispensable para el completo descubrimiento de su maravilloso criptograma, quedara sin publicar.

Tenemos, además, su testamento mismo que encierra la primera clave para las cuartetas proféticas. En él hubiera consignado cualquier observación sobre Centurias inéditas o una orden para que fueran editadas. Sabemos que sus impresores le pagaban anticipadamente por sus originales y que Benoist Rigaud reprodujo las Centurias hasta 1594, los herederos de este último hasta finales del siglo XVI y Pierre Rigaud hasta bien entrado el siglo XVII; que César Nostradame vivió sus últimos años en la pobreza y murió en 1630 dejando editadas muchas de sus propias obras y sin haber publicado nunca versos inéditos de su padre; que después de 1594 su discípulo Chavigny —que no fue tal sino solamente su secretario, que copiaba sus cartas, sus dedicatorias y sus envíos a la corte y al Santo Padre— publicó tres ediciones, en 1603, 1606 y 1607, de las "Pleiades", con más de 600 páginas la primera y más de 800 las otras dos y habría interesado más a sus editores si hubiera incluido versos inéditos del profeta.

Todo esto acredita que los versos proféticos publicados por orden de M. Michel Nostradamus durante su vida o en las ediciones inmediatamente posteriores a su muerte constituyen su obra completa y una realidad bibliográfica que debe aceptarse con todas sus consecuencias y que nos debe guiar en el estudio de las publicaciones posteriores.

Desde ahora afirmamos categóricamente que todos los versos proféticos publicados después de 1568 deben considerarse:

a) Durante el siglo XVI como cuartetas que quedaron en borradores; unas terminadas pero que el autor no las consideró en su obra, otras inconclusas.

b) Durante el siglo XVII como cuartetas o sextetas apócrifas con fines adulatorios, políticos o comerciales.

Si en esta obra nos vemos obligados a ocuparnos de ediciones del siglo XVII, es solamente porque buscamos en ellas las reproducciones de los pequeños volúmenes editados durante la vida de Nostradamus. Ese estudio bibliográfico debe tener por objeto descubrir en ediciones posteriores las reproducciones totales o parciales de los libros que han desaparecido y todo aquello que nos ayude a completar la obra y a probar la falsedad de las ediciones y versos apócrifos.

Nuestro estudio bibliográfico se extenderá hasta 1668 y demostrará que la obra profética de M. Michel Nostradamus, nacido el 14 de diciembre de 1503, a mediodía, muerto el 2 de julio de 1566, al amanecer, está constituida por las cuartetas que publicó durante su vida, o cuya publicación dejó ordenada para inmediatamente después de su muerte. Es posible que una colección completa de sus primeras ediciones esté oculta en su casa de Salon. Después de un punto, el cuarto verso del Presagio de julio de 1567, entregado por él a la imprenta en abril de 1566, dice:

> —Presagio. Julio. 1567.
> "Tesoro encontrado en lugares planos y la cocina."
> "Thresor trouvé en plastres & cuisine."
>
> (*Plastres*: en francés antiguo tenía el significado de lugar plano.)

En la carta-prefacio a su hijo César Nostradame, hace una declaración sobre su obra que debemos respetar: "He compuesto libros de profecías conteniendo cada uno cien cuartetas astronómicas de profecías las cuales he querido voluntariamente oscurecer y ordenar". Su obra profética se compone exclusivamente de cuartetas. Uno de los diez libros de sus Centurias está incompleto. Otro libro, el que forman sus Presagios, tiene 169 cuartetas de las que solamente 140 completan su obra. Sobre esto último es posible que el profeta hiciera alguna confidencia a Chavigny. Es muy significativo que este comentador se ocupara solamente de 126 cuartetas de las Centurias que incluyen más de 900 y en cambio comentara 140 de los Presagios que constan de 169 cuartetas.

Nuestro estudio criptográfico y bibliográfico establecerá las 1080 cuartetas que deben situarse alrededor de tres círculos de 360 grados, en el orden indicado por las dos claves del testamento y por las siete claves criptográficas que hemos descubierto. Los grados de esos círculos quedarán fechados según el doble dodecágono cronológico. La última de las claves permitirá la lectura del mensaje secreto del maestro Michel Nostradamus.

30

Las cuartetas proféticas de "las Centurias" en las ediciones de Lyon y en sus reproducciones

En 1555, Macé Bonhomme edita en Lyon la primera parte de las Centurias que consta de 353 cuartetas bajo el título de *Les Propheties de M. Michel Nostradamus*. Este libro, cuidadosamente impreso, lleva la numeración de las cuartetas al margen, en números arábigos en vez de llevarla centrada y en números romanos como todas las ediciones posteriores. Los números romanos que aparecen en el texto, como las palabras en mayúscula y otros detalles tipográficos, son datos que deben tomarse en cuenta para la ordenación definitiva. Ficha número 16. (Véanse ilustraciones 18 y 19.)

Daremos una descripción:

— El prefacio, dedicatoria a César Nostradamus, está fechado el 1o. de marzo de 1555.

— La cuarteta 50 de la primera Centuria, "De l'aquatique triplicité...", y la cuarteta 51, "Chef d'Aries...", mantienen este orden durante el siglo XVI en todas las ediciones de la segunda mitad del siglo XVII.

— En la segunda Centuria la cuarteta que sigue a la número 12 está sin numerar. Vienen después la 13, la 14, la 15 y la 16. El número siguiente es el 18. En las ediciones posteriores se ha considerado esto un error tipográfico y han numerado 13 la cuarteta sin número, siguiendo la numeración correlativa.

— La viñeta colocada al comienzo de las cuatro Centurias está invertida en la tercera.

— Trece palabras están en letras mayúsculas: I-2, BRANCHES, I-16, AUGE; II-79, CHIREN; II-94, GRAN; III-51, PARIS; III-64, OIXADES; III-75, PAV; III-85, AUDE; III-96, FOUSSAN y TARPEE; IV-19, ROUAN; IV-27, SEX; IV-34, CHIREN. Ya en 1568 las ediciones mantienen sólo 7 palabras en mayúsculas.

— Cinco números vienen en grandes números romanos: I-7, *XIII;* III-56, *XXIII*; III-96, *XIII*; IV-11, *XII*; IV-30, *XI.* En cambio, el número diez de I-42 está en letras. En 1568 se mantiene sólo un número en romanos.

—En dos cuartetas aparecen tres palabras en griego.

—El sol y la luna están señalados una vez por sus signos astrológicos.

Nostradamus empleó seguramente esta tipografía especial de sus cuartetas en la primera edición de cada uno de los dieciséis pequeños volúmenes en los que dividió su obra profética: tres ediciones diferentes de las Centurias, una para la aparición de cada parte, y trece almanaques anuales con trece cuartetas cada uno.

Sabemos por *La Croix du Maine*, "Bibliothèque du Sieur de la Croix du Maine", París, Angelier, 1584, que ha existido una segunda edición de Lyon, por Sixte Denise en 1556. Es probable que, cuidadosamente impresa, constara de siete Centurias y que fuera copiada descuidadamente al año siguiente por Antoine du Rosne. (Ficha número 17.)

En 1557, Antoine du Rosne reedita en Lyon —ejemplar en la Biblioteca de Moscú— la primera y la segunda parte, unidas en una sola paginación, que termina en la séptima Centuria en la cuarteta XL. El libro consta de 639 cuartetas, y lleva el mismo título de la edición de 1555, al que se le ha añadido un subtítulo: "Dont il en y a trois cents qui n'ont encores iamais esté imprimées". Las dos partes quedan reunidas para adelante en un solo libro, con una sola paginación y con el mismo prefacio de la primera edición fechado el 1 de marzo de 1555, que aparentemente es una carta del autor a su hijo César nacido, según nuestras investigaciones, el 18 de diciembre de 1553. Antoine du Rosne copia probablemente la edición desaparecida de Sixte Denise, quien debió presentar la segunda parte con la misma perfección que fue presentada la primera por Macé Bonhomme. No repite los detalles tipográficos que ya conocemos en las primeras 353 cuartetas aunque copia el texto con bastante fidelidad. Mantiene solamente una palabra AUGE, en mayúsculas y tres números romanos. El subtítulo no es exacto: si de sus 639 cuartetas restamos las 353 de la primera edición quedan 286. (Ficha número 18.)

Solamente la edición de Sixte Denise nos permitiría explicar ese subtítulo que viene igual en la edición de Petit Val, desgraciadamente incompleta, que copia la edición de Avignon de 1556, paralela a la de Lyon de Sixte Denise. La ausencia de esta edición desaparecida nos obliga a considerar la cuarteta latina y las dos cuartetas VII-41 y VII-42 como publicadas solamente en 1568.

Para que el subtítulo, que suponemos publicado primero en la edición de Sixte Denise, respondiera a la exactitud criptográfica de todos los datos nostradámicos, tenía que encontrarse en esa edición la cuarteta en latín completando 640 cuartetas. Sigamos adelante esta suposición dejando claramente establecido que no tenemos prueba documental bibliográfica que nos autorice.

Si de las 640 cuartetas que suponemos en la edición de Sixte Denise restamos las 353 de la primera edición quedan 287. Faltan trece, y cuando Nostradamus utiliza este número debemos poner atención. Quizá se refería el autor a las trece cuartetas del almanaque para 1556 ya publicado, dejando establecido de ese modo que su obra profética constaba hasta ese momento de 666 cuartetas.

La edición de Sixte Denise pudo traer la cuarteta en latín entre la sexta y la séptima Centurias, como las ediciones posteriores de Lyon. Antoine du Rosne, un año más tarde, pudo suprimir la cuarteta latina para terminar su librito al fin de la página ciento sesenta y al final del décimo pliego de dieciséis páginas. La calidad pobre de su descuidada edición nos permite aceptar esa posibilidad.

	Durante la vida de Nostradamus	*Después de la muerte de Nostradamus*
Prognostication para 1555	13	12
Primera parte de las Centurias.	353	353
almanaque o Prognostication para 1566..................................	13	12
Segunda parte de las Centurias	287	289
Total............	666	666

De dos maneras tenemos 666 cuartetas en las dos primeras partes de las profecías, o sea en las siete primeras Centurias que se reúnen formando la primera parte de la obra profética. Los Presagios de los años 1555 y 1556 pueden ser 13 para cada año, pero pueden también ser 12, pues —como veremos más adelante— las cuartetas para el año no pertenecen al conjunto de cuartetas proféticas, lo que disminuye de 13 a 12 el número anual de cuartetas. En cambio, las cuartetas de la segunda parte pueden ser, incluyendo la cuarteta latina, 287, si la séptima Centuria tiene cuarenta, como en las ediciones de Lyon durante la vida de Nostradamus, o 289 si tiene cuarenta y dos cuartetas como en las ediciones de Lyon posteriores a su muerte.

Tenemos noticia de la cuarta edición de Lyon, por Benoist Rigaud, 1558, que no ha llegado hasta nosotros. (Ficha número 19). El 27 de junio de ese año está fechada la carta a Enrique II que le sirve de prefacio. Podemos describirla porque Benoist Rigaud la ha reproducido muchas veces. Consta de tres Centurias completas y su título *Les Propheties de M. Michel Nostradamus* va con el subtítulo "Centuries VIII. IX. X. Qui n'ont encores iamais esté Imprimés". Aun cuando esta tercera parte fue impresa desde 1568 en adelante, junto con las dos anteriores en un solo volumen, mantuvo durante más de 50 años su paginación separada. Consideramos esto una prueba de la existencia de esta edición de 1558 y de que fue impresa en libro aparte desde esa fecha durante la vida del autor.

Dos años después de la muerte de Nostradamus, en 1568, aparece la quinta edición de Lyon. Benoist Rigaud edita lo que aparenta ser la obra completa: diez Centurias con 942 cuartetas. La séptima Centuria aparece con 42 y la última cuarteta sin numerar de la sexta Centuria es la única en latín. Las primeras siete Centurias unidas forman el primer libro, con paginación corrida, que lleva como prefacio la carta a César y en el frontispicio dos subtítulos: "Dont il y en a trois cens qui n'ont encores iamais esté imprimées" y "Adioustées de nouveau par ledict Autheur". Las tres últimas Centurias forman el segundo libro que muy probablemente copia la edición de 1558, del mismo editor, que no ha llegado hasta nosotros. A pesar de editarse ambos libros en un solo volumen éste lleva paginación separada, lo que refuerza nuestra opinión de que se trata de una copia de edición anterior. Este segundo libro lleva como prefacio la carta a "Henry Roy de France second" y en el frontispicio el mismo título *Les Propheties de M. Michel Nostradamus* y un subtítulo: "Centuries VIII. IX. X. Qui n'ont encores iamais esté imprimées".

Tenemos en nuestra biblioteca tres ejemplares con la misma fecha, de esta quinta edición de las Centurias.

Uno es igual a los ejemplares de las Bibliotecas de Estocolmo y Grasse; el segundo y el tercero al de la Biblioteca del Museo Arbaud, en Aix-en-Provence.

Parece que Rigaud tuvo una exclusiva porque durante veinte años, de 1568 a 1588, hizo reediciones todas iguale en el texto pero desiguales en las viñetas y en pequeños detalles tipográficos. Conocemos seis que llevan la misma fecha 1568 y dos que no tienen fecha ninguna. (Fichas número 20 a 25 y 27 a 28). La última edición de Benoist Rigaud lleva fecha cierta: el primer frontispicio es de 1594 y el segundo de 1596. (Fichas números 29 y 30). Es probable que Benoist Rigaud abandonara la dirección de su negocio entre ambas fechas. Según Klinckowstroëm murió en 1597. Conocemos otros casos de los siglos XVI y XVII en que ha cambiado el propietario o uno de los asociados de una imprenta y los libros en trabajo han llevado dos fechas. Durante los 20 años a los que nos hemos referido no se han editado las Centurias de Nostradamus fuera de Lyon. Las ediciones de Raphael du Petit Val, Rouen, 1588 y 1589; Pierre Menier, París, 1588 y 1589; Charle Roger, París, 1589, François de Sainct Iaure, Amberes, 1590; y Jacques Rousseau, & Caors, 1590, nos han hecho pensar en la existencia de una exclusiva dada por el autor, o por la familia, que terminó en 1588. De todas éstas, la edición de Caors, de 1590, (Ficha número 26), es la única que repite el texto completo de las ediciones de Lyon. Después de esta última fecha Benoist Rigaud lanzó las dos ediciones sin fecha y por último una, fechada en 1594 y 1596.

Muere Benoist Rigaud y los herederos hacen dos ediciones alrededor de 1598, copiando las anteriores:

"Par les Heritiers de Benoist Rigaud", Lyon, s.d. Una en la biblioteca del autor y otra que cita Baudrier: (Fichas número 31 y 32). No podemos precisar la fecha exacta en que la imprenta pasa a poder de Pierre Rigaud, hijo de Benoist, cuyas ediciones copian también exactamente las de su padre.

Conocemos tres ediciones de Pierre Rigaud aunque es posible que hiciera algunas más, ya que fue el único editor que se ocupó de Nostradamus en los primeros años del siglo XVII. La primera edición que conocemos parece ser de 1604. Dicen en el frontispicio: "par Pierre Rigaud": (Ficha número 33). Esto se repite en una segunda edición: (Ficha número 34). En la tercera leemos: "Chez Pierre Rigaud": (Ficha número 35). Conocemos libros impresos en 1603 que dicen, en la portada: "Chez Pierre Rigaud", lo que deja entender que ya le pertenecía la imprenta. Seguramente ciertos negocios permanentes, comenzados de acuerdo con antiguos contratos, no pasaron a su propiedad sino más tarde. Las cinco ediciones de que damos cuenta, tres de Pierre Rigaud y dos de Didier y Poyet, y otras dos o tres de la misma procedencia, que pueden haber desaparecido, cubren perfectamente los veintinueve primeros años del siglo XVII. No conocemos ninguna otra publicación auténtica de las Profecías durante esos años.

Las ediciones de Jean Didier y de Jean Poyet, fichas números 36 y 37, que copian el texto de los Rigaud, pero que unen los dos pequeños volúmenes en una sola paginación, son muy posteriores a 1614 y deben haberse vendido sin competencia hasta más allá de 1629. Las viñetas de sus frontispicios se encuentran por primera vez en ediciones de Nostradamus. Una de ellas se repite en las ediciones apócrifas fechadas falsamente en 1627, que estudiaremos más adelante.

Podemos, pues, considerar como texto auténtico de la profecía de Nostradamus las 942 cuartetas de las ediciones de Lyon. Las erratas de imprenta pueden ser eliminadas por la comparación de más de diez ediciones. Podemos, de la misma manera, establecer un texto definitivo para los dos prefacios: la carta a César y la dedicatoria a Henry, Roy de France, Second. Tomaremos en consideración los pequeños cambios en las palabras y en los números que vayamos encontrando en otras ediciones, no para hacer modificaciones en el texto de las ediciones de Lyon, sino para considerarlos como datos que dio el autor y que debemos tener en cuenta cuando el conjunto de la obra nos autorice a ello.

Estas repetidas ediciones de Lyon han establecido un texto que ha sido utilizado por la mayoría de los comentadores. Casi todas las ediciones apócrifas de los siglos XVIII y XVIII han copiado a Benoist Rigaud. Han sido engañados por las fechas falsas 1566, 1568, 1605, 1611, 1627 y 1649, o por la ausencia de fechas, pero han tenido en sus manos una copia bastante fiel de las auténticas ediciones de Benoist Rigaud, Lyon, 1568.

Para todos los contemporáneos de Nostradamus esa edición de Benoist Rigaud, copiada posteriormente por sus herederos y por su hijo Pierre, era la *editio princeps*. Nadie pensó que las cuartetas de los almanaques formaban un todo con las Centurias y que debían unirse a ellas en una primera reordenación. Era difícil imaginar que para ello fuera necesaria una clave numérica y, menos aún, que debían descubrirse los números de esa clave en el testamento del Profeta. Debían incluirse también las variantes de las ediciones de Avignon.

31

Las cuartetas proféticas en la edición de París (1560-1561) y en sus reproducciones

Brunet, en el "Supplement du Manuel du Libraire, Paris, Dorbon, 1880, Tome II colonne 36", se ocupa de una edición de las Centurias de París, 1560-1561, (ficha número 38), diciendo: "Cette edition contient 7 centuries". No hemos podido conocer esta edición pero hemos estudiado cinco copias que se hicieron de ella en París fechadas en 1588 y 1589. Todas éstas dicen en el frontispicio: "Les / Propheties de / M. Michel Nostra / damus: Dont il y en a trois cens, / qui n'ont encores esté imprimées, / lesquelles sont en ceste presente / edition. / Reveues & additionnées par l'Autheur / pour l'an mil cinq cens soixante & / un, de trente neuf articles a la / derniere Centurie/".

Las cinco copias de las ediciones de París que reeditan la de 1560-1651, y que hemos consultado, son las siguientes: Pierre Menier, París, 1588?, ficha número 39; Veusve Nicolas Rosset, París, 1588, ficha número 41; Antiguo ejemplar sin frontispicio, París, 1588?, ficha número 42; Pierre Menier, París, 1589, ficha número 40; Charles Roger, París, 1589, (ficha número 43.)

El texto de las cinco copias anotadas no corresponde al enunciado de los frontispicios.

El título de Barbe Regnault y el subtítulo copian una edición de Lyon. La frase siguiente: "Reveues & additionnés par l'Auteur, / pour l'an mil cinq cens soyxante / & un, de trente neuf articles / a la derniere Centurie", parece copiar una edición de Avignon, puesto que ofrece 39 cuartetas en la Centuria VII y las ediciones de Lyon tuvieron en esa Centuria 40 o 42 cuartetas.

El texto repite también números, fechas y detalles tipográficos de las ediciones de Avignon y contiene cambios fundamentales que vamos a exponer y que se encuentran solamente en esas ediciones. En la carta a César dice: "d'icy a l'année 3767" en vez de 3797. En la cuarta Centuria la cuarteta 53 termina, en las cinco copias, en fin de página y en la siguiente página comienza la segunda parte de las Centurias con la cuarteta 54 bajo un subtítulo: "Propheties de / M. Nostradamus, adioustees outre / les precedentes impressions". Que divide así en dos partes la cuarta Centuria. Este subtítulo es muy importante porque nos da la seguridad de que dividió en dos partes una segunda edición de las Centurias, en vida de Nostradamus, que no ha llegado hasta nosotros. Parece que Barbe Regnault tuvo a la vista una edición de Lyon y una edición de Avignon y se sirvió de ambas. Sin embargo, ni las ediciones de Lyon ni las ediciones de Avignon que conocemos trajeron nunca este subtítulo ni hicieron esta división en la primera parte de las Centurias.

Todas las publicaciones que conocemos provenientes de la imprenta de Barbe Regnault, "a l'enseigne de l'Elephant", han reunido originales de diversa procedencia sin ninguna preocupación bibliográfica y sin ningún respeto por el supuesto autor. De Nostradamus han tomado solamente las cuartetas, cambiando en muchos casos el orden de los cuatro versos.

El hecho de que la edición de *Les Propheties* de Barbe Regnault lleve dos fechas es indicio de la muerte del editor entre una y otra. En efecto, en 1561, el negocio pertenece ya a la viuda cuyo nombre aparece en la "Pronostica- / tion Nouvelle / Pour l'an mil cinq cens / soixante deux. / Composée par Maistre Michel Nostradamus Docteur en Medicine, de / Craux en Provence. / (Vignette) / A Paris. / Pour la veuve Barbe Regnault, demourant en la rue / Saingt Iacques, á l'enseigne de Lelephant. / Avec Privilege". Este libro se encuentra en la Bayerische Bibliothek de Munich.

Es poco probable que un librero de París, por mal conceptuado que fuese, imprimiera repetidas veces ediciones apócrifas de Nostradamus sin su conocimiento y táctica aceptación. Protegido por Catalina de Médicis, fue médico y consejero de Enrique II, Francisco II y Carlos IX. Su situación era conocida de todos los libreros de París. Ninguno se hubiera atrevido contra él si en vez de lamentarse hubiera solicitado la intervención de uno de sus poderosos amigos. Seguramente él aceptaba la piratería de Barbe Regnault que provocaba duda sobre la autenticidad de sus ediciones y le servía de propaganda demostrando el interés que despertaban sus almanaques. A cambio de todo esto tenía un librero editor que publicaba las cuartetas necesarias para servir a su protectora, Catalina de Médicis, sin darse cuenta de ello o guardando la necesaria discreción.

En 1560 Barbe Regnault tenía en prensa la edición de las profecías y la del almanaque de Nostradamus para 1561. Se producen en ese año, 1560, dos acontecimientos que se reflejan en estas dos ediciones. Muere Barbe Regnault y muere también el rey de Francia, Carlos IX, el 4 de diciembre.

La viuda se encuentra ante dos problemas tipográficos relacionados con Nostradamus. Desde principios de 1560 estaba en prensa la primera o segunda reedición en París de las dos primeras partes de las Centurias, es decir de las 7 primeras, editadas en Lyon y Avignon en 1556. Igualmente estaba en prensa el almanaque para 1561. El tiempo pasa y el almanaque tiene que quedar terminado dentro del año y lo más pronto posible. Tiene que venderse antes de enero de 1561. Se termina sin las cuartetas proféticas y sin una gran parte del texto. Viene solamente con ochenta páginas, siendo así que el almanaque con versos para 1565 tiene 160 páginas. Como los almanaques no llevan fecha de impresión, no tenemos esa prueba de que fue terminado por la viuda de Barbe Regnault. Tiene toda la apariencia de una edición pirata y la dedicatoria "A TRESILLUSTRE, Heroïque, & magnanime Seigneur, Monseigneur le Duc d'Operta, grand Gouverneur de la Mer de Leuant, son humble & obeissant, seruiteur, desiresalut, ioye & felicité" no parece escrita por el profeta. La edición se imprimió mutilada y sin los versos. El único ejemplar conocido se encuentra en nuestra biblioteca "Almanach pour / l'An'Mil cinq cens / soixante & un. / Composé par Maistre Michel No- / stradamus, Docteur en Mede- / cine, de Salon de Craux, / en provence. /" La misma viñeta de todas las publicaciones de los Regnault sobre Nostradamus. "A PARIS, / Pour Barbe Regnault, demourant / en la rue sainct Jacques, a l'ensei- / gne de l'Elephant. /"

La edición de las Centurias debía terminarse en el menor número posible de páginas y con el menor gasto. El libro debía tener 9 pliegos de 16 páginas, o sea 144 páginas. Es necesario que sea menor y se le hace terminar en 8 pliegos, o sea en 128 páginas. Las copias de París de 1588 y 1589 nos permiten apreciar la increíble cantidad de erratas cometidas en la edición de 1561, desde la tercera a la sexta Centurias. Véanse fichas números 38 a 43.

En la séptima Centuria se han insertado doce cuartetas que no pertenecieron jamás a ella: la primera es la VI-31; las otras son las que estaban compuestas en la imprenta para ser impresas como Presagios en el almanaque para 1561. Ya el abate Rigaux se dio cuenta de esto. Se trata de los Presagios para los once meses, de febrero a diciembre de ese año. Suprimidos para hacer más económico el almanaque, se insertaron en las Profecías como Centuria séptima y se numeraron del 72 al 83 como si pertenecieran verdaderamente a esa Centuria.

Queda denunciado aquí ese error bibliográfico. En realidad, como hemos dicho ya, estas 12 cuartetas fueron tomadas por Barbe Regnault del almanaque para 1561 y son cuartetas Presagios de ese almanaque. El compilador de las ediciones de Troyes encontró 8 de estas cuartetas entre los Presagios comentados por Chavigny, y redujo a 4 las cuartetas impresas después de la Centuria VII bajo el subtítulo: "AUTRES QUA-

TRAINS tirez de 12" soubz la Centurie septiesme: dont en ont esté rejectez. 8. qui se sont trouvez és Centuries prudentes. (*sic*)" "Otras cuartetas tomadas de 12 bajo la Centuria séptima de las que se han rechazado 8 que han sido encontradas en las Centurias precedentes." Reducido a cuatro cuartetas, este error bibliográfico se repite desde 1630 hasta nuestros días. No era verdad lo que dice le subtítulo: una cuarteta se encontró en la sexta Centuria; las otras en los Presagios de Chavigny para 1561. Cuatro no fueron encontradas: se trata de los Presagios para los meses de febrero, septiembre, noviembre y diciembre de 1561. Se dieron cuenta del error el abate Rigaux y Pierre Piobb, pero sigue perpetrándose en las ediciones del siglo XX. La piratería de la casa editora de la viuda Regnault ha salvado estos cuatro presagios que transcribimos. El presagio de enero de 1561 se perdió definitivamente.

Presagio de febrero de 1561

Renfort de sieges manubis & maniples
Changez le sacre & passe sur le prosne,
Prins & captifs n'arreste les prez triples,
Plus par fonds mis, estevé mis au trosne.

Presagio de septiembre de 1561

L'Occident libres les Isles Britanniques
le recogneu passer le bas, puis haut
Ne content triste Rebel, corss. Esoriques
Puis rebeller par plus & par nuict chaut.

Presagio de noviembre de 1561

La stratageme simulte sera rare
La mort en voye rebelle par contrée,
Par le retour du voyage Barbare
Exalteront la protestante entrée.

Presagio de diciembre de 1561

Vent chaut, conseil, pleurs, timidité
De nuict au lit assailly sans les arrnes,
d'opression grande calamité,
L'epithalame converti pleurs & larmes.

Se prepara de esta manera el verdadero fraude al que se ha dedicado la edición en 1561 después de la muerte de Carlos IX: seis cuartetas apócrifas que deben aparecer como integrando la octava Centuria, publicada ya desde 1558 con sus cien cuartetas auténticas. El estudio de las seis cuartetas, numeradas 1 a 6, nos reservaba esta sorpresa. Fueron seguramente escritas por Nostradamus, pero no para su obra profética. Las escribió y las hizo publicar para servir con ellas las política de Catalina de Médicis. La viuda Regnault aprovechó la edición de las profecías para la inclusión de esta pretendida Centuria VIII, que no tiene nada que ver con la obra de Nostradamus, pero la acompaña hasta hoy en todas las ediciones. Reproducimos las cuartetas con el falso título añadido en las ediciones apócrifas del siglo XVII: Otras cuartetas impresas antes bajo la octava Centuria.

Otras cuartetas

Impresas anteriormente bajo la Centuria octava.

1

Muchos quedarán turbados por la demora,
A los habitantes no les será perdonada,
Quien bien pensaba perseverar en la espera,
pero gran ocasión no les será dada.

2

Muchos vendrán y hablarán de paz
Entre Monarcas y Señores bien poderosos;
pero no será acordada tan pronto,
Mientras no se vuelvan, más que otros, obedientes.

3

¡Ay qué furor! ¡Ay qué piedad!
¡Habrá entre gran cantidad de gente!
No se vio nunca semejante amistad,
Que hará a los lobos correr diligentes.

4

Mucha gente querrá parlamentar
Con los grandes Señores que les harán la guerra,
Nadie querrá para nada escucharlos
¡Ay! Si Dios no envía paz a la tierra.

5

Muchos socorros vendrán de todos lados
De gentes lejanas que querrán resistir
Estarán súbitamente bien preparados
pero no podrán a esta hora asistir.

6

¡Ay qué deseo tienen los Príncipes extranjeros!
Guárdate bien que a tu país no vengan,
En eso habrá terribles peligros
En varios lugares aun en la Vienne.

Por primera vez en la larga carrera de las Centurias apareció una múltiple edición apócrifa con cuartetas interpoladas que encierran un prudente consejo para los miembros de la Reforma en una de las provincias de Francia. Las seis correlativamente se refieren a un mismo asunto, cosa que no ocurre ni una sola vez en la obra profética de nuestro autor. Su estilo, además, es completamente otro: no encontramos la síntesis filológica ni la multiplicidad de detalles. Claramente se trata de un consejo dado en veinticuatro versos, bajo la autoridad del nombre del profeta y bajo la presión de una amenaza, a una región de Francia sublevada.

Hemos dicho múltiple porque todas las ediciones de 1588 y 1589 han salido de la misma imprenta. Lo prueba la última página de la sexta Centuria: el cuarto verso de la cuarteta 70 dice en todas ellas: "Et de seul tiltre vigueur fort contenté", en vez de "Et du seul titre victeur fort contenté". No puede tratarse, en este caso y en otros, de un mismo error cometido por cinco impresores.

Desde 1630 las ediciones del siglo XVII han reproducido esas seis cuartetas que se siguen reeditando hasta nuestros días con el encabezamiento falso. No pertenecieron a la octava Centuria y son a todas luces interpoladas.

Una reseña de la Historia de Francia en 1560 después de la muerte de Enrique II y de Francisco II, y en 1589 después de la muerte de Enrique III, nos hará ver claramente la finalidad política de la edición de 1561 y de las reproducciones fechadas en 1588 y 1589.

En 1560 muere Francisco II. Los Estados Generales, cuyos diputados debían comparecer ante él, sólo se reunieron en Orléans el 13 de diciembre de ese año. La segunda sesión se realizó el 2 de enero de 1561 y la última el 31 del mismo mes. Oficialmente el año comenzaba en marzo y por esto la "Ordenance de Janvier" es en realidad de enero de 1561.

Todo esto obligó a Catalina de Médicis a una política de conciliación con los protestantes. Tenía que imponer a su hijo Carlos IX y tomar la Regencia. Para esto la política de equilibrio entre católicos y reformados se imponía. Débil ante cada una de las dos facciones era fuerte porque ninguna de ellas podía dominar en Francia.

La consagración en Remis de Carlos IX el 15 de mayo de 1561 fue solamente un acto político ante los Estados Generales en los que podía peligrar la Regencia de Catalina de Médicis. Ese año las facciones de ambos bandos se hicieron sentir en toda Francia. Probablemente fue mayor el descontento en la región de Vienne. Se trataba, por lo tanto, de aconsejar a las provincias que se habían levantado en armas contra la corona de Francia, haciéndoles temer los peligros de una intervención extranjera. Esto y no otra cosa dicen las seis cuartetas apócrifas de la falsa octava Centuria. La pequeña edición de Barbe Regnault publicada durante la vida del profeta fue escogida para este fin. Un consejo de Nostradamus, aparentemente profético, en un librito que reproducía una edición anterior a los acontecimientos, debía influir en la opinión dentro de los territorios dominados por la Reforma. La finalidad política de la falsa Centuria VIII es perfectamente clara. Catalina de Médicis se encontraba en grandes dificultades por la necesidad de sostener al niño rey Carlos IX. Cuando menos, su Regencia estaba en peligro. Las seis estrofas de la pretendida Centuria octava no pertenecen a la obra profética y no se encuentran en ninguna de las publicaciones del siglo XVI que conocemos, con excepción de la edición de 1561 y de las cinco copias de París que hemos citado. Solamente bien avanzado el siglo XVII volveremos a encontrarlas acompañando siempre la obra de Nostradamus.

Era inexplicable que aparecieran en 1588 y 1589 cinco ediciones de las primeras Centurias copiando una edición descuidada y llena de errores de 1560. Los libreros de París podían copiar las ediciones de Rouen, Raphael du Petit Val, de los mismos años, o una de las numerosas ediciones de Benoist Rigaud, Lyon. Ninguno de ellos sabía la importancia bibliográfica de las 12 cuartetas de la séptima Centuria. Solamente la repetición de una situación política igual a la de 1560 podía dar razón a esta múltiple floración de ediciones hechas en una sola imprenta bajo diferentes nombres de vendedores de libros.

Efectivamente, el asesinato de Enrique III el 2 de agosto de 1589 produjo una situación política imprevista muy similar a la de 1560. No es de extrañar que los consejeros de Enrique IV o él mismo, recordando la edición propiciada por Catalina de Médicis, hicieran de ella, a través de diferentes libreros, cinco o más copias, que aunque llevaban la fecha de 1588 o 1589 se apoyaban esta vez en la autoridad de una edición anterior.

Ni la edición de Barbe Regnault de 1560-1561 ni las copias de París, 1588-1589, corresponden con el frontispicio. Todas prueban que, en 1560, ya empezada la impresión, se tomó una decisión diferente. La armazón de texto es cara y para terminar económicamente el libro se repiten desde la tercera a la sexta Centurias las mismas cuartetas anteriores cambiando el orden de los versos. Ningún cambio ha ocurrido en el título, el prefacio y las dos primeras Centurias, es decir, en las primeras 54 páginas que suponemos estaban ya impresas por Barbe Regnault. No hay otra manera de explicar los numerosísimos errores de esta edición, copiados exactamente por las cinco reediciones de 1588 y 1589, y que solamente por las cinco reediciones de 1588 y 1589, y que solamente se presentan después de las 54 primeras páginas.

Siguiendo nuestras investigaciones descubrimos, con sorpresa, en la biblioteca de Lille, con la misma viñeta, el único ejemplar de un almanaque de Nostradamus, apócrifo, para 1563, impreso en 1562: "A Paris / Pour Barbe Regnault, demourant en la rue / S. Iacques, a l'enseigne de Lelephant./" La imprenta no solamente no respetaba los autores ni los textos, tampoco respetaba a su propietario fallecido en 1560. El estudio de este almanaque apócrifo nos demostró que se trataba de un texto proveniente de otras publicaciones, hecho para comerciar con el nombre de Nostradamus y con trece de sus cuartetas tomadas de Centurias y almanaques de años anteriores y reeditadas con los versos cambiados de lugar. (Ficha número 9.)

Nuestro estudio bibliográfico exhaustivo con respecto a Nostradamus nos ha llevado a ocuparnos de Barbe Regnault, su vida y su negocio. A tal punto se dedicaba esa imprenta a la edición de libros con el nombre de Nostradamus, que los detractores del profeta imprimen en Ginebra un panfleto contra él diciendo falsamente en el frontispicio: "Le Monstre d'Abus, París, pour Barbe Regnault, demourant en la rue Saint Iaques, devant les Mathurins. 1558".

Como un dato más sobre Barbe Regnault y su imprenta daremos cuenta de un pequeño libro del que conocemos un solo ejemplar que se encuentra en nuestra Biblioteca: (fleur) Almanach, / Pour l'An M D. LXX. / Composé par M. Florent de Croz disciple / de deffunct m. Michel de Nostradamus. / Dedié a treshault trespuissant & redoubté Monsei- /gneur le Duc d'Aniou & de Bourbonniois, fils de / Roy, & frere du Roy nostre sire, treschrestien / Charles neufiesme. / Avec la declaratiö des presages de chacum moys. / (Vignette) / A Paris, / Pour Anthoine Houie, demourant, en la rue sainct Iacques, a l'enseigne de l'Elephant. / Avec privilege Du Roy. Parece que en 1569 la imprenta de "la rue Saint Iaques a l'enseigne de l'Elephant" había pasado ya a manos de Anthoine Houie por intermedio de François Regnault, sucesor a su vez de la viuda de Barbe Regnault.

Nostradamus se quejaba amargamente de la piratería de que eran objeto sus escritos, pero hasta después de su muerte tuvo que seguir vinculado a Barbe Regnault y a sus sucesores. Uno de ellos, bajo "l'enseigne de l'Elephant", Houie, le inventó un discípulo: Mr. Florent de Croz.

32

Las cuartetas proféticas, tituladas posteriormente Presagios, publicadas en las "Pronosticaciones" y "almanaques" anuales

Los versos proféticos publicados en las Pronosticaciones y almanaques fueron llamados alguna vez por el autor, junto con sus profecías en prosa, con el nombre genérico de Presagios. En realidad, se refería solamente a las profecías en prosa y lo prueba una edición, sin versos proféticos, para 1557, publicada en París "par Jacques Kerver, rue S. Jaques aux deux cochetz" que tituló: *Les Presages Merveilleu pour l'an 1557*; original en la Biblioteca Arbaud en Aix-en-Provence. Posteriormente Chavigny adoptó este título para las cuartetas proféticas de esas publicaciones anuales y ha sido conservado y repetido en las ediciones modernas. Nos referimos así a ellos en adelante, dejando en claro que Nostradamus nunca tituló de manera diferente las cuartetas de los almanaques y las cuartetas de las Centurias. En ningún momento nos ha autorizado a separar unas de otras; muy por el contrario, como hemos visto en el capítulo 29 y veremos más adelante, las involucra en un todo: su obra profética.

Estamos seguros de que solamente durante trece años, de 1555 a 1567, se editaron estas publicaciones anuales con versos. Nostradamus las hizo imprimir en

Lyon, Avignon y París, de la misma manera que las Centurias. Mientras la primera edición de Lyon para 1555 lleva por título *Prognostication Nouvelle et Prediction Portenteuse...*, los libritos posteriores de París y Avignon dicen *Almanach pour l'An...* Aquí también, como en las ediciones de las Centurias, no sólo varía el título sino que introduce modificaciones en apariencia insignificantes en cada edición. (Véase ilustración 5.)

Después del almanaque para 1563 por Pierre Roux, Avignon, en formato pequeño, sin figuras, los almanaques que conocemos: 1565, 1566 y 1567, son impresos en Lyon en el mismo formato. El de 1565 no tiene las figuras. El de 1567 tiene solamente una muy pequeña sobre el día de abril en que se producirá un eclipse. El único pequeño y con las figuras de las cuatro estaciones es el de 1566 en que termina la obra profética.

Un estudio de todas las variantes es imposible. Seguramente estos libritos, con y sin versos proféticos, han sido más de cincuenta diferentes, de los que se han salvado muy pocos. El análisis de las dedicatorias y de la prosa nostradámica en general, que publicaremos posteriormente, dará mucha luz sobre la biografía de nuestro personaje y nos demostrará la importancia bibliográfica de lo que se ha perdido. Felizmente la obra profética se ha salvado casi en su totalidad y puede ser estudiada con los elementos que han llegado hasta nosotros.

La primera pronostication, la de 1554 para 1555 (ficha número 1), comienza con una cuarteta titulada *Presage en general* y no solamente es la única vez que el autor usa este título para una cuarteta declarando así que en ella comienza su obra, sino que la redacción también lo acredita. Tenemos además la declaración de Chavigny, quien al reproducirla en la bibliografía del profeta dice textualmente: Se puso a escribir sus Centurias y otros Presagios, comenzando así:

Del Espíritu Divino el alma presagio alcanza
Trastorno, hambruna, peste, guerras correr,
Agua, sequedad, tierra y mar de sangre teñidas,
Paz, tregua, a nacer, Prelados, Príncipes morir.

Se trata evidentemente de una aparente introducción a la obra profética y no solamente a los Presagios y confirma nuestra opinión de que no se publicaron Presagios anteriores a 1555.

Chavigny da además una cuarteta extraordinaria para 1555, bajo el título de: *Epístola liminar sobre dicho año*, que no se encuentra en la edición que conocemos:

El mar Tirreno, el Océano bajo la guardia
Del gran Neptuno y sus tridentes soldados.
Provenza segura bajo la mano del gran Tende.
Mas Marte Narbón el heroico Vilars.

Esta cuarteta, en el estilo de la época, adulatoria para el conde de Tende, protector de Nostradamus, y pequeños cambios en el orden de las palabras y en su ortografía que hemos encontrado en los 13 Presagios de 1555 reproducidos por Chavigny, nos dan la seguridad de que ha existido por lo menos otra edición que le ha servido para su comentario.

Queda siempre la posibilidad de que Chavigny, veintiocho años después de la muerte de Nostradamus y decidido a ser profeta de Enrique IV, a costa de su venerado maestro, haya hecho algunos de esos cambios. Puede haber redactado la cuarteta adulatoria. Aceptamos esta probabilidad porque no se explica que Nostradamus la fabricara con parte de la cuarteta II-59, que no la publicara en la primera edición de la pronosticación que estudiamos y que la imprimiera en una segunda edición. La relación que mantuvo hasta su muerte con el conde de Tende hace inexplicable esta postergación.

Así como la primera publicación de sus versos en 1554 fue precedida por una cuarteta que no pertenece a la obra profética, el último de sus almanaques, que dejó casi terminado en 1566 y que se imprimió para 1567 después de su muerte, trae una cuarteta final. Los presagios en prosa quedaron inconclusos, pero las trece cuartetas del año están completas. Viene después la cuarteta extraordinaria que se titula *El fin del año*, que señala aparentemente el fin de la obra y que se refiere al autor.

El fin del año.
Un triste estado será, todo él y sectas.
Entre hermanos y hermanas enemistad, discordia,
Tesoros y libertades, mas aparentes las cabezas,
Sequedad el Verano, morir aquí a cuerda.
NO MÁS.
Morir aquel que esto bien acuerda.

El testamento de Nostradamus nos autoriza a no considerar ni la cuarteta adulatoria, titulada *Liminaire* en la edición que Chavigny tuvo a la vista, ni esta cuarteta final. Para los primeros cálculos, el total de los Presagios, en los trece almanaques, es de 169. La cuarteta final y la muerte del profeta acaecida en 1566 nos dan la seguridad de que no se publicaron otros Presagios después de éstos para 1567.

Seguramente la edición con los Presagios para 1555 consultada por Chavigny no fue la de Lyon que conocemos, sino un almanaque impreso en París o en Avignon que ha desaparecido. Es muy probable que su título fuera *Almanach pour 1555* y su formato 75 X 110 mm. Tenemos en nuestra biblioteca el único ejemplar conocido de la edición de Lyon, Jean Brotot, *Prognostication Nouvelle...*, de formato mayor: 107 X 155 milímetros. Los grabados en madera son para este formato en el que también fueron impresas otras pronosticaciones sin versos que conocemos. Todo esto da razón a Buget quien estudiando el *Almanach pour 1563* hace notar que en él se habla de grabados que no se encuentran en el texto y adelanta una hipótesis que consideramos válida: los grabados se hacían para las ediciones principales de Lyon en formato mayor, y las ediciones a bajo precio de formato pequeño de París y Avignon no los podían insertar. Desgraciadamente la única publicación anual con versos proféticos que ha llegado hasta nosotros en su edición principal y en el formato mayor es la que estamos comentando. Como la primera edición de las Centurias, de Macé Bonhomme, está impresa más cuidadosamente y trae las palabras en mayúscula y otros detalles ortográficos y tipográficos que no se encuentran en los almanaques posteriores y que son señales para guiar en la ordenación definitiva de las cuartetas proféticas.

Durante mucho tiempo creíamos que las variantes se debían a Chavigny y que sus citas eran arregladas por él de acuerdo con sus propias interpretaciones de las profecías. Después hemos llegado a la conclusión de que las versiones de Chavigny pueden ser copia fiel de ediciones desaparecidas que tuvo a la vista y que las variantes, tanto de los Presagios como de las Centurias, se deben a Nostradamus y deben estudiarse y tenerse en consideración. Veremos, en cada uno de los 13 años en estudio, las ediciones del siglo XVI que conocemos y los Presagios reproducidos por Chavigny, determinando así las cuartetas proféticas que no han llegado hasta nosotros.

Chavigny nos permite comparar nuestro ejemplar para 1555 con las trece cuartetas de la edición estudiada por él. Podemos compararlo también con una edición apócrifa en inglés, impresa en Londres, bajo el título *An Almanach for the Yere M. D. LXII*, ficha número 7, que incluye traducidas 10 cuartetas de Nostradamus para 1555, las de enero a octubre. Otra edición apócrifa, en francés, para 1563 (ficha número 9), impresa por el mismo Barbe Regnault, editor de *Les Propheties 1560-1561* y de otras pronosticaciones sin versos, incluye también cinco cuartetas que pertenecen a la Pronosticación para 1555 en los meses de abril, junio, septiembre, octubre y diciembre. El ejemplar de la edición inglesa se encuentra en la "Folger Shakespeare Library" de Washington y no se conoce ningún otro. Igualmente el ejemplar único de la edición apócrifa francesa para 1563 se encuentra en la Biblioteca de Lille bajo la sigla S. 1398.

Los trece primeros presagios son, pues, los que tenemos mejor documentados: la edición auténtica de formato mayor, una copia completa tomada por Chavigny de otra edición de la época que ha desaparecido, y dos ediciones apócrifas, una en inglés y otra en francés, que reproducen algunas cuartetas. Las variantes de las cuartetas se deben en su mayor parte a errores de impresión o deseo de los editores de hacer más claro el texto nostradámico. La única variante que debemos considerar es el nombre del *Gran Reloj Erain* que Chavigny titula *Airain*: bronce, aleación a base de cobre: metal de la campana que ordena las horas.

Lo contrario ocurre con los trece Presagios para 1556. Una frase de Nostradamus en la dedicatoria a Enrique II de *Les Presages Merveilleux pour l'an 1557*, (ficha número dos) nos permite creer que ha existido una Pronosticación o almanaque para ese año. Dice textualmente en la citada dedicatoria fechada el 14 de enero de 1556. "Estant retourné de voustre court o serenissime et invictissme roy... et a cause que lannée passée l'air nestoit en telle serenité ne les astres disposez, ne me font possible *si amplement* specifier les faictz et predictions futures de l'an cinq cens cinquante et six, me sentant aussi presque du tout esblovy, comme du ciel frappé d'avoir esté veu et touche, et parle au premier monarche de ce monde.." (Véanse ilustraciones 6 y 7.)

Esta declaración deja perfectamente establecida la fecha de la visita de Nostradamus a la corte de Enrique

II y Catalina de Médicis, en 1555 y no en 1556, y corrobora otra declaración del autor en su larga carta a "Henry, roy de France, Second", fechada en junio de 1558, en la que afirma que en esta fecha su obra reúne ya 1000 cuartetas. Dice: "Parachevant la milliade" y para llegar a ese número debían estar publicadas las cuartetas Presagios de 1556. Desgraciadamente ni uno solo de los 13 Presagios para 1556 ha llegado hasta nosotros. (Ficha número 1 A.)

Una Pronosticación o un almanaque para 1557 con doce o trece Presagios estuvo en manos de Chavigny, quien comentó y reprodujo los nueve correspondientes a los meses de enero, mayo y siguientes hasta diciembre. Poseemos el único ejemplar conocido del almanaque impreso en París por Jacques Kerver que trae solamente doce Presagios, los de enero a diciembre, pero no reproduce en su frontispicio la cuarteta del año. Una traducción al italiano, de nuestro almanaque, impreso en Milán por Innocentio Cicognera, de la que el único ejemplar conocido se encuentra en la Biblioteca Ambrosiana de esa ciudad, (ficha número 3) trae los mismos 12 presagios omitiendo también el correspondiente al año entero. El almanaque apócrifo para 1563, impreso por Barbe Regnault, al que ya nos hemos referido, inserta algunos de los Presagios para 1557: los de marzo, agosto y octubre, y dos versos del Presagio de diciembre. No ha llegado, pues, hasta nosotros el Presagio correspondiente al año 1557. Respecto a los doce restantes estamos bien documentados no sólo por nuestra edición y la traducción al italiano que la reproduce, sino por las reproducciones de Chavigny tomadas de una edición diferente, con pequeñas variantes.

De los Presagios para 1558 sólo llegaron 10 comentados por Chavigny. No conocemos la cuarteta del año, pero las de febrero y septiembre fueron descubiertas por el abate Rigaux que tuvo probablemente a la vista un ejemplar del almanaque original que no hemos podido encontrar. (Ficha número 1 B.)

Los trece Presagios para 1559 fueron reproducidos y comentados por Chavigny. Los tenemos también en una traducción inglesa de la época: *An Almanacke for the Year of Oure Lorde God, 1559*, ficha número 4, cuyo único ejemplar se encuentra en la Biblioteca San Marino, California. Esta edición, por Lucas Haryson, no transcribe la fecha del *faciebat*. Pero la edición en inglés: *The Prognostication of Maister Michael Nostradamus, Antwerpiae 1559*, 96 páginas, ejemplar en el British Museum, Pronosticación sin Presagios para 1559, dice: "*Faciebat* Michael Nostradamus Solonae Petre Provinciae. 17, aprilis. 1558". Según Bosanquet en *English Printed Almanachs*, ésta es "probably one of the pirated editions printed in London and not in Antwerp". Ya hemos dado las fechas de otros *faciebat* y dedicatorias para demostrar que Nostradamus terminaba sus publicaciones anuales con versos, en la primera mitad del año anterior. (Ficha número 1 C.)

De los 13 Presagios para 1560 Chavigny reproduce y comenta solamente los correspondientes a once meses. La edición original, cuyo único ejemplar conocido poseemos, *Almanach pour l'An 1560*, París, Gillaume Lenoir, ficha número 5, reproduce los Presagios para los doce meses pero no trae en el frontispicio la cuarteta del año. Podemos, pues, estudiar y comparar 12 Presagios, pero no ha llegado hasta nosotros la cuarteta para el año 1560, que seguramente ornaba el frontispicio de la perdida edición de Lyon.

Ya nos hemos ocupado de los Presagios para 1561 al estudiar la edición de *Les Propheties 1560-1561* por Barbe Regnault. Chavigny reproduce y comenta la cuarteta del año y los Presagios correspondientes a siete meses. En la edición de *Les Propheties* vienen reproducidos once Presagios mensuales; cuatro de ellos no se encuentran, pues, en Chavigny; son los correspondientes a los meses de febrero, septiembre, noviembre y diciembre. No ha llegado hasta nosotros el Presagio correspondiente al mes de enero de 1561. (Ficha número 1 D.)

Los 13 Presagios para 1562 han sido reproducidos y comentados por Chavigny y se encuentran todos en la edición cuyo único ejemplar conocido poseemos: *Almanach Nouveau pour l'An 1562*, Paris, Guillaume Lenoir et Iehan Bonsons (ficha número 6). Esto nos ha permitido la comparación de todos los Presagios de ese año.

Los 13 Presagios para 1563 han venido también completos en Chavigny y en la edición del "Almanach pour l'An MDLXII, imprimée en Avignon par Pierre Roux". El ejemplar único se encuentra en el Musée Paul Arbaud de Aix-en-Provence (ficha número 8). Este libro perteneció a Buget quien hizo un estudio bibligráfico en su "Étude sur les Propheties de Nostradamus", publicado por el *Bulletin du Bibliophile* durante los años

1860 a 1863. Perteneció después al abate Rigaux y fue reproducido en 1905 por Henri Duchet en una edición limitada, cuidadosamente tipografiada y con los frontispicios en facsímil.

Los Presagios para 1564 se encuentran completos en Chavigny pero no ha llegado hasta nosotros ninguna edición de la época que nos permita hacer una comparación. (Ficha número 1 E.)

Los Presagios para 1565 también han venido completos en "La Première face du Janus" de Chavigny y podemos compararlos porque existe un ejemplar de la edición del "Almanach pour l'an MDLXV, a Lyon, por Benoist Odo", que descubrimos en la Biblioteca de Peruggia bajo la sigla II. 38-6: (ficha número 10.)

Los Presagios para 1566 no están completos en Chavigny que ha omitido el Presagio de diciembre. De la edición del "Almanach pour l'an 1566, a Lyon, par Anthoine Volant et Pierre Brotot", existe un ejemplar que descubrimos en la Biblioteca de Nápoles, ficha número 11, que nos ha permitido comparar los doce Presagios reproducidos por Chavigny y completarlos con la cuarteta del mes de diciembre. (Véanse ilustraciones 10 y 11.)

Igual ocurre con los Presagios para 1567. Chavigny reproduce y comenta doce y omite el mes de diciembre y la cuarteta extraordinaria "La fin de l'An" de la que ya nos hemos ocupado. Existe un ejemplar del "Almanach pour l'An MDLXVII, Lyon, Benoist Odos" que perteneció al abate Rigaux y del cual Henri Douchet hizo una copia tipográfica muy cuidadosa, en 1904. De esta copia poseemos un ejemplar: ficha número 12. Los frontispicios están reproducidos fotográficamente. Hemos podido hacer la comparación de las cuartetas de Chavigny completándolas con la del mes de diciembre. El almanaque tiene tres partes y en cada una de ellas se reproducen los Presagios, lo que permite corregir faltas tipográficas por la comparación de las tres versiones. No sabemos en qué biblioteca privada se encuentra actualmente este librito que fue traducido al italiano y editado en 1566 en Monte Regale. Existe un ejemplar de esta traducción en la Biblioteca de Cracovia, Mathesis número 1 397: (ficha número 13.)

En resumen, parece definitivamente perdida la *Grand Pronostication* para 1556 con 13 cuartetas proféticas. Tampoco han llegado hasta nosotros las cuartetas del año para 1557, 1558 y 1560 y la de enero para 1561. En total 17 cuartetas que no conocemos pero que podemos situar en el conjunto de la obra profética gracias a su ordenación por años y meses. Como de estas 17, cuatro se refieren a los años 1556, 1557, 1558 y 1560, quedan reducidas a 13 las cuartetas que faltan de la obra profética. Tenemos en cambio 152 Presagios, la mayor parte de los cuales podemos comparar en dos o más publicaciones diferentes del siglo XVI.

Con excepción de las reimpresiones de Douchet en el siglo XX después de la muerte del profeta, no se reeditaron las 13 publicaciones anuales en que Nostradamus legó sus 169 Presagios, parte integrante de su obra. Solamente 140 de esos Presagios y la cuarteta laudatoria de 1555 acompañan, como capítulo aparte, las ediciones de las Centurias desde 1643 hasta nuestros días. Estas 141 cuartetas fueron tomadas de "La première Face du Ianus François, Lyon, par les heritiers de Pierre Roussin, 1594", obra de Jean Aimé de Chavigny Beaunois, primer biógrafo y comentador de Nostradamus: (ficha número 15). Damos la fecha de 1643 considerándola límite de las ediciones apócrifas publicadas durante el reinado de Luis XIII. En ellas se reimprimieron esos Presagios que han seguido acompañando las ediciones de Nostradamus.

Los ejemplares de las Pronosticaciones y almanaques impresos durante la vida del autor en Lyon, Avignon y París, fueron desapareciendo rápidamente. Chavigny en 1594 ya no se ocupa de las cuartetas de 1556. Probablemente ya no existía ningún ejemplar con los Presagios para ese año. Desgraciadamente Chavigny no citó todos los Presagios de los doce "almanaques" o "Pronosticaciones" que tuvo a la vista.

En los primeros años de este siglo Henri Douchet reeditó los almanaques para 1563 y 1567 de los que ya nos hemos ocupado. Estos dos almanaques, los de 1565 y 1566, descubiertos por nosotros en las bibliotecas de Perugia y Nápoles, los de 1557, 1560 y 1562, y la Pronosticación para 1555, que se encuentran en nuestra biblioteca, constituyen las ocho únicas publicaciones auténticas que han llegado hasta hoy de los trece libritos que desde 1555 hasta 1567 insertaron los 169 Presagios.[1]

[1] Las cuartetas Presagios que no fueron transcritas por Chavigny son las siguientes: las 13 de 1556; la del año 1557 y las de los meses febrero, marzo y abril; la del año 1558 y las de los meses febrero y septiembre; la del año 1560 y la del mes de junio; la de enero de 1561; las de febrero, la del año 1560 y la del mes de julio; la de enero de 1561; las de febrero, septiembre, noviembre y diciembre de 1561 que han sido reproducidas en el capítulo 31 de esta bibliografía: Ficha número 38;

la de diciembre de 1566 y la de diciembre de 1567. Total: 29 cuartetas Presagios. No podemos transcribir las 12 de 1556 ni la de enero de 1561 que parecen definitivamente perdidas. Tampoco transcribimos las del año entero ni las de diciembre de 1566 y 1567 que quedan fuera de la obra profética. Las 4 de 1561 han sido ya transcritas.

Damos aquí las que pueden ser más útiles para el trabajo criptográfico:

1557 Febrero — Ejemplar en la biblioteca del autor. (Ficha número 2.)
Senat et peuple n'est content chef delaisse
La cité en arme, le palais on menace,
Les exilés, des exilés ont dressé,
Suyvant le lynx, la nuict mort sus la place.

Marzo — *Port es a craindre celle expedition,*
Celebres mortis fuitif est reprins:
Ne sera, vaine, la grande esmotion,
Point n'entrera, qui doutoit d'estre prins.

Abril — *Fait desloyal, mis en mains d'ennemys,*
Prins, de nuuit, entre, sort sinistres intrudes
Monstre, du grand conseil bon, l'enfant mis.
L'embusche a Siene, et aux Isles stecades.

1558 Febrero — Comunicación del abate Rigaux. Mss. en la biblioteca del autor.
Latins esmeux, Gallots dans Rome entrez
Mars par trois pars fureur ouvrira veine
Gennes a faim ligueurs mal accoustrés
Trembler l'Insubre, Nive et la demi-laine.

Septiembre — *Fait descouvert, prins captif, mer passer*
Paix nou paix, traité rompu, non mariage
Camp cité neufve, mylayne, fort dresser
La pointe et corne courra sus au forage.

1560 Junio — Ejemplar en la biblioteca del autor. (Ficha número 5.)
Feu vieil chassé par la nouvelle flamme,
A la parfin sera ce qu'il estoit
Peur, hors de siege, en ioye la grand Dame,
Et non tenu tout ce qui'il prometoit.

33

Las cuartetas proféticas de las Centurias en las ediciones de Avignon y en sus reproducciones

Paralelamente a las ediciones de Lyon aparecieron las ediciones de Avignon bajo título diferente. Por desgracia todos los ejemplares de esas ediciones, publicadas durante la vida del autor, han desaparecido y debemos encontrar sus huellas en reproducciones muy posteriores. En éstas encontramos el título que llevaban las dos más antiguas: *Les Grandes et Merveilleuses predictions de M. Michel Nostradamus*.

Bajo títulos y subtítulos diferentes las ediciones de Avignon repetían el texto con pequeñas variantes que las diferenciaban de las ediciones de Lyon, y que pueden guiarnos tanto para determinar su existencia cuanto para autorizar cuartetas o variantes de las Centurias y de los prefacios que no se encuentran en las ediciones de Lyon.

Las ediciones de Avignon de que se tiene noticia son solamente dos: la de 1555 (ficha número 44) que repetían la edición de Lyon de Macé Bonhomme, y la de 1556 (ficha número 45) que repetía la edición de Lyon de Sixte Denise. La primera podemos atribuirla a Bartholomé Bonhomme o a su sucesor Pierre Roux. Baudrier nos da una noticia muy importante: en la décima serie, página 246, dice refiriéndose a la edición de Macé Bonhomme: "Es sobre esta edición que ha sido hecha la de Avignon 1555, pequeña en 8°". No hay noticia exacta de la fecha en que Bartholomé Bonhomme traspasó su imprenta, en Avignon, a Pierre Roux; según Lioni fue en 1557.

Bibliográficamente está probada la existencia de la segunda edición de Avignon atribuida desde 1590 a Pierre Roux. Esa edición pudo ser de 1557, pero nos inclinamos a creer que 1556 es la fecha tanto de la edición como del traspaso de la imprenta. Las ediciones del siglo XVII la citan, fechada en 1556.

Las variantes de la carta dedicatoria al rey, de la edición de Lyon, 1558, tanto en el título de ella como en su texto, nos obligan a aceptar una tercera edición de Avignon de esa fecha o de fecha posterior, sobre la que no tenemos ninguna noticia bibliográfica. (Ficha número 46.)

Conocemos cuatro ediciones que copian las dos primeras ediciones de Avignon. Incluyen la carta dedicatoria a César Nostradame y las primeras Centurias.

La primera copia es de Raphael du Petit Val, de Rouen, 1588 (ficha número 47) el único ejemplar conocido se encuentra en nuestra biblioteca; copia la primera edición de Avignon de 1555, dándonos así la prueba de su existencia; de su extensión, comparable a la editada en Lyon por Macé Bonhomme, de su título diferente, y de un subtítulo que se repite en las cuatro copias que estamos estudiando. (Véase ilustración 20.)

La segunda copia es de Raphael du Petit Val: ficha número 48. Fue impresa en 1589 con el mismo título y subtítulo. Trae un segundo subtítulo, igual al de la edición de Lyon, Antoine du Rosne, 1557. "Dont il en y a trois cens qui n'ont encores iamais esté imprimées". Esta edición nos hubiera dado datos importantes sobre las ediciones de Avignon, en la sexta y séptima Centurias. Por desgracia el único ejemplar conocido, que se encuentra en nuestra biblioteca, está incompleto. Llega solamente a la cuarteta XCVI de la sexta Centuria. Esta edición de Rouen nos permite asegurar la existencia de la segunda edición de Avignon, probablemente fechada en 1556, que incluía siete Centurias y que llevaba los mismos títulos y subtítulos. (Véase ilustración 21.)

La tercera copia, de 1590, es de François de Saint Jaure (ficha número 49) reedita en Amberes la misma segunda edición de Avignon. Conocemos un solo ejemplar que se encuentra en París en la Biblioteca del Arsenal. Lleva el mismo título e iguales subtítulos que la anterior y reproduce la carta a César. Dice copiar una edición de Pierre Roux, Avignon, 1555. Esta fecha no parece exacta. En 1555 se habían publicado en Lyon solamente las cuatro primeras Centurias. La primera edición con siete Centurias ha sido de Sixte Denise, en 1556, en Lyon. Fue copiada el mismo año, o en los primeros meses de 1557, por Pierre Roux, en Avignon; después copian a Pierre Roux, en 1589, Raphael du Petit Val, en Rouen, y en 1590, François de Saint Jaure, en Amberes.

La cuarta y última copia de las ediciones de Avignon que ha llegado hasta nosotros y cuyo único ejemplar conocido se encuentra en nuestra biblioteca, fue publicada en Rouen, por Pierre Valentin, ficha número

50, muy probablemente en 1611, fecha de la *permission*. Se trata también de otra copia de la segunda edición e Pierre Roux o Pierre le Roux como se le apellida en esta edición. Valentin ha agregado en el anverso del frontispicio una cuarteta de su invención.

También se ha permitido modificar el título y el subtítulo. El "Extrait des Registres de la Cour de Parlement" que él mismo ha insertado, después de la carta a César, autoriza esta afirmación. En efecto, su título es: *Les Centuries et Merveilleuses Predictions de M. Michel Nostradamus* y el permiso dice: "Les Grandes et Merveilleuses Predictions...", como en las tres ediciones ya estudiadas. Deben ser, pues, también de su cosecha las palabra añadidas al subtítulo "Contenant sept centuries"; los cambios al principio y al fin de la carta a César; la supresión de la fecha y de dos frases de la carta con el fin de insertar después de ella el "Extrait des Registres de la Cour de Parlement" que hemos mencionado; la inserción —como cuarteta VI-10— de la primera cuarteta de la séptima Centuria; la supresión de las cuartetas 33 y 35 de la misma Centuria séptima reduciendo así ésta a 32 cuartetas para terminar el librito en el folio 56; y la frase final: "Avec privilege dudit sieur", difícil de creer por haber transcurrido 55 años desde 1556. No nos da la fecha de la edición que dice copiar y antes de referirse a su discutible privilegio inserta esta nota: "Fin des Centuries et merveilleuses Predictions de Maistre Michel Nostradamus, de nouveau imprimées sur l'ancienne impresión, premierement imprimée en Avignon, par Pierre le Roux Imprimeur du Legat." Cambia hasta el nombre de Pierre Roux.

"Fin de las Centurias Maravillosas Predicciones del Maestro Miguel Nostradamus reimpresas según la antigua impresión primeramente editada en Avignon por Pierre le Roux, impresor del legado."

En realidad Pierre Valentin copia la edición de François de Saint Jaure quien dijo también, refiriéndose a Pierre Roux, "avec privilege dudict seigneur", treinta y cuatro años después.

Queda probada la existencia de las dos ediciones de Avignon, impresas en 1555 y 1556. Podemos estar seguros de cuáles fueron los títulos y subtítulos de sus frontispicios; de que la sexta Centuria terminaba en la cuarteta número 99; que no se incluía la cuarteta latina; y que la fecha de la carta-prefacio dirigida a César era en ellas el 22 de junio de 1555 en vez del 1o. de marzo de ese año. Esto último nos permite considerar como primera edición de las Centurias la de Macé Bonhomme, Lyon, 1555, terminada de imprimir el 4 de mayo de ese año.

En la copia de Petit Val, Rouen, 1588, no hay separación en Centurias y las trescientas cuarenta y nueve cuartetas están precedidas no solamente por el encabezamiento "Propheties de Maistre Michel Nostradamus", sino por otro anterior: "La Prophetie de Nostradamus". En las tres últimas ediciones que estudiamos precede a cada Centuria como encabezamiento: "Propheties de Maistre Michel Nostradamus". Esta edición trae 349 cuartetas. El editor para terminar su libro en página ha suprimido las cuartetas 44, 45, 46 y 47 de la cuarta Centuria.

Esto nos permitirá descubrir en las ediciones del siglo XVII las huellas de las ediciones de Avignon, porque las ediciones de Lyon llevan un encabezamiento más sencillo para todas las Centurias: "Propheties de M. Nostradamus". Las variantes en el texto de los prefacios y de la cuarteta en latín, de las que nos ocuparemos en el capítulo siguiente, nos ayudarán en esa investigación.

La primera edición de Lyon, mayo de 1555, fue seguida por la primera edición de Avignon durante el curso del año. Lo prueba el cambio de fecha del prefacio, del 1o. de marzo al 22 de junio de 1555. La segunda edición de Sixte Denise, de 1556, fue seguida por la segunda edición de Avignon en el curso del año, según las noticias bibliográficas que hemos citado. Es muy probable que la tercera edición de Lyon, de 1558, fuera seguida igualmente de una tercera edición de Avignon. No solamente no conocemos de ella ningún ejemplar, sino que no hemos encontrado ninguna cita seria que nos permita considerarla como una realidad bibliográfica. A pesar de esto, el frontispicio de algunas ediciones el siglo XVIII y sobre todo las dos versiones del prefacio, en el que aparentemente dedica Nostradamus al Rey sus tres últimas Centurias, nos dan la seguridad de que fue impresa. Hemos visto hasta ocho variantes que diferencian ese prefacio del texto publicado en la edición de Lyon, dándonos una prueba más de la existencia de la edición de Avignon que las reprodujo.

Cuatro son las ediciones del siglo XVII que nos permiten asegurar que se ha publicado una tercera edición en Avignon: 1649, Rouen, Caillove, Viret y Besogne; 1650, Leiden, Pierre Leffen; 1667, Amsterdam, Daniel Winkeermans; y 1668, Amsterdam, Jean Jansson. Las ediciones de París 1668, Jean Ribou, y 1669,

Pierre Promé, dicen: "Iouxte la Copie d'Amsterdam". En realidad copian la edición de Jean Jansson. Nuestras conclusiones se basarán en esas cuatro ediciones.

La edición de Rouen, de 1649, por tres editores, Jacques Caillove, Jean Viret y Jacques Besongne, ficha número 78, es la primera que presenta los nuevos títulos y subtítulos, en un solo frontispicio. El título, "Les Vrayes Centuries de M*e* Michel Nostradamus", se completa delante de cada Centuria: "Les Vrayes Centuries et Propheties de M*e* Michel Nostradamus". Lo encontramos así en las tres ediciones siguientes de 1650, 1667 y 1680. Los subtítulos de esas tres ediciones repiten los de esta edición: "Donde se ve todo lo que ha pasado, tanto en Francia, España, Italia, Alemania, Inglaterra, que en otras partes del mundo". Este subtítulo se refiere a Italia y Alemania ampliando así el que conocemos por las copias de las siete primeras Centurias de las ediciones de Avignon. Esta modificación, así como el nuevo título "Les Vrayes Centuries...", han sido seguramente inventados en 1649. Ya en 1611 había comentado Pierre Valentin la transformación del antiguo título. Sabemos que fue él el autor del título que encabezó su edición "Les Centuries et Merveilleuses predictions...", porque en el privilegio le permiten reimprimir "Les grandes et merveilleuses predictions..." Pasaron 38 años y nacieron "Les Vrayes Centuries..."

Un nuevo subtítulo nos asegura que estas ediciones copian ediciones de Avignon y de Lyon. "Revisadas y corregidas siguiendo las primeras ediciones impresas en Avignon en el año 1556 y en Lyon en el año 1558.

Con la vida del autor." La edición de 1667 añade: "y observaciones sobre sus profecías", cosa que cumple en cuatro páginas del texto. La edición de 1668 no incluye esas observaciones y solamente añade dos palabras: "y otras", haciéndonos saber que ha consultado otras ediciones anteriores.

La edición de Rouen incluye: la vida de Nostradamus según Chavigny; las seis primeras Centurias completas con la cuarteta VI-100, dada también por Chavigny; la cuarteta latina en su redacción de Avignon, y la séptima Centuria con 42 cuartetas. Hacemos notar que copia ediciones de Avignon y no incluye las cuartetas VII-43 y VII-44. Después de la Centuria VII trae las cuatro cuartetas que hemos demostrado que pertenecen a los Presagios. Viene después la Centuria VIII seguida de las seis cuartetas publicadas con finalidad política, a las que ya nos hemos referido; las Centurias IX y X y la cuarteta adulatoria escrita para Luis XIII y adjudicada a Luis XIV, que se incluye sin numerar, bajo el título: "Agregada después de la impresión de 1568". Siguen a la décima Centuria las cuartetas desechadas por Nostradamus que publicó Chavigny: dos cuartetas como Centuria XI y once como Centuria XII, numeradas arbitrariamente. Vienen después los 141 Presagios que comentó Chavigny y las 58 sextetas atribuidas falsamente a Nostradamus. Esta edición no incluye los prefacios.

La edición de Leffen (ficha número 79) repite el texto de la edición anterior. Difiere solamente en la Centuria séptima que presenta con cuarenta y cuatro cuartetas.

La edición de Winkeermans (ficha número 80) de Amsterdam, 1667, repite el texto de la anterior añadiendo el primer prefacio, o dedicatoria a César, que ha tomado de una edición de Lyon; las cuatro páginas de observaciones sobre las profecías, y el segundo prefacio con la dedicatoria al rey. Ha mezclado los textos de las ediciones de Lyon y las ediciones de Avignon.

La edición de Jean Jansson (ficha número 81) Amsterdam 1668, repite el texto de la anterior suprimiendo las observaciones sobre las profecías y el primer prefacio, dedicatoria a César. Añade un "Advertissement au Lecteur" y un retrato del profeta. Nuestro estudio bibliográfico de esta edición se ha completado con un estudio de las diferentes ediciones dadas años antes y años después por los impresores: Jean Jansson, Elizée Weyerstraet y, después de su muerte, su viuda. Podemos asegurar que todo lo dicho por Piobb sobre la edición que nos ocupa es pura fantasía. Su interés es excepcional solamente porque copia con bastante fidelidad una edición de Avignon especialmente en el texto de la dedicatoria de las tres últimas Centurias. No incluye el primer prefacio pero no es importante para nuestro estudio porque tenemos otras copias de las primeras ediciones de Avignon que lo incluyen. En cambio transcribe fielmente el texto del segundo prefacio según las ediciones de Avignon. Las ediciones que hemos consultado, aun las posteriores que no copian la de 1668, mezclan los textos de Lyon y de Avignon de tal manera que no basta la dedicatoria al rey de las primeras palabras para establecer la procedencia.

Si las tres ediciones de Avignon, o por lo menos las dos últimas de 1556 y 1558, no se hubieran perdido, si hubieran llegado hasta hoy los cinco almanaques con versos proféticos para los años 1556, 1558, 1559, 1561 y 1564, nuestra bibliografía hubiera terminado un siglo antes, en 1568. Ha sido necesario extender cien años más, hasta 1668, este estudio bibliográfico, cuyas deficiencias solamente podrán subsanarse por el aporte de los bibliófilos, bibliotecarios y libreros de Francia.

34

Las dos versiones nostradámicas de la cuarteta latina y de los dos prefacios o dedicatorias que completan la obra

Vamos a reproducir, sin comentarios, la cuarteta latina en sus dos versiones: la que traen invariablemente las ediciones de Lyon y la reproducida por todas aquellas que copian las ediciones de Avignon. Las diferencias parecen errores, pero ambas versiones tienen su importancia y significación:

Ediciones de Lyon

Legis cantio contra ineptos criticos.
Qui legent hosce versus maturè censunto,
Profanum vulgus, & inscium ne attrectato:
Omne'sq; Astrologi Blenni, Barbari procul sunto,
Qui aliter facit, is ritè, sacer esto.

Ediciones de Avignon

Legis cautio contra ineptos criticos.
Qui legent hosce versus, maturé censunto:
Prophanum vulgus & inscium ne attrectato:
Omenesque Astrologi, Blenni, Barbari procul sunto,
Qui aliter facit, is rité Sacer esto.

En algunas ediciones de Avignon, en vez de *is rité*, dice: *irrité*. La redacción de Piobb dice: "Qui aliter facitis rité sacer esto". Estas dos variantes dejarían los cuatro versos latinos con seis palabras cada uno dando la razón a los comentadores que creen que todas o algunas cuartetas deben traducirse en versos latinos de seis palabras. Los números de la obra serían muy significativos, iguales a los números de sectores de la eclíptica en su proyección circular:

> Cuartetas: 1080. ½ periodo zodiacal.
> Versos: 4320.2 periodos zodiacales.
> Palabras: 25 920. Una vuelta eclíptica de doce periodos zodiacales.

Esta técnica de Nostradamus se repite muchas veces. De algunas palabras, números y fechas importantes nos da dos versiones. No debemos preferir una ni otra. Ambas son del autor y cada una tiene su finalidad.

Reproduciremos igualmente las variantes de los dos prefacios: la dedicatoria de las siete primeras Centurias a César, hijo de Nostradamus, y la dedicatoria de las tres últimas a Enrique, Rey de Francia, favorable.

Dejamos establecida la división en tres partes de la obra profética de Nostradamus que durante muchos años ha quedado oculta bajo la falsa división en tres partes de las Centurias y por el olvido de los Presagios.

La primera parte de la obra reúne las dos primeras partes de las Centurias, o sea las siete primeras, bajo la dedicatoria al César, que no puede referirse al hijo del profeta, que no había cumplido quince meses de edad, sino, como la dedicatoria de Tritheme, al verdadero "hijo" de Nostradamus, al César del siglo próximo.

La segunda parte, los Presagios, se ocupa preferentemente de la criptografía.

La tercera parte de la obra, las tres últimas Centurias, está dedicada a "Henri, roy de France, Second", o sea igualmente al monarca del siglo XXI.

Este personaje, cuya vida o actividad comenzará entre 2047 y 2057, será la gloria de su siglo. Es muy posible que no se trate de la gloria que la mayoría espera. Si nace en la fecha profetizada llegará a los ochenta años de edad en la época de la catástrofe que Nostradamus profetiza.

Damos a continuación las variantes de los dos prefacios, eliminando aquellas que se deben a errores tipográficos: seis en el primer prefacio y ocho en el segundo. Son de dos clases: unas permiten dos interpretaciones; completan el pensamiento del autor y además ofrecen una respuesta ante una posible intervención del Santo Oficio. Otras son fechas y números que, duplicados, permiten utilizar las dos versiones en los múltiples problemas criptográficos que ha creado el profeta. Ambas contribuyen a la finalidad más importante: restar importancia a la obra y al autor para que puedan cumplir su destino.

Variantes importantes

Lyon: Edición 1555, Macé Bonhomme.	Avignon: Edición 158, Petit Val.

Carta a César

Lyon	Avignon
1. Pág. 1, L. 10: ce que la Divine essence par Astronomiques revolutions *m'ont doné cognoissance...*	Pág. 1, L. 9. ce que la divine essence para Astronomiques revolutions *m'a* donné *cognoissance...*
2. Pág. 2, L. 23: adventures de acceleree promptitude *prononcees...*	Pág. 2, L. 8: adventures de acceleree promptitude *prenoncees...*
3. Pág. 3, L. 23: nec mittatis *margaritas* ante porcos…	Pág. 2, L. 21: nec mittaits *uniones* ante porcos…
4. Pág. 9, L. 21: d'icy á l'annee *3797...*	Pág. 7, L. 16: d'icy á l'an *3767...*
5. Pág. 13, L. 19: que par *diurne* certitude prophetise...	Pág. 10, L. 19: que par *divine* certitude prophetise...
6. Pág. 14. Fin. De Salon ce *l de Mars 1555.*	Pág. 11. Fin. De Salon le *vingtdeuiesme iour de Iuin*, Mil cinq cens cinquante cinq.

Lyon: Edición 1568, Benoist Rigaud.	Avignon: Edición 1668, Jean Jansson.

Carta a Enrique II

1. Pág. 3. Título: Henry *Roy de France second* (favorable)... (Véase ilustración 22.)	Pág. 1. Título: *Henry Second*, Roy de France... (Véase ilustración 23.)
2. Pág. 5, L. 12. qui est le 14. de *Mars*, *1557*...	Pág. 2, L. 34: qui est le 14. de *Mars 1547*...
3. Pág. 7, L. 2: la correction du plus *sain* iugement…	Pág. 4, L. 1: la correction du plus *saint* juguement...
4. Pág. 10, L. 27: dans la Atite & *Zerfes*...	Pág. 6, L. 27: dans la *Arda & Zerfas*...
5. Pág. 10, L. 29: procedant du *48. degrez…*	Pág. 6, L. 29: procedant du *24. degré…*
6. Pág. 13, L. 19: naistre le grand *Dog* & *Doham…*	Pág. 8, L. 24: naistre le grand *Gog & Magoh…*
7. Pág. 17, L. 15: *25. d'Aoust…*	Pág. 11, L. 8: *15*. d'Aoust…
8. Pág. 20, L. 15: la seduction *apostatique*...	Pág. 13, L. 13: la seduction *Apostolique*

35

Otras cuartetas proféticas en publicaciones o manuscritos del siglo XVI

Según nuestro estudio bibliográfico, Nostradamus ha escrito y publicado 1114 cuartetas, una de ellas en latín.

Según nuestro estudio criptográfico, considerando la primera clave testamentaria, completan la obra profética 1085, quedando 29 Presagios fuera de ella. Después de sufrir otra reducción de acuerdo con la segunda clave testamentaria, quedan 1080.

Estas reducciones ordenadas por el autor no significan el rechazo total de las 34 cuartetas ni de su posible valor profético y aun criptográfico. Pueden encerrar profecías y también indicaciones necesarias para la complicada criptografía.

No pudo Nostradamus escribir 1114 cuartetas sin que quedaran algunas, inconclusas o desechadas, en borradores que no quiso destruir. El solo hecho de que no fueran destruidas acredita su valor.

De los borradores del profeta, heredados por su hijo César cuando llegó a la mayoría de edad en diciembre de 1578, han llegado hasta nosotros veintitrés cuartetas. Trece publicadas en 1594 por Chavigny y once que se han conservado en un manuscrito, en la biblioeca de Carpentras y han sido publicadas por Rollet: (Ficha número 14). Como una cuarteta viene en ambos grupos, el total es de veintitrés. Una de ellas consta de un solo verso profético:

"Corduba encor recouvrera son siege."
"Córdoba todavía recobrará su asiento."

En el sentido político *siége*, en francés, es la capital, como en español la silla apostólica, el centro de un poder.

Estamos seguros de la futura invasión árabe de la costa mediterránea de Europa. Nostradamus se ocupa de ella en varios temas de cuartetas.

Nos hemos referido ya a Jean Aimè de Chavigny como al primer biógrafo y comentador de Nostradamus. Tenemos que ocuparnos de él nuevamente pues, convenido de que interpreta las profecías de Nostradamus y de que con base en ellas puede profetizar para Enrique IV, incluye en 1594, en su comentario, "La Première Face du Janus", las trece cuartetas inéditas de nuestro profeta de quien se titula discípulo. Esto no tiene nada de extraño porque sabemos que Nostradamus escribió para su obra más de 1100 cuartetas y es muy natural que en un trabajo de esa magnitud quedaran cuartetas inconclusas y cuartetas desechadas.

Encontramos la obra de Chavigny digna de estudio aunque sus afirmaciones nos hacen pensar que interpretó a su manera las revelaciones que respecto a sus profecías le hizo Nostradamus, quien no se franqueó completamente con él ni con ningún otro, preocupado solamente de ser comprendido y explicado siglos más tarde. Veamos primero las interpretaciones de Chavigny y después las trece cuartetas inéditas que a través de él han llegado hasta nosotros.

Chavigny traduce al latín todas las cuartetas que comenta: 141 de los Presagios, 112 de las Centurias y 13 inéditas; (ficha número 15). Seguramente Nostradamus habló alguna vez de la versión latina de una parte de su obra o de toda ella y el discípulo se dio el trabajo de la traducción al latín de estas 256 cuartetas sin saber nada más al respecto.

Sin exponer aquí nuestras conclusiones recomendamos al lector dos obras que se ocupan de la versión en latín. La primera es "La Clef de Nostradamus, pour un Solitaire", publicada en 1712. En ella el autor afirma que toda la obra del profeta está escrita siguiendo estrictamente las reglas gramaticales latinas y que éstas constituyen la única base filológica que puede permitir la comprensión de las profecías, y cita una obra del siglo XVI sobre gramática latina, dividida en Centurias. "Progymnasmatum In Artem Oratoriam... Francisci-Silvii... Centuriae Tres... Maguntiae MDXL", que, según él, ha sido estudiada por Nostradamus quien, guiado por ella, ha logrado en cada uno de sus versos una perfecta construcción latina con palabras francesas. La segunda es "Le Secret de Nostradamus par P. V. Piobb", publicada en 1927. Piobb afirma que todas las estrofas deben traducirse al latín en versos de seis palabras como lo haría un estudiante que no domina bien ese idioma, y volverse a traducir al francés para encontrar el texto definitivo. Esto permite una libertad de interpretación que consideramos excesiva y además innecesaria en muchos casos. La exactitud filológica de cada palabra empleada por Nostradamus basta para la interpretación de muchas cuartetas. A pesar de esto, los ejemplos de doble traducción dados por Piobb son sumamente interesantes. Hace notar, también, que la única cuarteta en latín de la obra pone lejos de ella como incapaces de comprenderla a los *barbari*, o sea, según el sentido romano de la palabra, a los que no viven dentro del idioma latino.

Todo esto debe tenerse en consideración. Como hemos dicho ya, creemos que el núcleo de la obra está constituido por 1080 cuartetas, o sea por 4320 versos. Este número y sus múltiplos se repiten muchas veces en las cronologías que hemos estudiado. Si los versos son de seis palabras, el número total de ellas será 25 920, o sea el número de divisiones o periodos del gran círculo astronómico de la eclíptica. La duración de cada uno de dichos periodos, que se acerca a la duración de nuestro año solar, ha sido medida exactamente por Nostradamus, según hemos expuesto en nuestra cronología.

Chavigny ha reproducido también una cuarteta con el número VI-100, o sea la última sexta Centuria que no aparece en ninguna de las ediciones de Lyon y que debe haber sido encontrada por él en una de las ediciones de Avignon desaparecidas. Los editores de las ediciones apócrifas del siglo XVII, que no siguieron la tradición de Lyon copiando la edición de Benoist Rigaud, 1568, y que publicaron los 141 Presagios tomándolos de Chavigny y no de los almanaques originales desaparecidos, reprodujeron también esta cuarteta con la numeración VI-100.

No podemos saber si la han tomado solamente de Chavigny o de las ediciones de Avignon. Debemos notar que la primera edición fechada que copia de esta manera a Chavigny aparece solamente después de 1627: más de sesenta años después de la muerte del autor de las Profecías. Las que aparecen como anteriores no tienen fecha o tienen fecha falsa.

Chavigny reproduce y comenta 140 presagios. En realidad son 141 pero no tomamos en consideración la cuarteta adulatoria dirigida al Conde de Tende, porque Nostradamus tampoco la toma en cuenta para sus cálculos y no existe en la Prognostication para 1555 que está en nuestra biblioteca.

Es posible que Nostradamus hablara alguna vez ante su secretario de 12 Centurias calculando las siete publicadas antes de 1558, las 3 de esta última fecha y las dos que formaban los 169 Presagios. En realidad eran 12 Centurias con dos incompletas. Es posible también que hablara de los 140 Presagios que realmente formarían parte de su profecía. Engañado por estos datos, Chavigny tradujo al latín y comentó los 140 Presagios que le parecieron proféticos y aseguró que publicaría dos Centurias completas inéditas. Quizá creía que César Nostradame guardaba los manuscritos originales y que, dado el éxito que esperaba de su primer libro, le serían entregados para su estudio y publicación.

Es posible finalmente que Nostradamus diera por descontado el engaño y contara con él para crear mayores dificultades alrededor de su mensaje.

Para dar mayor valor a su obra y presentarse como depositario de los secretos del maestro, Chavigny nos da trece cuartetas inéditas, numerándolas XI, 91 y 92, y XII, 4, 24, 36, 52, 55, 56, 59, 62, 65, 69 y 71, anunciando que dos Centurias inéditas y completas, la XI y la XII, están en su poder, y prometiendo publicarlas en breve.

Nada nos autoriza a dar crédito a esta afirmación de Chavigny. Las trece cuartetas son, a todas luces, auténticas, pero pudieron ser desechadas por el autor. Una de ellas, la XII-69, está incompleta, y otra la XII-4, es la única en la que Nostradamus ha formado dos versos con seis palabras cada uno, que comienzan con la letra F. Como el tercer verso empieza con la misma letra F, tenemos 13 veces F como primera letra de trece palabras seguidas. Los cuatro versos de la cuarteta tienen seis palabras cada uno.

A juicio nuestro, no han existido nunca las Centurias XI y XII. César Nostradame, hombre de letras, que heredó los manuscritos de su padre, hubiera editado esas dos Centurias o las hubiera hecho incluir en las ediciones de Benoist Rigaud o en las posteriores de Pierre Rigaud, hijo de este impresor. Se hubiera ocupado de ellas dedicándoles aunque sólo fuera una frase en alguna de las muchas publicaciones que hizo en los primeros años del siglo XVII. En vez de esto, ¿las confía a Chavigny en 1594 y no las recupera ni durante la vida ni después de la muerte de ese escritor? El mismo Chavigny, que dio al público en 1603, impresas por el propio Pierre Rigaud, *Les Pleyades*, libro de 666 páginas, interpretando para Enrique IV las profecías de Nostradamus, y que lo reeditó en 1606 y 1607 añadiéndole un comentario sobre la séptima *Pléyade*, un largo discurso sobre los asuntos turcos, y un tratado sobre el Cometa, las hubiera publicado. El presunto nieto de Nostradamus, el fantástico amigo de Sève, que patrocina la publicación sin fecha cierta de las 58 sextetas atribuidas falsamente a Nostradamus, hubiera publicado las dos Centurias auténticas con mucha razón. Ni al hijo ni al nieto de Nostradamus podía negarles Chavigny el texto original del profeta.

Son trece las cuartetas inéditas que publica Chavigny, una de ellas incompleta; otra es la cuarteta de las 13 efes. Once son las cuartetas que vamos a publicar nosotros y que nos parecen de la misma procedencia: cinco están incompletas y una es la misma de las 13 efes.

Las once cuartetas constan de un manuscrito que desde el siglo XVII las guardaba inéditas. Fueron copiadas de un manuscrito del siglo XVI, escrito de la mano de Nostradamus, que fue entregado por Gallaup a Luis XIII, que quedó entre sus papeles y que no se encuentra entre los documentos del Rey que pasaron a la Biblioteca Nacional.

Este capítulo fue redactado hace algunos años, cuando la once cuartetas eran todavía inéditas. Las copias fotográficas de los manuscritos de Gallaup están en nuestra colección desde 1947. Pierre Rollet las ha publicado en 1968 numerándolas de I a XI, lo que creará confusión para los nostradamistas.[1] No ha dicho Rollet

[1] Hay otro manuscrito en la Biblioteca de Carpentras bajo la sigla 1881 que ha sido publicado por Pierre Rollet con el título *Consultation de Nostradamus sur le tresor de Constantine*, sin mencionar el origen. Rollet, que lo publica, asegura que el texto es de Nostradamus y los comentarios de Peirsec. Una de nuestras notas, tomada hace más de

de dónde proceden y parece que no ha comparado los dos manuscritos en los que Gallaup ha copiado las once cuartetas. Es una lástima porque ese cotejo hubiera evitado pequeños errores. Transcribimos el manuscrito, con el comentario de Gallaup, al final del capítulo. (Véanse también las ilustraciones 16 y 17.)

La cuarteta de las trece efes, que se encuentra entre las trece de Chavigny y también en el manuscrito de Gallaup, es la única en que Nostradamus se ha propuesto un pie forzado para ejercitarse. Quizá la escribió para insistir en el número trece que tantas veces ha usado en su testamento y en las seis palabras para cada verso que unen su obra profética a su exposición astronómica y cronológica.

---

veinte años, dice: "El manuscrito 1881 de Carpentras no es de la mano de Peiresc sino de uno de sus informantes o secretarios, probablemente aixois". La copia fotográfica del manuscrito presenta en un solo documento, con la misma caligrafía, el texto sobre el tesoro de Constantino, atribuido por Rollet a Nostradamus, y los comentarios que son del autor del manuscrito y no de Peiresc. Es de este secretario o informante la nota en que señala las cuartetas I-21 y 27, y V-7 y 57 de Nostradamus conforme al texto, y son de su letra los comentarios y siete cuartetas de Nostradamus además de una serie de señales que terminan en el dibujo de una puerta. Cada señal lleva su explicación.

En nuestra opinión se trata de un comentario de las cuartetas de Nostradamus al que no se le ha dado la forma de una consulta sino de un derrotero. El documento se encuentra en una "Colección de diversos escritos referentes a la historia de Provenza" y lleva una fecha: 20 de diciembre de 1619. El manuscrito no menciona a Nostradamus como autor y no dice que ha sido consultado. Dice simplemente quien lo escribe, que "parece concordar con las cuartetas de Nostradamus", y cita las cuartetas, hace comentarios y copia dibujos sin nombrar al profeta por segunda vez.

Ambos grupos de cuartetas, las de Chavigny y las de Rollet, prueban:

Que Nostradamus dejó entre sus papeles cuartetas inconclusas y cuartetas desechadas.

Que ambos grupos tienen la misma procedencia.

Que ninguna de las veintitrés cuartetas ha sido numerada por Nostradamus, quien no decidió nunca considerarlas dentro de su obra.

Que si hubieran existido otras cuartetas auténticas de Nostradamus hubieran sido publicadas por Chavigny, que murió antes de 1610, o por su hijo César, que heredó sus libros, papeles y documentos, que se preocupó de dejarlos en buenas manos, que publicó muchos libros, prefacios y poemas desde 1595 hasta 1614. En esa fecha dio a luz la *Historia y Crónica de Provenza* y murió en 1630, más de veinte años después de Jean Aimé de Chavigny.

Insistimos en que la copia de Gallaup no numera la cuarteta de las trece efes y en el cuarto verso de ella dice: *sang* en vez de *sans*, mejorando la redacción. Se trata de un manuscrito, prueba documental de que entre los papeles de Nostradamus quedaron cuartetas inconclusas y cuartetas que no quiso incluir en su obra, aunque se tratara de cuartetas proféticas.

El manuscrito es del siglo XVII y se encuentra en la Biblioteca de Carpentras; Manuscrito 385 y 386, Carpentras, fols. 1, 2 y 1/bis, catálogo tomo 1°, página 192. Es un autógrafo de Louis Gallaup de Chasteuil, poeta provenzal de Aix, amigo de Malherbe (155-1628), que copia papeles de familia del siglo XVI, de cuya autenticidad no duda. Tampoco dudamos nosotros porque el estilo de Nostradamus es inconfundible. Los papeles enviados al rey Louis, seguramente Louis XIII, no se encuentran hoy en la Biblioteca Nacional. El documento llama Centurias a las cuartetas y copia once. Probablemente fueron más, como dice la transcripción, y muy probablemente también tanto las cuartetas que reproduce como las de Chavigny y las que se han perdido pertenecen a los mismos borradores en los que Nostradamus dejó las cuartetas inconclusas y las que no formaban parte de su obra. (Ficha número 14.)

Estas once cuartetas son tan interesantes que damos su transcripción. Prueba nuestra teoría y son, a todas luces, cuartetas desechadas por el autor. No por eso es menos importante su publicación después de cuatro siglos.

Es natural que el padre de Louis Gallaup tuviera en su poder borradores de Nostradamus. François Gallaup de Chasteuil, contemporáneo y amigo del profeta, vatizinó los “troubles de Cascavaux”, e hizo saber a sus amigos los males que agotarían la Provenza. Se puso a salvo en el monte Liban, donde pasó en contemplación y plegarias el resto de su vida, según la Historia de Provenza, de Jean François de Gaufridi, 1584. Aix, Charles David, 1694.

Ninguno de los pocos manuscritos de la mano de Nostradamus que han llegado hasta nosotros reproduce versos proféticos. Dejamos para otra ocasión la publicación del estudio de su manuscrito “ORUS APOLLO” que se encuentra en la Biblioteca Nacional de París bajo la sigla Fr 2 594, reproducido tipográficamente a principio de siglo por Douchet. Tenemos copia fotográfica desde 1947. Ésta es, pues, la única copia manuscrita que ha sido hecha conservando todos los detalles de sus documentos originales del siglo XVI. Podemos apreciar la ortografía y sobre todo la puntuación, y en una de las cuartetas podemos ver cómo Nostradamus empleaba las letras en mayúsculas dentro de su texto. Estas características, que sufren cambios algunas veces y que son diferentes en las ediciones de Lyon y en las ediciones de Avignon, no han sido respetadas en las ediciones posteriores de las Centurias y de los Presagios.

Transcripción del manuscrito original
de la Biblioteca de Carpentras

"Feu mon pére avoir entre ses mains quelques centuries de Michel de Nostradamus escrites de sa main & que le fou roy Louis le husse volues avoir. Il les luy remis volontiers entre ses mains et sont à present en la Bibliothéque Royalle en voicy quelques centunes dont on aurai gardé la copie le restans esttant egaré."

"Par les espaignes SILADMCV retourner
Passer les Gades et les monts Pyrenées
D'Arno punique le Calpre destourner
Guilhac carcas a Toutouse emmenées."

* * *

"Deux cens soisane en Espaigne regner
Desparitra sonetat deux grands parts
Part en Afrique Romanie Seigner
Le mauritain afoibly par departs."

* * *

"Corduba encor recouvrera son siegge
...
...
..."

* * *

"Changer le siege du sceptre monarquique
Ne se pouvant de .... eloigner
Proche Avignon Lyon, aygle ......
Non loin des Alpes un peu l'aigle reigner."

* * *

"De la champaigne a Rome grand regner
Et les obstacles du mittan tous tottus
Auànd grand monde de toutes parts singles
Hais de venus de tous biens..........."

* * *

"Feu, flame faim furt farouche fumée
Faira faillir froissant fort foy faulcher
Fils de dente toute Provence humée
Chasse de regne enrayge sang cracher."

* * *

"Dedans Tolose se faira lassamblèe
Trois fois seron deschassés de leur fort
Apparants..... maison accablée."

* * *

"Du lieu non loin de fantastique secte
Ce qui sera acquis de loin labeur
Gaulle braccasa par ta Bergique beste
Corps bien en proye du larron et robeur."

* * *

"Non loin du port pillerie et naufrage
De ta cieudad frappe isles stecades
De St troppe grand marchandise nage
Ctasse barbare au irivage et bourgades."

* * *

"Unis en temple conseil spatieux
Toies. Arch. Dessus en misere et conflict
Plus apparens. Ornemertts precieux
Tous tous le crisnes de femmes...."

* * *

"En Syracuse nouveau fis figulier
Qui plus sera inhumain et cruel
De non latin en françois singulier
Noir et farouche et plus sec que gruel."

"Mi finado padre tenía en sus manos algunas Centurias (léase cuartetas) de Michel de Nostradamus escritas de su mano y que el finado rey Luis las hubiese querido tener. Él se las remitió de buen grado en sus manos y están actualmente en la Biblioteca Real. He aquí algunas Centurias de las que había guardado la copia habiéndose perdido el resto." (Véanse ilustraciones 16 y 17.)

36

Versos apócrifos bajo Luis XIII (1627-1643)

Las ediciones de Lyon se siguen publicando idénticas en los primeros 27 años del siglo XVIII. Conocemos tres ediciones sin fecha de Pierre Rigaud y dos de Jean Didier y de Jean Poyet, que repiten el mismo texto, diferenciándose estas últimas solamente en que todo el volumen, aun cuando lleva dos frontispicios, tiene una sola paginación. Estos editores rompieron así con la tradición de los Rigaud, quienes numeraban en forma separada las siete primeras Centurias y las tres últimas.

En más de un cuarto de siglo, con excepción de la edición de Valentin, Rouen, 1611, no encontramos bibliográficamente ninguna reedición de las ediciones de Avignon. Tampoco se reeditan los Presagios: ni los 169 publicados por Nostradamus ni los 141 de ese número que comentó Chavigny en 1594.

Aparecen de pronto dos grupos de ediciones. El primero, de Troyes, pretende una antigüedad imposible. No se atreve a exhibir una fecha falsa difícil de probar, pero hace toda una novela para demostrar que ha salido al público en 1611. El segundo grupo, editado en Lyon, aparece fechado en 1627. Ambos grupos de ediciones apócrifas son posteriores a esta última fecha.

Después de tres siglos y medio, no podemos fijar el año exacto de esas ediciones, sin un somero estudio de los acontecimientos históricos del reinado de Luis XIII. Indudablemente fueron fabricadas para influir en el ánimo de este supersticioso e inestable rey. El prestigio de Nostradamus y el acierto de sus profecías relacionadas con Enrique II, Francisco II, Carlos IX, Enrique III y Enrique IV daban valor excepcional a un libro que pretendía pronosticar especialmente los acontecimientos del siglo XVII.

El estudio bibliográfico nos dará la seguridad de que dichas ediciones fueron apócrifas, y de que no podemos aceptar para ellas ni la antigüedad que pretenden ni los editores que aparecen en sus frontispicios.

El estudio de sus textos, corroborado por las claves del testamento de Nostradamus, nos obligará a reconocer que las sextetas y algunas cuartetas fueron apócrifas y escritas por uno o dos poetas de la casa de Montmorency.

El cuadro histórico nos llevará a situar en el tiempo, con bastante aproximación, la fecha de las ediciones, su finalidad política y la evidencia de que fueron fabricadas por los enemigos de Richelieu, muy especialmente por allegados a la casa de Montmorency.

Luis XIII nació el 27 de septiembre de 1601 y sucedió en el trono a Enrique IV, asesinado el 14 de mayo de 1610. Comienza ese año la regencia de María de Médicis y, siete años después, el niño rey, que no ha cumplido aún dieciséis años, realiza su primer acto político: el asesinato de Concini, favorito de María de Médicis, ordenado por él de acuerdo con Luines y realizado por

Vitri, capitán de sus guardias, el 24 de abril de 1617. El tratado de paz con su madre es de 1620. Solamente en abril de 1624, muerto ya Luines, comienza con la mayor prudencia la dictadura de Richelieu, que sólo terminará con su muerte, el 4 de diciembre de 1642.

Llevado al Consejo del rey por María de Médicis, inicia el cardenal una política que únicamente un hombre genial, sin escrúpulos, podía realizar. Para ello tenía que enemistarse con su protectora y con el grupo italiano que la rodeaba; con España, que en el punto más alto de su poder y dueña del oro de América pretendía el dominio de Europa, y con Inglaterra, que bajo el pretexto de patrocinar la Reforma quería establecerse definitivamente en el suelo de Francia. Si a todo esto añadimos el caos de la política interna y de las finanzas, producido durante catorce años por la ineptitud de la reina regente y pero la soberbia feudal de las grandes familias, tendremos que reconocer en Richelieu una determinación que estaba por encima de todas sus posibilidades.

Con la fuerza que le prestaba un rey indeciso y desconfiado, Richelieu realizó a lo largo de dieciocho años una labor increíble, a pesar de sus enfermedades y de las intrigas que lo rodearon y que pretendieron destruir su obra durante su vida y después de su muerte.

Las ediciones de la obra de Nostradamus que lanzaron los enemigos de Richelieu no pueden ser anteriores a 1627; tiene que ser posteriores a esa fecha.

La casa de Montmorency, ligada indiscutiblemente a esas ediciones y a las sextetas inéditas, estaba en la primera línea de la aristocracia de Francia. Richelieu solamente pudo imponer definitivamente su autoridad llevando al cadalso a Enrique II de Montmorency (1595-1632), ocho años después de 1624. Murió decapitado el 30 de octubre de 1632, sin haber dejado descendencia.

Las intrigas por el favoritismo luego de la muerte de Luines, las de María de Médicis por recuperar el poder y las del único hermano del rey, rodeado siempre por los que querían imponerse a Luis XIII por su intermedio o gobernar con él como sucesor o regente, convierten a la corte, de 1622 a 1632, en el escenario de continuas conspiraciones.

Una de esas conspiraciones se apoya desde 1630 en Nostradamus y lanza profecías apócrifas bajo su nombre. No es probable que se atrevieran a hacerlo durante la vida de César Nostradame quien, ajeno a las intrigas, podía desenmascararlas.[1]

Hasta 1624, Luis XIII quiere gobernar y sus allegados lo presionan, pero es tímido y supersticioso. Después de esa fecha, la eficiencia de Richelieu, suficientemente hábil para hacerle tomar determinaciones, haciéndole creer que es él quien gobierna, gana terreno cada día.

Es muy probable que la interpretación discutible de antiguas profecías y la fabricación de otras nuevas, impresas sin fecha o con fecha falsa, constituyera un elemento de intriga aunado a la adulación que, por excesiva, no dejaba de producir sus efectos. Pero tenemos que reconocer que un apócrifo de semejante magnitud sólo podía montarse para fines políticos.

[1] César de Nostradame muere en enero o febrero de 1630.

Sigue diez años más el famoso cardenal dirigiendo la política internacional de Francia, y aprovechando todas las circunstancias que le permiten unificar el país bajo la corona, destruyendo el poder local de las grandes familias francesas. Cae en desgracia en 1642, y su organización, en manos de su favorito, el capuchino padre José, la eminencia gris, es tan eficiente que le permite presentar al rey las pruebas de una conspiración, recuperar su confianza y enviar al patíbulo a sus enemigos. El 12 de septiembre de 1642 fueron ejecutados Cinq Mars y De Thou después de un proceso dirigido por Richelieu. Murió a los cincuenta y ocho años de edad, el 4 de diciembre de ese mismo año, dejando su familia y su obra bajo la protección de Luis XIII y la dirección del Estado en manos de Mazarino, hechura suya, quien por sus propias ambiciones continuaría su política, se afianzaría en el poder hasta la muerte del rey, el 14 de mayo de 1643, y sería insustituible bajo la regencia de Ana de Austria que ayudaría a establecer. Murió Luis XIII el mismo día en que, treinta y tres años antes, había muerto Enrique IV.

Existe un documento en la Biblioteca Nacional de París, F.F.4 744, folios 76 a 78, seis páginas manuscritas. Se trata de una copia de las sextetas atribuidas a Nostradamus, sumamente interesante, que proporcionamos en la ilustración 14, (ficha número 90). Las sextetas vienen numeradas, pero no existen las que llevan, en todas la publicaciones posteriores, los números 11, 12, 14 y 27. El manuscrito indica la presentación de ellas a Enrique IV, pero no en 1605, sino al comienzo del siglo, en el año 1600, y no menciona a Vicente Seve de Beaucaire, de la familia de Nostradamus, sino a un señor Vincent Aucane de Languedoc. Esto prueba que se trata de un proyecto anterior a la primera publicación de las sextetas. Un apócrifo que no podía utilizarse en vida del hijo de Nostradamus. Probablemente han intervenido dos poetas y el segundo ha pensado que elevando a 58 el número de las sextetas, podía llevar al lector a sumarlas mentalmente a las 42 cuartetas de la séptima Centuria, completándola de este modo.[2]

Hemos llegado a creer que el autor de las 54 sextetas del manuscrito fue Tehophile de Viau (1590-1626). Poeta desde su infancia, se graduó en Filosofía en Saumur y fijó su residencia en París desde 1610. Quedó agregado a la casa del duque de Montmorency desde 1615. Sus éxitos, la mordacidad de sus escritos, el libertinaje de su vida, a la par del que caracterizaba a la juventud aristocrática de su época y, sobre todo, su religión protestante de la que abjuró demasiado tarde cuando ya se había creado poderosos enemigos, levantaron contra él al parlamento. Fue perseguido y condenado a morir en la hoguera, sentencia que sólo en efigie fue ejecutada.

[2] Para mayor exactitud, enviamos a nuestro desaparecido amigo. Édouard Baratie, que era director de los Archivos Departamentales de Bouches du Rhône, Marsella, copia fotográfica del encabezamiento del manuscrito al que nos hemos referido. La transcripción que nos envió dice:

> *Predictions de Maitre Michel Nostradamus pour la siècle de l'an 1600, présentées au roy Henri 4.° au commencement de l'année par Vincent Aucane de Languedoc.*

Ya en 1619, por medio de cartas selladas del rey, se le ordenó salir del reino. Viajó hacia el sur y se detuvo en Languedoc dieciocho meses. La protección del duque le permitió quedarse allí. Es probable que este viaje influyera en la "novela" que preparó después para la presentación a Luis XIII de las sextetas apócrifas. Pudo conocer en ese viaje al señor Vincent Aucane de Beaucaire.

Después de la publicación del *Parnaso Satírico* en 1622, fue perseguido una vez más y puesto en prisión. Condenado el 1o. de septiembre de 1625 a la pérdida de sus bienes y a destierro de por vida, pudo esconderse en casa del duque de Montmorency, quien le ofreció asilo y logró que pudiera quedarse en su castillo sin ser inquietado. Pasó unos meses en los castillos de Chantilly y de Seller, en Berry. Regresó con el duque a París en 1626 y murió luego de una corta enfermedad.

En la biblioteca del castillo de Chantilly,[3] Theophile pudo estudiar la bibliografía de Nostradamus: las Centurias en las ediciones de Lyon y en las ediciones de Avignon; la obra de Chavigny, *La Première face du Janus François*, París, 1594; la edición de 1560-1561, o sus reproducciones de 1588 y 1589. Conoció así las cuartetas y los Presagios que no se reproducían desde

[3] El castillo de Chantilly existe desde el siglo X. Marguerite d'Orgemont lo aportó como dote al casarse con Jean II de Montmorency (1402-1477). Pasó a su hijo Guillaume y de éste a su nieto Anne (1492-1567), quien lo construyó como se encuentra en la actualidad, al lado de la casa feudal que le daba este nombre. Lo heredaron François y Henri I, hijos de Anne. De éstos, Henri, duque de Montmorency, fue hecho condestable desde 1593. Anne había recibido la dignidad de Condestable en 1537. Henri I nació en 1534 y murió en 1614.

esas fechas y concibió una edición de las Centurias en las que se agregarían todas esas cuartetas y Presagios. Se dedicó entonces a escribir, en forma de sextetas, unas profecías apócrifas "sobre los años corrientes de este siglo", que podían ser aprovechadas más adelante.

Conocedor de la corte de Luis XIII, escribe un texto que puede influir en dicho rey, cuyo favor ya una vez había logrado con una oda escrita en su exilio de Inglaterra. El presagio de Nostradamus, profeta y médico de tres reyes, y su acierto al anunciar claramente, desde 1555, el advenimiento de los borbones, son sólida base para las profecías que el propio Theophile añade. En ellas expone con bastante claridad hechos conocidos por quienes habían actuado en la política en el primer cuarto del siglo XVII. Le permitieron todas las entrelíneas necesarias para llevar al ánimo del rey aquello que el duque de Montmorency y Monseñor, hermano del rey, consideraban beneficioso para Francia y para sus propios intereses.

Para los bibliófilos de Francia que se ocuparán de este asunto con mayor autoridad, incluimos copia fotográfica del manuscrito. Haya sido o no obra de la mano de Theophile, nos permite conocer el principio de la historia de esta profecía apócrifa cuyas sextetas no fueron compuestas para ser presentadas a Enrique IV en 1605. El texto incluye demasiadas profecías para los cinco años anteriores a esa fecha. El título, que no se mantuvo igual, la hace comenzar en 1600 y el manuscrito señala la presentación al rey como realizada a principios de ese año. (Véase ilustración 14.)

Vemos que el encabezamiento de este apócrifo fue redactado dos veces: una para que apareciera presentado a Enrique IV a principios de 1600 y otra posterior anunciando esa presentación como realizada en 1605.

Pasaron algunos años; murió Theophile en 1626 y no era fácil que Luis XIII aceptara las sextetas como auténticas. Fue necesario urdir la "novela" en la que figuraban Vicente Seve de Beaucaire, el castillo de Chantilly y una fecha en que hubiera realmente Enrique IV habitado dicha residencia. Era necesario, también, el testimonio del duque de Montmorency, quien en 1605 ya tenía diez años de edad y muy bien pudo haber sido testigo de la escena o haber oído hablar de ella. Podía atestiguarla.

Enrique I de Montmorency, nacido en 1534 y nombrado condestable en 1593, había muerto en 1614. Heredó el título y el castillo Enrique II de Montmorency, nacido en 1595.

Theophile fue perseguido hasta su muerte por la camarilla que rodeaba a Luis XIII, no por sus propios pecados que eran los mismos de la sociedad que frecuentaba, sino porque en sus versos satíricos fustigaba despiadadamente la vida licenciosa de los cortesanos.

El Condestable fue siempre enemigo del absolutismo del rey y, sobre todo, enemigo de Richelieu. A pesar de sus triunfos militares, de ser el último descendiente de una gran familia y el personaje principal del mundo feudal y caballeresco de su época, fue decapitado en Tolosa en 1632.

Fueron pues estos dos hombres, el uno con su pluma y el otro con su situación, quienes prepararon desde antes de 1526 las famosas sextetas que darían nacimiento a las ediciones de Troyes, muy probablemente en

1630. Debían llegar a manos de Luis XIII y bajo la autoridad de Nostradamus, predisponerlo contra la política de su primer ministro.

Son tres los poetas que a principios del siglo XVII nos permiten fijar la fecha en que se imprimen las sextetas apócrifas. Nos hemos ocupado del primero; el segundo es César Nostradame (1553-1630). Tenía ya 47 años de edad cuando finalizó el siglo XVI, pero la casi totalidad de su obra literaria e histórica pertenece al siglo XVII. El testamento de su padre nos da la seguridad de que todos los libros, manuscritos y borradores del profeta llegaron a sus manos y fueron de su exclusiva propiedad, el 18 de diciembre de 1578, fecha en que cumplió 25 años o poco después, cuando el menor de sus dos hermanos llegó a esa mayoría de edad. No solamente estaba seguro de que su padre había publicado toda su obra en vida, sino también conocía todos sus borradores y manuscritos.

De haber existido las sextetas, habrían sido publicadas por él o por Chavigny. En el caso improbable de que hubiesen permanecido inéditas durante medio siglo, él mismo se las habría presentado a Luis XIII. Con toda seguridad estaba enterado del interés el rey por los papeles inéditos de Nostradamus, manifestado a Francois Gallaup, de Chasteuil. Remitimos al lector al capítulo 35 en esta bibliografía.

La publicación de las sextetas apócrifas sin su consentimiento lo habría movido a protestar a través de alguna de sus numerosas publicaciones y a dirigirse al propio rey por intermedio de los amigos de Peirese o de los representantes de la corona en Provenza. Los reyes lo conocían y lo estimaban.

En el año 1600 había sido presentado a María de Médicis. Una obra suya, *L'entree de la royne en sa ville de Sallon*, fechada el 10 de diciembre de 1600, se publicó en 1602. Por dicha obra sabemos que intervino en la preparación del recibimiento; que su nombre figuró en uno de los arcos triunfales; que sus versos y los de su padre adornaron el camino de la reina; pero también, que no sólo recibió a María de Médicis, sino que la acompañó hasta sus habitaciones privadas, junto con las principales personas de la ciudad, con el fin de memorizar sus rasgos para el retrato que proyectaba hacer de ella.

Durante el banquete, el gentilhombre de servicio lo ubicó fuera de la mesa pero frente a la reina. Preguntó ella al señor de Guisa quién era, y éste, a cuya casa pertenecía César, así como también los señores de Gondy y de Lussan, hicieron grandes elogios de sus méritos. Por cierto que había tenido por maestros a célebres pintores, y su obra como miniaturista era digna de esos elogios. Sabemos por su correspondencia, que había estudiado en Roma.

Rodilla en tierra presentó a la reina una cajita de marfil, maravillosamente trabajada por Perrier, del tamaño de una moneda grande, en la que había pintado al óleo el retrato de sus majestades, decorándola además con flores de lis y ocho versos compuestos por él. Ofreció además a la reina, caligrafiados, los versos y anagramas que había escrito para ella.

Al día siguiente, María de Médicis lo invitó a acercársele y le ofreció su apoyo ante el rey en cualesquiera circunstancias. No se habló más del proyectado retrato pero sin duda César lo envió posteriormente a la corte.

A través de su correspondencia con Peiresc sabemos que en abril de 1629 estaba escribiendo una tercera pieza que esperaba terminar pronto para ofrecérsela al hijo de María de Médicis, Luis XIII, de quien había recibido el título de gentilhombre de cámara.

No es necesario extenderse más sobre esta relación personal de César Nostradame con María de Médicis y Enrique IV y con Luis XIII después; relación que continuaba la estrecha vinculación de su padre con Catalina de Médicis, Enrique II, Francisco II, Enrique III y Enrique IV.

Queda suficientemente demostrado que César Nostradame no conoció las sextetas apócrifas y que éstas no se publicaron antes del 23 de enero de 1630, fecha de su último testamento, en el que declara su edad, firmado en Salon, en el refectorio del convento de los reverendos padres capuchinos, donde seguramente se había recogido debido a su enfermedad. Su carta dirigida a D'Hozier es del 18 de diciembre de 1629; allí dice, refiriéndose a sí mismo, que es un viejo de 76 años y que precisamente el 18 de diciembre cumplió esa edad. En otra carta, César se ocupa de las tres erratas que deben corregirse en su última obra dedicada a Luis XIII, que ya hemos mencionado.[4]

[4] El 23 de agosto de 1629, César Nostradame escribía a Peiresc sobre "le sieur Gallaup, mon cousin...", "el señor Gallaup, mi primo..." No es una sola carta a Peiresc o a D'Hozier la que fija la edad de César Nostradame, como él se firmaba y como lo llama su padre en 1555, dedicándole sus profecías. Varias veces fija su edad: el miércoles de

El tercero de los poetas relacionado con las sextetas es Jean Mairet (1604-1686), perteneciente a una familia de gentileshombres alemanes que por odio a la Reforma se establecieron en el Franco Condado dependiente de España. Agregado a la casa de Monmorency desde 1621, acompañó al duque en su expedición contra los protestantes en 1625. Pese a haber recibido una pensión de Richelieu, cuando Montmorency cae en desgracia, Mairet se mantiene fiel a la familia, a su partido y al rey de España.

Admirador ferviente, igual que Viau, de madame la duquesa de Montmorency —musa de ambos—, Mairet puede ser considerado autor, coautor o continuador de las sextetas atribuidas a Nostradamus y que suponemos fueron escritas por Theophile de Viau. De todas maneras, cualquiera haya sido la índole de su intervención, es el poeta que, muerto Theophile, queda vinculado a la publicación de esas poesías, bajo los reinados de Luis XIII y Luis XIV.

En la abundante producción literaria de Mairet encontramos material que por sus temas y su versificación lo vinculan a la obra apócrifa adjudicada al profeta provenzal.

ceniza de 1628 dice: "De mon age le LXXV". Cumplió 75 en diciembre y 76 en diciembre de 1629. Repite igualmente su edad en carta del 21 de junio del mismo año 1628. Hizo testamento el 23 de enero de 1630 y no existe otra carta de él a Peiresc, a quien había escrito veinte veces o más en 1629 y que hacía gestiones para que recibiera una pensión como genitlhombre de la cámara del rey. Escrito esto y releyendo el testamento hemos leído: "... y que a la edad de setenta y seis años ya completos y cumplidos..." No queda duda al respecto.

En uno de sus escritos se ocupa de la diferencia entre poeta y profeta y dice textualmente que: "... les oracles et les propheties, rendoi le plus suvent en vers, venoyent inmediatement de l'espirit divin". Nos parece oír al propio Nostradamus que bien pudo haber dicho esto mismo: "... los oráculos y las profecías, dados casi siempre en versos, venían inmediatamente del espíritu divino".

En algunas ediciones, Nostradamus dice textualmente: "Que la Divina esencia por astronómicas revoluciones me ha hecho conocer". Pero como semejante texto puede causarle dificultades con el Santo Oficio, en otras ediciones cambia el sentido diciendo: "Que la Divina esencia por astronómicas revoluciones me han hecho conocer". En otra parte de su obra expresa su verdadero pensamiento con las siguientes palabras: "... que por divina certeza profetiza". Pero por las razones apuntadas, se corrige en otras ediciones y dice: "... que por diurna certeza profetiza".

Además Mairet ha escrito unas décimas tituladas "El pescador o la profecía de Neptuno sobre la ruina de La Rochela". El estilo siglo XVII de estos versos permite ubicarlos junto a los versos cortos de las sextetas y el título parece escrito por el autor de las mismas. En otra publicación incluye "Los Primeros amores del autor", estancias en sextetas octosílabas.

Estas similitudes no constituyen una prueba documental, pero son más suficientes para establecer una evidencia circunstancial en un asunto del que nos separan tres siglos y que tenía que quedar oculto. Si Richelieu o Mazarino hubieran tenido en sus manos este libro, la biografía de Mairet habría sufrido algunas modificaciones; no era pecado venial intervenir en ediciones fraguadas para engañar al rey de Francia.

Parece increíble que hayan pasado más de tres siglos sin que ninguno de los bibliófilos de Francia descubriera y demostrara una superchería tan notoria como la constituida por las cincuenta y ocho sextetas atribuidas a Nostradamus en el primer tercio del siglo XVII.

Bastaba para una primera sospecha el hecho bibliográfico innegable de una publicación de sextetas medio siglo después de la muerte del presunto autor sin que existiera ninguna mención de las mismas en las obras del primer comentador y biógrafo del profeta ni en la numerosas publicaciones de su hijo César.

Algunos comentadores se han pronunciado por la autenticidad de las sextetas y otros las han declarado una grosera falsificación.[5] No han pesado en la opinión de los primeros las siguientes consideraciones evidentes:

1. El metro de los versos no es el que siempre empleó Nostradamus. Además, las sextetas contradicen la declaración textual del profeta, en el sentido de que su obra se compone de *cuartetas*.

[5] Algunos comentadores han declarado apócrifas las sextetas basándose solamente en su estilo muy diferente del de Nostradamus, en la forma de sus relatos proféticos, en sus diferencias filológicas y literarias, con las obras del siglo XVI, y en la calidad de la tipografía de las ediciones que las reproducen. Esperamos que el conjunto de pruebas históricas y bibliográficas que hemos acumulado sea suficiente para disparar toda duda no solamente sobre las sextetas sino también sobre la edición múltiple de Troyes, que las edita por primera vez.

2. El estilo es típico del siglo XVII. No se pueden comparar las sextetas con ninguna obra de mediados del siglo anterior. El estilo de Nostradamus, profundamente original, equivale a la firma del profeta en cada uno de sus versos.
3. La obra de Nostradamus es la de un filólogo que trabaja con todas las lenguas que están desde muchos años antes formando el idioma francés. Las sextetas, en cambio, están redactadas en el francés del siglo XVII, sin la concisión filológica del profeta provenzal; indiscutiblemente son obra de un poeta francés del siglo XVII, a quien resultó imposible escribir "cuartetas nostradámicas".
4. La manera como Nostradamus profetiza acerca de un hecho histórico, rodeándolo de todos los detalles que lo acompañarán, es la propia de un visionario que describe una visión. En las sextetas, por el contrario, se hace el relato de un hecho histórico conocido y los esfuerzos por imitar la manera de Nostradamus saltan a la vista.
5. Nostradamus ha mezclado sus cuartetas. No encontramos nunca, unas a continuación de otras, las que se refieren a un mismo lugar o acontecimiento histórico. Las cincuenta y ocho sextetas no sólo se ocupan de la misma época, sino que además han sido colocadas bajo un subtítulo que es la negación de la manera nostradámica: "Para los años corrientes de este siglo comenzando en el año 1600".

Bastan estas consideraciones para rechazar la autenticidad de las cincuenta y ocho sextetas.

Añadiremos que no fueron conocidas ni por el secretario ni por el hijo del profeta, heredero este último de todos sus libros, manuscritos y borradores, que no hay ninguna noticia anterior respecto de la existencia de sextetas, y que si bien Chavigny prometió dos Centurias de cuartetas que nunca aparecieron, jamás imaginó la existencia de sextetas.[6]

A todo esto se agrega el manuscrito que debió aparecer presentado al rey en 1600; el fraude tipográfico de las ediciones sin fecha de Troyes y de las ediciones de Lyon fechadas en 1627; y por último, las explicaciones que inserta el impresor de una edición de Marsella de 1643. Vamos a examinar dichas ediciones desde un punto de vista estrictamente bibliográfico.

Las ediciones de Troyes publicaron por primera vez las cincuenta y ocho sextetas. Al mismo tiempo se creó una novela policial: se dijo que las sextetas eran ciento treinta y dos; intervino la policía en persecución del manuscrito

[6] La correspondencia de César Nostradame ha sido publicada por L. Monan: "Aperçus litteraires sur César Nostradamus et ses lettres inédites a Peiresc". Ext. T. X. "Mémoires de l'Académie, 1873, 62 pp. Tamizey de Larroque: "Les Correspondants de Peiresc: César Nostradamus", Marsella, Marius Olive, 1880, 60 pp. Buget, en el Bulletin du Bibliophile, p. 461, 1863. París, se refiere a una carta de César Nostradame de 23 de agosto de 1630 y a una nota manuscrita de la Biblioteca de Aix que señala su muerte de 77 años de edad, a consecuencia de la peste, en San Remy. No conocemos esa carta ni ninguna otra después de su testamento del 23 de enero de 1630. Tendríamos que encontrar una razón para que interrumpiera un año la nutrida correspondencia que mantenía con Peiresc y una noticia que confirmara su muerte en San Remy, por la peste, después del 18 de diciembre de 1630.

y finalmente no quedó rastro alguno de las setenta y cuatro sextetas restantes: quedó constancia policial de este hecho.

Tenemos que reconocer el mérito del poeta que, para dar al público versos apócrifos colocados bajo la autoridad del profeta, supo presentarlos en una edición que reunía todas sus cuartetas proféticas conocidas hasta esa fecha, a las que acompañó de un volumen de antiguas profecías, una de cuyas reproducciones se hacía aparecer con fecha muy antigua, bajo la autoría Nostradamus le Jeune. Las ediciones de Troyes testimonian, pues, la labor de un estudioso que salvó en una sola obra todo lo que hasta ese momento se había publicado como formando parte de la profecía de Nostradamus.

Estudiamos este fraude realizado con fines políticos, desde tres puntos de vista: bibliográfico, histórico y literario. Si bien resulta imposible obtener una prueba documental, el análisis que hacemos de las ediciones, de los acontecimientos con ellas relacionados y del texto profético, y las conclusiones a que hemos llegado que mutuamente se apoyan, llevarán al lector por nuestro mismo camino y muy probablemente a nuestra misma convicción.

Para que el texto apócrifo ofreciera verdadero interés y apareciera como realmente entregado a Enrique IV en 1600, profetizaba sucesos acaecidos entre esa fecha y 1605. Pero puesto que había pasado mucho tiempo, y no existían testigos del hecho, ya no se podía seguir con la primitiva fecha de presentación. Tenía que desparecer el señor Aucane de Lenguedoc, seguramente amigo de Theophile de Viau, quien murió en 1626.

Muerto César Nostradame, en 1630, ha llegado el momento de utilizar las sextetas. Hay que urdir una tercera historia novelesca: aparece un tal Henry de Nostradamus, sobrino del profeta, del que no hay noticia alguna, quien entregó el manuscrito desde su lecho de muerte a otro personaje, Vicente Seve de Beaucaire, también relacionado con la familia del profeta. A su vez, este Beaucaire habría presentado el manuscrito a Enrique IV en el castillo de Chantilly, en el año 1605, es decir, cuando Enrique II de Montmorency, nacido en 1595, tenía ya diez años de edad, de modo que era verosímil que estuviera presente durante la ceremonia o que, por lo menos, oyera hablar de ella. El manuscrito de las sextetas pudo haber quedado depositado en la biblioteca del castillo. Su antigüedad quedaba demostrada.

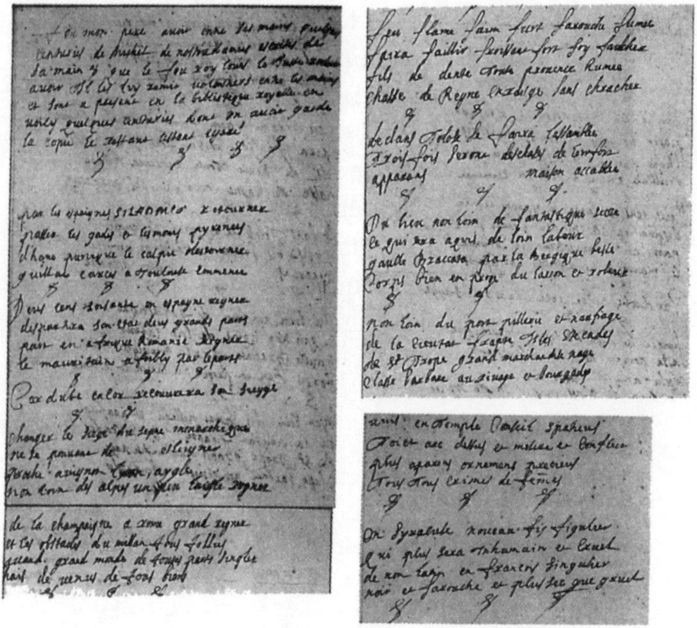

16. Manuscrito de Louis Gallaup de Chasteuil. Copia de cuartetas del profeta que quedaron en borradores. Biblioteca de Carpentras. Mss. 385. Catálogo tomo I, página 192.

17. Manuscrito de Louis Gallaup de Chasteuil. Copia de cuartetas del profeta que quedaron en borradores. Biblioteca de Carpentras. Mss. 386. Catálogo tomo I, página 192.

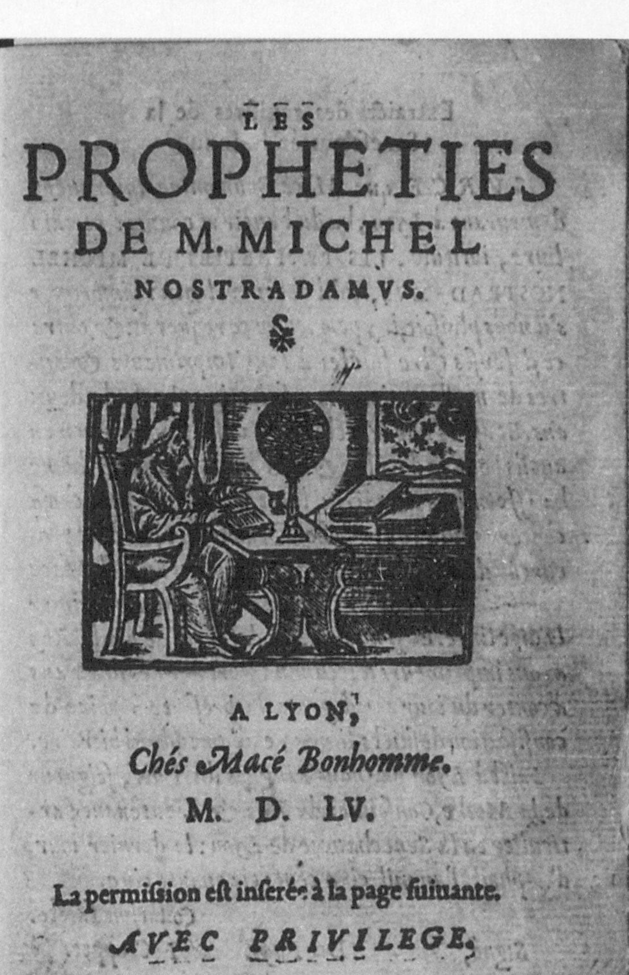

LES

PROPHETIES

DE M. MICHEL

NOSTRADAMVS.

A LYON,

Chés Macé Bonhomme.

M. D. LV.

La permission est inserée à la page suiuante.

AVEC PRIVILEGE.

18. Frontispicio de la primera edición de las Centurias. Ejemplar único en la biblioteca de la viuda de J. Thiebaud. A Lyon, chez Macé Bonhomme, 1555.

PREFACE

DE M. MICHEL

NOSTRADAMVS

à ſes Propheties.

Ad Cæſarem Noſtradamum filium

VIE ET FELICITE.

ON TARD aduenement CESAR NOSTRADAME mon filz, m'a faict mettre mon long temps par continuelles vigilations nocturnes referer par eſcript, toy delaiſſer memoire, apres la corporelle extinction de ton progeniteur, au commun profit des humains de ce que la Diuine eſſence par Aſtronomiques reuolutions m'ont donné congnoiſſance. Et depuis qu'il a pleu au Dieu immortel

A ij

19. Primera página del prefacio de la edición de las Centurias de 1555. Uniendo ocultamente su obra a la del abate Tritheme, Nostradamus la dedica “Ad Cesarem Nostradamus filium”.

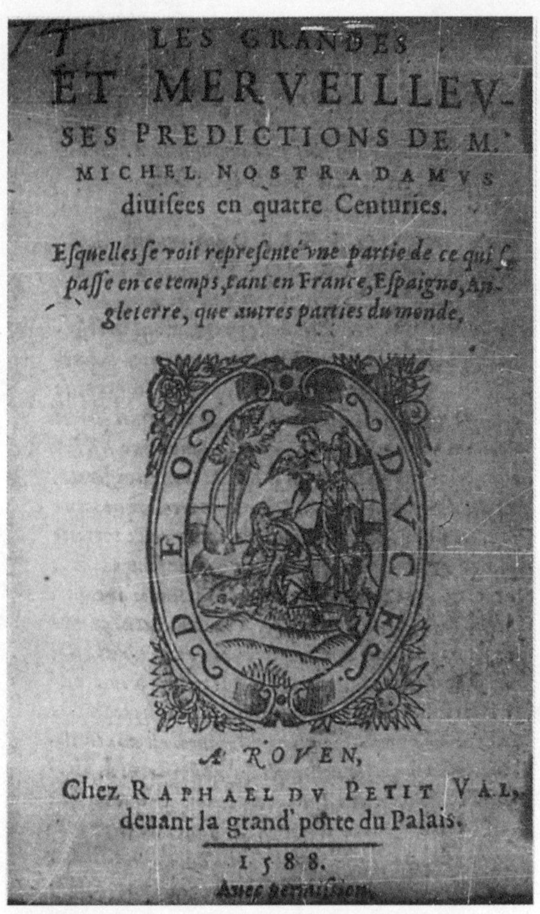

LES GRANDES
ET MERVEILLEV-
SES PREDICTIONS DE M.
MICHEL NOSTRADAMVS
diuisees en quatre Centuries.

Esquelles se voit representé vne partie de ce qui se passe en ce temps, tant en France, Espaigne, Angleterre, que autres parties du monde.

DEO DVCE

A ROVEN,
Chez RAPHAEL DV PETIT VAL,
deuant la grand' porte du Palais.
1588.
Auec permission.

20. Frontispicio de la edición de las primeras cuatro Centurias publicadas en 1588 por Raphael du Petit Val, "Les grandes et merveilleuses predictions de M. Michel Nostradamus". Ejemplar único, en la biblioteca del autor. Este libro es de gran importancia bibliográfica: copia la primera edición de Avignon, desaparecida, que se imprimió con el mismo título en 1555, muy probablemente en el mes de junio o julio por Pierre Roux o por Bartolomé Bonhomme.

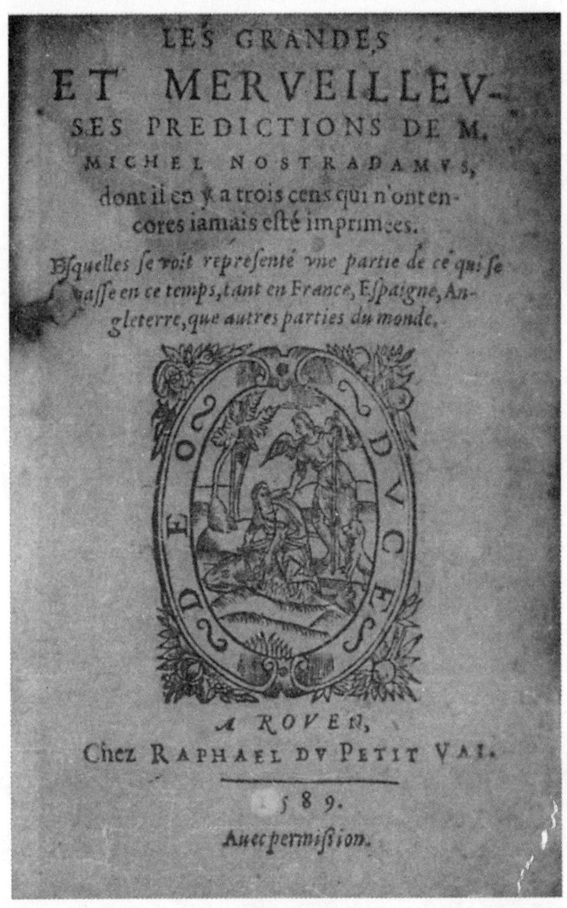

LES GRANDES
ET MERVEILLEV-
SES PREDICTIONS DE M.
MICHEL NOSTRADAMVS,
dont il en y a trois cens qui n'ont en-
cores iamais esté imprimees.

*Esquelles se voit representé vne partie de ce qui se
passe en ce temps, tant en France, Espaigne, Angleterre, que autres parties du monde.*

A ROVEN,
Chez RAPHAEL DV PETIT VAL.

1589.

Auec permission.

21. Frontispicio de la edición de las primeras siete Centurias publicadas en 1589 por Raphael du Petit Val, "Les grandes et merveilleuses predictions de M. Michel Nostradamus". Ejemplar único, en la biblioteca del autor. Este libro sería de excepcional importancia bibliográfica si no estuviera incompleto. Copia la segunda edición de Avignon, desaparecida, que se imprimió con el mismo título en 1556 por Pierre Roux.

3

A L'INVICTISSIME,

TRES-PVISSANT, ET
tres-chreſtien Henry Roy de France
ſecond; Michel Noſtradamus ſon
tres-humble, & tres-obeiſſant ſerui-
teur & ſubiect, victoire & felicité.

POVR icelle ſouueraine obſeruation que i'ay eu, ô tres Chreſtien & tres victorieux Roy, depuis que ma face eſtant long temps obnubilee ſe preſente au deuant de la deité de voſtre maieſté immeſuree, depuis en ça i'ay eſté perpetuellement esblouy, ne deſiſtant de honorer & dignement venerer iceluy iour que premierement deuant icelle ie me preſentay, comme à vne ſinguliere maieſté tant humaine. Or cherchant quelque occaſion par laquelle ie peuſſe manifeſter le bon cœur & franc courage que moyennant iceluy mon pouuoir euſſe faict ample extenſion de cognoiſſance enuers voſtre ſereniſſime maieſté. Or voyant que par effects le declairer ne m'eſtoit poſſible, ioint auec mon ſingulier deſir de ma tant longue obtenebratiõ & obſcurité, eſtre ſubitement eſclarcie & tranſ-

A 2

22. La dedicatoria de las tres últimas Centurias en la edición de Lyon, de 1558 y en las siguiente. En realidad Nostradamus, como Tritheme, dedica su obra al Gran Monarca: Enrique, rey de Francia, favorable.

A L'INVICTISSIME,

TRES-PUISSANT, ET

Tres-Chrestien,

HENRY SECOND,

Roy de France.

MICHEL NOSTRADAMUS

tres-humble, & tres-obeyssant

serviteur & sujet.

Victoire & Felicité.

OUR icelle souveraine observation que j'ay eu, ô tres-Chrestien & tres-victorieux Roy depuis que ma face estant long-temps obnubilée se presente au devant de la deité de vostre Majesté immesurée, depuis en ça j'ay perpetuellement esblouy, ne desistant d'honorer dignement venerer iceluy jour que premierement devant icelle je me present ay comme à une singuliere Majesté tant humaine. Or cherchant quelque occasion pour laquelle je pensse manifester le bon cœur & bon courage, que moyennant iceluy mon pouvoir eusse fait simple extension de connoissance envers vostre serenissime Majesté. Or voyant que par effet le declarer ne m'estoit possible, joint avec mon singulier desir de ma tant longue obtenebration & obscurité estre subitement esclarcie & transportée au devant de la face du souverain œil, & du premier Monarque de l'univers, tellement que j'ay esté en doute longuement à qui je voudrois consacrer ces trois centuries du restant de mes

Pro-

23. La misma dedicatoria en la edición de 1668, que copia una edición de Avignon, desaparecida: a Enrique Segundo, rey de Francia.

24. Grabado de 1716, con la anotación "hermano Jean Vallier del Convento de Salon..." Impreso seguramente por los Domergue de Avignon para acompañar las tres ediciones apócrifas que atribuyeron a Pierre Rigaud y fecharon en 1566. Original en la biblioteca del autor.

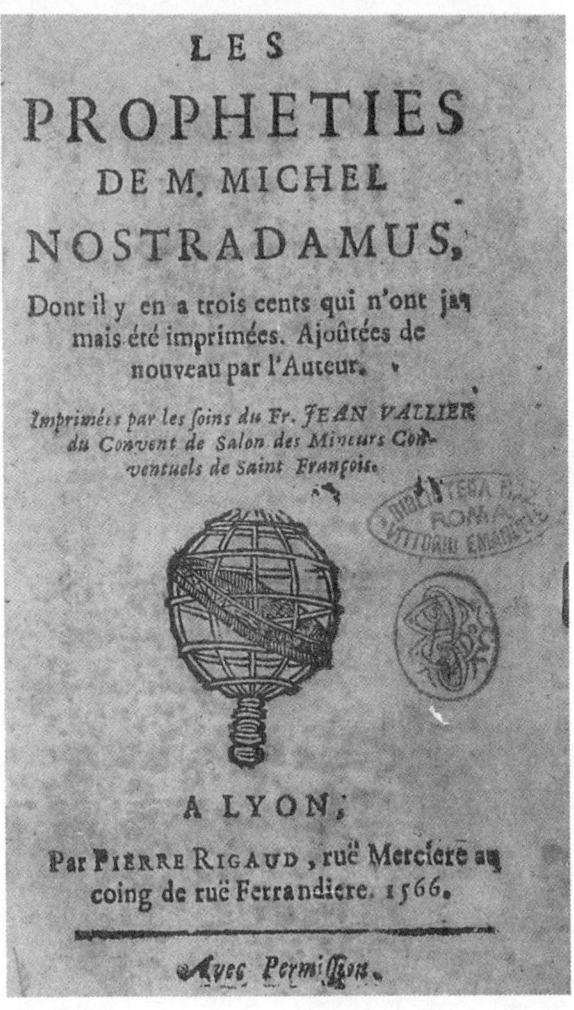

LES

PROPHETIES

DE M. MICHEL

NOSTRADAMUS,

Dont il y en a trois cents qui n'ont jamais été imprimées. Ajoûtées de nouveau par l'Auteur.

Imprimées par les soins du Fr. JEAN VALLIER du Convent de Salon des Mineurs Conventuels de Saint François.

A LYON;

Par PIERRE RIGAUD, ruë Merciere au coing de ruë Ferrandiere. 1566.

Avec Permission.

25. Frontispicio de una de las ediciones apócrifas de "Les Propheties..." Impresas por los Domergue de Avignon, que las atribuyeron a Pierre Rigaud y las fecharon en 1566. Ejemplares de las tres ediciones apócrifas en la biblioteca del autor.

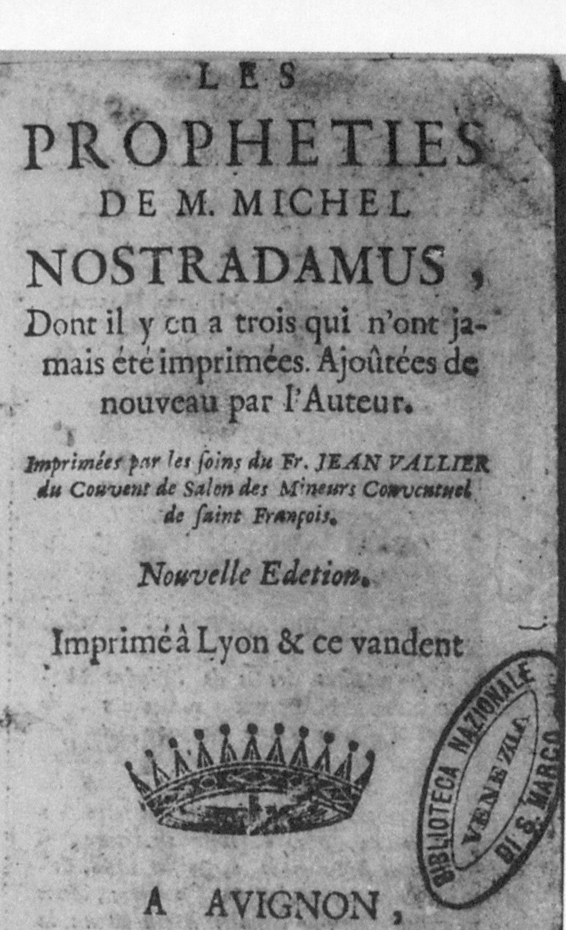

LES

PROPHETIES

DE M. MICHEL

NOSTRADAMUS,

Dont il y en a trois qui n'ont jamais été imprimées. Ajoûtées de nouveau par l'Auteur.

Imprimées par les soins du Fr. JEAN VALLIER du Convent de Salon des Mineurs Conventuel de saint François.

Nouvelle Edetion.

Imprimé à Lyon & ce vandent

A AVIGNON,

Chez FRANÇOIS JOSEPH DOMERGUE Imprimeur de Son Excellence Monseig. l'Archevêque & de l'Université. 1731.

26. Frontispicio de la edición de "Les Propheties..." Impresas por los Domergue de Avignon en 1731. La cita de fray Jean Vallier y la tipografía igual a la de las tres ediciones apócrifas nos permite denunciar el fraude de los Domergue.

LES

PROPHÉTIES

DE M. MICHEL

NOSTRADAMUS.

Nouvelle Édition imprimée d'après la copie de la premiere édition faite ſous les yeux de Céſar Noſtradame ſon fils en 1568.

DIVISÉES EN DIX CENTURIES.

A AVIGNON,

Chez TOUSSAINT DOMERGUE, Imprimeur Libraire, près le College.

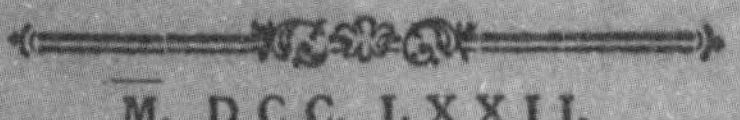

M. DCC. LXXII.

Avec Permiſſion des Supérieurs.

27. Edición de "Les Propheties..." Impresas por los Domergue de Avignon en 1772. Ha cambiado el frontispicio, pero en 1568 el hijo de Nostradamus, César, era un niño de catorce años. La tipografía es la misma de las ediciones apócrifas.

Ediciones apócrifas bajo Luis XIII (1627-1643)

Se había dado realidad histórica al fraude literario. Eran necesarios dos grupos de ediciones, unas antiguas, a las que se daría valor bibliográfico porque reunirían toda la obra conocida del profeta, otras modernas, aunque con fecha anterior a la intriga en proyecto. Nacieron así las ediciones de Troyes sin fecha y las de Lyon fechadas de 1627 en adelante.

La investigación bibliográfica quedó concluida: se tomó como base las ediciones de Lyon de Benoist Rigaud, añadiendo todos los versos dados en 1594 por Chavigny en *La première face du Janus*, los versos de la edición de París de 1561 por Barbe Regnault, reproducidos en 1588 y 1589, y dos cuartetas adulatorias elaboradas para Luis XIII. El compilador tuvo también a la vista una de las ediciones de Avignon.

La labor poética y bibliográfica y el respaldo histórico podían sufrir una investigación sin peligro. En cambio, el trabajo tipográfico fue confiado a un principiante. Habría resultado muy fácil para la organización detectivesca del cardenal Richelieu[1] demostrar el fraude, ya que:

[1] Conocemos un curioso documento que prueba que Richelieu hablaba corrientemente de Nostradamus con Luis XIII. Escribe, dirigiéndose

1. Se hizo una sola edición con el mismo papel, los mismos tipos para los versos y el mismo formato, y se realizaron cambios para hacer aparecer cinco ediciones diferentes o más.

2. Todas esas ediciones se lanzaron bajo los nombres de dos impresores de Troyes. Las dos ediciones atribuidas a Pierre du Ruau, (fichas números 51 y 52) son una sola con pequeñas variantes, y no solamente dicha edición es igual a las que aparecen bajo el nombre de Pierre Chevillot (fichas números 53, 54 y 55) en el papel y la tipografía, sino que para el texto de las cuartetas se ha usado, en ambas, igual composición, lo cual ha repetido las erratas que aparecen iguales bajo ambos editores.

Ningún bibliófilo puede aceptar que dos ediciones distintas, presentadas cada una de ellas por un editor, tengan páginas idénticas no sólo en lo que se refiere al papel, el formato y la tipografía, sino también en lo

---

al rey: "... como Nostradamus dice, Dios está por encima de todo y lo deja entender muy bien..." Mss. de Richelieu y Luis XIII, con anotaciones de mano del rey, el 4 de diciembre de 1636. Esta intimidad de Nostradamus en las conversaciones del rey con su cardenal nos obligan a recordar que Catalina de Médcis recurrió en 1561 a una edición de Nostradamus para dar un consejo, respaldado por una amenaza, a los rebeldes de ese año, que ponían en peligro su regencia a la muerte de Francisco II. Enrique III la había repetido ante los rebeldes de 1588. Pasan los años y Enrique IV y Luis XIII han olvidado esta sabia costumbre de la corona hasta el punto de que son los enemigos de Richelieu los que usan a Nostradamus. No nos sorprende de Luis XIII, pero sí de Richelieu y de su organización de espionaje que se reveló siempre perfecta. Es muy posible que Richelieu se aprovechara también de la credulidad del rey, conociera la intriga de las ediciones apócrifas y prefiriera no denunciarlas.

referente a los errores. Si se tratara de una sola edición, dos o más editores podrían presentarla al público, pero si aparecen patrocinando con su nombre cinco ediciones impresas en el mismo taller, que pretenden ser diferentes y que no lo son, no hay impresor ni bibliófilo que no vea en esto un fraude con finalidades que no se pueden confesar.

3. Un estudio de las ediciones atribuidas a Pierre Chevillot lleva a la misma conclusión. Hay muchos cambios, pero el papel, los tipos de imprenta de las cuartetas y el formato son idénticos. También las erratas.

4. Para acreditar la falsa antigüedad de estas ediciones sin fecha, se les añadió otra obra con paginación separada, de la que también se ha hecho una sola edición con pequeñas variantes. Se trata de una recopilación de profecías de santa Brígida, san Cirilo y otros santos y personajes religiosos. Esta recopilación se ha fechado en 1611 para indirectamente acreditar esta fecha al volumen de Profecías que la antecede. Algunas veces la recopilación aparece sin fecha. Este libro ha sido impreso en el mismo papel, el mismo formato e igual tipografía. El libro completo consta de 64 folios para la primera parte de las Centurias, 64 folios para la segunda parte y los versos que se le añaden, y 64 folios más para la recopilación: esta distribución es igual en todas las ediciones. En algunos ejemplares falta la recopilación; en otros, los Presagios.

5. Existe una edición de la citada recopilación, en formato pequeño, que aparece impresa en Venecia, rue Samaritaine, por el Seigneur de Castavino, en francés, editada por Nostradamus le Jeune en 1575. Podemos

considerar apócrifa esta edición, que muy probablemente ha sido impresa en Francia en el siglo XVII para vincular desde esa fecha el nombre de Nostradamus a esa recopilación que acompañaba las ediciones de Troyes, y en la que algunas páginas halagaban a los reyes de Francia. No creemos que haya sido escrita por Nostradamus le Jeune, de quien nos ocuparemos en la biografía del profeta.

6. Hemos confrontado muchos ejemplares de las ediciones de Troyes y nuestra opinión al respecto está bien fundamentada. Invitamos al lector a realizar la misma comparación. Un relato incompleto de nuestros trabajos sería insuficiente; la relación total llenaría muchas páginas de penosa lectura.

En algunos ejemplares faltan los Presagios; en otros, la recopilación. Unos llevan la cuarteta panegírica "al justo juez"; otros no la llevan. Unos terminan la sexta Centuria en la cuarteta VI-99; otros incluyen la VI-100 dada por Chavigny en 1594 y que al parecer fue incluida en las ediciones de Avignon. Unos traen la versión de la cuarteta latina que comienza LEGIS CAUTIO, como en las ediciones de Avignon; otros la versión LEGIS CANTIO, de las ediciones de Lyon. Las dos cartas presagios vienen en diferentes tipografías. Los números de las cuartetas cambian de tamaño. El texto tipográfico de los versos es lo más estable y es en dicho texto donde las mismas erratas se encuentran donde menos se espera. Una de las ediciones de Chevillot cambia la redacción de los frontispicios y dice, para todas las siete primeras Centurias: "Encontrados en una biblioteca dejados por el autor", y para las tres últimas Centurias: “Donde se reconoce el pasado y el porvenir”. Otros ejemplares suprimen el segundo frontispicio.

En unos ejemplares las sextetas aparecen como Centuria XI, en otros, en cambio, como “Otras Profecías”, y las Centurias XI y XII son las 13 cuartetas que Chavigny publicó tomándolas de los borradores desechados por Nostradamus.

Llega a tal punto la falta de seriedad bibliográfica, que hemos hablado de cinco ediciones dividiendo los ejemplares que conocemos de acuerdo con un criterio personal. En las ediciones que aparecen como editadas por Du Ruau hemos dividido las que llevan NOSTRADAMUS en el primer frontispicio y que no traen la cuarteta “Un justo juez” de las que dicen NOSTRADAMUS, en el frontispicio e incluyen dicha cuarteta apócrifa. No podemos asegurar que no existan otros ejemplares a los que resulte imposible ubicar dentro de esta división. En las ediciones que aparecen editadas por Cehvillot están las que cambian la redacción de los frontispicios, las que incluyen los Presagios y las que los omiten. Tampoco podemos asegurar que estas características se apliquen a todos los casos, ya que no podemos hablar acerca de un determinado número de ediciones. El autor de los cambios no ha sido un bibliófilo.

7. Por lo menos debemos dar las características uniformes que, aparte del papel y del formato, presentan todos los ejemplares que conocemos de la edición única de Troyes, a pesar de sus numerosos cambios.

Todos los ejemplares conocidos traen las cincuenta y ocho sextetas y la cuarteta X-101, “Cuando la horquilla", que es una cuarteta adulatoria escrita para Luis XIII. En ninguno de ellos aparecen las cuartetas VII-43 y VII-44, de las ediciones de Avignon.[2] Algunos presentan la otra cuarteta adulatoria, "Un justo juez", como cuarteta VII-43.

8. La intención política de la edición de Troyes queda confirmada por las dos cuartetas adulatorias a las que nos hemos referido. Al fin de la séptima Centu-

[2] Aquí se plantea otro problema bibliográfico que no podemos explicar. Los autores de las famosas ediciones de Troyes podían haber tomado de Chavigny la cuarteta VI-100, pero la cuarteta en latín LEGIS CAUTIO CONTRA INEPTOS CRÍTICOS solamente pudieron tomarla de las ediciones de Avignon. ¿Por qué no incluyeron en esas ediciones de Troyes las cuartetas VII-43 y 44, que por primera vez aparecen en las ediciones de 1630 fechadas falsamente en 1627? Esas dos cuartetas nos han inspirado serias dudas. Aparecen por primera vez en ediciones apócrifas y no aparecen en la edición de Rouen de Caillove, Viret, y Besogne de 1649; las encontramos en la edición de Leide de 1650 y en las siguientes.

Durante muchos años creímos que las ediciones de 1627 eran en realidad de 1643 como la de Marsella, y que habían agregado esas cuartetas para predisponer a Luis XIII contra el sobrino de Richelieu esperando que se alejaría de la corte ante un cambio probable de la política del rey después de la muerte del cardenal. Las claves testamentarias que parecen incluir esas cuartetas en la obra profética nos han hecho modificar esa opinión. El texto de las dos cuartetas es el siguiente:

VIII-43: *Cuando se verán los dos unicornios*
Uno bajando el otro abatido
Mundo en el medio pilar en los bordes
Se fugará el sobrino riendo.

VII-44: *Cuando un BOUR será muy BON*
Llevando en sí las marcas de justicia,
De su sangre entonces llevando su nombre
Por fuga injusta recibirá su suplicio.

ria viene en algunos ejemplares la cuarteta falsa ocupando el número VII-43:

Un justo Rey de tres lis ganará
Sobre el Po una palma nueva,
Al mismo tiempo que cada uno marchará
Sobre el campanario de la Santa Capilla.

Al final de la décima Centuria, y con el número 101, absurdo para una Centuria, viene la segunda cuarteta adulatoria:

Cuando la horquilla esté sostenida por dos patos,
Con seis medios cuernos, y seis tijeras abiertas:
El muy poderoso Señor, heredero de los sapos,
entonces subyugará, bajo su poder todo el universo.

Luis XIII muere a los cuarenta y un años de edad, en 1643. Esa cuarteta falsa le predecía los mayores triunfos a la edad de cincuenta y nueve años, en 1660. Nadie

---

Igualmente hemos dudado mucho hasta el descubrimiento de las claves testamentarias, de la autenticidad de la cuarteta VI-100. Después de leer y releer a Nostradamus durante más de cuarenta años encontramos que decir "fille de L'Aure" refiriéndose a la pequeña ciudad de Aurange no es estilo nostradámico. "Asile du mal sain" porque fue asilo de protestantes, tampoco. "Ou Jusq'au ciel se void l'amphiteatre" no tiene la concisión de nuestro profeta, cuyas cuartetas son síntesis filológicas.

VI-100: *Hija del Aure, asilo del mal sano,*
Donde hasta el cielo se ve el anfiteatro,
Prodigio visto, tu mal está muy próximo,
Serás cautiva y dos veces más de cuatro.

pensaba en Luis XIV, que nació en 1638 y que no pudo gobernar hasta 1661. Este fraude bibliográfico ha influido mucho en el problema nostradámico. Sin él habrían continuado reimprimiéndose las antiguas ediciones de Lyon o de Avignon, pero en cambio los Presagios que sólo una vez fueron reimpresos en forma incompleta por Chavigny en 1594, habrían quedado totalmente olvidados.

En las ediciones de Troyes, hechas para enmarcar las famosas cincuenta y ocho sextetas apócrifas, han aparecido también, por primera vez, las dos cuartetas adulatorias para Luis XIII. Es una prueba más de la finalidad política que perseguían quienes urdieron dicho fraude.

Durante mucho tiempo pensamos que la edición de Troyes, que hemos titulado quinta, bajo el nombre del impresor Chevillot, con frontispicios diferentes, era en realidad una edición posterior que no fue impresa con las anteriores. Las leyendas inventadas para sus frontispicios, que ninguna edición de Nostradamus había dado anteriormente y que después han sido repetidas por editores poco escrupulosos, nos engañaron, pero luego hallamos erratas en los pliegos de las cuartetas que acreditan nuestra teoría de una única edición que ha sufrido muchos cambios. He aquí un ejemplo: el verso "Vicaire au Rosne, prins cité, ceux d'Ausone" figura en las ediciones de Troyes-Chevillot con una palabra más y una letra mayúscula de menor tamaño en la palabra *Ausone*, "Vicaire au Rosne, prins cité, ceux de d'Ausone".

9. La edición múltiple de Troyes copia las ediciones de Benoist Rigaud y añade:

a) Cuatro o cinco cuartetas Presagios de 1561, publicadas como pertenecientes a la séptima Centuria por el editor de París, Barbe Regnault, en la edición 1560-1561.

b) Las seis cuartetas, numeradas 1 a 6, que en esa misma edición se publicaron como Centuria VIII.

c) Las trece cuartetas de los borradores desechados por Nostradamus, que Chavigny publicó como pertenecientes a las Centurias XI y XII, no han existido nunca.

d) Por primera vez, y bajo el pomposo título de "Predicciones admirables para los años corrientes de este siglo", se publican cincuenta y ocho sextetas precedidas de una nota que afirma que las mismas han sido recogidas de las Memorias del difunto Maestro Miguel Nostradamus. Ningún bibliófilo ha conocido estas Memorias ni ha tenido noticias de ellas. No las han citado ni Chavigny, muerto después de 1606, ni el hijo del autor, muerto a principios de 1630. Una segunda nota asegura que esos versos han sido presentados a Enrique IV en el castillo de Chantilly, el 19 de marzo de 1605, por Vicente Seve de Beaucaire de Languedoc.

Ni Chavigny, primer comentador de la obra de Nostradamus, ni César, hijo del profeta y heredero de los libros y manuscritos, podían ignorar la existencia de estos versos que sin duda habrían estado en sus manos si hubieran existido. Todavía en 1605, Chavigny pretendía ser el profeta de Enrique IV, cuyo muy problemático advenimiento al trono había pronosticado Alphonso D'Ornano, cinco años antes de 1589. Después de la publicación de su libro en 1594, había reunido todas las profecías que según él aseguraban a Enrique IV triunfos extraordinarios, en un manuscrito de 132 páginas, encuadernado y con las armas del rey. Dicho manuscrito concluye con el horóscopo de Enrique IV a quien le fue presentado de parte del autor. Actualmente se halla en la Biblioteca Mejanes, en Aix-en-Provence. De haber existido tales sextetas, sin duda habría sido Chavigny quien se las presentara al rey, en caso de que no lo hubiera hecho el propio César Nostradame, propietario por testamento de todos los manuscritos de su padre y sabedor del interés de Luis XIII por los posibles versos inéditos del profeta.

Para presentar a Luis XIII las sextetas y cuartetas apócrifas eran necesarios dos grupos de ediciones: unas antiguas para que su antigüedad fuese garantía de su autenticidad; otras modernas que demostraban la continuidad de sus reimpresiones.

Respecto del profeta y de sus profecías, la opinión de los reyes de Francia estaba ya formada. Todos los acontecimientos notables de la familia real habían sido profetizados de manera indudable. Los valois y los borbones no habían podido cambiar el curso de los acontecimientos pero, una vez que éstos se habían cumplido, las profecías podían leerse como una historia sintética del pasado de la casa real. Nada más fácil que influir en Luis XIII haciéndole creer que era posible utilizar la profecía par cambiar el destino, entregándole, en ediciones dignas de fe, profecías apócrifas.

Del primer grupo —la ediciones de Troyes sin fecha— ya nos hemos ocupado; el segundo grupo fue impreso con la fecha 1627. Se siguió la misma técnica que se había empleado en las ediciones de Troyes y se cometieron los mismos errores. Hemos estudiado ejemplares que llevan en los frontispicios los nombres de cuatro impresores de Lyon, pero no juntos, como sería lo habitual si realizaran en sociedad una edición para venderla en sus diferentes imprentas o librerías. Se han impreso frontispicios con el nombre de uno de los editores citados: Didier (ficha número 57) Castellard (ficha número 56) Marniolles o Tantillon (ficha número 58.)

Llegamos a la conclusión de que las ediciones bajo los nombres de Didier y de Castellard eran una sola edición en la que únicamente cambiaban en los frontispicios los nombres de los editores. Igualmente las ediciones de Marniolles y de Tantillon eran una sola edición. Luego de hallar las mismas erratas de imprenta en todas las ediciones de Troyes, encontramos también igual procedimiento tipográfico en las que suponíamos dos ediciones diferentes de 1627; la diferencia de las viñetas nos había engañado. Daremos al lector escrupuloso un ejemplo: puede confrontar bajo los cuatro editores las mismas erratas en las cuartetas 8, 9, 12, 22, 33 39 y 42 de las Centurias VII, que tiene sólo 44 cuartetas.

El estudio de las cuartetas nos llevó a una comprobación. Encontramos en los ejemplares de Marniolles y Tantillon una viñeta que fue empleada en ediciones mucho más antiguas por el impresor Didier. Es probable que todo ese fraude fuera encomendado a Didier o a su sucesor.

Las diferencias entre estas ediciones de 1627 y las ediciones de Troyes son las siguientes:

1. No traen la cuarteta adulatoria: “Un justo juez”.
2. No traen las cuatro cuartetas que siguen a la Centuria VII ni la seis que siguen a la Centuria VIII.
3. No traen los Presagios comentados por Chavigny.
4. No vienen encuadernados junto con la “recopilación de profecías”.
5. Traen solamente 12 de las 13 cuartetas dadas por Chavigny como pertenecientes a las Centurias XI y XII.
6. Traen dos cuartetas —VII-43 y VII-44— que no habíamos encontrado en ninguna edición conocida, ni en los comentarios de Chavigny, y que únicamente podemos aceptar dentro de la obra profética de Nostradamus, porque las claves testamentarias parecen incluirlas.

Las ediciones apócrifas de 1627 se han formado mezclando el texto de las cuartetas de las Centurias y de la cuarteta latina tal como vienen en las ediciones de Lyon y en las de Avignon. Incluyen las cuartetas VII-43 y VII-44 de las ediciones de Avignon y la cuarteta adulatoria, “Cuando la horquilla”, de las ediciones de Troyes. En cambio nos dan por segunda vez las cincuenta y ocho sextetas, con las mismas notas y presentación a Enrique IV, que configuran la “novela” inventada para acreditarlas ante Luis XIII. Titulan este grupo de sextetas “Oncena Centuria” a pesar de que inmediatamente después vienen terminando el libro doce de las trece cuartetas que Chavigny exhumó de los borradores de Nostradamus. Respetando lo dicho por Chavigny vienen dos de esas cuartetas como pertenecientes a la Centuria XI y diez cuartetas como tomadas de la Centuria XII. Chavigny aseguró que estas Centurias existían, pero hemos llegado a la conclusión de que tomó las cuartetas de los borradores del profeta: las Centurias IX y XII nunca existieron, y las claves testamentarias no las consideran. En el texto de la dedicatoria a Enrique II estas ediciones fechadas en 1627 han copiado las ediciones de Avignon.

Entre la muerte de Richelieu, el 4 de diciembre de 1642, y la muerte de Luis XIII, el 14 de mayo de 1643, los autores de las ediciones de Troyes han aprovechado una edición de Marsella (ficha número 59) para incluir por tercera vez las sextetas apócrifas y, por segunda vez, las cuartetas VII-43 y VII-44. La edición primitiva, de la que se encuentra un ejemplar en la Biblioteca de Marsella y la misma edición, aumentada posteriormente, constituyen una prueba documental fechada ciertamente en 1643, en la que un impresor considera poco honesto incluir las sextetas en un libro de profecías de Nostradamus, y lo hace.

Las intrigas de la corte eran muy violentas después de la desaparición del rey. Richelieu había logrado, con su último triunfo que llevó al patíbulo, el 12 de septiembre de 1642, a Cinq Mars y a De Thou, fijar la voluntad del rey a su política. Muere Luis XIII respetando a Richelieu y a su familia y aceptando a Mazarino como continuador de sus proyectos.[3]

[3] Luis XIII sabía que estaba en manos del cardenal y lo odiaba. La historia no sabrá nunca cuál era la documentación reunida por Richelieu en el curso de dieciocho años. Esa documentación estaba seguramente

El editor de Marsella modificó su edición, de la que ya había vendido algunos ejemplares y por temor se denunció a sí mismo con un prefacio titulado "El impresor al lector", que traduciremos íntegramente, porque nos ayuda a llevar a la consideración de nuestros lectores la intriga fraudulenta de las sextetas, que concluye con la muerte de Luis XIII, pero que se renueva, como veremos, bajo Luis XIV. Esta intriga se perpetúa después en todas las ediciones de las Centurias hechas hasta hoy sin ningún estudio bibliográfico que las respalde.

Nuestro ejemplar de la cuidada edición de Marsella dice en el frontispicio: *Les Propheties de M. Michel Nostradamus provenzal.* (Ficha número 60.)

---

en Roma. Solamente esa documentación puede explicar la actitud del rey: primero, conspirando con Cinq Mars el asesinato del cardenal; después, entregándolo a la venganza del ministro. La sentencia de Cinq Mars ordenaba que fuera sometido a la cuestión ordinaria y extraordinaria. Para librarse de la tortura, Cinq Mars amenazó seguramente con una confesión que comprometía al rey. Richelieu había previsto esto. No estaba presente ni lo podían consultar al respecto, pero los hombres de su confianza estaban allí. Era muy fácil que tuvieran orden de contentarse con esa confesión por escrito. Es histórico que a pesar de la sentencia no se aplicó el tormento a Cinq Mars. Ese documento en poder de Richelieu y de sus familiares era suficiente para mantener al cardenal en sus funciones. Además, Luis XIII no tenía a quién confiarse. En ese mismo momento, el ministro y Mazarino estaban tratando con el duque de Bouillon, quien para salvar la vida le entregaba la plaza de Sedán. Si podemos tener la seguridad de un documento y de una gestión que hacía fuerte a Richelieu, ¿cuántos otros documentos comprometedores para Luis XIII podían haber sido coleccionados por su eminencia gris en los dieciocho años de la gestión del ministro?

Este frontispicio no es el primitivo porque viene unido en pliego de ocho páginas con seis páginas de un prefacio titulado: “El impresor al lector”, que traducimos así:

> No se asombre usted, amigo lector, si no encuentra en estas profecías de Nostradamus, que yo le doy, aquellas que han sido puestas en los impresos que se han hecho después del año 1568, sobre la cual yo he hecho ésta; esa omisión no procede ni de malicia ni de negligencia, puesto que no las he suprimido sin causa. La ventaja que tengo por haberlas impreso en un lugar donde puedo estar perfectamente instruido de todo lo que ha hecho el autor me impide caer en la falta que han cometido aquellos que han impreso más de lo que yo le doy en esta materia. Porque además han impuesto al hijo de ese gran astrónomo la composición de algunas Profecías que él no ha hecho jamás, para autorizar aquellas que ellos han compuesto por placer. Aunque sea verdad que él haya hecho algunas predicciones, no sería sino querer sorprender vuestra credulidad dar por el mismo valor a las del hijo que las del padre, puesto que es corriente que aunque él haya sido hábil y versado en muchas ciencias, ha tenido muy poca parte en el porvenir y sus conocimientos han sido tan débiles que se ha visto en él lo que se observaba antiguamente entre los hebreos, que todos los hijos de los profetas no profetizaban. Agradézcanme, si no he hecho como aquellos que reimprimiendo las obras de los autores, hacen en ellas las adiciones que quieren hacer pasar por descubrimientos de nuevas Indias y abusan del tiempo y de la bolsa de

> aquellos que las compran y que las leen. Este desorden ha causado uno más grande: se han engrosado los volúmenes con muchas piezas que no eran de los autores cuyas obras se imprimían. De manera que no es hoy un conocimiento insignificante saber cuáles son los verdaderos escritos o aquellos que son supuestos. Pero no me toca a mí corregir este abuso; es bastante que yo no lo cometa, aunque la costumbre parece autorizarlo. Y le ruego, amigo lector, gozar de este trabajo sin murmurar y no quejarse de que yo no lo haya engañado.

Luego de este preámbulo viene una copia de las 10 Centurias de Nostradamus, y de la cuarteta latina, fielmente tomadas de la edición de Lyon, Benoist Rigaud, 1568. Se ha suprimido los dos prefacios. Se añaden solamente las cuartetas VII-43 y VII-44, que nunca vinieron en las ediciones de Rigaud. La Centuria X termina en la página 168, es decir, termina en pliego, al final de diez pliegos de dieciséis páginas y uno de ocho. La encuadernación permite ver el primer pliego mutilado del primer folio en el que se encontraba seguramente el primitivo frontispicio. En vez de ese folio se ha colocado un pliego de cuatro folios: uno para el nuevo frontispicio en el que se titula "provenzal" a Nostradamus, y tres para el prefacio que hemos traducido.

En la página 168, al final de la Centuria X y de su centésima cuarteta viene la palabra FIN. Tenemos pues la seguridad de que así terminaba la copia fiel que pretendió hacer el impresor. Lo que no tiene explicación es que retirara el frontispicio anterior, añadiera el prefacio en que alaba su honestidad y enseguida de la página 168, incluyera dieciséis páginas que son la negación de sus propias palabras. De las páginas 169 a 181 imprime como Centuria XI cincuenta y una de las cincuenta y ocho sextetas apócrifas; faltan las sextetas numeradas 12, 16, 19, 24, 25, 54, 55. De la página 181 a la página 184 imprime como Centuria XII las dos cuartetas que según Chavigny pertenecen a la Centuria XI y como Centuria XIII las diez cuartetas que vienen en las ediciones de Troyes, copiadas de Chavigny, como Centuria XII. No encontramos la cuarteta de Chavigny, VI-100, olvidada por las ediciones de Troyes. En cambio, al final viene la cuarteta adulatoria para Luis XIII: "Cuando la horquilla..."

Nuestro ejemplar es de 184 páginas y seis sin numerar para el prefacio, igual al de la Biblioteca de la Universidad de Harvard. El ejemplar de la Biblioteca de Marsella es diferente: copia con toda fidelidad la edición de Lyon, 1568, de Benoist Rigaud, termina en la página 168 y no incluye las seis páginas tituladas: "L'imprimeur au Lecteur". Presenta el primitivo frontispicio en el que no se llama provenzal a Nostradamus y constituye la edición honorable que no necesitaba de un prefacio autojustificativo, sino para las cuartetas VII-43 y VII-44 que no vinieron nunca en las ediciones de Lyon.

Nuestro estudio de las ediciones de Troyes y de las de 1627 nos permite una suposición: los autores de los dos grupos de ediciones apócrifas consiguieron que el editor de Marsella incluyera las sextetas cuando su edición estaba en venta. Probablemente le contaron con ese fin una historia referente a un hijo de Nostradamus. El impresor Claude Garcin aceptó y le hicieron anteponer un prefacio en el que declaraba auténtico lo que él editaba y apócrifos otros versos a los que se refiere con la mayor vaguedad.

Es verdaderamente digno de tomarse en consideración el que solamente en las ediciones de 1627 y en éstas de 1643 se publiquen las dos cuartetas VII-43 y VII-44. Si copiaran las ediciones de Avignon era lógico que las incluyeran, pero copiando las ediciones de Lyon y apartándose de ese texto solamente para incluir en la Centuria VII esas dos cuartetas, las hacen muy sospechosas.

La declaración del editor pretende legalizar un fraude haciendo creer que las sextetas que incluye fueron publicadas desde 1568, cosa absolutamente falsa. La fecha de la edición, 1643, permite asegurar que se trata de una edición amañada para influir en Luis XIII haciéndole abandonar la política del cardenal y la protección a sus familiares.[4] Todo esto ocurre en los cinco meses que separan la muerte de Richelieu y la muerte de Luis XIII.[5]

[4] Daremos al lector una muestra de las cuartetas proféticas apócrifas que adjudicaron a Nostradamus:

Cuando hábito rojo habrá pasado ventana,
Muy enfermizo pero no de la tos;
A cuarenta onzas cortarán la cabeza;
Y de muy cerca lo seguirá de Thou.

Fenestre es ventana, pero también lumbrera o canal. El hábito rojo es el cardenal Richelieu que viajaba en 1642 enfermo en su lecho, cargado por 16 servidores que marchaban con la cabeza descubierta. Este mueble no podía entrar por las puertas. Las ventanas tenían que convertirse en canales para que pasara. Cuarenta onzas valían cinco marcos. Cinq Mars y De Thou fueron ajusticiados.

Damos este ejemplo para que el lector compare con una cuarteta auténtica de Nostradamus publicada en 1558, ochenta y cuatro años antes, cuando ninguno de los actores del drama había nacido:

VIII-68: *Vieux Cardinal par le jeune deceu,*
Hors de sa charge se verra desarmé,
Arles ne monstres double soit aperceu,
Et liqueduct & le prince enbaumé.

Viejo Cardenal por el joven burlado,
fuera de su cargo se verá desarmado,
Arles no muestras doble sea percibido,
y liqueduct y el príncipe embalsamado.

El viejo cardenal burlado por el joven no puede ser otro que Richelieu. En la historia de Francia, Richelieu es el cardenal por excelencia. Esto lo refuerza Nostradamus apellidándolo Liqueduct. De la misma manera que Acueduct es conductor de agua, *lique* (del griego *lique, lic*, según Torné Chavigny) *duct* es portador de luz, sinónimo de Lucifer. Es lo menos que puede decir de Richelieu. Es histórico que, apartado de su cargo de ministro, se vio desarmado. Si en Arles Richelieu no hubiera mostrado a Luis XIII, de manera que fuera bien apercibido, el doble del tratado concluido por el hermano del rey con el rey de España, su ruina era segura. El cuarto verso es el más notable. El cardenal muere y es embalsamado, tres meses después, el 12 de diciembre; el príncipe, Luis XIII, muere y es embalsamado el 14 de mayo siguiente. Liqueduct, Lucifer, el que alumbra sus caminos durante dieciocho años, lo precedió en la tumba. Richelieu muere de cincuenta y ocho años, Cinq Mars de veintiuno. No critiquemos la cuarteta por lo que no dice Nostradamus. Veamos lo que dice porque no hay una palabra de más. La situación del viejo cardenal por excelencia; la presentación en Arles del doble de un documento importante a Luis XIII y el embalsamiento de ambos poco después. (H. Torné Chavigny, *L'Histoire prédite et jugée par Nostradamus*, Burdeos, 1852.)

[5] Tenemos que aceptar que ha pasado algún tiempo entre las ediciones de Troyes y las ediciones fechadas en 1627. No pueden haber sido

anteriores a marzo de 1630 ni posteriores a la muerte de Luis XIII en mayo de 1644. El autor de las ediciones de Troyes no conocía las cuartetas VII-43 y VII-44 que viene solamente en las ediciones apócrifas posteriores, unas fechadas falsamente en 1627, otras, como la edición de Marsella y la edición de Lyon, fechadas en 1644. Esta última se vendió, con diferentes nombres de editores en sus carátulas y diferentes fechas, hasta 1665. (Fichas 65 a 76.)

38

Ediciones y versos apócrifos bajo Luis XIV

En 1649, seis años después de la muerte de Luis XIII, la política internacional de Francia, dirigida por Mazarino, era la continuación de la política del cardenal Richelieu. La situación interna era también la misma. Las intrigas de España en la política europea y las de las grandes familias feudales en las provincias y en la corte tenían una vez más un punto de unión: la lucha contra la corona de Francia, que se expresaba mejor como oposición al ministro. El rey tenía once años, y la regencia de Ana de Austria, seis.

La lucha contra Mazarino produce, de 1649 a 1652, una literatura panfletaria. Se multiplican las numerosas "mazarinadas". Algunas de ellas enarbolan interpretaciones de cuartetas nostradámicas.[1]

[1] La literatura panfletaria contra Mazarino (1649-1652) editó gran cantidad de pequeños folletos que han sido titulados con el nombre genérico de "mazarinadas". Muchas de estas publicaciones se han referido a Nostradamus y han presentado en los frontispicios diferentes retratos del profeta, pero no han incluido sus versos. Algunos han atribuido a Nostradamus páginas de versos que no son suyos.

Uno de ellos, el horóscopo de Julio Mazarino, que tuvo por lo menos dos ediciones, comentó solamente las dos cuartetas apócrifas incluidas en la Centuria séptima contra el cardenal, bajo el anagrama

Iniciando los ataques contra Mazarino, aparece en 1649 una edición de las *Profecías de M. Michel Nostradamus*, a la que se han añadido, al final de las Centurias VII, dos cuartetas apócrifas claramente dirigidas contra el ministro. El nombre de Mazarino está en ellas bajo un anagrama: NIRAZAM.

Esta edición tiene iguales características que la edición de Troyes. Se presenta al público con cuatro fechas: 1649 (ficha número 64), 1611 (ficha número 63), 1605 (ficha número 62) y 1568 (ficha número 61), pero es la misma edición con cambios tipográficos que no pueden engañar a ningún bibliófilo. Los tipos de imprenta parecen los mismos de las ediciones de Troyes. En este caso, como en los anteriores bajo Luis XIII, nadie se ha preocupado en hacer un estudio y demostrar el fraude.

Ya Klinckowstroëm notó el parecido de las ediciones de 1649 con las ediciones de Troyes y adelantó una opinión que no puede sostenerse. Dijo que tanto en 1627 cuanto en 1649, estas ediciones habían salido de los talleres de Du Ruau en la ciudad de Troyes. No es

---

NIRAZAM. Este panfleto parece escrito por el autor de esas dos cuartetas y no se refiere a los versos de Nostradamus.

Debemos mencionar a Jacques Mengau porque es uno de los pocos comentadores de las cuartetas nostradámicas durante los ciento catorce años a los que hemos reducido nuestra bibliografía de los versos proféticos. Sus doce panfletos comentan versos auténticos de Nostradamus. Nueve de éstos se publicaron en un libro del que daremos cuenta en el capítulo 40 (ficha número 77). Los tres panfletos restantes, que no se incluyeron en el libro, fueron: *El Horóscopo Imperial de Luis XIV*, *La Revolución imperial de Luis XIV* y una *Advertencia a los Señores Burgueses Notables de París*. De cada uno de los 12 folletos se hicieron ediciones aparte, con frontispicios diferentes y con el retrato del profeta.

así: la última edición conocida de este impresor está fechada en 1629. La verdad es otra: la conspiración contra Richelieu fracasó y Montmorency terminó en el patíbulo; pero el secreto quedó bien guardado y los mismos tipos de imprenta trabajaron unos años después contra Mazarino. Ningún librero se hubiera atrevido a imprimir estos apócrifos. El hecho de que las ediciones fraudulentas de Troyes se repitan contra Mazarino, con pequeños cambios, en 1649, nos ha llevado a suponer que se instaló desde 1630 una pequeña imprenta para realizarlas.

Este tercer grupo de ediciones apócrifas con finalidad política, completa y termina la serie que expusimos en el capítulo anterior. En realidad es una sola edición que lleva diferentes fechas: 1568, 1605, 1611 y 1649. La única verdadera es la última. Los anagramas de Marazino: NIRAZAM, son infantiles y la diferencia de estilo entre las dos cuartetas intercaladas, VII-42 y VII-43, y las cuartetas de Nostradamus, es notoria.

VII-42: *Cuando Inocente tendrá el lugar de Pedro,*
el Nirazam Siciliano (se verá
En grandes honores) pero después caerá,
En el lodazal de una guerra civil.

VII-43: *Lutecia en Marte, Senadores acreditados,*
Por una noche Galia será trastornada,
Del gran Creso el Horóscopo predice,
Por Saturno, su poder desterrado.

La edición fechada en 1605 está hecha con el mismo tipo que la fechada en 1568 y en el mismo papel y formato. En las ediciones de 1568 se han cambiado algunos números y viñetas, corregido errores para que parezca edición diferente y se han añadido dos cuartetas contra Mazarino en la Centuria VII. Pero hay errores como *Eamine*, en 11-96, en lugar de *Femine*, f. 24 v., que han quedado en ambas.

Como la edición fechada 1568 es igual a la fechada 1649, y como la de 1611 es igual a la de 1605, con cambios en el frontispicio, se trata de un solo fraude hecho en 1649. Si se deseara mayor prueba de que se trata de un solo fraude con diferentes fechas, basta ver el folio 63 de todas estas ediciones. Lleva el número 93. Se ha hecho un solo tiraje de ese pliego.

La edición de 1611 que describe Brunet también lleva este falso número 93 en el penúltimo folio de la segunda parte. También en *todas* las ediciones que comentamos aparece sin número el folio siguiente, último de la segunda parte. Es así igualmente en la descripción de Brunet.

La misma edición sin variantes lleva dos fechas, 1605 y 1611. Otra edición sin variantes lleva las fechas 1568 y 1649. Entre las primeras y las segundas hay cambios tipográficos muy importantes, pero el formato, el papel, la tipografía y sobre todo los numerosos errores que se repiten siempre acreditan una sola edición. El fraude ha sido hecho para dar verosimilitud a una profecía apócrifa de Nostradamus contra Mazarino. Está hecha tan burdamente que hemos llegado a pensar que se ha compuesto así expresamente para que todo el libro parezca antiguo y auténtico.

Esta edición múltiple repite el texto de la edición de Troyes: los prefacios y las Centurias, según las ediciones de Lyon, con cuarenta y dos cuartetas en la Centuria VII; la cuarteta VI-100 y la cuarteta latina, según las ediciones de Avignon. Vienen las cuatro cuartetas después de la Centuria VII, y las seis después de la VIII; las trece cuartetas como pertenecientes a las Centurias XI y XII; los 141 Presagios de Chavigny y las "Predicciones Admirables para los años corrientes de este siglo", recogidas de las Memorias de Nostradamus que nunca existieron, y presentadas por Vicente Seve de Veaucaire, en 1605, a Enrique IV en el castillo de Chantilly. No incluye las cuartetas VII-43 y VII-44, que aparecieron en las ediciones de 1627 y 1643, ni la cuarteta adulatoria: "Un justo juez".

En cambio sí aparece después de la Centuria X y con el número 101, la cuarteta adulatoria compuesta para Luis XIII y con la que adularon a Luis XIV durante todo su reinado.

Nadie puede afirmar que esta cuarteta, cuya traducción damos en el capítulo 36, pertenezca a la obra de Nostradamus. Escrita para Luis XIII, siguió publicándose en las ediciones posteriores del siglo XVII y fue adjudicada a Luis XIV. Encierra una profecía que debe realizarse en 1660 para Luis XIII, quien murió en 1643. Luis XIV estaba muy lejos de subyugar al universo en esa fecha. Parece que Luis XIV, agradecido, visitó la tumba de Nostradamus en 1660.

Hay otra edición que circula bajo Luis XIV fechada desde 1644 hasta 1665. Conocemos hasta doce variantes de esta edición que reimprime las sextetas, las cuartetas 43 y 44 de la Centuria séptima, y las dos cartas prefacio. Mezcla los textos de Lyon y de Avignon, incluye la cuarteta adulatoria a Luis XIV como 101 de la Centuria décima y se presenta siempre con un nuevo retrato de Nostradamus adornado de un sombrero siglo XVII. Debemos incluirla en la campaña contra Mazarino. Quedaron algunos ejemplares y se vendieron después con la última fecha 1665 que hemos encontrado dos veces con el nombre de Jean Balam en el segundo frontispicio. Fichas números 65 y 76.

39

Ediciones apócrifas de las Centurias, publicadas con propósitos comerciales

Se trata de ocho ediciones: tres atribuidas a Pierre Rigaud y fechadas en 1566, una atribuida a Benoist Rigaud, viñeta (JÚ)PI-TER, fechada en 1568, y dos sin fecha, atribuidas a Pierre Rigaud, con bandas parlantes en el frontispicio. Todas copian las auténticas "ediciones de Lyon" y se publican muy posteriormente, bajo el falso pie de imprenta de los Rigaud. Las dos últimas han copiado algunas páginas de las "ediciones de Avignon". Dos pequeñas ediciones de Silvestre Moreau, una de 56 y otra de 40 páginas, fechadas falsamente en 1603 y 1605, completan este capítulo.

Nos ocuparemos primero de las tres ediciones atribuidas a Pierre Rigaud y fechadas en 1566 (fichas números 82, 83 y 84). Copian fielmente las "ediciones de Lyon", publicadas desde 1568 en adelante por Benoist Rigaud. Aparecen impresas en Lyon, calle Merciere, esquina de la calle Ferrandiere, con la intervención de fray Jean Vallier del convento de los frailes menores conventuales de San Francisco, de la ciudad de Salon.[1]

[1] El 17 de junio de 1931 se vendió en el Hotel Drouot un ejemplar de una de las tres ediciones apócrifas (la que presenta la esfera en el título).

La fecha de estas ediciones, el apellido del presunto editor, la intervención de un fraile del convento de Salon y el formato pequeño, aparentemente del siglo XVI, han engañado durante dos siglos a algunos comentadores del profeta que han llegado a reproducirlas.[2]

Todo es falso en esas tres ediciones. Han sido impresas en Avignon por François-Joseph Domergue a principios del siglo XVIII y no ha intervenido en ellas

---

Fue anunciada en el catálogo bajo el número 42 como sigue:

"42. NOSTRADAMUS. Les Prophéties de M. Michel Nostradamus, dont il en a trois cents qui n'ont jamais été imprimées. Ajoutées de nouveau par l'auteur. Imprimées par les soins du Fr. Jean Vallier du couvent de Salon des Mineurs conventuels de Saint François. Lyon, P. Rigaud, 1566; in-12, mar. rouge, dos à nerfs, dent. int., tr. dor (Rel. mod.)".

"Cette édition, peu commune, comprend 168 pp. et 2 titres (a la sphère) don't celui reproduit cidamus par son fils (pinxit filius ejus) gravé par L. David, et son épitaphe (cette pl. est reparée). Exemplaire un peu court de marges."

A todas las pruebas que vamos a presentar de este fraude bibliográfico se une ésta. Los ejemplares que conocemos no están acompañados de ningún grabado fuera de texto. El ejemplar vendido en el Hotel Drouot llevaba un grabado de David. Se trata de un grabado con la anotación "A venione 1716" que dice también, como en las tres ediciones apócrifas, "Frere Iean Vallier du couvent de Salon, des Mineurs Conventuels". El mismo editor es responsable de las ediciones fechadas en 1566 y del grabado fechado en 1716. El feliz propietario de ambas piezas, una con fecha falsa y otra con la fecha que le corresponde, las unió en una encuadernación.

Klinckostroëm, Leipzig 1913, en sus ensayos sobre bibliografía de las Centurias, se ocupa de una de estas ediciones, la que presenta el Sol en el frontispicio, bajo el número 22. Fichas número 82, 83 y 84. Véase también Le Pelletier, primer volumen, pp. 37-38.

[2] Nuestra bibliografía termina en 1668 y no incluye a los comentadores que han trabajado sobre esas ediciones apócrifas fechadas en 1566, ni la relación de las ediciones de los siglos XIX y XX, que han reproducido una de ellas como antigua y auténtica.

el fraile Jean Vallier, que muy probablemente no ha existido nunca. El fraile, amigo de Nostradamus, testigo de su testamento y guardián del convento de San Francisco, firma ante notario en 1566 como Vidal de Vidal. (Véase ilustraciones 24, 25, 26 y 27.)

Pierre Rigaud, hijo de Benoist Rigaud, comienza su carrera de impresor en 1600, 34 años después de 1566. A la muerte de su padre, probablemente en 1597, se hace cargo de la sucesión a nombre de los herederos. Hasta 1600, las ediciones de las Centurias aparecen editadas "por los herederos de Benoist Rigaud". Solamente después de esta fecha el negocio queda a nombre de Pierre. Conocemos tres ediciones auténticas, sin fecha, publicadas por Pierre Rigaud en los primeros años del siglo XVII. Dos dicen en el frontispicio Par Pierre Rigaud; la tercera dice Chez Pierre Rigaud. Esto prueba que primero editaba en la imprenta de la familia y que, después, le pertenecía también la imprenta.

Establecida, sin lugar a duda, la imposibilidad de su intervención, en las ediciones de 1566 parecía imposible descubrir al verdadero editor y precisar la fecha de esas ediciones. La reproducción de un grabado en nuestra colección de fotografías nos dio una pista: era el retrato de Nostradamus por su hijo César, existente entonces en la iglesia de Salon destruida en 1790. Decía: "Pinxit Filius Ejus-lud David. Delineavit et sculpsit, Frére Jean Vallier du convent de Salon des Mineurs Conventuel. Avenione 1716". Se trataba pues de un editor de Avignon que había hecho su negocio vendiendo tres ediciones apócrifas de las Centurias y un grabado nostradámico, cuyo original encontramos en 1947 en el Museo Arbaud de Aix-en-Provence. (Véanse ilustraciones 24 y 25.)

Años después, en el curso de nuestras investigaciones, ya en 1959, encontramos para nuestra colección un original de ese grabado y en la Biblioteca Nacional de San Marcos, en Venecia, una edición de las Profecías, que llevaba en el frontispicio la misma indicación que conocemos: "Imprimée par les soins du Fr. Jean Vallier, du Convent de Salon des Mineurs Conventuel de Saint François". Decía además: "Impresa en Lyon y en venta... en Avignon por François-Joseph Domergue. Impresor de su excelencia Monseigneur l'Archeveque de l'Université. 1731. (Véase ilustración 26.)

En ambos frontispicios dice también: "Nouvelle edition". Esto prueba que son los Domergue los autores de las tres ediciones apócrifas fechadas en 1566 y que en realidad fueron impresas alrededor de 1716, fecha del grabado, y con seguridad antes de 1731, fecha de la "nueva edición".

Ninguna de las tres ediciones apócrifas que estudiamos ha sido impresa en Lyon. Todas provienen de la imprenta de François-Joseph Domergue. Esto quedó probado por la tipografía, que hemos comparado en todas las ediciones citadas, con la mayor minuciosidad, y por la repetición de algunas viñetas. Editor poco escrupuloso, hizo seguramente una edición con visos de antigüedad para que se vendiera rápidamente. Debió tener mucho éxito porque repitió dos veces más la hazaña, editó un grabado y posteriormente lanzó por lo menos una "nueva edición" en la que, como "vendedor" en Avignon, aparece su nombre.

Podemos, pues, suponer que Louis Domergue, impresor estudioso, conocedor del testamento del profeta, en el que interviene como testigo "Frére Vidal de Vidal, Gardien du Couvent de St François du dit Sallon", y en el que se consigna una manda para dicho convento, inventó de todas piezas a Frére Jean Vallier procurando mayor autenticidad para sus apócrifos.

J. Thiebaud nos indicó la existencia de un antiguo impresor de Avignon, Anselme Domergue, posiblemente antecesor de François-Joseph y nos puso en contacto con "Aubanel Freres", editores en Avignon de la obra del doctor P. Pansier.[3] Investigamos también en la Biblioteca de Carpentras. Tuvimos así los datos que siguen respeto al personaje de este capítulo a quien citaremos en primer lugar.

"Domergue (François-Joseph), impesor de Avignon, citado por M. Moutte en 1695. Hermano de Louis Domergue, muerto de 84 años el 12 de marzo de 1755 (Registro de S. Didier), calificado "Dominus" en el acta de defunción, lo que hace suponer que la familia ocupaba buena situación entre la burguesía de Avignon; casado con Benoite Nanty, cuñada probablemente de Charles Chastanier."

"Domergue (François-Joseph), bautizado en S. Agricol el 6 de octubre de 1695, muy probablemente

[3] *Historia del Libro y de la Imprenta en Avignon del siglo XIV al XV*, Aubanel Frères, 1922, 3 vols. gd. in 8°, por el doctor P. Pansier.

Pallechet (M.), Notes sur des Imprimeurs du Comtat Venaissin et de la principauté d'Orange et Catalogue des livres imprimés par eux qui se trouvent a la Bibliotheque de Carpentras. Paris, Picard, 1877, in-8, 177 pp. Tiré à 100 exemplaires.

sobrino del anterior del mismo nombre, hijo de Louis y de Benoite Nanty. El 16 de agosto de 1721 se realiza su matrimonio en S. Didier con Marguerite Mallard, hija del impresor François Mallard y de Jeanne la Veuve. Tuvieron muchos hijos; dos de ellos los sucedieron como impresores. Murió, después de su mujer, el 29 de agosto de 1773 y fue sepultado en S. Didier."

"Su carrera de impresor fue larga y accidentada. El 30 de mayo de 1733 J. F. Domergue, habiendo impreso un folleto difamatorio y cartas, sin licencia de los superiores, fue condenado a pagar gastos y multa de treinta libras en provecho de los penitentes de la misericordia. Él mismo, convicto de haber vendido libros de sortilegio, como la *Clavícula de Salomón*, fue condenado el 19 de febrero de 1746 a asistir el domingo de la Cuadragésima, de rodillas, teniendo un cirio prendido, a la misa conventual de los dominicos, a una multa de treinta libras, a aceptar que había procedido ligeramente y a recibir una amonestación con promesa de no reincidir. Joseph Villiers, orfebre, que había cambiado una sortija, contra uno de los ejemplares de la obra citada, fue condenado el 27 de mayo de 1746 a hacer confesión pública y a la pérdida de su sortija que fue vendida en provecho de la casa de la propaganda. Desde 1754 Domergue tomó parte en la corporación de los impresores. Había sido impresor y librero de la Universidad y del Colegio de los Jesuitas; en 1729 su imprenta estaba "próxima del colegio de los Jesuitas",y en 1743 "cerca del Colegio San Marcial". En 1767 se asoció con uno de sus hijos, Joseph-Thomas Domergue l'ainé."

El responsable de las tres ediciones apócrifas y editor del grabado en 1716 es el primer François-Joseph Domergue que hemos nombrado, pero con toda seguridad el segundo es el editor que lanza el libro fechado en 1731, apareciendo en él como vendedor de una obra impresa en Lyon.

Hasta 1789 el Comtat Venaissin, y por ende la ciudad de Avignon, formaban parte de los Estados Pontificios y sus impresores no estaban sometidos a las leyes del reino de Francia. Era muestra de sabia prudencia vender libros antiguos, apócrifos, impresos falsamente en 1566 en Lyon, o por lo menos impresos fuera de Avignon en 1731. De todas maneras queda probado que Nostradamus era uno de los negocios permanentes de la imprenta Domergue: la tipografía en las tres ediciones apócrifas es la misma que en la edición de 1731 que lleva en sus frontispicios el nombre del vendedor, François-Joseph Domergue.

Toussaint-François Domergue, le jeune, ejerció conjuntamente con su hermano Joseph. Probablemente hacían sus negocios en la misma imprenta del padre, que murió en 1773, como hemos indicado ya. Hemos encontrado otra edición de "Les Propheties de Nostradamus, a Avignon, chez Toussaint Domergue, Imprimeur Libraire, pres du College, 1772" en la Biblioteca de Milán y tenemos copia fotográfica de la portada.[4] (Véase ilustración 27.)

[4] Toussaint- François Domergue le jeune. En 1773 asiste como maestro a las reuniones del gremio; en 1777 se le impone una cotización como impresor de cuarta clase, se le nombra auditor de cuentas en 1784 y adjunto en 1790. Sus talleres estaban cerca del Colegio de los Jesuitas

La edición apócrifa atribuida a Benoist Rigaud, con fecha falsa de 1568, habría escapado a nuestras investigaciones si no hubiera llevado en el frontispicio una viñeta representando a Júpiter (ficha número 87.)

En nuestra biblioteca nostradámica existen dos libros que nos llevan al editor responsable: una edición de las Centurias de los últimos años del siglo XVIII con

y el empadronamiento de 1795 nos lo cita habitando en la calle San Marcos, isla, 1727, 17 y 18.

La comparación tipográfica entre las tres ediciones apócrifas y la edición de 1731, en la que aparece François Joseph-Domergue como vendedor en Avignon, no deja lugar a duda. La fecha del grabado, 1716, y la fecha de la "Nouvelle édition", 1731, están de acuerdo con la ortografía y la tipografía de las tres ediciones apócrifas impresas seguramente entre esas fechas. En la página 13 tenemos otra prueba de que el fraude ha sido cometido por el impresor Domergue de Avignon: la viñeta es idéntica a la que aparece en las ediciones fechadas en 1566. En la página 42, la letra A mayúscula que comienza la cuarteta I de la tercera Centuria es la misma de las ediciones apócrifas. No solamente podemos asegurarlo por el dibujo, sino por una falla de esa letra que se ha producido en el curso de la impresión y que ha repintado igual en la edición de 1731 y en un ejemplar de las ediciones apócrifas. El segundo frontispicio reproduce la anotación "Nouvelle édition" inexplicable sin la serie de ediciones del mismo impresor que estamos comparando.

La comparación tipográfica con la edición de Toussaint-François Domergue, le Jeune, completa nuestra investigación y confirma nuestras conclusiones. Dice en el frontispicio: "Nouvelle édition, imprimée d'apres la copie de la prémiere édition faite sous les yeux de Cesar Nostradamus, son fils, en 1568. A Avignon chez Toussaint Domergue, imprimeur libraire, pres le college. 1772, Avec permission des Superieurs". Sigue así Toussaint la tradición de la casa, tomando por primera vez la responsabilidad de la edición que presenta ya con su verdadera fecha, añadiéndole un nuevo dato falso: César Nostradamus, nacido el 18 de diciembre de 1553, tenía solamente doce años cumplidos cuando murió su padre y nada nos autoriza a aceptar que intervino en una edición de las Centurias.

una viñeta del mismo tamaño y forma representando a Saturno y que no tiene fecha, pero dice "A Salon, chez l'imprimeur de Nostradamus"; y otro libro que se titula: "Nouveaux et vrais. Pronostics de Michel Nostradamus. Pour huit ans, a Salon, en Provence, 1792". Este libro lleva la misma viñeta del apócrifo que estamos estudiando; la misma reproducción de Júpiter. Solamente el nombre de Júpiter, encima de la viñeta, está roto en el apócrifo y pueden leerse cinco letras, dos al lado izquierdo de la viñeta y tres al lado derecho, PI-TER. En los "Nouveaux et vrais Pronostiques" han desaparecido todas las letras. Quiere decir que esta última publicación es posterior. Como está fechada en 1792 y como tratándose de una serie de predicciones para ocho años no puede llevar fecha falsa, nos permite situar al impresor *salonés* y fechar la edición apócrifa poco antes de 1792. Es una de las ediciones que se vendieron fácilmente en esos años debido a la frase textual de Nostradamus en la carta prefacio de 1558: "Será hecha más grande persecución a la iglesia cristiana que no ha sido hecha en África, y durará ésta hasta el año 1792 que deberá considerarse una renovación de siglo". Efectivamente, la Revolución cambió ese año el calendario y fue el año primero de la República. Durante algunos años todo se fechó en Francia según los años de la República. Esta profecía, cumplida exactamente, puso de moda una vez más a Nostradamus.[5]

[5] Klinckowstroëm se ocupa de esta edición apócrifa bajo el número 8, considerándola auténtica de Benoist Rigaud. Imita el formato del siglo XVI aun antes de descubrir viñetas similares. (Ficha número 87.)

Durante el siglo XVIII se habían editado también otras ediciones apócrifas, sin fecha, atribuidas a Pierre Rigaud, una de ellas está en la colección del autor y la otra en las Bibliotecas de la Universidad de Harvard y del Museo Arbaud de Aix-en-Provence (fichas números 85 y 86). Empiezan copiando las ediciones de Lyon. En el primer frontispicio la viñeta presenta dos bandas parlantes. Una dice: "ASTRA / REGURT / ORBEN". La otra: /"SA / PIENS / DOMI / NABITUR / ASTRIS./" La séptima Centuria termina con cuarenta y cuatro cuartetas. Esto se aparta de las ediciones de Lyon y demuestra que la edición no puede atribuirse a Pierre Rigaud que reprodujo siempre en los primeros años del siglo XVII las ediciones de su padre. Al final de la sexta Centuria no encontramos la cuarteta VI-100. Y la cuarteta latina viene con la redacción de las ediciones de Lyon.[6] La dedicatoria a Enrique II presenta también algunos números tomados del texto de las "ediciones de Avignon". Después de la décima Centuria incluye las sextetas y las 13 cuartetas publicadas por Chavigny de los borradores desechados por el profeta.

En el siglo XVII, los dieciocho años del reinado del cardenal Richelieu, bajo Luis XIII, vieron florecer los apócrifos nostradámicos fabricados con finalidad política. Se repitieron estas publicaciones de 1649 a 1652, contra Mazarino. Quedó así establecido un falso texto

[6] Klinckowstroëm se ocupa también de estas ediciones en su bibliografía bajo el número 24. No dice que son apócrifas ni las considera de principios del siglo XVIII, pero sitúa su impresión de 1649, fecha en que no pudo ser impresa por Pierre Rigaud. (Fichas números 85 y 86.)

nostradámico formado por sus auténticas Centurias con 944 cuartetas, por los Presagios incompletos que comentó Chavigny en 1594, por trece cuartetas desechadas que exhumó este comentador de los borradores del profeta y por 58 sextetas apócrifas que —según nuestros datos— fueron fabricadas después de 1624 para Luis XIII por un poeta de la casa de Montmorency que conocía las ediciones de Lyon de 942 cuartetas y que pretendió legitimar su fraude con 58 estrofas que completaban la Centuria séptima.

Hay otras dos ediciones que debemos citar en este capítulo. Ambas son de Silvestre Moreau Libraire, que las ha fechado falsamente en 1603 una, (ficha número 88) y en 1650 otra, (ficha número 89) sin importarle estas fechas que lo acreditan editor durante medio siglo. Todo en estas ediciones nos permite incluirlas como apócrifas, impresas muy probablemente en el siglo XVIII. La fecha exacta la dará el nombre del editor que esperamos encontrar entre los impresores de París. La primera edición, de 56 páginas, ha sido repetida suprimiendo las 16 páginas de la dedicatoria reducida así a cuarenta páginas. Klinckowstroëm y Le Pelletier han conocido ambas ediciones y, a pesar de los cincuenta años de distancia entre las dos fechas y la igualdad de la tipografía, las han considerado auténticas. (Fichas número 88 y 89.)

Estas ocho ediciones apócrifas del siglo XVIII no añadieron nada a la obra nostradámica y constituyen una curiosidad bibliográfica que ha engañado a algunos comentadores del siglo XIX y del siglo XX, y que nos obliga a citar a los dos bibliófilos que se han ocupado de Nostradamus en los cuatro siglos transcurridos: Carl von Klinckowstroëm que se limitó a las primeras ediciones de las Centurias, y Buget, cuya obra podemos apreciar, desgraciadamente incompleta, en el "Bulletin du Bibliophile", 1860-1863: no estudiaron suficientemente las ediciones apócrifas de los versos proféticos.

40

Fichas bibliográficas: Nostradamus, versos proféticos (1554-1668)

8. Ediciones apócrifas de las Centurias fechadas en los siglos XVI y XVII o atribuidas falsamente a editores de esos siglos y publicadas en el siglo XVIII con propósitos comerciales. 82-89

9. Comentadores y detractores que copian versos proféticos hasta 1668. 90

1554 1. Prognostication / NOUVELLE, & PREDICTION POR / TENTEUSE POUR Lan / M.D. LV. /Composee par maistrc Michel Nostradamus, / docteur en medicine, de Salon de Craux en Pro / vence, nommee par Ammianus Marcelinus / SALUVIUM. / Dicata Heroico praesuli D. IOSEPHO des Panisses, / Caulissensi praeposito. / (Vign.) / A Lyon, par Iean Brotot. / (Véase ilustración 5.)

—Almanaque con versos:

Presage en general. Fol. C 4 v: Presage de Ianvier-Presage de fevrier; fol. Dr.: Mars, Avril: fol. Dv: May, Iuing; fol. D2r: Iuillet, Aoust, Septembre; fol. D2v: Octobre, Novembre; fol. D3r: Decembre.

—Original en la biblioteca del autor: 105 X 155 milímetros.

—Primera edición hecha en Lyon, en 1554: Pronosticación para 1555. —Dedicado, el 27 de enero de 1554, a "MONSEIGNEUR LE REVEREND PRELAT MONSEIGNEUR IOSEPH DES PANISSES". —Sin *faciebat*. Las cinco fichas bibliográficas siguientes que numeramos: 1 A, 1 B, 1 C, 1 D, 1 E se refieren a las cinco Pronosticaciones o almanaques de las que no han llegado hasta nosotros ningún ejemplar. Estamos bibliográficamente seguros de que fueron editadas, tanto por las declaraciones del autor, como por las cuartetas

Presagios de los cuatro últimos libritos cuyos versos conocemos por publicaciones posteriores.

1555 1.A) Pronosticación para 1556. Las declaraciones de Nostradamus que hemos citado no dejan duda alguna sobre esa edición. No conocemos las doce cuartetas Presagios de ese año.

1557 1.B) Pronosticación para 1558. No solamente tenemos las cuartetas Presagios de esa publicación desaparecida, sino la transcripción manuscrita de dos de ellas por el abate Rigaux que debió de conocer un ejemplar. Las otras diez cuartetas fueron reeditadas por Chavigny en 1594.

1558 1.C) Pronosticación para 1559. No solamente tenemos reeditadas por Chavigny las doce cuartetas Presgios para 1559. La ficha número 4 describe una traducción al inglés del almanaque y los versos de esta Pronosticación. Como no fue traducida toda ella no podemos describir el librito original.

1560 1.D) almanaque para 1561. Tampoco podemos describirlo. Chavigny nos ha conservado siete cuartetas Presagios. Las publicaciones de 1588 y 1589 nos han permitido situar cuatro, en los meses de febrero, septiembre, noviembre y diciembre. La cuarteta referente al mes de enero está definitivamente perdida. La copia de Barbe Regnault se publicó sin los versos y terriblemente mutilada. No podemos describir el almanaque para 1561. Como nuestra bibliografía se refiere solamente a los versos proféticos y la publicación de Barbe Regnault los ha suprimido, no hay de ella la ficha pertinente.

1563 1.E) almanaque para 1564. Chavigny reprodujo las trece cuartetas Presagios que no hemos podido comparar con ninguna publicación del siglo XVI. Tampoco podemos describir el ejemplar desaparecido. No se ha salvado ninguna traducción.

1556 2. (Florcita) *ALMANACH /POUR L'An 1557.* / Composé Maistré Michel NOSTRADAMUS. / Docteur en Medicine, de / Salon de Craux en, *puence* /Item la declaration Lunaire de cha / eun moys, Pressageant les choses advenir en ladite Année. / Contre ceulx qui tant de foys / m'oint fait mort. / Inmortalis ero vivus, moriénsq: magis'q; Post mortem nomen vivet in örbe meum, / A PARIS, / Par Iaques Keruer, Rue sainct Jacques / aux deux Cochetz. / Avec Privilege du Roy. / Impreso en negro y rojo. / In fine: A Paris, / Pour Iaques Keruer demeu / rant en la rue Sainct Iaques / aux deux Cochetz. / Marca del Impresor.

—Almanaque con versos:

Fol. AIIIr: Ianvier; fol. VIv: Fevrier, fol. Br: Mars; fol. BIIIr: Avril; fol. B5v: May; fol. B7r: Iuin, fol. Cr: Iuillet; fol. CIIIv: Aoust; fol. CVIr: Septembre; fol. CVIIIv: Octobre, fol. DIIIv: Novembre; fol DVv: Decembre.

—Original en la biblioteca del autor: 82 X 117 milímetros.

—Copia hecha en París, en 1556: almanaque para·1557. —Dedicado, el 13 de enero de 1556, "A la Christianissime et Serenissime Catherine Reine de France". *Faciebat*, sin fecha.

1556 3. PRONOSTICO / E TACOYNO PRANCESE, FATTO PER MAESTRO MICHEL / Nostradamus. Con la dechiaratione de giorno, / in giorno, & anchora la dechiaratione / delle Lune, de mese in mese. / Con la lettera per la qual esso Taycono e dedicato alla / Christianissima e Serenissima Catarina, / Regina di Franza. Tradutto de lin- / gua Prancesa, in lingua Italiana. / (Vign.) IN MILANO / PER INNOCENTIO CICOGNERA. / s.d. (1557) / In fine: IN MILANO, / Alla stampa de Innocentio Cicognera, che stá nella contrata / de Santa Margarita, apresso la chiesa / de Santo Prothaso la Rogora. / Al segno della Cicogna. / Marca del impresor.

—Almanaque con versos:

Fol. AIIr: Genaro; fol. AIIv: Febrero; fol. AIIIr: Marzo; fol. AIIIv: Aprile; fol. AIVr: Maggio; fol. AIVv: Giugno; fol. Br: Luglio fol. Bv: Agosto; fol. BIIr: Settembre; fol. BIIv: Ottobre; fol. BIIIr: Novembre; fol. BIIIv: Decembre.

—Original en la Biblioteca Ambrosiana de Milán. Copia fotográfica en la biblioteca del autor.

1558 4. Florcita / *An Alma-* / nacke for the yeare of / *oure Lorde God*, / 1559. / Composed by Mayster Mychael / Nostradamus, Doctour / of Phisike. / *Faure Ignes upon all the yeare.* / Feare, yee, greate pillynge, to passe the sea, to en / crease the raygne. / Sectes, holy thinges beyond the sea more polished / Pestylence, heat, fyer, the enseygne of the Kyng / of Aquilon. / To erect a signe of victory, the city Henripolis. / Impreso en negro y rojo. / In fine: Imprinted at London / by Henry Sutton, for Lucas / Haryson, dwellyng in Poules church- / yarde, the, XX. of February, in / the yeare of our Lorde, / M.D. LIX. Fol. 2r: January; fol. 2v: February;

fol. 3r: Marche; fol. 3v: Aprill; fol. 4r: Maie; fol. 4v: June; fol. 5r: July; fol. 5v: August; fol. 6r: September; fol. 6v: October; fol. 7r: November; fol. 7v: December.

—Almanaque con versos:

—Original en la Henry Hungtinton Library, San Marino, California, 92 X 132 mm. copia fotográfica en la biblioteca del autor.

1559 5. ALMANACH, / Pour l'an 1560. / Composé par maistre Michel. Nostradamus, / Docteur en Medicine de Salon de / Craux, en Provence. / Tuteipsum oblectes, & vulgi verba loquaies. / Sperne, bene hic de te dicet, at ille male. / (Escudo) / A PARIS. / Par Guillaume le Noir, Rue S. Iaques. / a la Rose blanche Couronnee. / Avec Privilege. /

—Almanaque con versos:

Fol. AIIr: Ianvier; fol. AIIv: Fevrier; fol. AIIIr: Mars; fol. AIIIIr: Avril; fol. AIIIIv: May; fol. AVr: Iuing; fol. AVIr: Iuillet; fol. AVIv: Aoust; fol. AVIIr: Septembre; fol. AVIIIr: Octobre; fol. AVIIIv: Novembre; fol. B: Decembre.

—Original en la biblioteca del autor: 82 X 117 milímetros.

—Copia hecha en París en 1559: almanaque para 1560. —Dedicado, el 10 de marzo de 1559, a "Monseigneur Messire Claude de Savoye, Comte de Tende:". —*Faciebat* del "VII Februarii 1559".

1561 6. *ALMANACH / NOUVEAU*, */ Pour l'An. 1562.* / Composé par Maistre Michel Nostradamus, / Docteur en Medecine, de Salon de / Craux en Provence. / *Quatrain de l'An universel.* / Saison d'hyuer ver bon sain mal esté / Pernicieux automn'sec froment rare. / Du vin assez mal yeulx faitz moleste / Guerre mutins seditieuse tare. / (Escudo) / A PARIS, / Par Guillaume le Noir, & Iehan Bonfons. / AVEC PRIVILEGE. / Impreso en negro y rojo.

—Almanaque con versos:

Fol. Av: Inavier, fol. AIIr: Fevrier; fol. AIIv: Mars; fol. AIIIr: Avril; fol. AIIIv: May; fol. AIVv: Iuin; fol. AVr: Iuillet; fol. AVv: Aoust; fol. AVIr: Septembre; fol. AVIIr: Octobre; fol. AVIIv: Novembre; fol. AVIIIr: Decembre.

—Original en la biblioteca del autor: 82 X 117 milímetros.

—Copia hecha en París, en 1561: almanaque para 1562. —Dedicado, el 17 de marzo de 1561 a "Pio IIII Pontífice Max." —*Faciebat* sin fecha.

1561 7. An Almanach / FOR THE YERE / *M.D.LXII.* / made by maister Michel No- / *strodamus Doctour of phi-l* sike, of Salon of Craux / in Provence. / 1562. / Impreso en negro y rojo.

—Almanaque con versos:

Fol. 2v: January; fol. 3r: February; fol. 3v: Marche; fol. 4v: Aprill; fol. 5r: May; fol. 5v: Iune; fol. 6v: Iuly; fol. 7r: August; fol. 7v: September; fol. 8v: October. Ejemplar incompleto.

—Original en la biblioteca Folger Shakespeare de Washington. 104 X 155 mm. Copia fotográfica en la biblioteca del autor.

—No incluye los versos del almanaque de 1562 sino los del almanaque de 1555.

1562 8. 1563. / ALMANACH / POUR L'AN M.D.LXIII. / avec lés presages, calculé, & expliqué par / M. Michel Nostradamus, Docteur en / medicine, Astrophile de Salon / de Craux en Prouvence. / (tres estrellitas) / Dedié au tresill. Seign. & tresexcellent ca- / pitaiñe, le S. FRANCOYS FABRICE de / SERBELLON, General pour N.S. Pere aus / choses de la guerre, en la Coté de Venaisein. / Quatrain de l'an universel / Le ver sain, sang, mais esmeu, rié d'accord, / Infinis meurdres, caprifz, mortz, prevenus, / Tat d'eau & peste, peu de tout fonn" cors, / Prins, mortz, fuys, grand devenir, venus. / (Vign.) (Florcita) / Imprimé en Avignon, / par Pierre Roux. /

—Almanaque con versos:

Fol. a2v: Ianvier; fol. a3r: Febrier; fol. a4r: Mars; fol. a4v: Avril; fol. a5v: May; fol. a6r: Iuing; fol. a7r: Iuillet; fol. a7r: Aoust; fol. a8v: Septembre; fol. br: Octobre; fol. b2r: Novembre; fol. b2v: Decembre; fol. b2v: otra cuarteta.

—Original en la biblioteca del Mussee Paul Arbaud, de Aix en Provence: 70 X 100 mm. copia fotográfica en la biblioteca del autor.

—Edición hecha en Avignon, en 1562: almanaque para 1563. —Dedicada, el 20 de julio de 1562, "allo ilustrissimo Signore, il S. Fran. Fabritio de Serbelloni". *Faciebat* del 7 de mayo de 1562.

1562 9. ALMANACH / pour l'An 1563. / Composé par M. Michel Nostradamus / docteur en Medecine, de Salon / de Craux en Provence. / Quant le deffault du Soleil lors sera / Sur le plain iour le monstre sera veu, / Tout autrement on l'interpretera, / Cherté n'a garde, nul n'y aura pourveu. / (Vign.) / Florcita A PARIS. / Pour Barbe Regnault, demourant en la rue / S. Iacques, a l'enseigne de Lelephant. / Avec Privilege. /

—Almanaque con versos:

Fol. Av: Ianvier, fol. AIIr: Febrier, fol. AIIv: Mars; fol. AIIIr: Avril: fol. AIIIv: May; fol. AIVv: Ivin; fol. AVr: Iuillet; fol. AVv: Aoust; fol. AVIr: Septembre; fol. AVIIr: Octobre; fol. AVIIv: Novembre; fol. AVIIIr: Decembre.

—Original en la biblioteca de Lila. Copia fotográfica en la biblioteca del autor.

—Edición apócrifa hecha en París, en 1562: almanaque para 1563. —dedicado, sin fecha, "a Monseigneur Françoys de Lorraine, duc de Guise"; la dedicatoria no es escrita por Nostradamus. Sin *Faciebat*.

—Las trece cuartetas que aparecen en este almanaque no son las que corresponden al año 1563. Son las siguientes, a las que se ha cambiado además el orden de los versos. Carátula: Centuria III, 34. Meses: Octubre 1557; Junio 1562; Abril 1555; Marzo 1557; Agosto 1557; Diciembre 1557 y Noviembre 1555 (dos versos de cada año); Febrero 1562; Junio 1555; Septiembre 1555; Octubre 1555; Octubre 1562, Diciembre 1555.

1564 10. (Sol) AETERNO AC (luna) P.D.O.V.V.S. / ALMANACH / POUR L'AN M.D.LXV. / AVECQUES SES TRESAMPLES / significations & presages d'un chacun / moys, / Composé par M. Michel Nostradame Docteur / en medecine, Medecin du Roy, & A-strophile à Salon de Craux / en Provence. / (estrellita) / (Vign.) / A LYON / PAR BENOIST ODO, / M. D.LXV. / Avec Privilege.

—Almanaque con versos:

Fol. A: Ianver; fol. B5r: Ianvier; fol. Cr. Fevrier; fol. Cór: Mars; fol. D4r: Avril; fol. Er: May; fol.

E5r: Iuin; fol. Fv: Iuillet; fol. F6r: Aoust; fol. G2v: Septembre; fol. G6v: Octobre; fol. H3r: Novembre; fol. Iv: Decembre.

—Original en la biblioteca de Peruggia. Copia fotográfica en la biblioteca del autor.

—Edición hecha en Lyon en 1564: almanaque para 1565. —Dedicado, el 14 de abril de 1564, "la Treschrestien Roy Charles IX. de ce nom". *Faciebat* del 1o. de mayo de 1564.

1565 10. ALMANACH / POUR L'AN M.D.LXVI. / avec ses amples significations & / explications, composé par / Maistre Michel de No- / stradame Docteur / en medicine, / Conseiller / E T / Medecin ordinaire du Roy, de Salon de / Craux en Provence. / (Vign.) / A LYON. / Par Anthoine Volant, & / Pierre Brotot. /

—Almanaque con versos: (Véase ilustración 11.) Fol. Av: Ianvier; fol. AIIr: Febrier; fol. AIIv: Mars; fol. A3r: Avril; fol. A4r: May; fol. A4v: Iuin; fol. A5r: Iuillet; fol. A5v: Aoust; fol. A6v: Septembre; fol. A7r: Octobre; fol. A7r: Nóvembre; fol. A8r; Decembre; fol. 11r: Ianvier; fol. 11v: Fevrier; fol. 12r: Mars; fol. 12v: Abril; fol. 13r: May; fol. 13v: Iuin; fol. 14r: Iuillet; fol. 1iv: Aoust; fol. 15r: Septembre; fol. 15v: Octobre; fol. 16r: Novembre; fol. 16v. Decembre.

—Original en la biblioteca Vittorio Emmanuele, de Nápoles. Copia fotográfica en la biblioteca del autor.

—Edición hecha en Lyon en 1565: almanaque para 1566. —Dedicada el 16 de octubre de 1565 a "Monseigneur Messire Honorat de Savoye Comte de Tande". —*Faciebat* del 21 de abril de 1565.

—El único almanaque que da una cronología.

1566 12. *ALMANACH / POUR L'AN M.D.LXVII. /* Composé par feu Maistre Michel de / Nostradame Docteur en medeci- / ne, conseillier & medicin / ordinaire du / Roy. / Avec ses amples significations, ensemble les explications / de l'Eclypse merveilleux & du tout formidable qui sera le / IX.d'Avril proche de l'heure de Midy. / (Vign.) / A LYON. / Par Bencist odo, / Avec privilege. / Impreso en negro y rojo. Tiene una segunda carátula.

—Ejemplar reproducido tipográficamente en 1904: por error en la encuadernación original los folios siguen el orden: B.C.D.E.F.G. y A. Damos la ubicación de las cuartetas en el orden A.B. C.D.E.F.G. Ejemplar en la biblioteca del autor.

—Almanaque con versos:

Fol. A: frontispicio; fol. Av: Enero; fol. A2r: Febrero; fol. A2v: Marzo; fol. A3r: Abril; fol. A4r: Mayo; fol. A4v: Junio; fol. A5r (B?): Julio; fol. A5v: Agosto; fol. B2v: Septiembre, fol. B3r: Octubre; fol. B3v: Noviembre; fol. B4r: Diciembre; fol. Br: frontispicio igual al primero; fol. B2r: Enero; fol. B2v: Febrero; fol. B3r: Marzo; fol. B3v: Abril; fol. B4r: Mayo; fol. B4v: Junio; fol. B5r: Julio; fol. B5v: Agosto; fol. B6r: Septiembre; fol. B6v: Octubre; fol. B7r: Noviembre; fol. B7v: Diciembre; fol. Cr: Enero "Quatrain sur l'An Universel"; fol. Cv: Febrero; fol. C2r: Marzo; fol. C3r: Abril; fol. C3v: Mayo; fol. C4r: Junio; fol. C5r: Julio; C5v: Agosto; fol. C6v: Septiembre; C7r: Octubre; C8r: Noviembre; C8v: Diciembre.

—Original de la reproducción tipográfica en la biblioteca del autor.

—Edición hecha en Lyon, en 1566: almanaque para 1567. Se compone de tres partes: el pliego B, que aparece en primer lugar, termina con una dedicatoria, del 15 de junio de 1566, a "Monseigneur de Birague", los pliegos C. D. E. F y G forman la segunda parte, dedicados al "Principi Emanuel Philiberto", el 22 de abril de 1566 para los años 1567, 1568, 1569 y 1570. A continuación, con otro frontispicio, viene el folio A. Sin *Faciebat*.

1566 13. ALMANACH PER / L'ANNO D.M.LXVII. / COMPOSTO PER M. MI- / CHEL NOSTRADAMO DOT- / TOR IN MEDICINA ET- / CONSIGLIERO DEL RE / CHRISTIANISSIMO, / Tradotto fidelmente del Francese nell'Italinao. Con duoi / diuersi Calendaii & molto stupende dichiarationi / dell'Eclisse del Sole del presente anno 1567. / & per duoi altri anni segenti. / (Vign.) / In fine: Stampato nel Monte Regale. 1567. /

—Almanaque con versos:

Fol. aIIIr: Genaro; fol. aIVr: Febraro, fol. aIVv: Marzo; fol. br: Aprile; fol. bIIr: Maggio; fol. bIIv: Giugnio; fol. bIIIv: Luglio; fol. bIVr: Agosto; fol. cr: Settembre; fol. cIIr: Ottobre; fol. cIIIr: Novembre; fol. cIIIv: Decembre.

—Original en la biblioteca de Cracovia. Copia fotográfica en la biblioteca del autor.

Siglo XVI

14. Manuscrito de M. Michel Nostradamus del siglo XVI desaparecido. Copiado en el manuscrito / 386 de la Biblioteca de Carpentras: Autógrafo de Louis Gallaup de Chasteuil.

—Reproduce dos veces el manuscrito de Michel Nostradamus, que fue pedido a su padre, D. François

Gallaup de Chasteuil, por Luis XIII, rey de Francia. Contiene once cuartetas dejadas por Michel Nostradamus entre sus borradores. Una de estas once cuartetas la reproduce Chavigny como XII-4.

—Copia fotográfica del Manuscrito de Carpentras en la biblioteca del autor. (Véanse ilustraciones 16 y 17.)

1594 15. LA / PREMIERE FACE / DU LANUS / FRANCOIS, / CONTENANT SOMMAIREMENT LES TROU- / bles, guerres ciuiles & autres choses memorables aduenuës en la / France & ailleurs dés l'an de salut M.D.XXXIII. / iusques a l'an M.D. LXXXIX. fin de la / maison Valesienne. / EXTRAITE ET COLLIGEE DES CENTU- / RIES ET AUTRES COMMENTAIRES DE M. MICHEL / DE NOSTREDAME, iadis Conseillier & Medecin des / Rois Tres-Chrestiens Henry II. / FRANCOIS II. & / CHARLES IX. / A LA FIN EST ADIOUSTIÉ UN DISCOURS / de l' adenement a la Couronne de France, du ROY Tres-Chrestien / à present regnant: ensemble de sa grandeur & / prosperité a venir. / Le tout fait en Francois & Latin, pour le contentement de plusieurs, / par IEAN AIMES DE CHAVIGNY VEAUNOIS, / & dedie au ROY. / A LYON, / PAR LES HERITIERS DE PIERRE ROUSSIN. / M.D. XCIV / AVEC PRIVILEGE. /

—Contiene: *a)* La carta a Enrique II. *b)* La Vida de Nostradamus. *c)* Al Lector. *d)* Diálogo Latino con Jean Dorat. *e)* Cuartetas en francés y latín. *f)* Del Advenimiento de Enrique IV a la corona de Francia.

—Reproduce, en la Sección 5, las cuartetas siguientes:

1555: las 13 cuartetas, más una denominada "Liminaire".	14
1556: ninguna.	0
1557: la del año, la de enero y las de mayo a diciembre.	10
1558: la de enero, las de marzo a agosto y las de octubre a diciembre.	10
1559: las 13 cuartetas.	13
1560: las de enero a mayo y las de julio a noviembre.	10
1561: las del alio, las de marzo a agosto y la de octubre.	8
1562: las 13 cuartetas.	13
1563: las 13 cuartetas.	13
1564: las 13 cuartetas.	13
1565: las 13 cuartetas.	13
1566: la del año y las de enero a noviembre.	12
1567: la del año y las de enero a noviembre.	12
Total: Presagios	141

Centurias I = 26 cuartetas; centuria II = 12; centuria III = 12, centuria IV = 14; centuria V 0 6; centuria VI = 17; centuria VII = 1; centuria VIII = 9; centuria IX = 9; centuria X = 6; centuria XI 0 2 inéditas y centuria XII = 11 inéditas. Total = 125 traducidas al latín, de ellas 13 inéditas. En otras secciones del libro reproduce, sin traducir al latín, 7 cuartetas más.

—Original en la biblioteca del autor. 170 X 220 milímetros.

* * *

1555 16. LES / PROPHETIES / DE M. MICHEL / NOSTRADAMVS. / A LYON, / Chés Macé

Bonhomme, / M.DLV. / La permission est inserée a la page suivante. AVEC PRIVILEGE. / In fine: Ce present livre a esté achevé d'imprimer / le III. jour de Mai M. D LV / (Vign) / (Véase lustración 18.)

—Fol. Ar: frontispicio; fol. Av: "Extract des registres"; fol. A2r- B4v: prefacio; fol. ar-c3r: Centuria I; fol. c3r-fv: Centuria II; fol. f2r- h4r: Centuria III; fol. h4v-k2r: Centuria IV, 53 cuartetas.

—Original en la biblioteca de la viuda J. Thiebaud. Copia fotográfica en la biblioteca del autor.

—Primera edición. Existen dos ejemplares. Bareste en 1840 habla de un ejemplar que pertenecía al abate James, redactor de "Le propagateur de la foi", autor bajo el seudónimo de Henri Dujardin de "L'oracle pour 1840". Ese ejemplar en manos de Bareste era exactamente igual al de Jules Thiebaud, que hemos descrito, pero con un folio rasgado.

Comprado por el abate Hector Rigaux, cura de Argoeuves por Amiens (Somme) el 15 de octubre de 1889 y vendido en el hotel Drouot el 17 de junio de 1931. Ejemplar en una bella encuadernación firmada por Thierry, sucesor de Petit-Simier. Esta edición viene con cinco cuartetas por página, numeradas en números arábigos al margen, diferenciándose de todas las ediciones posteriores que numeran en romanos colocados al medio de la página.

1556. 17. LES PROPHETIES DE M. MICHEL NOSTRADAMUS. Dont l y a trois cents qui n'ont encores iamais esté imprimées. A LYON 1556? Par Sixte Denyse.

—Edición desaparecida. La única mención bibliográfica de esta edición es de la Croix du Maine: "Premier volume de la Bibliotheque du Sieur de la Croix du Maine, Paris, chez Abel L'Angelier, 1584".

—Probablemente es la auténtica primera edición de Lyon, de las Profecías, que incluyó por primera vez la Centuria IV completa, la V, la VI con noventa y nueve cuartetas y la VII con cuarenta cuartetas: siete Centurias; la sexta y la séptima incompletas.

—La edición de Anoine du Rosne, Lyon, 1557, descuidada, debe ser una reproducción de ésta. La edición de Macé Bonhomme, 1555 y la edición de la prognosticación para 1555, impresa por Jean Brotot, nos permiten asegurar que las primeras ediciones de los libritos de Nostradamus han sido muy cuidadas en su presentación tipográfica.

1557 18. LES / PROPHETIES / DE M. MICHEL / NOSTRADAMUS. Dont il en y à trois cents qui / n'ont encores iamais / es´te imprimées. (Vign.) / A LYON, / Chez Antoine du Rosne. / 1557. / In fine: "Acheve d'imprimer le troisiesme de Novembre."

—Pág. 1: frontispicio; págs. 3-18: prefacio; págs. 19-60: Centurias I-VII; 40 cuartetas en la séptima Centuria.

—Original en la Biblioteca Lenin, de Moscú. Copia fotográfica en la biblioteca del autor. 61 X 93 milímetros.

—Klinokowstroëm ha estudiado un ejemplar, hoy desaparecido, en la Biblioteca de Munich.

1558? 19. LES PROPHETIES DE M. MICHEL NOSTRADAMUS CENTURIES VIII IX y X. Oui n'ont encores iamais esté imprimées. A LYON PAR BENOIST RIGAUD? 1558?

—Pág. 1: frontispicio; pág. 2: blanca; págs. 3-23: carta a Enrique II; págs. 2576: Centurias VII, IX y X.

—Edición desaparecida: datos bibliográficos tomados de reproducciones posteriores.

—Esta edición, que no ha llegado hasta nosotros, debe haber existido. Lo prueba la dedicatoria a Enrique, rey de Francia, Second, fechada el 27 de junio de 1558, que hemos comparado con la dedicatoria a Enrique II, rey de Francia, del almanaque de 1557. Llegó seguramente a manos de Catalina de Médicis y no puede haber dejado de aparecer en la fecha que indicamos y que es igualmente la fecha de la dedicatoria.

—Held cita esta edición. Igualmente Adelung. También viene citada en los frontispicios de las ediciones de 1649, 1650, 1667 y 1668.

1568 20. Ejemplar A de Lyon: B. Rigaud. / LES I PROPHETIES / DE M. MICHEL / NOSTRADAMUS. / (florcita cerrada) / Dont il y en a trois cents qui / n'ont encores iamais esté / imprimées. / Adioustées de nouveau par / ledict Autheur. / (Vign.) A LYON, / PAR BE NOIST RIGAUD. / 1568. / Avec permission / LES / PROPHETIES / DE M. MICHEL / Nostradamus. / Centuries VIII. IX. X. / Oui n'ont encores iamais esté / Imprimees. (Vign. diferente) / A LYON, / PAR BENOIST RIGAUD. / 126 p: prefacio y Centurias I a VII; 76 p: Carta y Centurias VIII a X.

—Original en la biblioteca del autor: 74 X 120 milímetros.

—Características del ejemplar A:

1. El primer frontispicio tiene "florcita cerrada".
2. No tiene florcita en el segundo frontispicio.
3. El marco de la viñeta del primer frontispicio no tiene roturas, a diferencia de todos los ejemplares estudiados.
4. La viñeta del segundo frontispicio es diferente de la de todos los ejemplares estudiados.
5. En el primer frontispicio dice "permission" con minúscula, con una "ese" antigua y otra moderna.
6. La distribución de la frase en el título es "Dont il y en a troiscents qui" en una sola línea.
7. En el título dice "cents" y en todos los demás ejemplares dice "cens".
8. Tiene fecha en el primer frontispicio.
9. No tiene florón ni al fin de la primera ni de la segunda parte.

1568 21. Ejemplar B de Lyon: B. Rigaud. / LES / PROPHETIES / DE M. MICHEL / NOSTRADAMUS. / (Florcita cerrada) / Dont il y en a trois cens qui / n'ont encores iamais esté / imprimées. / Adioustées de nouveau par / ledict Autheur. / (Vign.) / A LYON, / PAR BENOIST RIGAUD. / 1568. / Avec permission. / LES / PROPHETIES / DE M. MICHE'L / NOSTRADAMUS. / (florcita cerrada) / Centuries VIIL IX. X. / Qui n'ont encores iamais esté / imprimees. / (Vign. Atlas) / A LYON, / PAR BENOIST RIGAUD. / 126 p: prefacio y Centurias I a VII; 76 p: Carta y Centurias VIII a X.

—Original en las Bibliotecas: Nacional de Florencia, de Heidelberg, de Chateauroux y de Wroclaw. Copia fotográfica en la biblioteca del autor.

—Características del ejemplar B:

1. Igual al A.
2. Florcita cerrada en el segundo frontispicio.
3. Marco roto.
4. Viñeta Altas.
5. "permission" con "p" minúscula y con dos "eses" antiguas.
6. Igual al A.
7. "cens".
8. Igual al A.
9. Florón después de la primera parte; sin florón después de la segunda parte.

(TERMINA LISTA AÑO 1568-21)

1568 22. Ejemplar C de Lyon: B. Rigaud. / LES / PROPHETIES / DE M. MICHEL / NOSTRADAMUS. / (Florcita cerrada) / Dont il y en a trois cens qui / n'ont encores iamais esté / imprimées. / Adioustées de nouveau par / ledict Autheur. / (Vign.) / A LYON / PAR BE NOIST RIGAUD. / 1568. / Avec permission. / LES / PROPHETIES / DE M. MICHEL / NOSTRADAMUS. / (Florcita abierta) / Centuries VII. IX. X. / Qui n'ont encores iamais esté / imprimees. / (Vign. Atlas) / A LYON, / PAR BENOIST RIGAUD. / 126 p: prefacio y Centuries I a VII; 76 p: Carta y Centurias VIII a X.

—Original en las Bibliotecas: de Dresden y Schafheussen. Copia fotográfica en la biblioteca del autor.

—Características del ejemplar C:

1. Igual a los A y B.
2. Florón abierto en el segundo frontispicio.
3. Igual al B.

4. Igual al B.
5. Igual al B.
6. Igual al A y B.
7. Igual al B.
8. Igual a los A y B.
9. Florón igual al B en la primera parte; florón diferente en la segunda parte.

1568 23. Ejemplar D de Lyon: B. Rigaud. / Les / Propheties / de M. Michel. / Nostradamus. / (florecita cerrada) / dont il y en a trois cens qui / n'ont encores iamais este / imprimees. / Adioustes de nouveau par / ledict Autheur. / (Vignette.) / A Lyon, / Par Benoist Rigaud. / 156B. / Avec permission. / Les / Propheties / de M. Michel / Nostradamus. / (florcita abierta) Centuries VIII. IX. X. / Qui n'ont encores iamais esté / imprimees. (Vignette) / A Lyon, / Par Benoist Rigaud. /

126 p: prefacio y Centurias I a VII; 76 p: Carta y Centurias VIII a X.

—Ejemplar descrito por BAUDRIER, "Bibliographie Lyonnaise Tome III, pág. 257".

—Características del ejemplar D:

1. Igual a los A, B y C.
2. Igual al C.
3. No se sabe.
4. No se sabe.
5. No se sabe.
6. Igual a los A, B y C.
7. Igual a los B y C.
8. Igual a los A, B y C.
9. El mismo florón al fin de la primera y de la segunda parte, diferente de los que hay en B y en C.

1568 24. Ejemplar E de Lyon: B. Rigaud. / LES / PROPHETIES / DE M. MICHEL / NOSTRADAMUS. / (florcita cerrada) / Dont il y en a trois cens qui / n'ont encores iamais esté / imprimées. / Adioustées de nouveau par / ledict Autheur. / (Vign.) / A LYON / PAR BENOIST RIGAUD. / 1568. / Avec permission. / LES / PROPHETIES / DE M. MICHEL / NOSTRADAMUS. / (florcita cerrada) / Centuries VIII. IX. X. / Qui n'ont encores iamais esté / imprimees. / (Vign. Atlas) / A LYON. / PAR BENOIST RIGAUD. / 126 p: prefacio y Centurias I a VII; 76 p: Carta y Centurias VIII a X.

—Original en la biblioteca del autor: 72 X 103 mm, magnífica encuadernación en marroquín, firmada: Lemettais.

—Características del ejemplar E:

1. Igual a los A, B, C y D.
2. Igual al B.
3. Igual a los B y C.
4. Igual a los B y C.
5. Igual a los B y C.
6. Igual a los A, B, C y D.
7. Igual a los B, C y D.
8. Igual a los A, B, C y D.
9. Dos florones diferentes entre sí al fin de la primera y de la segunda partes, diferentes además de los que hay en B, C y D.

1568 25. Ejemplar F de Lyon: B. Rigaud. / Les / Propheties / de M. Michel. / Nostradamus. / (florcita cerrada) / Dont il y en a trois cens qui / nont encores iamais esté / imprimees. / Adioustées de nou veau par / ledict Autheur. I (Vign.) / A Lyon, / Par Benoist Rigaud. / 1568. / Avec permission. / les / Propheties / de M. Michel / Nostradamus. / (florcita abierta) / Centuries VIII. IX. X. / Qui n'ont encores iamais esté / imprimees. (Vign.) / A Lyon, / Par Benoist Rigaud. / 126 p: prefacio y Centurias I a VII; 76 p: Carta y Centurias VIII a X.

—Ejemplar descrito por BAUDRIER, "Bibliographie Lyonnaise Tome III, pág. 258".

—Características del ejemplar F:

1. El primer frontispicio tiene "florcita abierta".
2. El segundo frontispicio tiene "florcita abierta".
3. No se sabe.
4. No se sabe.
5. Igual a los A y D.
6. Igual a los A, B, C, D y E.
7. Igual a los B, C, D y E.
8. Igual a los A, B, C, D y E.
9. Igual a A.

1590 26. LES / PROPHETIES / DE M. MICHEL / NOSTRADAMUS. / *. / Dont il y en a trois cens qui n'ont encores iamais / esté imprimées. / Adioustées de nouveau, par ledict / Autheur. / (Vign.) / A CAORS, / Par Iaques Rousseau. / 1590. / LES / PROPHETIES / DE M. MICHEL / NOSTRADAMUS. 7 * / Centuries VIII. IX. X. / Qui n'ont encores iamais esté imprimées. / (Vign.) / A CAORS, 7 Par Iaques Rousseau. / 1590. /

—Original en la Biblioteca Nacional de París. Copia fotográfica en la biblioteca del autor.

—Dividida en dos partes: prefacio y centurias I a VII; carta y centurias VIII a X, con dos foliaciones:

A a F en la primera parte y A a D en la segunda parte; 8 folios cada una. Florón al fin de la primera parte.

—Copia las ediciones de Benoist Rigaud.

1591? 27. Ejemplar G de Lyon. B. Rigaud. / LES / PROPHETIES / DE M. MICHEL / NOSTRADAMUS. / (florcita cerrada) / dont il y en trois cens qui n'ont / encores iamais esté imprimees. / Adioustees de nouveau par / ledict Autheur. / (Vign.) / A LYON, / PAR BENOIST RIGAUD. / Avec Permission / LES / PROPHETIES / DE M. MICHEL / NOSTRADAMUS. / (florcita cerrada) / Centuries VIII. IX. X. / Qui n'ont encores iamais esté / imprimees. / (Vign. Atlas) / A LYON, / PAR BENOIST RIGAUD.

126 p: prefacio y Centurias I a VII; 76 p: Carta y Centurias VIII a X.

—Ejemplar en la Biblioteca Arbaud.

—Características del ejemplar G:

1. Igual a los A, B, C, D y E.
2. Igual a los B y E.
3. Igual a los B, C y E.
4. Igual a los B, C y E.
5. "Permission" con "P" mayúscula, una "ese" moderna y una antigua.
6. La distribución de la frase del título es "Dont il y en a trois cents qui n'ont".
7. Igual a los B, C, D, E y F.
8. No tiene fecha en los dos frontispicios.
9. igual a los A y F.

1593? 28. Ejemplar H de Lyon: B. Rigaud. / Les / Propheties / de M. Michel / Nostradamus. / (florcita abierta) / Dont il y a trois cens qui n'ont / encores iamais este imprimees. / Adioustees de nouveau par / ledict Autheur. / (Vignette) / A Lyon, Par Benoist Rigaud. / Avec Permission. / Les / Propheties / de M. Michel / Nostradamus. / Centuries VIII. IX. X. / qui n'ont encores iamais esté / imprimees. / (Vign.) Atlas / A Lyon, / Par Benoist Rigaud.

126 p: prefacio y Centurias I a VII; 76 p: Carta y Centurias VIII a X.

—Ejemplar descrito por BAUDRIER, "Bibliographie Lyonnaise Tome III, pág. 190".

—Características del ejemplar H:

1. Igual al F.
2. Igual al A.
3. No se sabe.
4. Igual a los B, C, E y G.
5. Igual al G.
6. Igual al G.
7. Igual a los B, C, D, E, F y G.
8. Igual al G.
9. No se sabe.

1594 -1596 29. Les Propheties de Michel Nostradamus. Dont il y en a trois cens qui n'ont encores iamais esté imprimées. Adioustees de nouveau par ledict Autheur. (Vign.) A Lyon, Par Benoist Rigaud, 1596. 80 folios, sin foliación: prefacio y Centurias I a VII; Carta y Centurias VIII a X.

—Original en la Biblioteca Harry Price, de Londres. Perteneció a Klinckowstroëm.

—Copia mecanografiada del artículo de Klinckowstroëm en la biblioteca del autor.

—Nota bibliográfica de Klinckowstroëm, Carl Graf, en "Las edicones más antiguas de las profecías de Nostradamus", *Aus der Antiquariat*, Frankfurt, 1951, ejemplar número 7 dice "Impresión hasta ahora desconocida, pero actualmente en manos del autor. Ejemplar fuertemente recortado, haciendo esto imposible reconocer foliación y tamaño original".

1594-1596 30. Les / Propheties / de M. Michel / Nostradamus / * / Dont il y en a trois cens qui n'ont encores iamais / este imprimées. / Adioustees de nouveau, par ledict / Autheur / (Vign.) / A Lyon, / Par Benoist Rigaud. / 1594. /

Les / Propheties / de M. Michel / Nostradamus / * / Qui n'ont encores iamais esté imprimées. / (Vign.) / A Lyon, / Par Benoist Rigaud. / 1596. /

28 f. Sin numerar: A – G por 4; 36 f. Sin numerar: H, I, K, por 8 y L por 4.

—Original que perteneció al abate Rigaud, descrito en "Bibliographie Lyonnaise", por Baudrier, cada parte como un ejemplar separado: Tomo III, págs. 434 y 443.

—Sin duda alguna se trata de dos partes en una misma edición, tanto por la foliación seguida cuanto porque todas las ediciones de Benoist Rigaud, con fecha 1568 o sin fecha, presentaron las dos partes de la obra en un volumen, con dos frontispicios y con paginación separada: la primera parte con siete centurias y la segunda con tres. No podemos explicar la foliación que aparece en Baudrier. Solamente sería posible con 16 páginas en cada letra, lo que daría

112 páginas para la primera parte y 72 para la segunda. Aun así no estaría de acuerdo con las 9 ediciones anteriores de Benoist, las 2 posteriores de sus herederos y las 3 que conocemos de su hijo Pierre. Baudrier nos indica las Centurias que integran la edición y en el segundo frontispicio nos dice: "Centuries VIII, IX y X" como en el ejemplar número 29.

1597? 31. LES / PROPHETIES / DE M. MICHEL / NOSTRADAMUS. / (florcita cerrada) / Dont il y en a trois cens qui n'ont / encores iamais esté imprimees. / Adioustees de nouveau par / ledict Autheur. / (Vign) / A LYON, / Par les heritiers de Benoist Rigaud. / Avec Permission.

—LES/ PROPHETIES / DE M. MICHEL / NOSTRADAMUS. / (florcita cerrada) / Centurias VIII. IX. X. / oui n'ont encores iamais esté / imprimees, / (Vign.) / A. LYON, / Par les héritiers de Benoist Rigaud.

—Primera parte: Un folio para el frontispicio; págs. 3-12: prefacio; págs. 12-125: Centurias I a VII; un folio blanco. Segunda parte: Un folio para el frontispicios; págs. 3-24: prefacio; págs. 25-78: Centurias VIII a X, un folio blanco.

—Original en la biblioteca del autor: 112 X 76 mm, cubierta de pergamino.

1599? 32. LES / PROPHETIES / DE M. MICHEL / NOSTRADAMUS. (florcita abierta / Dont il y en a trois cens qui n'ont / encores iamais esté imprimees. / Adioustees de nouveau par / ledict Autheur / (Vign.) / A LYON, / Par les héritiers de Benoist Rigaud. / Avec Permission. /

—LES / PROPHETIES / DE M. MICHEL / NOSTRADAMUS. / (florcita abierta) / Centuries VIII. IX. X. / Oui n'ont encores iamais esté / imprimees. / (Vign.) A. LYON, / Par les héritiers de Benoist Rigaud.

—Primera parte: Un folio para el frontispicio; págs. 3-12: prefacio, págs. 12-125: Centurias I a VII; un folio blanco. Segunda parte: Un folio para el frontispicio; págs. 3-24: prefacio; págs. 25-78: Centurias VIII a X, un folio blanco.

—Original citado por Baudrier en "Bibliographie Lyonnaise", Tomo III, pág. 448.

1604? 33. LES / PROPHETIES / DE M. MICHEL / NOSTRADAMUS. / (florcita abierta) / Dont il en a trois cens qui n'ont / encores iamais esté imprimees. / Adioustees de nouveau par / ledict Autheur. / (Vign.) / A LYON, / PAR PIERRE RIGAUD, en rue / Merciere au coing de rue Ferrandiere, / Avec permission. / LES / PROPHETIES / DE M. MICHEL / NOSTRADAMUS. / (florcita abierta) / Centuries VIII. IX. X. / Qui n'ont encores jamais esté / imprimees. / (Vign.) / A LYON. / PAR PIERRE RIGAUD, en rue / Merciere, au coing de rue Ferrandiere. /

—Primera parte 126 págs.: pág. 1: frontispicio; págs. 3-125: prefacio y Centurias I a VII, segunda parte 78 págs.: pág. 1: frontispicio; págs. 3-78: prefacio y Centurias VIII a X.

—Original en la Biblioteca de San Marcos, Venecia. Copia fotográfica en la biblioteca del autor.

—Fecha de aparición: alrededor de 1604.

—Por Pierre Rigaud, con "PAR" mayúsculas, sucesor de los herederos de su padre.

—Copia las ediciones de Benoist Rigaud.

1608? 34. LES / PROPHETIES / DE M. MICHEL / NOSTRADAMUS. / ^{X} x ^{X} / Dont il y en a trois cens qui n'ont / encores iamais este imprimees. / Adioustees de nouveau par / ledict Autheur. / (Vign.) / A LYON, / Par PIERRE RIGAUD, en ruë / Merciere, au coing de rue Ferrandiere, / Avec permission. / LES / PROPHETIES / DE M. MICHEL / NOSTRADAMUS. / ^{X} x ^{X} / Centuries VIII. IX. X. / Qui n'ont encores iamais esté / imprimees. / (Vign.) / A LYON, / Par PIERRE RIGAUD, / en ruë / Merciere, au coing de ruë Ferrandiere. /

—Primera parte 126 págs.: pág. 1: frontispicio; págs. 3-125: prefacio y Centurias I a VII; segunda parte 78 págs.: pág. 1: frontispicio, págs. 3-78: prefacio y Centurias VIII a X.

—Orignal en la biblioteca del autor: 70 X 90 milímetros.

—Fecha de aparición: alrededor de 1608.

—Por Pierre Rigaud con "P" mayúscula y "ar" minúsculas, sucesor de los herederos de su padre.

—Copia las ediciones de Benoist Rigaud.

1611? 35. LES / PROPHETIES / DE M. MICHEL / NOSTRADAMUS. / ^{X} x ^{X} / Dont il y en a trois cens qui n'ont / encores iamais esté imprimees. / Adioustees de nouveau par / ledict Autheur. / (Vign.) / A LYON / Chez Pierre Rigaud, ruë / Merciere, au coing de ruë/ Ferrandiere, /

—Primera parte 126 págs.: pág. 1: frontispicio; págs. 3-125. prefacio y Centurias I a VII, segunda parte 78 págs.: pág. 1: frontispicio; págs. 3-78: prefacio y Centurias VIII a X.

—Original en la biblioteca del autor: 68 X 108 milímetros.

—Fecha de aparición: alrededor de 1611, antes de 1614.

—En casa de, "chez", Pierre Rigaud, sucesor de los herederos de su padre.

—Copia las ediciones de Benoist Rigaud.

1614? 36. LES / PROPHETIES / DE M. MICHEL / NOSTRADAMUS / ^{X}x^{X} / Dont il y en a trois cens qui n'ont / encores iamais esté imprimees. / Adioustees de nouveau par / ledict Autheur. / (Vign.) A LYON, / PAR IEAN POYET. 7 LES / PROPHETIES / DE M. MICHEL 7 NOSTRADAMUS. / ^{X}x^{X} / Centuries VIII. IX. X. / Qui n'ont encores iamais esté / imprimees. / (Vign.) / A LYON, / PAR IEAN POYET. /

—Paginación igual a la del ejemplar número 37.

—Original en la Biblioteca Nacional de París: 73 X 121 mm. Copia fotográfica en la biblioteca del autor.

—Ejemplar descrito por Klinckowstroëm con una sola numeración en las dos partes. Idéntico al número 37 que lleva en el primer frontispicio el nombre del editor Jean Didier. Las viñetas y una errata de la primera pág. Centuria I. (Nastradamus en lugar de Nostradamus) lo acreditan. —Copia las ediciones de Benoist Rigaud. —Fecha de aparición alrededor de 1614.

1618? 37. LES / PROPHETIES / DE M. MICHEL / NOSTRADAMUS. / ^{X}x^{X} / Dont il y en a trois cens qui n'ont / encores iamais esté imprimees. / Adioustees de nouveau par / ledict Autheur. / (Vign.) / A LYON. / Par Jean Didier. / LES / PROPHETIES / DE M. MICHEL / NOSTRADAMUS. / ^{X}x^{X} /

Centuries VIII. IX. X. / Qui n'ont encores iamais esté / imprimees. / (Vign.) / A LYON, / Par Iean Poyet. /

—Pág, 1: frontispicio; págs. 3-22: prefacio; págs. 23-132: Centurias I a VII; pág. 133: frontispicio; págs. 135-155: Carta; págs. 156-204: Centurias VIII a X.

—Original en la biblioteca del autor: 74 X 110 milímetros.

—Ejemplar con una sola numeración en las dos partes.

—Ejemplar idéntico al número 36.

—Copia ediciones de Benoist Rigaud.

—Fecha de aparición: alrededor de 1618.

* * *

1560-1561 38. LES / PROPHETIES DE / M. MICHEL NOSTRA- / damus: Dont il y en a trois cens qui / n'ont encores este imprimées, lesquelles sont en ceste pre- / sente edition. / Reveves & additionees par l'Auteur, pour l'An mil cinq cens soyxante / & un, de trente neuf articles / a la derniere Centurie. / PARIS, / Pour Barbe Regnault, / 1560 In fine: 1561.

—Ejemplar desaparecido citado por Brunet. Se conoce por las copias de 1588 y 1589. Consta de 64 folios sin numerar: fol. 1: frontispicio; fols. 2-7: prefacio; fols. 7-61: Centurias I a VI, en la Centuria VI: 74 cuartetas; fols. 62-63; cuartetas 72 a 83 de la Centuria VII. fols. 63b4: 6 cuartetas de la Centuria VIII. En el folio 64r. la viñeta del título se repite. En el folio 64v. se encuentra una marca del impresor. Todo esto de acuerdo con las copias que conocemos.

—Esta edición es igual a las cinco subsiguientes que la reproducen, todas de 128 páginas y tipográficamente bastante descuidadas, sólo difieren en tres cuartetas —las 72, 73 y 74 de la Centuria VI— que vienen en la primera de ellas (Menier-1588) y que no aparecen en las cuatro últimas. Incluyen, completas, la primera y la segunda Centuria, en la tercera suprimen doce cuartetas —18, 19, 33, 34, 35, 36, 38, 39, 40, 41, 42 y 49— remplazándolas por cuartetas duplicadas: once de la primera Centuria —las numeradas 59, 61, 21, 87, 23, 64, 44, 16, 20, 83 y 5R— y una de la segunda, la vigésimo séptima. Suprimen cinco cuartetas de la Quinta —16, 17, 18, 19 y 20— remplazándolas por tres de la segunda —24, 40 y 45— y dos de la tercera —25 y 30—. La sexta Centuria llega, como ya hemos dicho, a la cuarteta 74 en una edición, y solamente a la 71 en las otras cuatro. De éstas, han sido suprimidas diecinueve —27, 28, 29, 43, 44, 45, 46, 47, 48, 49, 50, 51, 52, 53, 65, 66, 67, 68 y 69— y remplazadas por tres de la tercera Centuria —90, 65 y 71—, quince de la cuarta Centuria —29, 28, 31, 95, 64, 68, 67, 66, 65, 13, 14, 15, 35, 36 y 33— y una de la Centuria quinta, la número 8. En todas las cuartetas repetidas se ha cambiado el orden de los cuatro versos para ocultar la repetición. Las 4 cuartetas colocadas después de la Centuria VII son aquellas a que se refieren las ediciones de Troyes como "otras cuartetas tomadas de 12 bajo la Centuria VII".

Las 6 cuartetas colocadas después de la Centuria VIII se encuentran en la misma edición de Troyes tomadas de esta edición de 1561 o de sus reproducciones, tituladas: "Otras cuartetas más adelante impresas bajo la Centuria VIII".

1588? 39. LES / PROPHETIES DE / M. MICHEL NOSTRA- / damus: Dont il en a trois cens, t qui n'ont encores esté imprimées, / les quelles sont en ceste presente / edition. / Reveues & adiitionnées par l'Autheur / pour l'An mil cinq cens soixante & / un, de trente neuf articles à la / derniere Centurie. / (Vign.) / Par Pierre Ménier, portier de la porte / Sainct Victor.

—Original en la Biblioteca Mazarino, de París. Copia fotográfica en la biblioteca del autor.

—Copia la edición 1560-1561, con fines políticos.

—Repite todos los errores del ejemplar con ficha número 38.

1589 40. LES / PROPHETIE. DE / M. MICHEL NOSTRA- / damus: Dont il y en a trois cens qui / n'ont encores esté imprimees, / lesquelles sont en ceste pre- / sente edition. / Reveues & additionnees par l'Auteur, / pour l'An mil cinq cens soixante / & un, de trente neuf articles / à la derniere Centurie. / (Vign.) / PARIS, / Par Pierre Ménier, demeurant à la rue / d'Arras, pres la porte S. Victor. / 1598. /

—Original en la Biblioteca Nacional de París: 74 X 121 mm. Copia fotográfica en la biblioteca del autor.

—Copia la edición 1560-1561, con fines políticos.

—Repite todos los errores del ejemplar con ficha número 38.

1588 41. LES / PROPHETIES D (E? / M. MICHEL NOS (TRA? / damus. Dont il y en a trois (cens, qui? / n'ont encores esté impr (imées? / lesquels sont en cest (e pre? t sente ed (ition.? / Revues & additionées p (ar l'autheur? / pour l'An mil cinq cens (soixante? / & un, de trente neuf (articles? / à la derniere Cen (turie. / (Cign.) / A PARIS, / Pour la veusve Nicolas Roffet, sur (la porte? / Sainct Michel, a la Rose blanc(he? / Iouste la coppie imprimee, I'an (156? / 1588. /

—Los paréntesis indican que el frontispicio de esta edición está destruido en parte.

—Original en la Biblioteca del British Museum. Copia fotográfica en la biblioteca del autor.

—Copia la edición 1560-1561, con fines políticos.

—Repite todos los errores del ejemplar con ficha número 38.

1588? 42. Ejemplar de las Profecías de M. MICHEL NOSTRADAMUS, sin frontispicio. 1588?

—Original en la Biblioteca de la Ville d'Angers. Copia fotográfica en la biblioteca del autor.

—Copia la edición 1560-1561, con fines políticos.

—Repite todos los errores del ejemplar con ficha número 38.

1589 43. LES / PROPHETIES DE / M. MICHEL NOSTRA- / damus. Dont il y en a trois cens qui / n'ont encores esté imprimees, / lesquels sont en ceste. / presente edition. / Reveues & additionnes par l'Autheur, por l'an mil cinq cens soixante & un, de trente neuf ar- /ticles à la derniere Centurie. / (Vign.) / A PARIS, / Chez Charles Roger Imprimeur, demeu- / rant en la court de Baviere pres / la porte sainct Marcel. / 1589. /

—Original en la Biblioteca del British Museum. Copia fotográfica en la biblioteca del autor.

—Copia la edición 1560-1561, con fines políticos.

—Repite todos los errores del ejemplar con ficha número 38.

* * *

1555? 44. LES GRANDES ET MERVEILLEUSES PREDICTIONS DE M. MICHEL NOSTRADAMUS. Divisees en quatre Centuries. A AVIGNON. 1555? Par Pierre Roux?

—Edición desaparecida; copiada por Raphael du Petit Val, Rouen, 1588.

—La carta prefacio, dedicatoria a César, viene fechada el 22 de junio de 1555. La edición de Lyon, de Macé Bonhomme, dice 1o. de marzo de 1555. En ese año parece haberse editado en Avignon, con cambio de título, esta copia de la primera edición de las Centurias. Concluía seguramente como la edición de Petit Val, en la cuarteta 53 de la IV Centuria. El subtítulo que lleva la edición de Petit Val tiene que haber sido copiado de ésta. Dice: "En las cuales se ve representado una parte de lo ocurrido en este tiempo, tanto en Francia, España, Inglaterra, como en otras partes del mundo".

—La edición de Petit Val no cita a Pierre Roux. Lo citan, para la edición de las Siete Centurias,

François de Saint Jaure, Amberes, 1590, y Pierre Valentin, Rouen, 1611, que copia la anterior. Es muy posible que Petit Val haya copiado las dos ediciones de Pierre Roux.

—Baudrier (10ª Serie, pág. 246) comentando la edición de Lyon, Macé Bonhomme 1555, dice: "C'est sur cette edition qu'a ete faite celle d'Avignon 1555, petit in 8°".

1556? 45. LES GRANDES ET MERVEILLEUSES PREDICTIONS DE M. MICHEL NOSTRADAMUS. Dont il en y a trois cents qui n'ont encores iamais esté imprimées. Esquelles se voit representé una partie de ce qui se passe en ce temps, tant en France, Espagne, Angleterre, que autres parties du monde. Par Pierre Roux. A Avignon 1556?

—Edición citada por François de Saint Jaure, Amberes, 1590, del que copiamos el frontispicio: este impresor asegura que su edición es de profecías "reimprimées de nouveau sur l'acienne impression premierement en Avignon par Pierre Roux Imprimeur du Legat en 1'an mil cinq cens cinquante cinq". Lo mismo dice Pierre Valentin, Rouen, 1611?, sin dar fecha. Creemos que esta edición ha existido y que Pierre Roux imprimió la primera de cuatro Centurias en 1555 y la Segunda, de siete, en 1556. Podemos asegurarlo porque Petit Val, de Rouen, ha copiado ambas treinta años después aunque sin citar a de Roux. La imprenta existía y fue de Bartolomé Bonhomme; no tenemos prueba de la fecha en que pasó a propiedad de Pierre Roux. El frontispicio lleva las mismas leyendas y título en todas estas ediciones; solamente Valentin en 1611 hace pequeños cambios.

1558? 46. LES GRANDES ET MERVEILLEUSES PREDICTIONS DE M. MICHEL NOSTRADAMUS. Centuries, VIII, IX y X. A AVIGNON? 1558?

—Edición desconocida de la que no ha quedado ninguna huella. No hemos encontrado ninguna citación bibliográfica. La incluimos en esta bibliografía porque con esta fecha, o con fecha posterior, una edición de Avignon ha publicado la dedicatoria a Enrique II con variantes que hemos estudiado y que con toda seguridad podemos atribuirlas al autor. Estas variantes las utiliza Nostradamus para su criptografía. El texto modificado no aparece nunca en las ediciones de Lyon. Lo copia una de las ediciones apócrifas fechadas en 1627 y la edición de Amsterdam de 1668, tomándola con toda certeza de una edición de Avignon que copió las Centurias VIII, IX y X con la dedicatoria a Enrique II modificada por el autor.

1588 47. LES / GRANDES / ET MERYEILLEU- / SES PREDICTIONS DE M. / MICHEL NOSTRADAMUS / divisees en quatre Centuries. / Esquelles se voit representé une pertie de ce qui se / passe en ce temps, tant en France Espaigne, An-/ gleterre, que autres parties du monde. / (Vign.) / A ROUEN, / Chez Raphael Du Petit Val / devant la grand porte du Palais. / 1588. / Avec Permission. /

—Fol. 1r: frontispicio; fols. 1v-6v: prefacio; fols. 75-32v: Centurias I a IV; faltan las cuartetas 44, 45, 46 y 47 de la Centuria IV que termina en cuarteta 53. Trae solamente 349 cuartetas, para terminar tipográficamente en la última página del cuarto pliego de 16 páginas.

—Original en la biblioteca del autor, en su encuadernación original, en finísima encuadernación de cuero: 71 X 103 mm. Edición rarísima, ejemplar único, fecha auténtica.

—El prefacio, carta a César, está fechado el 22 de junio en lugar del 1o. de marzo.

—Edición no citada por Brunet. Esta edición y la siguiente de Raphael du Petit Val así como la de François de St. Jaure, de 1590, acreditan la existencia de ediciones anteriores: una hasta la Centuria IV, incompleta, y otra hasta la Centuria VII incompleta, editadas durante la vida de Nostradamus, en Avignon, de cuya existencia tenemos noticia bibliográfica. Es importante el estudio de estas ediciones de Petit Val, porque pueden darnos las variantes de las desaparecidas ediciones de Avignon. (Véase ilustración 20.)

1589 48. LES GRANDES / ET MERVEILLEU- / SES PREDICTIONS DE M. / MICHEL NOSTRADAMUS, / dont il en y a trois cens qui n'ont en- / cores iamais esté imprimees. / Esquelles se voit representé une partie de ce qui se / passe en ce temps, tant en France, Espaigne, An / gleterre, que autres parties du monde. / (Vign.) / A ROUEN, / Chez Raphael du Petit Yal, 1 158g / Avec permission.

—Fol. 1r: frontispicio; fols. 2r-8r: prefacio; fols 8v64v: Centurias I a VI hasta cuarteta 96.

—Ejemplar incompleto: tiene 8 pliegos de 8 folios cada uno. Falta seguramente medio pliego más, o sea, 4 folios para llegar a la cuarteta VII. 36 y un folio más para llegar a la VII-40 o quedan en la 39, dejando página blanca al final. Nuestro ejemplar parece probar la hipótesis de que el pliego que falta tenía seis folios por que la guarda del comienzo es doble y la guarda del final es sencilla como tenía que ser si el texto terminaba en folio blanco. El papel hecho a mano era de mucho valor, los libros eran, por ese motivo, muy pequeños y los folios blancos, los absolutamente indispensables.

—Original en la biblioteca del autor en su encuadernación original, en pergamino suave: 77 X 108 mm; ejemplar único, edición rarísima, fecha auténtica. (Véase ilustración 21.)

—Edición no citada por Brunet. Desgraciadamente, este ejemplar está incompleto; le faltan las últimas páginas. (Véase catálogo Georges Andrieux, vente 17, décembre 1947, salle 9, page 26, numero 173.)

1590 49. LES GRANDES / ET MERVEILLEU / SES PREDICTIONS / DE M. MICHEL NO- / stradamus, dont il en y a trois cens / qui n'ont encores iamais esté im- / primees. / Esquelles se voit representé une partie de / ce qui se passe en ce temps, tant en Fran- / ce, Espagne, Angleterre, que autres / parties du monde. / (Vign.) / A ANVERS / Par François De Sainct Iaure. / 1590. / In fine: Fin des Professies de Nostradamus reimprimées de nouveau sur / I'ancienne impression imprimée premierement en Avi- / gnon par Pierre Roux Imprimeur du Legat en / l'an mil cinq cens cinquante cinq. / Avec privilege dudict Seigneur. / (Vign.) /

—Esta interesante edición que junto con las ediciones de Petit Val nos permite conocer las ediciones de Avignon de las siete primeras Centurias contiene: prefacio: fols. 14; Centurias I a VII: fols. 5-47.

—Original en la biblioteca de Klinckowstroëm: 96 X 156 mm. Copia fotográfica del ejemplar de la Biblioteca del Arsenal en la biblioteca del autor.

—Las primeras cinco Centurias están completas; la sexta con 99 cuartetas y la séptima con sólo 35. Falta la cuarteta en latín y las cinco cuartetas 3, 4, 8, 20 y 22, de la séptima Centuria, de las 40 que trae la edición de Lyon de 1557, de manera que la cuarteta final, que viene numerada 35, corresponde a la cuarteta 40.

1611 (¿?) 50. LES CENTURIES / ET MERVEILLEUSES / PREDICTIONS DE M. / MICHEL NOSTRADAMUS. / Contenant Sept centuries, dont il en / y a trais cents qui n'ont encores / iamais esté imprimees. / Esquelles s voit representé une partie de ce qui / se passe en ce temps, tant en France, Espagne, / Angleterre, qu'autres parties du monde. / (Vign.) / A ROUEN, / Par Pierre Valentin, Libraire / & Imprimeur pres S. Erblanc. / iouxte la coppie Impriee en Avginon. / 1611 (¿?). / in fine: Fin des Centuries & merveilleuses predictions e Maistre / Michel Nostradamus, de nouveau imprimées sur / l'ancienne impression, premierement imprimée / en Avignon, par Pierre le Roux / Imprimeur du Legat. / Avec privilege dudit Sieur.

—Fol. 1v: Cuarteta de Valentin, fol. 2r: prefacio, Carta a César hasta fol. 6v; fol. 6v: "Extraict des Registres de la Cour de Parlement"; fol. Br: Centuria Primera; fol. 03v: Fin de la Centuria Sexta, 99 cuartetas; fol. 04r: Centuria Séptima hasta fol. P2v, 32 cuartetas. Faltan las cuartetas 2, 3, 4, 8, 20, 22, 33, 35. Termina con una cuarteta número 40.

* * *

1630? 52. LES 7 PROPHETIES / DE M. MICHEL / NOSTRADAMUS. / Reveues Et corrigées sur ia copie. / Imprimee a Lyon par Benoist / Rigaud en l'an 1568. / (Vign.) / A TROYES, / Par Pierre du Ruau, ruë nostre Dame. /

Les / PROPHETIES / DE M. MICHEL / NOSTRADAMUS. / CENTURIE VIII. IX. X. / Qui n?avoient esté premiere- / ment Impriméz. /

PRESA'GES / TIREZ DE CEUX FAICTS / par M. Nostradamus, és / années 1555. & suivan- / tes iusques en 1567. / PREDICTIONS / ADMIRABLES POUR LES / ans courans en ce siecle. /

Recueillies des Memoires de feu Maistre / Michel Nostradamus, vivant Mede. / cin du Roy Charles IX. & l'un des / plus exceilens Astronomes qui fu- / rent iamais. / Presentées au tres-grand Invincible / & tres clement Prince Henry / IIII. vivant Roy de France & / de Navarre. / Par Vincent Seve de Beaucaire en Langue- / doc, dés le 19. Mars. 1605. au Chasteau / de Chantilly, maison de Mon. / seigneur le Connestable / de Montmorency. / RECUEIL DES / PROPHETIES / ET REVELATIONS, / TANT ANCIENNES QUE / Modernes. / Contenant un sommaire des Revela. / tions de Saincte Brigide, S. Cyril- / le, & plusieurs autres Saincts & / religieux personnages: nouvelle- / ment reveues & corrigées. / Et de nouveau augmentées outre les / precedentes impressions. / (florcita) / A TROYES, / Par PIERRE Du RUAU demeurant / en la rue nostre Dame. /

—Primera parte: Fol. 1-64: Carátula, prefacio, Centurias I a VII y "Autres Quatrains". Segunda parte: Fol. 140: Carátula, Carta, Centuras VIII a X, cuarteta "Adiousté pepuis (sic) l'impressión de 1568; Centuria XI, 2 cuartetas y Centuria XII, 11 cuartetas; fol. 41-54: Carátula, Preagios; fol. 55-64: Predictions; Tercera parte: fol. 1 64: Recueil.

—Original en la biblioteca del autor: 11 X 162 milímetros.

—Otro ejemplar igual aunque sin Recueil, en la Biblioteca Mazarino. Copia fotográfica en la biblioteca del autor.

—Se caracteriza por tener 43 cuartetas en la Centuria VII.

1630? 52. LES / PROPHETIES / DE M. MICHEL. / NOSTRADAMUS. (sic) / Reveües & corrigées sur la copie / Imprimee a Lyon par Benoist / Rigaud en l'an 1568. / (Vign.) / A TROYES, / Par Pierre du Ruau, rue nostre Dame, / LES / PROPHETIES / DE M. MICHEL / NOSTRADAMUS. / CENTURIES VIII. IX. X. / Qui n'avoient esté premierement / Imprimées: et sont en la mes- / me edition de 1568. /

PRESAGES / TIREZ DE CEUX FAICTZ / par M. Nostradamus, és / années 1555. et suivan- / tes iusques en 1567. / PREDICTIONS / ADMIRABLES POUR LES / ans courans en ce siecle. / Recueillies des Memoires de feu Maistre / Michel Nostradamus, vivant Mede- / cin du Roy Charles IX. & l'un des / plus excellens Astronomes qui fu- / rent iamais / Presentees au tres-grand Invincible / & tres-element Prince Henry / IIII. vivant Roy de France Et / de Navarre. / Par Vincent Seve de Beaucaire en Langue- / doc dés le 19. Mars, 1605. au Chasteau / de Chantilly, maison de

Mon- / seigneur le Connestable / de Montmorency.

RECUEIL DES / PROPHETIES / ET REVELATIONS, / TANT AN CIENNES QUE / Modernes. / Contenant un sommaire des Revela- / tions de Saincte Brigide, S. Cyril- / le, & plusieurs autres Saincts & / religieux personnages: nouvelle- / ment reveuës & corrigées. / Et de nouveau augumentées outre les precedentes impressions. / (florcita) / A TROYES, / Par PIERRE DU RUAU demeurant / en la ruë nostre Dame. /

—Primera parte: Fol. 164: Carátula, prefacio, Centurias I a VII y "Autres Quatrains". Segunda parte: Fol. 140: Carátula, Carta, Centurias VIII a X cuarteta "Adiousté pepuis (sic) l'impression de 1568"; Centuria XI dos cuartetas y Centuria XII, 11 cuartetas; fol. 41-54: Carátula, Presagios; fol. 5564: Predictions; Tercera parte: Fol. 1-64: Recueil.

—Original en la biblioteca del autor: 110 X 165 milímetros.

—Otro ejemplar igual, aunque en el primer frontispicio dice "NOSTRADAMUS", y sin Recueil, en la biblioteca del autor: 113 X 165 mm.

—Se caracteriza por tener 42 cuartetas en la Centuria VII.

1630? 53. LES / PROPHETIES / DE M. MICHEL / NOSTRADAMUS. / Dont il y en à trois cens qui n'ont encores / iamais esté imprimees. / Adioustees de nouveau par ledict / Autheur. / (escudo) / A TROYES, / Par PIERRE CHEVILLOT, l' Imprimeur / ordinaire du Roy. / Avec Permission. /

LES / PROPHETIES (sic) / DE M. MICHEL / NOSTRADAMUS / CENTURIES VIII. IX. X.

/ Qui n'ont encores iamais esté / imprimees. / (escudo) / A TROYES, / Par PIERRE CREVILLOT, l'Imprimeur / ordinaire du Roy. / Avec Permission. /

RECUEIL DES / PROPHETIES / ET REVELATIONS, TANT / ANCIENNES QUE MODERNES. / Contenant un sommaire des revelations de Saincte / Brigide, S. Cyrille, & plusieurs autres Saincts & / religieux personnages: nouvellement reveues & / corrigees. / Et de nouveau augmentees outre les / precedentes impressions / (escudo) / A TROYES, / Par PIERRE CHEVILLOT, l'Impri- / meur or dinaire du Roy. / 1611. / Avec Permission. /

—Fol. 1: frontispicio; fol. 2-7r: prefacio; fol. 7v-59v: Centurias I a VI cuarteta XCIX; fol. 63v 64r: Autres Propheties, Centurie Septiesme; fol. 1: segundo frontispicio; fol. 2-1Cr: Carta; fol. 10v-37v: Centurias VIII a X, cuarteta CI; fol. 38r-39r: Predictions Admirables; fol. 39v46: Autres Propheties de M. Nostradamus, Centurie XI, cuartetas XCI y XCVII; fol. 47r 48r: Centurie XII; fol. 48v: blanco; fol. 1r: tercer frontispicio; fol. 1v-4 (mal numerados): Texto del Recueil.

—El prefacio, la Centuria IIII, Centuria XI, fol. 39v, Centuria XII, fol. 47r no tiene línea orlada.

—Hay dos folios 29 y falta el 28.

—Original en la biblioteca del autor: 110 X 176 milímetros.

1630? 54. LES / PROPHETIES / DE M. MICHEL / NOSTRADAMUS / Dont il y en a trois cens qui n'ont encores / iamais esté imprimees. / Adioustees e nouveau par ledict / Autheur. / (escudo) / A TRO-

YES, / Par PIERRE CHEVILLOT, l'Imprimeur / ordinaire du Roy. / Avec Permission. /

LES / PROPHETIES / DE M. MICHEL / NOSTRADAMUS. / CENTURIES VIII. IX. X. / Qui n'ont encores iamais esté / IMPRIMEES. / (ESCUDO) / atroyes, / Par PIERRE CHEVILLOT, l'Imprimeur / ordinaire du Roy. / Avec Permission. / RECUEIL DES / PROPHETIES / ET REVELATIONS, TANT / ANCIENNES QUE MODERNES. / Contenant un sommaire des revelations de Sainète Brigide, / S. Cyrille, & plusieurs autres Saincts & religieux / personnages: nouvellement reveuës & / corriegees. / Et de nouveau augmentees outre les / precedentes impressions. / (escudo) / A TROYES, / Par PIERRE CHEVILLOT / l'Imprimeur / ordinaire du Roy. / 1611. / Avec permission. / PROPHETIES / PERPETUELLES / TRES-CURIEUSES ET TRES-CERTAINES / DE / THOMAS-JOSEPH MOULT / NATIF DE NAPLES / ASTRONOME ET PHILOSOPHE / Traduits de l'Italien en François / Qui auront cours pour l'an 1269, & qui / dureron jusques a la fin des siecles / Faites a Saint-Denise en France, I'An de Notre- / Seigneur 1268, du RéBne de Louis IX / (Vign.) A PARIS / Chez PRAULT, Pere, Quay de Gêvres, au Paradis / Avec Approbation & Privilége du Roi. /

—Paginación moderna de 1 a 454: Fol. 1 (Pág. Or): frontispicio; fol. 2-7r (Pág. 1-9): prefacio; fol. 7v-59 (Pág. 11-112): Centurias I a VI, cuarteta XCIX; fol. 59v (Pág. 112): Legis Cantio; fol. 60r 63v (Pág. 113-120): Centuria VII, XLII cuartetas; fol. 63v 64r (Pág. 120-121): Autres Propheties, Centurie Septiesme; fol. 1 (Pág. 123): segundo frontispicio; fol. 2-10r (pág. 125-139): Carta; fol. 10v-37v (Pág. 141-194): Centurias VIII – X, cuarteta CI; fol. 38r-39r (Pág. 195-198): Predictions Admirables; fol. 39v46v (Pág. 109-213): Autres Propheties de M. Nostradamus Centurie XI, Secretas; fol. 45r (Pág. 214): Autres Propheties de M. Nostradamus, Centurie XI, cuartetas XCI y XCVII; fol. 47r-48r (Pág. 215-217): Centurie XII, fol. 48v (Pág. 218): blanca; fol. 1r (Pág. 219): tercer frontispicio; fol. 1v-64 (Pág. 22-357): Texto del Recueil.; Pág. 358: blanca; Pág. 359: Carátula para MOULT; Pág. 350: blanca; Pág. 361-454: MOULT.

—Original desconocido. Facsímil tipográfico publicado en París por DELARUE, siglo XIX, en la biblioteca del autor.

—Las profecías de MOULT, según declaración de Delarue, no constaban en el original.

1630? 55. LES / PROPHETIES / DE M. MICHEL / NOSTRADAMUS. / Dont il y en a trois cens quin'ont encores / iamais esté imprimees, / Trouvez en une Biblioteque delaissez / par l'Autheur. / (escudo) / A TROYES, / Par PIERRE CHEVILLOT, l'Imprimeur / ordinaire du Roy. / Avec permission / LES / PROPHETIES / DE M. MICHEL / NOSTRADAMUS. / Dont il y en a trois cens qui n'ont esté im- / primées ou il se recongnoist le passé, / Et l'advenir. / (Vign.) / A TROYES, / Par PIERRE CHEVILLOT, l'Imprimeur / ordinaire du Roy. / Avec permission. /

—Fol. 1: frontispicio; fol. 2-7r: prefacio; fol. 7v-59v: Centurias I a VI cuarteta XCIX; fol. 59v: Legis Cantio; fol. 60r-63v: Centuria VII, XLII cuartetas; fol. 63v 64r: Autres Propheties, Centurie Septiesme; fol. 1: segundo frontispicio; fol. 2-10r: Carta; fol. 10v-37v: Centurias VIII-X, cuarteta CI; fol. 38r-39r: Predications Admirables; fol. 39v46: Autres Propheties de M. Nostradamus Centurie XI, Sextetas; fol. 47r: Autres Propheties de M. Nostradamus Centurie XI, Sextetas; fol. 47r: Autres Propheties de M. Nostradamus, Centurie XI, cuartetas XCI y XCVI; fol. 47r-48r: Centurie XII; fol. 48v: blanco.

—Original en la biblioteca del autor: 110 X 175 milímetros.

1630? 56. LES / PROPHETIES / DE Me MICHEL / NOSTRADAMUS. / (florón) / Dont il y en a trois cens qui n'ont encores / iamais esté imprimees, / Adioustees de nouveau par ledit Autheur- / (Vign.) / A LYON / Par Claude Castellard, / Avec permission. /

LES / PROPHETIES / DE Me MICHEL / NOSTRADAMUS. / CENTURIES VIII. / IX. & X. / Qui n'ont encores iamais / esté Imprimees / (Vign.) / A LION, / M. DC. XXVII / LES / PROPHETIES / DE Me MICHEL / NOSTRADAMUS. / POUR LES ANS COU- / RANS en ce Siecle. / CENTURIE XI. / Qui n'ont encores iamais / esté Imprimees / (Vign.) A LYON, / M. DC. XXVII. / Fol. x: frontispicio; fol. x2r-x7v: prefacio; falta fol. x8?; fol. 1v-9v: barra orlada, Centurie premiere; fol. 10r-18v: barra orlada diferene, Centurie Seconde; fol. 19r-27v: florones en línea, Centurie Troisiéme; fol. 28r-36v: barra orlada igual Centurie Seconde, Centurie quatriesme; fol. 37r45v: florones en línea, Centurie Cinquiesme; fol. 46r-54v: barra orlada igual Centuries Seconde, quatriesme, sixsiesme, Centurie septiésme; fol. 59r: 2° frontispicio; fol. 59v: blanco con viñeta; fol. 60r-70v: barra orlada, Carta; fol. 71r-79v: barra orlada igual a la anterior, Centurie huictieseme; fol. 80r-88v: barra orlada igual a la anterior. Centurie neufiésme; foh 89r-98r: barra orlada igual a la anterior, Centurie dixiéme, vign.; fol. 99r: 3er frontispcio; fol. 99v: blanco; fol. 100r-101r: barra orlada en una sola línea, Predictions; fol. 101v-108v: barra orlada, Autres Propheties, Sextetas; fol. 109-110r: barra orlada ancha, diferene, Autres Propheties, Centurie unziéme; fol. 110v: viñeta.

—Original en la biblioteca Casanatense de Nápoles. Copia fotográfica en la biblioteca del autor.

1630? 57. LES / PROPHETIES / DE M. MICHEL. / NOSTRADAMUS. / (florón) / Dont il y en a trois cens qui n'ont encores / iamais esté imprimees, / Adioutees de nouveau par ledit Autheur. / (Vign.) / A LYON, / Par Iean Didier / M. DC. XXVII. /

LES / PROPHETIES / DE Me MICHEL / NOSTRADAMUS. / CENTURIES, VIII. / IX. & X. / Qui n'ont encores iamais / esté Imprimees / (Vign.) / A LYON, / M. DC. XXVII. /

LES / PROPHETIES / DE Me MICHEL / NOSTRADAMUS. / POUR LES ANS COURANS en ce Siecle. / CENTURIE XI. / Qui n'ont encores iamais / esté Imprimees / (Vign.) / A LYON, / M. DC. XXCVII. / Fol. x: frontispicio; fol. x2r-x7v: prefacio; falta fol. x8?; fol. 1v-9v: barra orlada, Centúrie premiere; fol. 10r-18v: barra orlada diferente. Centurie Seconde; fol. 19r-27v: florones en línea, Centurie Troisiéme; fol. 28r-36v: barra orlada igual Centurie Seconde, Centurie quatriesme; foo. 37r-45v: florones en línea, Centurie Cinquiesme; fol. 46r-54v: barra orlada igual Centuries Seconde, quatriesme, sixsiesme, Centurie septiésme; fol. 59r: 2° frontispicio; fol. 59v: blanco con viñetas; fol. 60r-70v: barra orlada, Carta; fol. 71r-79v: barra orlada igual a la anterior, Centurie huictieseme; fol. 80r-88v-barra orlada igual a la anterior, Centurie neufiésme; fol. 89r-98r: barra orlada igual a la anterior Centurie dixiéme, vign.; fol. 99r: 3er frontispicio; fol. 99v: blanco; fol. 100r-101r: barra orlada en una sola línea, Predictions, fol. 101v-108v: barra orlada, Autres Propheties, Sextetas; fol. 109r-110r: barra orlada ancha, diferene, Autres Propheties, Centurie unziéme; fol. 110v: viñeta.

—Original en la biblioteca de Solothurn, copia fotográfica en la biblioteca del autor.

—Idéntica a la edición de Castellard, número 56.

1630? 58. LES / PROPHETIES / DE Me MICHEL / NOSTRADAMUS. / (florón) / Dont il y en a trois cens qui n'ont encores / iamais esté imprimees, / Adioutees de nouveau par ledit Auteur. / (Vign.) / A LYON, / Par Pierre Marniolles, / Avec permission, /

LES / PROPHETIES, / DE Me MICHEL / NOSTRADAMUS, / POUR LES ANS / courans en ce Siecle. / CENTURIE XI. / Qui n'ont encores iamais / esté Imprimees. / (Vign.) / A LYON, / Par Pierre Marniolles. / Avec Permission. / Fol. Ar: frontispicio; fol. Av: blanco; fol. A2r-B2v: prefacio; fol. lr-9v: Vign., Centurie Premiere; foo. 10r-18v: Centurie II, barra orlada; fol. 19r-27v: barra orlada, Centurie Troisiéme; fol. 28r-36v: barra orlada, Centurie Quatriesme, fol. 37r-45v: barra orlada, Centurie Cinquiesme; fol. 46r-54v: barra orlada, Centurie Sixiesme; fol. 55r-58v: barra orlada, Centurie Septiéme; fol. 59r: Segundo frontispicio; fol. 59v: blanco con viñeta; fol. 60r-70v: Carta; foo. 71r-79v: barra orlada Centurie huictiéme; fol. 80r-88v: barra orlada diferene, Centurie Neufiéme; fol. 89r-98r: barra orlada, Centurie Dixiéme; fol. 98v: retrato; fol. 99r: tercer frontispicio; fol. 99v: blanco con viñeta; fol. 100r-101v: Predictions Admirables; fol. 101v-108v: barra orlada distinta, Autres propheties Centurie XI, Secretas; fol. 109r: Autres Propheties, Centurie Unziéme; fol. 109v: barra orlada, Centurie douziéme; foo. 110v: blanco con viñeta.

—Original en la Biblioteca de Viena. Copia fotográfica en la biblioteca del autor.

—Marniolles ha copiado probablemente a Castellard, con viñetas nuevas, y la misma tipografía, Marniolles y Tantillon no fechan la edición a pesar de ser la misma que las de Castellar y Didier.

1643 59. LES 7 PROPHETIES / DE M. MICHEL / NOSTRADAMUS. PRINSES SUR LA COPIE IMPRIMEE / à Lyon, par Benoist Rigaud. 1568. / (Vignette). / A MARSEILLE / Chez CLAUDE GARCIN Imprimeur de / la Ville: à la Loge. / M.D.C.XXXXIII. / —Pág. 1: frontispicio; pág. 2: blanca; págs. 3-168, Centurias I a X.

—Original en la Biblioteca de Marsella. Copia fotográfica en la biblioteca del autor.

—Centuria VII con 44 cuartetas.

1643. 60. LES 7 PROPHETIES 7 DE M. MICHEL / NOSTRADAMUS / PROVENÇAL. / PRINSES SUR LA COPIE IMPRIMEE / A Lyon, par Benoist Rigaud. 1568. / (Vignette) / A MARSEILLE, / Par CLAUDE GARCIN, Imprimeur du / Roy & de la Ville. / M.DC.XXXXIII. /

—8 págs. s/n: "L'Imprimeur au Lecteur"; págs. 3-168: Centurias I a X; págs. 169-181: Centurie XI Sextetas; págs. 181-184: Centurie XII.

—Original en la biblioteca del autor: 100 X 145 mm.

—Centuria VII con 44 cuartetas.

1649? 61. LES / PROPHETIES / DE M. MICHEL / NOSTRADAMUS / Medecin du Roy Charles IX. & l'un / des plus escellens Astronomes / qui furent iamais. / (Vign.) A. LYON. / 1568 / LES / PROPHETIES / DE M. M. NOSTRADAMUS. / CENTURIE VIII, IX, 6 X. / Qui n'auoient esté premierement impri- / mées, & sont en la mesme / edition de 1568. /

PRESAGES / TIREZ DE CEUX FAICTS / par M. Nostradamus, és / années 1555. & suiuantes / jusques en 1567. /

PREDICTIONS / ADMIRABLES POUR LES / ans courans en cesiecle. / Recueillies des Memoires de feu M. / Michel Nostradamus viuant, / Medecin du Roy Charles IX. & / l'un des plus excellens Astrono- / mes qui furent iamais. / Presentées au tresgrand Invincible & tres- / clement Prince Henry IV. viuant Roy / de France & de Navarre. / Par Vincent Seue de Beaucaire en Languedoc, / dés le 19. Mars 1605. au Chasteau de Chan- / tilly, maison de Monseigneur le Connesta- / ble de Montmorency. / Fol. Ar: 1er. frontispicio; fol. AIIr-AVIIr: barra orlada, prefacio, fol. AVIIv-BVIIIr: barra orlada diferente, Centurie I; fol. BVIIIr-CVIIIv: línea horizontal, Centurie II; fol. Dr-Ev: barra orlada igual Centurie I, Centurie IIII; fol. FIIv-GIIIr: barra orlada en una sola línea diferente, Centurie V; fol. GIIIr-HIIIIv; barra orlada igual Centuries I y III, Centurie V (debe ser VI); fol. HIIIIr; LEGIS GAUTIO, fol. XXIIr-HVIIv: barra orlada igual Centuries, I, III y VI, Centurie VII; fol. HVIIIr: barra orlada igual Centurie V, autres Quatrains... Centurie Septiesme LXXXIII-LXXX, LXXII-LXXXIII; fol. HVIIIr: blanco; fol. Ir: 2° frontispicio; fol. Iv-KIIIr: barra orlada diferente, Carta; fol. KIIIv LIIIIr: barra orlada igual Centuries I, III y Vi, Centurie VIII; fol. LIII-LIIIIv: barra orlada de una sola línea, autres quatrains... Centurie huetiesme; fol. LVr-MVv: barra orlada igual Centuries I, III, VI, VIII, Centurie IX; fol. MVIr-NVIv: barra orlada de una sola línea, Centurie X; fol. NVIv: adiouste depuis l'impession; fol. NVIIr: doble barra orlada, Centurie XI; fol. NVIIr-NVIIIr: barra orlada en una sola línea, Centurie XII; fol. NVIIIv: blanco; fol. Or: 3er. frontispicio; fol. Ov: blanco; fol. OIIr-PVIr: barra orlada igual a Centurias I, III, VI, VIII, IX, Presages; fol. PVII: 4° frontispicio; fol. PVIIv: blanco; fol. PVIIr-PVIIIv: Au Roy; fol. Qr-QVIIIr: Autres Propheties, Sextetas.

— Original en la biblioteca del autor: 96 X 155 milímetros.

1649? 62. LES / PROPHETIES / DE M. MICHEL / NOSTRADAMUS. / Reveues & corrigées sur la coppie Imprimée / a Lyon par Benoist Rigaud. 1568. / (Vign.) / M. DCV. /

LES / PROPHETIES / DE M. MICHEL / NOSTRADAMUS. / CENTURIE VIII. IX. X. / Qui n'auoient esté premierement Impri- / mées: & sont en la mesme / edition de 1568. / PRESAGES / TIREZ DE CEUX FAICTS / par M. Nostradamus, es années 1555. & suiuan- / tes iusques en 1567. /

—Paginación igual a la del ejemplar número 61.

— Original en la biblioteca del autor: 96 X 150 milímetros.

1649? 63. LES / PROPHETIES / DE MICHEL / NOSTRADAMUS. / Reveves & corrigées sur la coppie Imprimee / a Lyon par Benoist Rigaud. 1568. / (Vign.) 1611?

LES / PROPHETIES / DE M. MICHEL / NOSTRADAMUS. / CENTURIE VIII. IX. X. / Qui n'auoient esté premierement Impri- / mees: & sont en la mesme / edition de 1568. /

PRESAGES / TIREZ DE CEUX FAICTS / par M. Nostradamus, es années 1555. & suiuan- / tes iusques en 1567. /

—Paginación igual a la del ejemplar número 61.

— Original en la biblioteca de Aix en Provence. Copia fotográfica en la biblioteca del autor.

1649? 64. LES / PROPHETIES / DE M. MICHEL / NOSTRADAMUS. / Medecin du Roy Charles IX. & l'un / des plus excellens Astronomes / qui furent iarnais. / (Vign.) / A LYON. / MDCXLIX. LES / PROPHETIES / DE M. M. NOSTRADAMUS. / CENTURE VIII. IX. & X. / Qui n'auoient esté premierement Impri- / mees: & sont en la mesme / edition de 1568. /

PRESAGES / TIREZ DE CEUX FAICTS / par M. Nostradamus, és / années 1555. & suiuan- / tes jusques en 1567. /

—Paginación igual a la del ejemplar número 61.

—Original en la Biblioteca de Moscú. Copia fotográfica en la biblioteca del autor.

1644-1665? 65. LES / PROPHETIES / DE M. MICHEL / NOSTRADAMUS / Dont il y en a trois cens qui n' ont / iamais esté imprimées. / Adioustées de nouveau par ledit Autheur. / (Vign.) / A Lyon, / Pour Iean Hugvetan, en ruë / Merciere, au plat d'stain. /

LES / PROPHETIES / DE M. MICHEL / NOSTRADAMUS / CENTURIES VIII. IX. X. / Qui n'ont encores iamais esté / imprimées. / (Vign.) / A LYON, / Chez Claude de la Riviere, 1944. / Fol. 1: frontispicio; 5 fols. (s.n.): Preface; págs. 1-97: Centurias I-VII; pág. 98: blanca; pág. 99: Centurias VIII-X; pág. 160: blanca; págs. 161-162: "Predictione"; págs. 163-174: Centuria XI Septetas; pág. 175: "Autres Propheties", Centuria XI; págs. 176-177: Centuria XII; pág. 178: blanca.

—Original en la biblioteca del autor: 76 X 145 milímetros.

—El mismo retrato en ambos frontispicios. Barra orlada y letras orladas al comenzar prefacios y Centurias.

1644-1665? 66. Edición idéntica a la número 65, en texto, viñetas y paginación. Sólo varía el local donde se edita, en la primera carátula; la segunda carátula es igual.

1ª carátula: Pour IEAN HUGVETAN, en ruë / Merciere, au Phoenix. /

2ª carátula: A. LYON, / Chez CLAUDE DE LA RIVIERE, 1644. /

— Original en la biblioteca del autor. 75 X 130 mm.

—Ejemplar en la Biblioteca de Rochester, probablemente idéntico a éste; le falta la primera carátula.

1644-1665? 67. Edición idéntica a la número 65, en texto, viñetas y paginación. Sólo varían las carátulas:

1ª carátula: Chez HORACE HUGVETAN, ruë Merciere / au Phoenix. /

2ª carátula: Chez CLAUDE DE LA RIVIERE. /

—Original en la Biblioteca de Nimes. Copia fotográfica en la biblioteca del autor.

1644-1655? 68. Edición idéntica a la número 65, en texto, viñetas y paginación. Sólo varían las carátulas:

1ª carátula: Chez HORACE HUGVETAN / en ruë Merciere. /

2ª carátula: Chez ANTOINE BAUDRAND, en / ruë Confort à la Fortune. /

—Original en la Biblioteca de Rochester. Copia fotográfica en la biblioteca del autor.

1644-1665? 69. Edición idéntica a la número 65, en texto, viñetas y paginación. Sólo varían las carátulas:

1ª carátula: Chez IEAN HUGVETAN, ruë merciere / à la Providence.

2ª carátula: Chez HORAGE HUGVETAN, ruë merciere / au phoenix /

—Original en la biblioteca del autor: 74 X 141 milímetros.

1644-1665? 70. Edición idéntica a la número 65, en texto, viñetas y paginación. Sólo varían las carátulas:

Falta la primera carátula.

2ª carátula: Chez IEAN HUGVETAN, ruë Merciere / à la Providence. /

—Original en la biblioteca del autor: 72 X 135 milímetros.

1644-1665? 71. Edición idéntica a la número 65, en texto, viñetas y paginación. Sólo varían las carátulas:

1ª carátula: Chez PIERRE ANDRE ruë / Merciere. /

2ª carátula: Chez ANTOIN BAUDRAND, en / ruë Confort à la Fortune

—Original en la Biblioteca de Florencia. Copia fotográfica en la biblioteca del autor.

1644-1665? 72. Edición idéntica a la número 65, en texto, viñetas y paginación. Sólo varían las carátulas:

1ª carátula: Chez IEAN CARTERON, / en ruë Tupin. /

2ª carátula: Chez antoine baudrand, EN / RUË Confort à la Fortune. /

—Original en la Biblioteca de Padua. Copia fotográfica en la biblioteca del autor.

1644-1665? 73. Edición idéntica a la número 65, en texto, viñetas y paginación. Sólo varían las carátulas:

1ª carátula: Chez NICOLAS GAY, en / ruë TUPIN. /

2ª carátula: Chez ANTOINE BAVDRAND, en / ruë Confort à la Fortune. /

—Original en la Biblioteca de Viena. Copia fotográfica en la biblioteca del autor.

1644-1665? 74. Edición idéntica a la número 65, en texto, viñetas y paginación. Sólo varían las carátulas:

1ª carátula: Chez CLAUDE LA RIVIERE, ruë Merciere / a la Science. / M.DC. LI. /

2ª carátula: Chez CLAUDE DE LA RIVIERE. /

—Original en la Biblioteca Koninklijke. Copia fotográfica en la biblioteca del autor.

1644-1665? 75. Edición idéntica a la número 65, en texto, viñetas y paginación. Sólo varían las carátulas:

1ª carátula: Chez CLAUDE DE LA RIVIERE, ruë Mer- / ciere à la Science. / M. DCLXV. /

2ª carátula: Chez IEAN BALAM, Impr. ruë Merciere, / à la bonne Conduite. / M. DC. LXV. /

—Original en la biblioteca del autor: 78 X 139 milímetros.

1644-1665? 76. Edición idéntica a la número 65, en texto, viñetas y paginación. Sólo varían las carátulas:

1ª carátula: M.DCIXV.

2ª carátula: Chez IEAN BALAN, Impr. ruë Merciere, / à la bonne Conduite. / MDCIXV. /

—Original en la biblioteca del autor: 78 X 139 milímetros.

1652 77. MENGAU, JACQUES.

LES VRAYES / CENTURIES / DE Me MICHEL / NOSTRADAMUS. / expliquées sur les affaires de ce temps. / Avec l'Horoscope Imperial de Louys XIV. / (Vign. retrato) /Iouxte la copie Imprimée. / Chez I. Boucher, rue des Amandiers, / deuant le Colelge des Graisins. / MDCLII.

LES / PROPHETIES / MAZARINES, / FIDELLEMENT EXTRAICTES / DES VRAYES CENTURIES / DE M. NOSTRADAMUS. / Imprimées en Avignon en l'an 1556. / & à Lion en 1558. expliquées sur / les affaires du temps present. / Contenant tout ce qui s'est passé en France, tou / dhant le ministere et gouvernement du Cardi- / nal Mazarin, tant de present que de l'advenir / Et autres affaires qui doiuent arriver en di- /vers Royaumes, Estats et Provinces de / l'Europe. / (florón) / A PARIS. / M.DC.LII.

1° ADVERTISSEMENT / A MESSIEURS / LES PREVOST DES MARCHANDS / ET ESCHEVINS DE PARIS. /

ADVERTISSEMENT AUX PARISIENS / Sur la fuite et le retour funeste du Cardinal / Mazarin, Predit par Michel / Nostradamus.

2° SECOND ADVERTISSEMENT / A MESSIEURS / LES PREVOST DES MARCHANDS / ET ESCHEVINS DE PARIS. / SUR LE TOUR FUNESTE / DE MAZARIN.

3° TROISIESME ADVERTISSEMENT / A MESSIEURS / LES PREVOST DES MARCHANDS / ET ESCHEVINS DE PARIS. / Contenant la Tresve ou Paix Generalle predite par / Michel Nostradamus. Avec tous les advantages que / le Cardinal Mazarin pretend sur les affaires de / France, & sur la Monarchie Chrestienne, / ainsi que l'Autheur vous avoit / promis. /

4° CISTEME GENERAL / OU REVOLUTION DU MONDE. / Contentant tout ce qui doir arriver en France, / la presente année 1652. predit par l'Oracle Latin, et l'Oracle François, / Michel Nostradamus.

5° AVERTISSEMENT / A MESSIEURS / LES PREVOST DES MARCHANDS / ET ESCHEVINS DE PARIS. / Contenant l'explication de l'Eclipse qui se doit faire le / huictiesme iour d'Avril de la presente Année, et autre / choses qui doiuent arriver a la poursuite du Cardi- / nal Mazarin, avec le denombrement des villes / qui seront investies our vexez par les gens / de guerres predit par Michel Nostradamus. /

6° SIXIESME ADVERTISSEMENT / A SON ALTESSE ROYALLE, / Monseigneur le Duc d'Orleans, Ge / neralissime des Armées de France / Contenant la fuite Seconde, ou exil perpetuel du Cardinal Mazarin, predit par Michel Nostradamus. /

7° SEPTIE'ME ADVERTISSEMENT / A NOSSEIGNEURS LES / Protecteurs de la Cause juste, le / Parlement de Paris. / contenant le changement et renovation de Paix, / predit par Michel Nostradamus. /

8° ADVERTISSEMENT, / AUX BONS FRANÇOIS, / Sur ce qui doit arriver devant la sille d'Estempes, / predit par Michel Nostradamus. /

9° ADVERTISSEMENT, / SUR LA SANGLANTE / BATAILLE qui se doit / faire dans peu temps d'icy, / Entre l'Armée Mazarine, et celle de Nossei- / gneurs les Princes, predit par Michel / Nostradamus. /

10° Figure generalle de la Natiuité de IULE MAZARIN / qui est venu au Monde le 14. Iuillet 1602, enuiron / les fixc heures et un quart apres midy, laquelle / Figure fert aux pages 5 & 63.

11° L'HOROSCOPE IMPERIAL / LOUYS QUATROZE / DIEU DONNÉ. / Predit par l'Oracle Francois et Michel / Nostradamus. /

Fol. a. y a.1: 2 carátulas; fol. a.2r-a.2v: dedicatoria de Mengau; págs. 1-20: 1°; págs. 21-44: 2°; págs. 45-64: 3°; págs. 65-76: 4°; págs. 77-87: 5°; págs. 88-96: 6°; págs. 97-110; 7°; págs. 111-114: 8°; págs. 115-120: 9°; hors texte: 10° y 11°.

—Original en la Biblioteca del Arsenal, París. Copia fotográfica en la biblioteca del autor. Advertissements 2°, 3°, 5°, 9° en la biblioteca del autor.

* * *

1649 78. LES VRAYES 7 CENTURIES / DE M. MICHEL / NOSTRADAMUS. / Ou se void representé tout ce qui s'est passé, / tant en France, Espagne, Italie, / Alemagne, Angleterre, qu'au- / tres parties du monde. / Reveües & corrigées suyvant les premieres Editions / imprimées en Avignon en l'an 1556. & a Lyon / en l'an 1558. avec la vie / de l'Autheur. / (Vign.) / A ROVEN, / Chez / IACQUES CAILLOVE', / IEAN VIRET, Imprimeur / Ordinaire du Roy, et / IACQUES BESOGNE. / au Pa- / lais, / M.DC. XLIX. Pág. 1: frontispicio; pág. 2: blanca; pág. 38, la vida de Nostradamus; págs. 1-154: Centurias I-X; pág. 155: Centuria XI; págs. 155-157: Centuria XII; pág. 158: blanca; págs. 159-183: Presages; págs. 184-198: Autres predictions; 58 sixains; 2 págs. blancas.

— Edición idéntica a la número 65, en texto, viñetas y paginación. Sólo varían las carátulas:

1ª carátula: Chez HORACE HUGVETAN, ruë merciere / au Phoenix. /

2ª carátula: Chez CLAUDE DE LA RIVIERE. /

—Original en la biblioteca del autor: 110 X 168 milímetros.

1650 79. LES VRAYES CENTURIES / ET / *PROPHETIES* / DE MAISTRE / MICHEL NOSTRADAMUS, / Ou se void representé tout ce qui s'est passé, / tant en France, Espagne, Italie, Ale- / magne, Angleterre, qu'autres / parties du monde. / Reveües & corrigées suyvant les premieres Edi- / tions imprimées en Avignon en l'an *1556.* / & à Lyon en l'an *1558* / *Avec la vie de l'Autheur.* / (Vign.) / Imprimé a LEYDE, / Chez PIERRE LEFFEN, L'An 1650. /

1 fol: frontispicio; 3 fol.: La Vie De Maistre Michel Nostradamus; págs. 1-167: Centurias I-XII; pág. 168: blanca; págs. 169-193: Presages; págs. 194-208: Autres Predictions.

—Original en la biblioteca del autor: 83 X 153 mm. Impreso en negro y rojo.

1667 80. LES VRAYES CENTURIES / ET / PROPHETIES / DE MAISTRE / MICHEL NOSTRADAMUS, / Ou l'on voit representé tout ce qui s'est / passé tant en France, Espagne, Italie, / Allemagne, Angleterre, qu'aux autres / parties du Monde. / Reveues & corrigées suivant les premieres Editions / imprimées a Avignon en l'an 1556 & / a / Lyon en l'an 1558. / Avec la Vie de l'Auteur,

& des Observations / sur ses Propheties. / (Vign.) / A AMSTERDAM, / Chez DANIEL WINKEER-MANS. / M.D.LXVII. /

1 fol: frontispicio; 5 fols.: prefacio; 3 fols.: La Vie; 2 fols.: Observations; págs. 1-95: Centurias I-VII; 8 fols.: Carta; págs. 106-152: Centurias VIII-XII; págs. 15-174: Presages; págs. 174-186: Autres Predictions. La numeración salta del 95 al 106.

— Edición idéntica a la número 65, en texto, viñetas y paginación. Sólo varían las carátulas:

1ª carátula: Chez HORACE HUGVETAN, ruë Merciere / au Phoenix. /

2ª carátula: Chez CLAUDE DE LA RIVIERE. /

—Original en la biblioteca del autor: 82 X 142 milímetros.

1668 81. LES VRAYES CENTURIES / ET / PROPHETIES / DE MAISTRE / MICHEL NOSTRADAMUS. / Ou se void representé tout ce qui s'est / passé, tant en France, Espagne, Italie, / Alemagne, Angleterre, qu'autres / parties du monde. / Reveües & corrigées suyvant les premieres / Editions imprimées en Avignon en l'an 1556. & / à Lyon en l'an 1558 & autres. / Avec la vie de l'Autheur. / (Vign.) / à AMSTERDAM. / Chez JEAN JANSSON a WAES / BERGE & la vefue de fu ELIZËE / WEYERSTRAET, l'an 1668 /

1 fol.: Título e Incendio de Londres; fol 2 (s.n.): frontispicio; fol. 2 y fol. 3r (s.n.): Advertissement; fol. 3v. (s.n.): Retrato; fol. 4-8r (s.n.): La Vie; fol. 8v-5 (s.n.): Carta; págs. 1-128: Centurias I-XII; págs. 129-147: Presages; págs. 148-158: Autres Predictions.

— Original en la biblioteca del autor. 72 X 126 milímetros.

* * *

1716-1731? 82. LES / PROPHETIE / DE / M. MICHEL / NOSTRADAMUS, / Dont il y en a trois cents qui n'ont / jamais été Imprimées. Ajoûtées / de nouveau par l'Auteur. / Imprimées par les soins du Fr. JEAN VALLIER / du Convent de Salon des Mineurs Convent / tuels de Saint François. / (Viñeta: Sol) / A LYON. / Par PIERRE RIGAUD, ruë Merciere / au coing de ruë Ferrandiere. 1566, / Avec Permission. /

LES / PROPHETIES / DE M. MICHEL / NOSTRADAMUS, / Centuries VIII.IX.X. / Qui n'ont encores jamais été / Imprimées. / Imprimées par les soins du Fr. JEAN VALLIER / du Convent de Salon des mineurs Conven- / tuels de Saint François. / (Viñeta: Sol) / A LYON, / par PIERRE RIGAUD, en ruë Merciere; / au coing de ruë Ferrandiere. 1566. / Avec Permission. /

Pág. 1: frontispicio; pág. 2: Epitafio; págs. 3-12: prefacio; págs. 13-99: Centurias I-VI, cuarteta 99, Legis Cantio; págs. 99-105, Centuria VII, cuarteta 42; pág. 106: blanca; pág. 107: Segunda carátula; pág. 108: blanca; págs. 109-125: Carta; págs. 126-168: Centurias VIII-X.

— Original en la biblioteca del autor: 82 X 141 milímetros.

—Números romanos para cada cuarteta. Viñetas y mayúsculas orladas iniciando cada capítulo.

1716-1731? 83. LES / PROPHETIES / DE M. MICHEL / NOSTRADAMUS, / Dont il en a trois cents qui n'ont ja- / mais été imprimées. Ajoutées de / nouveau par l'Auteur. / Imprimées par les soins du Fr. JEAN VALLIER / du Convent de Salon des Mineurs Con- / ventuels de Saint François. / (Viñeta: esfera armilar) / A LYON, / Par PIERRE RIGAUD, ruë Merciere au / coing de ruë Ferrandiere. 1566. / Avec Permission. / (Véase ilustración 25.)

LES / PROPHETIES / DE / M. MICHEL / NOSTRADAMUS, / CENTURIES VIII. IX. X. / Qui n'ont encores jamais été / Imprimées par les soins du Fr. JEAN VALLIER / du Convent de Salon des Mineurs Conven / tuels de Saint François, / (Viñeta: esfera armilar) / A LYON, / Par PIERRE RIGAUD, en ruë Merciere. / au coing de ruë Ferrandiere. 1566. / Avec Permission. /

Pág. 1: frontispicio; pág. 2: Epitafio; págs. 3-12: prefacio; págs. 13-99: Centurias –VI, cuarteta 99, Legis Cantio; págs. 99-105: Centuria VII, cuarteta 42; pág. 106: blanca; pág. 107: Segunda carátula; pág. 108: blanca; págs. 109-125: Carta; págs. 126-168. Centurias VIII-X.

— Original en la biblioteca del autor: 84 X 139 mm.

—Números romanos para cada cuarteta. Viñetas y mayúsculas orladas, algunas diferentes del número 82, iniciando cada capítulo.

1716-1731? 84. LES / PROPHETIES / DE M. MICHEL / NOSTRADAMUS, / Dont il y en a trois cents qui n'ont / jamais été Imprimées. Ajoûtées / de nouveau par l'Auteur. / Imprimées par les soins du Fr. JEAN VALLIER / du Convent de Salon des Mineurs Conven- / tuels de Saint François. / (Viñeta: Sanglier) / A LYON, / Par PIERRE RIGAUD, ruë Merciere / au coing de ruë Ferrandiere. 1566, / Avec Permission. /

LES / PROPHETIES / 1E / M. MICHEL / NOSTRADAMUS, / Centuries VIII. IX. X. / Qui n'ont encores jamais été / Imprimées. / Imprimées par les soins du Fr. JEAN VALLIER / du Convent de Salon des Mineurs Conven- / tuels de Saint François. / (Viñeta: Sanglier) / A LYON, / Par PIERRE RIGAUD, en ruë Merciere; / au coing de ruë Ferrandiere. 1566. / Avec Permission. /

Pág. 1: frontispicio; pág. 2: Epitafio; págs. 3-12: prefacio; págs. 13-99: Centurias I-VI, cuarteta 99, Legis Cautio; págs. 99-105: Centuria VII, cuarteta 42; pág. 106: blanca; pág. 107: Segunda carátula; pág. 108: blanca; págs. 109-125: Carta; págs. 126-168: Centurias VIII-X.

— Original en la biblioteca del autor: 80 X 143 milímetros.

—Números arábigos para cada cuarteta. Viñetas orladas diferentes del número 82 y del 83, iniciando cada capítulo. No lleva mayúsculas orladas. Los textos del prefacio y de la Carta, aunque ocupan el mismo número de páginas que en los ejemplares números 82 y 83, están distribuidos diferentemente.

Siglo XVIII? 85. LES / PROPHETIES / DE M. MICHEL / NOSTRADAMUS. / (florón) / Dont il y en a trois cens qui n'ont encores / iamais esté imprimees. / Adioustees de nouveau par / ledict Aucteur. / (Viñeta: bandas parlantes) / A LYON, / Chez PIERRE RIGAUD, ruë Merciere, / au coing de ruë Ferrandiere, a l'ensei- / gne de la Fortune. / AVEC PERMISSION. /

LES / PROPHETIES / DE M. MICHEL / NOSTRADAMUS. / (florón) / Centuries VIII. IX. X. / Qui n'ont encore iamais esté / imprimees. (Vign.) A LYON, / Chez PIERRE RIGAUD, ruë Merciere, / au coing de ruë Ferrandiere, à l'ensei- / gne de la Fortune. / AVEC PERMISSION. / Fol. Ar: carátula; fol. Av: blanco; fol. A2r-A8v: prefacio; págs. 1-102: Centurias I-VI, ésta con 99 cuartetas, Legis Cantio; págs. 103-110: Centuria VII, 44 cuartetas; pág. 111: Segunda carátula; pág. 112: blanca; págs. 113-132: Carta prefacio a Enrique II; págs. 133-183: Centurias VIII-X, cuarteta X-101; págs. 184-185: "Predictions" y carta de Seve; págs. 186-197: "Autres Propheties, Centuria XI, Sextetas; pág. 198: "Autres Propheties", Centuria XI; págs. 199-200: "Propheties", Centuria XII.

— Original en la biblioteca del autor: 80 X 138 milímetros.

Siglo XVIII? 86. LES / PROPHETIES / DE M. MICHEL / NOSTRADAMUS. / (florón) / Dont il y en a trois cens qui n'ont encores / iamais esté imprimees. / Adioustees de nouveau par / ledict Autheur. / (Viñeta: bandas parlantes) / A LYON, / Chez PIERRE RIGAUD, ruë Mercie- / re, au coing de ruë Ferrandiere, à l'en- / seigne de la Fortune. / AVEC PERMISSION. /

LES / PROPHETIES / DE M. MICHEL / NOSTRADAMUS. / (florón) / Centuries VIII. IX. X. / Qui n'ont encores iamais esté / imprimees / (Vign.) / A LYON, / Chez PIERRE RIGAUD, ruë Merciere au coing de ruë Ferrandiere, à l' en- / seigne de la Fortune. / AVEC PERMISSION. / Fol. Ar: carátula; fol. Av: blanco; fol. A2r-A8v: prefacio; págs. 1-102: Centurias I-VI, ésta con 99 cuartetas, Legis cantio; págs. 103-110: Centuria VII, 44 cuartetas; pág. 111: Segunda carátula; pág. 112. blanca; págs. 113-132: Carta prefacio a Enrique II; págs. 133-183: Centurias VIII-X, cuarteta X-101; págs. 184-185. "Predictions" y carta de Seve, págs. 182. 197: "Autres Propheties, Centuria XI, Sextetas, pág. 198: "Autres Propheties", Centuria XI; págs. 199-200: "Propheties", Centuria XII.

—Original en la Biblioteca de la Universidad de Harvard, USA. Copia fotográfica en la biblioteca del autor.

1792? 87. LES / PROPHETIES / DE M. MICHEL / NOSTRADAMUS, / Dont il y en a trois cens qui n'ont encore / jamais été imprimées. / Ajoutées de nouveau par ledit Auteur. / PI- / (Vign.) / TER / A LYON, / PAR BENOIST RIGAUD. / Avec Permission. 1568. /

Fol. AIIr-Br: prefacio; fol. Bv. D.M. Clarrisimi Ossa, págs. 1-18: Centurie Premiere; págs. 18-35: barra orlada en dos líneas, Centurie II; págs. 36-53: barra orlada diferente, Centurie III; págs. 53-70: una barra orlada dividida en dos partes por ":", Centurie IV; pág. 70: florón;

págs. 71-88: barra orlada igual a Centurie III, Centurie V; págs. 88-105: barra orlada igual a Centurie IV, Centurie VI; págs. 106-113. barra orlada de floroncitos en línea, Centurie VII; pág. 113. florón diferente; págs. 114-133: barra orlada igual a Centuries III y V, Carta; págs. 134-151: barra orlada igual Centurie IV; sin división, Centurie VIII; págs. 151-169: barra orlada de floroncitos en línea, Centurie IX; págs. 169-187: barras orladas paralelas floroncitos, Centurie Dixieme.

— Original en la biblioteca del autor: 73 X 100 milímetros.

Siglo XVIII? 88. NOUVELLE / Prophetie de M. Michel Nostradamus, qui / n'ont iamais esté veuës, n'y imprimees, que / en ceste presente annee. / DEDIE' AU ROY. / (Vign.) / A PARIS, / Pour Syluestre Moreau, Libraire, / 1603. / Avec Permission. /

Frontispicio; págs. 31-5: Carta; págs. 16-29: doble barra orlada. Centurie VIII; págs. 29-42: Centurie IX; págs. 42-56: Centurie X.

—Original en la Biblioteca del Arsenal, París. Copia fotográfica en la biblioteca del autor.

Siglo XVIII? 89. NOUVELLE / PROPHETIE DE M. / MICHEL NOSTRADAMUS, / qui n'ont jamais esté veuës, ny / imprimées, qu'en ceste / presente Année, / DEDIE' AU ROY. / (Vign.) / A PARIS, / Pour Siluestre Moreau, Libraire, / M.DC.L. / AVEC PERMISSION. /

Frontispicio; págs. 2-14: Centuria VIII; págs. 14-27: Centuria IX; págs. 27-40: Centuria X.

—Original en la Biblioteca Nacional de París. Copia fotográfica en la biblioteca del autor.

1554-1668 90. Hemos estudiado todas las publicaciones hechas por los comentadores y detractores del profeta que han llegado hasta nuestros días, fechadas desde 1554 hasta 1668. Reproducen cuartetas de las Centurias y Presagios que se encuentran en las 89 ediciones catalogadas. Se limitan al contenido de los textos que conocemos y no aportan nuevos datos para esta compilación exhaustiva de los versos proféticos de Nostradamus, objeto de la presente bibliografía y de este catálogo. En este número 90 citamos y catalogamos el documento manuscrito que contiene el primer texto de las sextetas apócrifas. Quedan reproducidas en las seis páginas fuera de texto de la ilustración número 14. Nunca fueron utilizadas esas sextetas con la dedicatoria fechada en 1600 pero la hacemos aparecer en este catálogo aunque se trata de versos apócrifos. Estas cincuenta y cuatro sextetas con cuatro más, añadidas después de 1630, se publicaron en todas las ediciones apócrifas de las que ya nos hemos ocupado bajo los reinados de Luis XIII y Luis XIV. Ostentaban una dedicatoria tan falaz como la primera, pero fechada en 1605. Las fechas de esas publicaciones, desde 1568 a 1665, pretenden una autenticidad imposible; solamente pueden aceptarse como verosímiles las de 1643 y las de 1649 a 1652. Seis páginas manuscritas. Original en la Biblioteca Nacional, París. Fondo Francés 4744, folios 76/78. Copia fotográfica en la biblioteca del autor. (Véase ilustración 14: 6 páginas.)

Este libro terminó de imprimirse en abril de 2010
en Impresiones Editoriales F.T., S.A. de C.V.
calle 15 Mz. 42 Lt. 17, Col. José López Portillo
México D.F.